朝鮮の近代思想

日本との比較

趙景達
Cho Kyeungdal

有志舎

朝鮮の近代思想
——日本との比較
《目次》

第3部　近代日本の対外認識と国家意識

①

②

③

④

⑤

⑥

⑦

⑧

⑨

⑩

カバー掲載写真人物一覧

①朴珪寿　　⑥趙素昂
②金允植　　⑦安在鴻
③安重根　　⑧横井小楠
④申采浩　　⑨中江兆民
⑤朴殷植　　⑩明石順三（前列中央）

まえがき

本書は朝鮮の近代思想に関する論文を集成し、合わせて比較史的関心から日本の近代思想や対外認識、国家認識に関する論文を収録したものである。私は本来、朝鮮の民衆運動や民衆思想、民衆宗教などを専門としてきたが、それとの対極にある政治思想についても関心を持ち続けてきた。支配の思想というのは、いかに暴力的要素を内包していようとも、むしろ古今東西を問わず、支配を合理化、正当化するための合意のシステムを構築するために営為されるのが一般である。暴力のみをもってしては、国家は容易に安定し得ず、絶えず倒壊の危機に見舞われてしまう。朝鮮王朝が五〇〇年以上も持続し得たのは、朱子学革命として成立したその国家が儒教的民本主義を高く掲げて支配の正当化を図り、それへの合意を広く民衆から調達したからにほかならない。しかし一九世紀に入り、勢道政治が横行して政治システムの劣化が起こり、さらに西勢東漸の波濤が及んでくるに至って王朝秩序の動揺は深刻となっていく。朝鮮の近代思想は、言うまでもなくこれへの対応をどうするかという問題を契機に構想されていったものである。

朝鮮の近代思想史研究においては、かつて姜在彦が提起した枠組が日本だけでなく韓国でも大きな影響力を持っていた。大きく衛生斥邪思想・東学思想・開化思想と三分される近代朝鮮の思想潮流は、互いに緊張関係にあって葛藤を演じながらも、徐々に開化思想を基軸に近代的な民族主義思想として統合され、三・一運動において収斂されるという歴史認識である。[*1] 従って姜が最も注目した思想が開化思想である。姜は開化思想の歴史的重要性について次のように指摘している。[*2]

世界史的経験は近代化のブルジョア的コースのほか、その他の類型を知るところがない。だとすれば朝鮮における近代化の具体的ビジョンを開示し、世界史的同時性を獲得するための運動としては、開化運動をおいてほかにない。開化思想およびその運動を、いろいろな限界性と脆弱性をもちながらも、朝鮮の自主的近代化の思想的軸として注目する所以である。

開化思想は朝鮮の近代化と国民国家の創設を期しながらも、結局は日本による植民地化を阻止することができなかった。しかも三・一運動は、三つの思想潮流が開化思想に収斂される画期となったと同時に、社会主義思想を生起させる契機にもなった。それゆえにそれは「いろいろな限界性と脆弱性」を持っていたが、いずれにせよ開化思想は近代朝鮮における主軸の思想であり、他の思想はそれに収斂されていくという歴史認識が姜の朝鮮近代思想史像であると言っていいであろう。しかし私は、かねてより大きく二つの点においてその思想史像には疑問を抱いていた。

第一には、何よりも三つの思想潮流が開化思想的な方向に収斂されていくというのは、果たして本当だろうかという点である。なるほど頑迷な衛生斥邪思想が「万国公法」への好意的な理解などを通じて、徐々に西欧思想を受け入れていくようになるというのは、一面事実その通りであろう。その意味で開化思想が執拗な啓蒙活動を通じて衛生斥邪思想の頑迷性を氷解させていったというのは間違いない。しかし、東学思想が開化思想に収斂されていくというのは事実の半分しかみていない歴史認識だと言わざるを得ない。姜には甲午農民戦争や義賊活貧党などの民衆運動史に関する論考もあるが、民衆は基本的には近代的知識人に指導されていく存在と見られている。民衆運動や民衆思想がいかに自律的に営為されるかという問題関心がほとんどなく、徹底的に「上から」の眼差しによる思想史研究であった。そこには民衆思想史が入り込む余地がない。

実は民衆世界においては、開国以降も独自な思想が自律的に展開していた。民乱の思想には民衆的な一君万民思想が内在していたし、他方では逆に朝鮮王朝の終末と鄭氏王朝の誕生を説いた「鄭鑑録」信仰はユートピア思想として民衆の心を強く捉えていた。それはまさに、国民国家形成には容易に関心を示さない生活主義的な分厚い民衆世界であったと言ってよい。また、姜は二〇世紀に入って東学が天道教に衣替えすると、愛国啓蒙運動に加わって近代思想的様相を呈すると理解しているのだが、それは天道教が包摂し得ない多くの民衆の姿を見ていない啓蒙史観である。植民地期には朝鮮総督府から「類似宗教」といわれた数多の新興宗教が雨後の竹の子のように誕生するのだが、それは民衆世界が自律的に作り出した思想空間を意味するものにほかならない。そうした民衆宗教だけでなく、植民地期には巫覡信仰や墓地信仰を始めさまざまな迷信が頑強に生き残った。いやむしろ、植民地当局や朝鮮の近代的知識人の啓蒙が暴力的に強まれ強まるほど、閉塞状況に耐えきれなくなった民衆は自発的にそうした世界に逃げ込んでいった。

こうした民衆世界とその思想については、別著ですでに論じている。[*3] 本書はあくまでも朝鮮の近代思想について論じることを課題としているので、ここではこれ以上は踏み込まない。本書の問題意識に関わって、第二に何よりも姜在彦の朝鮮近代思想史像に疑問を感じるのは、その開化思想の把握の仕方についてである。姜が朝鮮思想史の固有の文脈から開化思想の誕生を説明したのは、確かに重要な成果であった。かつて開化思想が形成されるに当たって福沢諭吉の影響を過大視する傾向があった中で、姜は一七世紀後半から形成され始める実学に着目してそれと開化思想を連続的に説明した。福沢に接触する以前にすでに朝鮮では西欧思想を受容しうる思想が自己形成されていたという実証研究は、内在的発展論を思想史レベルで説明したものにほかならない。しかし、単に「朝鮮における近代化の具体的ビジョンを開示し、世界史的同時性を獲得するための運動として」開化思想とその運動を位置づけたのは、果たして真に世界史的な議論となっていただろうか。姜の朝鮮近代思想史像は、朝鮮の思想体内から芽生えた開化思想が徐々に西欧近代思想と等身大の思想に近づいていくとするものであるが、そこには西欧の近代思想を相対化する視座が著しく欠落している。そのことを最も端的に示しているのが次に掲げる文章である。*4

要するに資本主義列強のインパクトは、儒教的観念からすれば「覇」の武力と「利」の商品によるそれである。それは対隣国関係において従来「王」と「義」を重んじて「事大」と「交隣」の礼を守ってきた価値観の転換を迫る重大な挑戦であった。開化思想は資本主義的生存競争のなかで、「覇」には「覇」を、「利」には「利」をもって対応するための富国強兵の道、そのための近代的変革をめざした思想である。

この文章については第1部第一論文の冒頭でも触れているので、詳しくはそちらに譲るが、要は果たして、開化思想は西欧近代や日本近代が目指したような「富国強兵」思想＝覇道と同一のものなのか、というのが私の姜在彦の議論に対する最大の疑問である。そこでは思想の内在的発展性が示されても、その独自性はほとんど見えていない。そのことは、衛生斥邪思想が単に開化思想に接近していくという認識とも絡んでいる。先に述べたように、一面それは事実その通りではある。しかし、開化思想と衛生斥邪思想は両者とも儒教思想のうちから発生したものである。従って、朝鮮建国当初から不動の政治理念としてあった儒教の民本主義が、両者の思想をともに規定していたとみなければならない。民本主義というのは本来、儒教が最も標榜するところの王道の政治思想であり、とりわけ朝鮮王朝は、朱子学によって易姓革命を正当化しただけに民本主義を強く志向した。私は、儒教的民本主義こそが朝鮮の近代政治思想を的確に捉えるうえでの大きな鍵になるものと考えている。本来法家の思想である「富国強兵」というのは、儒教国家の朝鮮では異端の思想である。近代日本と同じ文脈で朝鮮の近代思想を認識しようとするのは、世界史的にも比較史的にも到底同意することができない。本書は、このことに対する異議申し立てであり、と同時にそれに代わる朝鮮独自の近代政治思想を描き出そうとしたものである。

しかし、大国の中国と地続きでその影響を強く受けやすい小国の朝鮮において、果たして独自の思想史的展開が可能であったのだろうか。かつてこのことを否とした政治思想史家がいた。政治学者にして日本の政治思想史学の開拓者であると同時に、それに巨大な足跡を残した丸山真男その人である。丸山が戦中期においてその名を政治思想史学史上に最初に刻んだ記念碑的論文「近世儒教の発展における徂徠学の特質並にその国学との関連」において、ヘーゲルの歴史哲学にならって中国社会を停滞的と見なしたことはよく知られている。丸山は次のように言っていた。[*5]

儒教に対抗するに足る思想体系は清に至るまでついに興らなかった。宗教思想を除外すれば、シナ学界における思想的展開は儒教の内部でのみ行われたと言ってもいい。シナ帝国と同じくシナ学界も真の思想的対立を経験しなかった。

このことについて丸山は、戦後『日本政治思想史研究』(東京大学出版会、一九五二年)を出版した際、その「あとがき」で「中国の停滞性ということは当時の第一線に立つ中国史家の間に多少とも共通した問題意識であった。私もそれに随いながら、何故中国は近代化に失敗して半植民地化され、日本は明治維新によって東洋唯一かつ最初の近代国家になったかという課題を思想史の面から追求していたのである」と弁明している。[*6]この弁明に偽りはなく、アジア的停滞性は中国史家ならずとも、当時の歴史研究者の間では自明のこととされていた。講座派の問題意識は、日本は世界史的に見るならば——というよりヨーロッパとの比較においてだが——停滞しているが、しかしアジア史的に見るならば発展しており、封建社会を経験している点で他のアジア諸国よりヨーロッパに近似しているというものであった。丸山は講座派の影響を強く受けていたし、その問題意識がこの論文に強く反映されたのは、当時のしからしむる学問状況というものであった。

ところがその後、丸山は中国思想史の停滞性については撤回しつつも、朝鮮思想史の停滞性とその教条性については最後まで確信的に語っていた。これも有名な丸山の言葉だが、彼は思想発展において日本が「雨漏り型」なのに対して、朝鮮は「洪水型」だとした。[*7]彼によれば、中国と朝鮮と日本の儒教思想を比べてみると、「朝鮮の場合が一番気の毒——といっては変な形容になるけれども、思想的に併呑されてしまう」という。[*8]その理由は、次の通りである。[*9]

朝鮮の儒教の歴史を見ると、朱子学のオーソドクシーが中国・日本にくらべて一番頑固なのが朝鮮朱子学です。本来本元の中国よりも、もっと頑固なんです。陽明学さえ異端だから表面に出て来られない。いわんや日本の古学に当るものは全く見られない。ほとんど学派の争いは、朱子学内部の内ゲバで、最も頑強に朱子学の正統派が、李朝の最後まで貫徹して、容赦なく異端を弾圧する。一般に宗教や思想が伝播する場合、後進国ほどかえって公式主義になる傾向があるのですが、朝鮮儒教もそのひとつの例なんです。ところが日本は文化的には朝鮮よりなお後進国なのに、大陸から離れているでしょ。ですから雨漏りがする程度の刺激です。

私は丸山を単純な近代主義者だと規定するつもりはないが[*10]、ここには明らかに、東アジア三国の中で西欧の近代思想に内在的に最も近づき得たのは日本であるという確信がある。姜在彦が丸山をどれだけ意識したかは分からないが[*11]、姜の朝鮮思想史像が、こうした朝鮮思想停滞論への反発から構築されたものであることは間違いない。

しかし、姜の朝鮮思想史像はすでに述べたように、実学の誕生をもって朝鮮もまた、自ら西欧的近代思想に内在的に近づいていたというものである。実は姜は、実学＝「経世実用」の精神はすでに朝鮮建国の功臣たちである勲旧派のなかにあったとみていて[*12]、朝鮮朱子学は初発から教条的な議論をしていたわけではないという議論も展開している。姜の朝鮮思想史研究にあっては、実学の発見[*13]は丸山における古学の発見と対応するものがある。しかしそうとはいえ、それはやはり結果的には、丸山思想史を朝鮮において別な形で実証しようとしたのと変わらない。

しかも姜は、王道と覇道をめぐって矛盾した議論を展開している。彼は、朝鮮建国当初からの「中国に対する「事大の礼」は、安定的かつ持続的な外交、貿易、文化交流のための賢明な選択であった」と言って、その道を選択した勲旧派の小国事大を高く評価するのだが、その一方ですでに述べたように、王道から覇道への転回があったとして、そのことを小国事大の現実政策にも増して高く評価する。王道から覇道に転回したのだとすれば、建国最大の理念たる民本主義は何処にいってしまうのであろうか。民本主義を放棄したことが朝鮮における近代思想の誕生ということなのであろうか。そもそも実学とは民本主義に規定された思想であり、王道の政治思想である。いずれにせよ、姜在彦の思想史の方法は、丸山と対をなす近代主義的なそれである。

本書は、このような近代主義的な思想史研究とはおよそ立ち位置が違う視角から書いた論文を集成したものであるが、その説くところは極めて簡明なものである。朝鮮では儒教の伝統的な民本主義思想が近代に至っても確固としてあり、日本のような「富国強兵」思想は自覚的に選択しなかったということである。「富国強兵」思想に代替したのは民本主義的な「自強」思想であり、それは覇道の「富国強兵」思想に対して、あくまでも王道論として提唱された。たとえ「富国強兵」とか「富強」という語が使われる場合があっても、それに含意される思想内容は「自強」であるのが一般であった。それゆえ朝鮮の近代思想の特徴は、西欧の近代思想を受容しながらも、小国主義や民国思想として特徴的に表れるしかなかった。そしてそこには、西欧近代や日本近代を相対化しようとする契機があった。近代文明を至上化して日本のアジア主義的な言説に巻き込まれることによって「自強」思想を放棄するような小国思想は、そうした思想的営為とは截然と区別される。朝鮮においては、丸山が日本近世思想史に見出したような形では、政治と道徳は容易に分離せず、そのことによってかえって現実の世界政治を批判することが可能であった。結果的にはそれは確かに「未発の契機」に終わりはした。しかしそれは、植民地期においても生き続けた思想であるどころか、かえって植民地の思想として鍛錬されていった。本書の趣旨はおよそこのようなものである。構成としては、第1部は枠組的な朝鮮近代思想史像を説いたものであり、第2部は代表的な思想家について論じたものとなっている。

しかし思想史は、一国史的に語られるべきではない。とりわけ朝鮮や日本は儒教化された地域であり、東アジア史的視点が必須である。私はつねに近代日本思想との比較ということを心がけてきたつもりである。比較史的問題意識がなければ、その国の思想的特徴を論じることはできない。第3部はそうした意図から、日本の近代思想や対外認識、国家認識に関する論文を集成したものである。

近代日本思想史研究では、小国主義への着目がかねてよりあった。古くは遠山茂樹の「第三の道」論がある。明治維新の性格と日清戦争の東アジア史的意味をめぐる、史学史上名高い遠山―芝原論争において、遠山は、日清戦争までは帝国主義化か植民地化かの二者択一ではなく、東アジアには、欧米資本主義に従属しながらも、統一国家の実現と資本主義化を図ろうとする「第三の道」の可能性があったことを示そうとした。[*14] 具体的には中江兆民などにみられる小国主義ということになろうが、遠山は、小国主義は「まことに力弱い〝未発の契機〟の珠玉」であったとする芝原拓自[*15]への批判として、しかしそれは「法則的に確かな存在であった」と反論した。[*16] また松永昌三は、一九六〇年代中頃より具体的に中江兆民の小国主義研究に取り組み、中江兆民の日本近代思想史上における健全性を強調している。[*17] さらに大正デモクラシー期に三浦銕太郎や石橋湛山などが小日本主義を掲げた見識の高さについては、松尾尊兊などによって一九七〇年代頃から明らかにされている。[*18] そして、田中彰もまたそうした小国主義の系譜を跡付けた。[*19]

しかし、そうした思想はやはり珠玉でしかない。日本では小国主義は、思想の構造として発現しがたいものがあったというのが、私の見立てである。中江兆民にせよ石橋湛山にせよ、徹底した道義論において小国主義を提唱したのか、果たして疑問である。思想の構造として確固とした儒教的民本主義の立場から提唱された朝鮮の小国主義とはおよそ違う。日本では小国主義は多分に戦略論的に発現されるに過ぎないのではないか。第3部の第一論文では、中江兆民だけではなく、朝鮮朱子学の影響を受けて道義を高く掲げた横井小楠の思想にもふれ、小楠でさえ「富国強兵」や大国願望から自由ではなかったことを論じた。また、アジア主義の先覚者といえる樽井藤吉も考察の対象に入れ、そのアジア主義も実は日本中心的、独善的な思想に過ぎなかったことを論じた。

本来なら、本書では朝鮮の近代思想をもっぱら政治思想として論じているのだから、比較思想史研究としては、日本の近代思想も政治思想として語っていくのが筋である。しかし、政治思想として論じたのは第一論文だけである。他の論文はアジア主義やその変種、あるいは民衆一般や植民地官僚の朝鮮観、宗教者の国家観などを論じた論文となっている。というのは、私は小楠や兆民以外の思想家にも手を広げようと思った時期もあるのだが、そうした研究を継続していったにせよ、珠玉性を積み上げていくことにはなっても、近代日本思想の構造として朝鮮と類似した思惟のあり方を見出すことは困難だと判断したからである。しばしば希有な思想家のように評される小楠でさえ、朝鮮の思想家群に入れてみるならば、全くの異端の思想家として評価せざるを得ない。そのことは逆に言うと、小楠の思想もまた日本思想の正統的な系譜に属するのではないかということである。だとするなら、かえって近代日本思想の構造を説明するうえで、アジア的なるものの実在として考えられてきたアジア主義の思想、あるいは民衆・官僚・宗教者などの朝鮮観や国家観などを明らかにしていった方が意味があるのではないか。政治思想研究に執心しなかったゆえんである。そうしたなか、宗教者の明石順三と出会えたのは幸運であった。明石もまた、珠玉性と同時に国体論から自由でない側面を持っているのだが、彼こそは近代日本において最も異端性と真の珠玉性を体現した存在であったかもしれない。田中正造などもそうした存在だと思うが、いまだ勉強不足で十分な理解が及んでいない。いずれにせよ、これまでの私の比較思想史研究は、非対称的なものになってしまった感がある。そのことに対する批判は甘んじて受けるしかなく、今後の課題としたい。

最後に本書所収の論文の体裁について言及しておく。所収論文は、発表当時の歴史的状況や学会的状況を勘案し、基本的に発表当時の原型をそのまま掲載することに努めた。ただ、不備な説明や表現、明確な錯誤などについては、簡単に訂正できるものは削除・修正・加筆など、やや手を入れたところがある。句読点や文字使い、史料の読み方などについても同様である。従って、内容的には原型がほとんどそのまま維持されている。注の示し方も掲載誌や掲載書の性格に応じて各論文ごとに違っているが、あえて統一していない。どうしても補足が必要な場合は、補注を付した。なお、本書の構成上、論文のタイトルを変えたものがあるが、その場合はそのことを注記した。

注

＊1　姜在彦『近代朝鮮の思想』（未来社、一九八四年）。
＊2　姜在彦『朝鮮の開化思想』（岩波書店、一九八〇年）二六五頁。
＊3　拙著『異端の民衆反乱――東学と甲午農民戦争』（岩波書店、一九九八年）、『朝鮮民衆運動の展開――士の論理と救済思想』（岩波書店、二〇〇二年）。
＊4　前掲『朝鮮の開化思想』（岩波書店、一九八〇年）一二五頁。
＊5　「近世儒教の発展における徂徠学の特質並にその国学との関連」（『丸山真男集』第一巻、岩波書店、一九九六年）一三〇頁。
＊6　「「日本政治思想史研究」あとがき」（同右、第五巻）二八九頁。
＊7　「原型・古層・執拗低音」（同右、第一二巻）一四一～一四二頁。
＊8　「日本思想史における「古層」の問題」（同右、一一巻）一八五頁。
＊9　同右、一八六頁。
＊10　私の丸山真男理解については、拙稿「アジア史研究から見た丸山政治思想史学」（『未来』四七九、未来社、二〇〇六年）を参照されたい。
＊11　実は、姜在彦は丸山真男と面会している。私が姜にその学問と人生に関するインタビューを行った際に丸山との関係について聞いたところ、姜が一九七〇年に『朝鮮近代史研究』（日本評論社）を上梓すると、それを読んだ丸山が姜にぜひ会いたいと出版社を通じて要請し、姜が丸山の自宅を訪問したとのことである（「朝鮮の近代史像を求めて」『岩波講座　東アジア近現代通史』別巻、二〇一一年、八～九頁）。その時丸山は、日本のアジア研究は日本と中国だけで朝鮮がないとして、「朝鮮分野の研究の間口を切り拓くためにも大いに頑張ってほしい」と言ったという。そして、そのうえで丸山は、「朝鮮の儒教の日本にはない特徴として、形而上学があると指摘」し、「日本の儒教はあまりにも実学的すぎて面白くない」、「なぜあなたは朝鮮儒教の形而上学的なものを批判的に見るのか」と問いかけたという。朝鮮を「洪水型」と呼んだのとは大分違う評価である。姜は、丸山は「洪水型」などということも全く言わなかったと証言してもいる。外交辞令なのかどうかは分からないが、丸山が朝鮮に関心を持っていたのは事実である。丸山のもとには、一九六〇年代に韓国から、のちに韓国における朝鮮思想史研究の代表的な研究者となる朴忠錫が留学生として来ており、丸山は朴を通じて朝鮮儒教について知るようになった模様である。その感想が「洪水型」なのであるが、丸山はもう少し朝鮮思想史の理解を深めようと姜に関心を示したわけである。紙幅の関係上、インタビューの文字化に当たっては落としてしまっ

たが、丸山は姜に自分の研究会に正式なメンバーとして出席してもらえないかと依頼したとのことである。関西に居住している姜はこれを断ざるを得なかったが、東アジア思想史の研究史上、一度だけに終わってしまった二人の邂逅はまことに痛惜の念に堪えない。なお姜は最後に、「『日本政治思想史研究』（一九七六年）を読んで、日本の儒教をもっと勉強しなくてはいけないとの思いを強くしました。できれば朝鮮思想と比較研究してみたい。これは私の願望だったのですよ。今もその願望は果たせないでいるのですが」と語ったが、丸山思想史への評価やそれとの葛藤については具体的に口にしなかった。

＊12 姜在彦『朝鮮儒教の二〇〇〇年』（朝日新聞社、二〇〇一年）二七一頁。

＊13 断っておくが、朝鮮の実学というのは、姜在彦が発見したというわけではない。それは一九三〇年代において、朝鮮の歴史家や知識人が本来あるべき近代を自らの思想伝統に求めようとしたときに一群の思想家たちを発見し、彼らの思想を実学と命名したものである。姜の功績はそうした思想家たちと開化思想との連続性を筋道立てて説明したことである。

＊14 遠山茂樹「東アジア歴史像の再検討――近現代史の立場から」（幼方直吉ほか編『歴史像再構成の課題』御茶の水書房、一九六六年）、「日本近代と東アジア――いかにしてアジアの唯一の帝国主義は成立したか」（『世界』第二四二号、一九六六年）。

＊15 芝原拓自『日本近代化の世界史的位置――その方法論的研究』（岩波書店、一九八一年）二九八頁。

＊16 遠山茂樹「書評・芝原拓自『日本近代化の世界史的位置』」（『歴史評論』第三八五号、一九八二年）八八頁。

＊17 松永昌三『中江兆民評伝』（岩波書店、一九九三年）。

＊18 松尾尊兊『大正デモクラシー』（岩波書店、一九七四年）。

＊19 田中彰『小国主義――日本の近代を読みなおす』（岩波新書、一九九九年）。

第1部　近代朝鮮の小国主義

一　朝鮮における大国主義と小国主義の相克

――初期開化派の思想

はじめに

日本の明治維新は、絶対主義の形成過程（明治政府）と絶対主義の打倒過程（自由民権）が同時に進行する二重の過程の相克であった。[*1] そして両者の熾烈なる戦いは、言うまでもなく終局的には前者の勝利に帰したわけだが、ここにおいて明治政府は天皇制絶対主義体制の創出に一応の成功を収め、以後一定のブルジョア的発展を成し遂げつつも、内には民衆抑圧、外には他民族抑圧という支配の構図をつくり上げて行くのである。かかる日本歴史のあり方が、日本人民にとって光栄であるか汚辱であるかは、今日の日本近代史家の判断を仰ぐまでもないであろう。

ところで翻って朝鮮近代史を顧みれば、明治維新（明治政府的コース）を模倣しようとした一八八四年の甲申政変は今日いかなる歴史的評価を与えられているであろうか。もちろん諸説あってひと口には言い難いが、おおよそのところは、いくつかの限界性を認めつつも上からのブルジョア的改革あるいは上からのブルジョア革命＝朝鮮近代化の試みの嚆矢、画期として高く評価されていると言うことができるであろう。[*2]

解放後（戦後）の朝鮮近代史研究は一方では日本帝国主義を批判しつつ、他方では朝鮮社会の自律的な資本主義的発展の足跡を実証しようとして来た。それは今日も疑いなき朝鮮近代史の方法論として定位されているところの内在的発展論の二つの欠くべからざる構成ファクターである。だがこの二つの構成ファクターが各々別様に論じられた場合、内在的発展論はややもすればひとつの論理矛盾に陥る危険性をはらんでいたように思われる。つまり今日までの内在的発展論の一部の潮流には、一方では日本の膨張主義化、帝国主義化の基点となった明治維新的変革のあり方（明治政府的コース）を痛烈に批判しつつ、他方ではその明治維新を模倣して明治政府的コースを歩もうとした甲申政変を積極的に高く評価する傾向があったように思われるのだが、こうした評価には二つの相容れない論理の使い分けがなされていたのではないかと考えるのである。それはすなわち、日本的近代化を否定する論理＝近代主義批判と、朝鮮も日本のように近代化し得る契機を有していたということを強調することによって、結果的には日本的近代化を肯定してしまうことになる論理＝近代主義との二つである。この論理の矛盾は甲申政変を積極評価してきた論者が、今日までややもすれば陥らざるを得なかった内在的発展論の方法論的アポリアであったと思われる。だとすればどれほど日本帝国主義を批判しようとも、そうした内在的発展論には、論理的には日本帝国主義を批判する視座が欠如していたと言っても過言ではないのではなかろうか。「わが封建社会も日帝の侵略を被らなかったならば、それ自体の発展の合法則性に基づいて資本主義社会へ移行することができた」[*3]という議論だけでは、結果的には論理上日本帝国主義を免罪してしまうことになるのである。

資本主義的世界体制が確立する一九世紀段階において、朝鮮がその体制に組み込まれることは不可避でありながらも、欧米資本主義列強あるいは資本主義の道を歩み始めたばかりの新興国日本への植民地的従属化を免れんとするためには、「民族国家創設と資本主義化の動き」は朝鮮にとって必然かつ不可欠であった。[*4]筆者は朝鮮の資本主義化の道を否定しようとするものでは決してない。ただ筆者が言いたいことは、朝鮮における「民族国家創設と資本主義化の動き」に明治維新的コースとは違った方向を目指そうとしていた模索――つまり甲申政変的コースとは違った――があったということを示す必要があるのではないかということである。朝鮮において明治維新的コースとは異なる資本主義社会への模索があったということを示してこそ、日本帝国主義を批判する論理が成り立つはずであるし、それを示すことは同時に上に述べた内在的発展論の方法論的アポリアをも止揚することになると考える。

一九世紀段階においては日本にとってももちろん「民族国家創設と資本主義化の動き」は必然であったが、その際日本は、横井小楠や中江兆民が唱えた「仁義」「道義」（＝王道）を実践せずに武力侵略（＝覇道）を実践した。(補注1) いわば日本は「第三の道」[*5]を「小国主義」[*6]として歩める可能性がわずかにせよあったにもかかわらず、「大国志向型ナショナリズム」の道を歩んでしまった。「第三の道」を認めることは、日本近代史において日本帝国主義を批判する際の要点であるように思われる。このことは朝鮮近代史についてもそのまま妥当し、日本帝国主義を批判する論理を獲得するためには「第三の道」への模索が朝鮮においてもあったことを是非とも示す必要があるのではないであろうか。本稿の課題は、まさにこのことを思想史レベルにおいて明らかにすることにある。その際、朝鮮においては自国の資本主義化を構想し得たのが開化派だけであった以上、考察の対象にするのが開化派の思想であることは言うまでもない。

ところで、朝鮮近代思想史を論ずる場合には朝鮮史の内在的な思想的営為の跡づけ作業に一貫して取り組み、その体系化を試みて多くの業績をあげてこられた姜在彦氏の研究にふれないわけにはいかない。特に開化思想研究は姜氏の思想史研究の中でも根幹をなすものであり、ブルジョア的思想の内在的発展過程を実証することは姜氏の最も主要な研究課題であったように思われる。紙数の関係上、姜氏の開化思想研究の紹介とその問題指摘を詳細に行なうことはできないが、ここでは如上の内在的発展論の方法論的アポリアが、姜氏の研究において最も顕著に表われているように思えるということだけを指摘しておこう。姜氏における方法論的アポリアを筆者が最も強く感ずるのは、開化思想を規定づけた次の一文である。[*7]

要するに資本主義列強のインパクトは、儒教的観念からすれば「覇」の武力と「利」の商品によるそれである。それは対隣国関係において従来「王」と「義」を重んじて「事大」と「交隣」の礼を守ってきた価値観の転換を迫る重大な挑戦であった。開化思想は資本主義的生存競争のなかで、「覇」には「覇」を、「利」には「利」をもって対応するための富国強兵の道、そのための近代的変革をめざした思想である。

いわば姜氏は、朝鮮開化派が王道から覇道へその価値を転換させることによって、資本主義的生存競争の中で強者になり得る論理を見出したことを、積極的に評価しているのだと言えよう。だがこうした強者の論理を積極的に評価する見解には、先に述べたような日本帝国主義を批判する論理は見出し得ない。

そもそも姜氏においては、西欧の近代ブルジョア思想が開化思想を評価する際の唯一の価値基準となっており、西欧近代思想が相対化され得ていないように思われる。[*8] 西欧近代思想を絶対的価値として基準設定するところから、開化思想がそれにどれだけ近づいているかを測定することが姜氏にとっては重要な作業となっているのである。そうした方法論は自ずと、開化思想の近代的側面（肯定面）と限界性の区分けという機械的作業を結果するであろう。[*9]

本稿での筆者の方法論は、かかる姜氏の方法論とは全く逆である。姜氏においては限界性と思われている部分（儒教的思惟）にこそ、むしろ朝鮮の内在的な思想的営為の積極面があることを探り出そうとするものである。姜氏の如上の開化思想に対する定義の妥当性は、その作業を通じて疑わしきものとなってくるように思われるし、また西欧的近代（あるいはその亜流としての日本的近代）とは違う朝鮮独自の近代への模索のあり方も、その作業を通じて明らかなものとなってくるように思われる。

以下、以上のような問題意識と方法論に基づいて本論を展開して行くこととするが、本稿では甲申政変を境にして初期開化派の思想を二期に分かち、開化思想が甲申政変を前後してどのように推移して行ったかを、「第三の道」の構想をめぐって検討してみたい。

1　甲申政変以前における開化思想

(1)　大国主義と小国主義の相克[*10]

甲申政変以前において開化派の思想を最も体系的に表明しているものは『漢城旬報』であろう。[*11] そこでここではまず、『漢城旬報』のナショナリズムについて検討してみたい。

『漢城旬報』の特徴は世界情勢について多くの紙面を割いていることである。その内後進諸地域に関する記事も少なからず見えるが、『漢城旬報』はそれらの地域に住んでいる人々や存在している国家の存亡に強い関心を示した。例えば「亜非利駕洲」と題する記事では、アフリカ諸国のどの国がなお独立を保っており、どの国がもうすでに列強の支配下に属したかということを詳細に論じて、アフリカ全体が徐々に列強の植民地となって行く様子をえがいている。[*12] また「亜米利加洲」と題する記事の中では、アメリカ・インディアンが欧州の白人によって父祖伝来の土地を奪い取られた歴史的事実に言及して、「嗚呼、賓強主弱、見奪祖先之地、而終不復、吁可哀也」として同情を吐露している。[*13] そして、アジアに関しては「安南与法人講和」という記事において、ベトナムがフランスの保護を承認したアルマン条約（順化条約）にふれ、ベトナム亡国の過程を論じた。[*14] これらの記事は単なる海外事情や外信記事として書かれたものではあるまい。『漢城旬報』は、後進諸地域・諸国の現状を紹介することによって、同じく対外的危機に直面している自国＝朝鮮に対し警告を発しようとしたのである。

こうした自国への間接的警告から『漢城旬報』は、国家滅亡の危機を打開し得る策として富国強兵することを、種々の題材に事よせて主張する。前述のベトナム亡国の記事の中でも「富国強兵之策、不難次第就緒也、惜乎、安南不有其人者出而謀之」[*15]として、ベトナムが富国強兵できないのは有力な指導者がベトナムにはいないためであるとしたが、それは朝鮮において富国強兵策を断行し得る強力な指導者が現われなければならないということの間接的表明であった。また「電報説」という記事では、「嗚呼、自世之有電線也、国之富強、兵之勝敗、悉由於是」[*16]（傍点筆者、以下同じ）と述べ、電報線と富強を結びつけている。金玉均が書いた「治道略論」にも「我国富強之策、実肇於此」[*17]とあり、治道と富強が結びつけられていた。そして特徴的なことは、「……名曰自主之権利、以是而上下協励、大以謀一国之富強、小以保一身之権利」[*18]とか「……然則今与西洋諸国対立宇内者、不可因循姑息……盛繕海陸之軍務、然後天下事可庶幾、而吾民得以安堵也」[*19]というように、民衆の「権利」や「安堵」より「一国之富強」や「海陸之軍務」の方が優先課題として設定されていることである。『漢城旬報』は、富国強兵を朝鮮の第一義的課題にすることによって欧米列強からの自己防衛策としたのだと言えよう。

だが富国強兵とひと口に言っても、それに含意される内容は二様であった。そのことを端的に示しているのが「会社説」という有名な論説である。

今西洋諸国、海駛輪船、陸馳火車、郵設電線、街懸煤燈、以洩造化、莫名之機括、兵出四海、通商万国、富甲天下、威視鄰邦、以開古今未有之局者皆会社、而後始有此事也、然此非西国独能独行之事……我亦可以火輪其舟、鉄路其車、電線其郵、煤燈其街、欲富則富、欲強則強、進可以争雄、退可以自守。[*20]

西欧の文明富強が会社の設立によってもたらされたものであるとした上で、わが国もそのような文明富強をなすことができるというのであるが、重要なのは最後の傍点部分である。「進可以争雄」というのは海外雄飛論とも受け取れるものであり、それは大国志向型ナショナリズムの発露のように思える。しかし「退可以自守」というのは国家の自主防衛論であって、小国主義的発想を思わせる。つまりこの論説には大国主義と小国主義が混在しており、それは『漢城旬報』が唱えるところの富国強兵策の二つの発現形態であったように思われるのである。だとすればこの二つの発現形態の背後にわれわれは、開化派の二つのグループを想定することができないであろうか。すなわちそれは、従来いわれているところの変法（急進）的開化派（金玉均《キムオッキュン》・朴泳孝《パクヨンヒョ》・徐光範《ソグァンボム》・洪英植《ホンヨンシク》・徐戴弼《ソジェピル》・兪吉濬《ユギルジュン》など）[21]と改良（穏健）的開化派（金弘集《キムホンジプ》・魚允中《オユンジュン》・金允植《キムユンシク》など）である。大づかみに言って前者の発現形態は変法的開化派のものであり、後者の発現形態は改良的開化派のものであると筆者は考える。何故そう考えるのか。後者の発現形態が改良的開化派のものであるということの論証は次節に詳しく述べるとして、まず前者の発現形態が変法的開化派のものであることについて述べてみよう。

この時期に変法的開化派人士が書き記したものは極めて少ないため——本来少なからずあったのだが、甲申政変の失敗によりそれらは散逸あるいは焼却されてしまった——、この時期の彼らの思想を知るのはなかなか困難である[22]。だが、徐戴弼の後年の回顧談は大いに参考となる。

> 彼（金玉均—筆者）は欧米の文明が一朝一夕のものではなく、列国間における競争の努力によって漸進的に何世紀も要して得られたものであるのに、日本は一代の間にそれを達成したものと考えた。そこで彼は自然と日本を「モデル」として百方に奔走したのである[23]。

冒頭にも述べた如く、金玉均らが朝鮮のヨーロッパ化を成し遂げるために日本の明治維新を模倣しようとしたことは間違いなく、甲申政変はまさにその試みであったのだが、そのことは金允植が「玉均・泳孝・光範等、白日本還、欽艶日本、以為東洋之英吉利、事々健羨、与英植、共述排華尊洋之論」[24]と述べていることから見ても明瞭となる。金玉均は日本を東洋のイギリスとして慕い、朝鮮のヨーロッパ化の性急なる方法を学び取ろうとしたのである。しかしそこには単に日本のヨーロッパ化の道を学び取ろうとする姿勢だけでなく、日本への強い対抗意識が潜在していた。徐戴弼は先の回想に続けて、「彼はいつもわれわれに、日本が東洋のイギリスとなるならば、われわれはわが国をアジアのフランスにしなければならないと言った[25]」と述べているが、金玉均は日本が脱亜の方向で文明富強化するならば、朝鮮も日本と同じく脱亜文明富強化の道を歩まねばならないとしたのである。それはまさしく朝鮮大国化の方向を、金玉均が模索していたことを意味するものではないであろうか。

そもそも、この時期の金玉均の日本観は単に日本を友好国とみる楽観的なそれでは決してなかった。彼はこの時期、「日本の朝鮮に対する根本概念は開戦に非ず、侵略に非ず、征韓に非ず、唯だ提携し、協力し、以て支那の圧抑を排斥するに在るを洞察し、又日本国民の親愛なる、信誼を尊重し、正義を好愛し、其の国家と国民は朝鮮の現状打開を援護する唯一の友邦なることを確信し」ていたといわれているが[*26]、それは金玉均の日本観の一面だけを誇張したものにすぎない。金玉均は壬午軍乱後、第三次修信使節団の顧問役として渡日した際、駐日イギリス公使館員のアストンと座談する機会を持ったが、彼はその席で強烈な反日感情をあらわにして、壬午軍乱で朝鮮は「日本とまさに戦争しようとしたのであり、実際したならば朝鮮が勝つところだったと確信している」と揚言したという[*27]。これは金玉均特有のホラであって、朝鮮が日本と戦争をして勝利を収め得ると、金玉均が本当に考えていたわけではないであろうが、ただこの言葉から、彼の日本への強烈な対抗意識と不信感とを読み取ることができる。彼は日本の信頼するに足りないことをある程度認識しつつも、あくまでも清に対抗するために甲申政変において日本を利用しようとしたのである。そして日本を利用しつつ、日本をも乗り越えた朝鮮大国化の方向を彼は目指したのだと言い得よう。

金玉均のこのような大国志向型ナショナリズムはこの時期の兪吉濬にもみることができる。兪吉濬は一八八三年に「競争論」という論文を書いているが、彼はその中で「一国の盛衰強弱は競争の大小高卑にあり。万一国が競争することなければ則ち富強にして文明の境地に進就することができないのみならず、其国を保全することもできない[*28]」と述べて、現実の弱肉強食的世界の中では国家の文明富強と独立の達成が競争の精神を持ち得るかいなかにかかっているとした。そして続けてインドの例をあげ、インドがイギリスの奴隷となったのは競争する精神を持っていなかったからだとした上で、朝鮮も競争精神を活発にして「一国の文明を進めて一国の富強を成し、国威をして万邦に震轟させ、国光をして四海に照曜させることを余等は希願す」[*29]という文でこの論文を結んだ。兪吉濬は競争精神を無条件に称揚しているのだと言うことができよう。それは社会進化論の影響によるものであったが[*30]、こうした競争精神の無条件的称揚は、現実の弱肉強食的世界状況の中で朝鮮は勝者にならなければならず、力が正義であって人道は正義に非ず、従って力なき者は悪であるという命題を導き出す。「競争論」に関する限り、インドに対する同情の吐露はみられないし、弱者の側からする発想、つまり現実に侵略を被っているアジアの立場からする欧米列強に対する批判の精神は全くみることができない。すなわち兪吉濬は、勝者の立場＝欧米列強の立場に立つことをやむを得ざる選択として是認しているのであり、そのことから彼の論理は自ずと欧米列強の現実の侵略行為を合理化する結果を招き、更には朝鮮も欧米列強のようにすべきだという結論を下すに至ったのである。従って「国威をして万邦に震轟させ、国光をして四海に照曜させる」という兪吉濬の言辞は、抽象的表現にしかすぎないものの、それは単なる富国強兵論の誇張的比喩という意味を越えて、朝鮮大国化の方向を模索したものであると理解するのが妥当のように思われる。

金玉均や兪吉濬以外の変法的開化派人士の発想が、この時期いかなるものであったかは現在のところ知る手だてがほとんどない。だが先の金允植の言と、彼らが金玉均の影響を強く受けていたことを考慮すれば、彼らもまた大国志向型ナショナリズムか、ないしはそれに近い発想をしていたものと見て大過ないであろう。

もっとも変法的開化派のナショナリズムに、アジアの立場に立った小国主義的発想が全くなかったとも言い切れないふしもある。一八八二年頃に金玉均は「箕和近事」という著作をものした。現在この著書は伝わってはいないものの、その内容は朝鮮と日本の最近事情を主に叙述しつつアジア全般の政治情勢にふれ、あわせて西洋勢力に対抗する方策――興亜策を展開して三国（朝・日・清）が提携する――を説明したものであろうと推測されている[*31]。そもそも『漢城旬報』には平和独立への関心[*32]や、イギリスの支配に抗して立ち上がったアラービー革命[*33]、及び抗仏戦を展開したベトナムの黒旗軍の活動など[*34]に対する共感、それに日本において一八八〇年にアジア諸国の提携を目的として設立された興亜会[35]に対する関心などがあった。「箕和近事」の内容が本当に興亜策を叙述したものであったとするならば、このような『漢城旬報』のアジアあるいは小国の立場に立った発想を、金玉均もまた大国主義的発想の一方で行なっていたと言うことができよう。従ってその場合には変法的開化派を単に大国志向型ナショナリズムという範疇のみで説明することはできず、むしろ彼らのナショナリズムにおける大国主義と小国主義の相克をみるべきかもしれない。

しかしたとえそうであるにはせよ、金玉均の終局的目的が朝鮮のヨーロッパ化にあったことは恐らくは間違いないであろうし、また具体的には弱者＝小国の論理を全く排除した兪吉濬の例からもわかるように、彼らの思想の主要な発現形態が前者にあったということは否定できないように思われる。従って筆者はこの時期における変法的開化派の思想の発現形態を、本質的にはやはり大国志向型ナショナリズムと規定づけようと思うのである。

このナショナリズムは朝鮮の場合、日本とは違って即侵略思想というわけでは決してない。金玉均や兪吉濬は、朝鮮の他国への侵略について具体的に語るところは一切ないのである。だが少なくとも、現実の弱肉強食的世界を積極的に否定するのではなく、むしろやむを得ざる当為として是認することによって、自らもヨーロッパ化しようとするナショナリズムである。逆の言い方をすれば、朝鮮のヨーロッパ化を至上とするあまりに、欧米列強の資本主義的侵略行為を積極的に否定する論理を欠いたナショナリズムである。[36]したがってこのナショナリズムは、まさしく伝統的儒教の王道論からの逸脱であり、覇道論の新たなる提唱であったと言えよう。その意味では、姜在彦氏がいわれるところの開化思想の王道から覇道への価値転換は、少なくともこの段階の変法的開化派のみに限って言えば確かにあったのである。しかし次章の第一節において明らかにするように、彼らの思想は甲申政変以降、覇道論を捨てて再び王道論へと回帰して行くであろう。

ところで本節の最後の問題として、何故にこの段階において大国志向型ナショナリズムが彼らによって唱えられたのかということが説明されなければなるまい。筆者はそれは、朝鮮をめぐる国際関係のあり方によって説明され得ると考える。
この段階においては朝鮮は、いまだ欧米列強諸勢力の角逐の場となっておらず、資本主義化の道を歩み始めたばかりのなお力弱い日本と、一八八二年の壬午軍乱と朝清商民水陸貿易章程の締結などを契機として朝鮮への宗主権を強化して行ったとはいえ、もはや旧日の国勢を日に失いつつあった老大国清の両国のみの圧力しか受けていなかった。イギリスはこの段階では朝鮮にいまださほどの関心も示しておらず[*37]、フランスはベトナム問題に忙殺されていた。そしてロシアは、潜在的に朝鮮の脅威ではあったが、朝鮮との修好条約を締結するのさえやっと一八八四年になってからであった。つまり朝鮮はこの段階では、いまだ欧米列強の直接的進出を受けないでいるという事情によって、日清両国のみを相手にすればよかったのである。従って、経済的にも軍事的にもかなりの劣位にはあるものの、なお力弱い日清両国の対抗を利用しさえすれば、朝鮮が富国強兵することはなお容易であると変法的開化派人士によって観念されたとしてもなんら不思議ではあるまい。かくして金玉均らは、朝鮮大国化への道を模索しつつ甲申政変を企図するに至ったのであった。

(2) 改良的開化派における小国主義の模索

一八八〇年第二次修信使として渡日し、日本をつぶさに見た後復命を果たした金弘集は、国王高宗《コジョン》と次のような問答をかわした。

上曰、自強是富強謂乎。対曰、非但富強、将自強修我政教、保我民国、外衅無従、此実自強之第一先務。[*38]

自強とは富強のことかという高宗の問いに対して金弘集は、自強とは単に富強というのではなく、政教を修めて民と国を保ち、外からの災いを防ぐこと、これこそが自強の第一先務であるとしたのである。金弘集は富強＝富国強兵策を否定しているわけでは決してない。ただ彼はあくまでも、儒教道徳と政治制度の充実によって人民と国家を内政面において安んずると同時に、外国の脅威からも守護すること、これこそが自強論の本質であるとし、富国強兵策をあくまでもそのための手段として位置づけようとしたのである。金弘集は富国強兵の覇道的イメージを嫌い、自強を単に富強という覇道的イメージで認識しようとする高宗に対し、王道論的立場から釘を刺したのだと言えよう。

こうした金弘集の自強論に表われているナショナリズムは、前節で検討した金玉均や兪吉濬のナショナリズムとは大きく異なっているように思われる。そこには、富国強兵策を主張しながらも朝鮮のヨーロッパ化を追求しようとする発想はなく、むしろ小国朝鮮の平和独立のみを追求しようとする発想をみることができるように思われるのである。それは伝統的王道思想に裏づけられた小国主義的発想であって、それこそが改良的開化派の基本的立場であったと考えるのだが、ここでは金弘集的立場の具体的展開を自らの考えや立場を比較的明瞭に対象化している魚允中や金允植について——この時期に限っては特に前者について——見てみたい。

まず魚允中についてであるが、彼の国家に関する価値観は一八八一年の紳士（朝士）遊覧団行とそれに続く清国天津行とによって一大転換している。それ以前の彼の国家観は素朴小国主義ともいえるものであった。一八七七年に高宗への進講の際彼は、中国三国時代の蜀・呉の例を引きながら「国雖小、力弱、若上下相孚、益修保民保国之策、雖大国何足畏哉」[39]と述べた。魚允中は、いかに小国といえども君臣・君民が一体となって保国・保民の策に努めさえすれば、大国の侵略を防ぐことができると考えていたのである。そうした考えには富国強兵論の入り込む隙はない。それはあまりにも素朴な王道思想の発露であった。

ところが日本・清国行から帰国復命すると魚允中は、高宗に対し「顧今局勢、非富強、無以保国、故上下之一意経営者、即此一事而已」[40]と述べ、富国強兵策の必要性を表明した。これは実は、清の国情を高宗が問いただしたことに対する回答なのだが、前半の「顧今局勢、非富強、無以保国」というのは、魚允中自身の朝鮮をも含めた時局対策を述べたものに他ならず、後半部分が清の国情を示すものとなっている。彼は日本では、官営工場をはじめとする各種産業施設や各種軍事施設、及び政府各省、大学や士官学校などの各種学校、そして病院などの各種福祉施設などをつぶさに見学して日本の文明富強化ぶりを見せつけられた。と同時に彼は、政府要人では伊藤博文・井上馨・岩倉具視など、在野人士では福沢諭吉・中村正直など、そして財界人士では渋沢栄一などをはじめとする多くの有名人士と会い、彼らから文明富強化の必要性を鼓吹された。また清国天津でも、李鴻章より洋務自強化の道を朝鮮も歩むべきことを説諭された。こうしたことから魚允中は自らの素朴小国主義に疑義を感ぜざるを得なくなり、ここに彼は富国強兵論を積極的に主張するに至ったのである。

そもそも一八八一年の日本・清国行によって魚允中は、弱肉強食の論理に貫かれている世界の情勢を明確に認識することができた。彼は「春秋戦国即小戦国也、今日即大戦国也、皆只以智力争雄矣」[41]として、現在の世界は中国の春秋戦国時代よりももっと苛酷な大戦国時代であると規定づけた。そして彼は、そうした時代認識の当然の帰結として、文明富強化に国の総力を結集している隣国日本に大きな脅威を感ぜずにはいられなかった。彼は「我雖得富強之道而行之、彼（日本―筆者）不敢有他意、不然而彼強我弱、難保無他事矣、隣国之強、非我国之福也」[42]と述べて、朝鮮が富強の道を歩まなければ日本は朝鮮の脅威となるだろうとしたのである。

富国強兵の具体策として彼は、清国洋務派と同じく強兵策に力点を置いて軍備を充実すべきことを主張した。そして特徴的なことは、陸軍よりも海軍をより充実させるべきだとしたことである。彼はイギリスの例を引いて、イギリスが版図を広げ国勢が隆盛を誇っているのは、海軍が充実しているからだとした上で、三方を海に囲まれている朝鮮は国の地勢がイギリスと近似しているから、「如我国、則振張海軍之要、無異英国」として海軍拡張論を唱えたのである。[43]また彼は士官学校の如きものを建てることを主張し、「尚文、則国勢不振、宜於学校設武学一科」[44]と述べ尚武の必要性を説いた。

このように魚允中は日本・清国行以降、強兵策を中心とする朝鮮富強化の道を模索して行ったのだが、それでは彼の思想は王道より覇道に転換し、金玉均や兪吉濬のような大国志向型ナショナリズムを追求するに至ってしまったのであろうか。決してそうではない。「皆只以智力争雄矣」と述べたり、またイギリスの如く海軍を充実すべきだと言ってみたりしつつも、彼の基本的な立場は王道論をはずれることは決してなかった。そのことは彼の明治維新批判を見れば明瞭に知ることができる。彼は金玉均のように手離しで日本を東洋のイギリスとして賞賛することは決してしなかったのである。

彼の明治維新批判は二つの問題指摘からなっている。第一点は明治政府の人民生活を犠牲にしてまでの富国強兵策に対する批判である。

（日本）近数十年来、専以富国強兵為急務、（中略）然而此年経費、倍蓰於前、課歳収入、実難継給、於是乎、自内国至外国、而公債之漸積、今為三億六千三百三十二万七千九百七十余円、而年々利息之償還亦不小矣、所謂造紙当貨者貨如非貨、而得之者不思儲蔵、用之者亦似軽易、是故銭路多岐、物価騰踊、（中略）聴於民、則生涯漸益困乏気像、若不安頓、莫不有不如前時之歎也、盖覘今日国勢、則許多営如摹倣、外雖富強、不得自主裁制、内致艱絀云是白斉。[*45]（傍線は吏読）

日本は富国強兵策を推進した一方で膨大な内外公債をかかえ、不換紙幣の乱発によって物価は騰貴し、そのことによって人民生活は困窮して、もはや外見は富強であっても自主的な国家運営さえもままならぬ状態であるというのである。

魚允中が日本に来た一八八一年という年は大隈財政の最後の年に当たり、まさに明治十四年改変が起きて松方財政に移行しようとする年であった。当時日本は、明治初年以来の不換政府紙幣の乱発と、一八七六年の国立銀行条例改正後の不換銀行券の発行、それに一八七七年の西南戦争による不換紙幣と不換銀行券の更なる増発などによってインフレーションが年々進行し、深刻な財政危機に見まわれていた。それは急激に富国強兵策を推進したことに対する当然のシッペ返しであったが、物価騰貴によって人民生活に重大な支障がきたされたことはもちろん、官業や特権的大企業も経営困難に陥り、国家全体が抜きさしならぬ経済危機の状況に追い込まれていたのである。魚允中は、外見における富国強兵の華やかさの裏面にある、こうした矛盾に満ちた実態に鋭く日を向けたわけである。彼は富国強兵策に賛意を示しつつも、人民生活に極度の負担を強いてまでする政策には決して同意しなかったのである。それは言うまでもなく王道論的立場からする当然の見解であり、かつ当然の明治維新批判であった。

魚允中の明治維新批判の第二点は風俗のヨーロッパ化に対するものである。

（日本）不通西国以前、未嘗非国富兵強、家給人足、而亦無待於外也、是故当初斥攘不啻厳邪正之分、到今服従、胡至此俗風之易乎、或日時勢使然、而帰之時勢、不思吾之自主乎、又曰強弱所致、而付之強弱、不勉吾之自修乎。[*46]

日本の富国強兵策は文明開化と相まって勢い「俗風之易」をもたらしたのだが、魚允中はそうした富国強兵策のひとつの帰結としての「俗周之易」を自主・自修ではないと認識したのである。これは「東道西器」論の立場からする当然の明治維新批判であるが、注目すべきことは魚允中が自主・自修にこだわっていることである。風俗をヨーロッパ化することが自主・自修でないとするのは、必ずしも的を射た批判ではないが、彼におけるあり得べき国家像はあくまでも国家が自主・自修であらねばならないという一点であり、富国強兵策もそのための手段にしかすぎず、富国強兵策が彼において持つ意味はそれ以上でもそれ以下でもなかった。

このように魚允中は王道論を拒否して覇道論を選択したのでは決してなかった。彼はあくまでも国家の自主・自修と人民生活の安定という王道論的立場から富国強兵を唱えたのである。(補注2) 本来王道論と富国強兵は矛盾するかのようであるが、彼においては決して矛盾していないのだと言うことができよう。現実の世界各国のあり方を「皆只以智力争雄矣」と言ってみたり、イギリスのように海軍を起こせと言ってみたりはしても、それは金玉均や兪吉濬のように朝鮮大国化の方向を目指そうというのでは決してなく、あくまでも戦国争雄的世界状況の中で自主・自修すべく海軍を起こせという意味にしかすぎないのである。

彼がそのように考えていたことは、彼がスイスに少なからぬ関心を示していたことからも理解される。彼は「瑞西国小而能自主、大統領居於製時計《ママ》蒙楼《ママ》上、平時無一卒自衛、民皆能知抗衝禦侮、戦時万勇之兵立可聚云」[*47]と述べているが、スイスという国の特殊なあり方は彼にとってひとつの驚きであり、また共感すべき理想の国家像であったようだ。彼はまさに小国朝鮮が小国としていかにあるべきかを模索していたのだと言うことができよう。

このような魚允中の模索は彼の僚友金允植の模索でもあった。金允植も魚允中の日本・清国行の年と同じ一八八一年に領選使として清国に赴くが、魚允中と同じく彼もやはり李鴻章から洋務自強化の必要性を説諭された。もっともそれ以前から彼は富国強兵策の必要性をある程度知っており、それをなすための天津行でもあった――軍事技術の修得――わけだが、李鴻章と会うことによって一層その必要性を痛感したようである。

しかし金允植もまた王道論的立場を崩さないのである。彼は天津で清国洋務派官僚である許涑文と会談するが、その際次のような会話をかわした。

答（金允植―筆者）、近来事、惟視強弱、不在公法、然小邦自守之道、惟在謹守公法、無失信於他邦可也、而敝邦人、視公法如邪学、不欲掛眼、主人（許涑文―筆者）曰、万国公法、亦非諸国会議定法、乃参量時勢、如亦《ママ》（六）国時合従之説、仮使孔孟復起、不得不因時制宜、但辦法必遠勝蘇・張耳。[*48]

金允植の言と許涑文の言の説明が逆になるが、許涑文は、万国公法というものは中国戦国七雄時代に秦に対抗するために蘇秦が他の六国を同盟せしめたのと同じようなものであり、それが蘇秦（合従説）や張儀（連衡説）の行なった縦横策よりすぐれているとしても、今日の世界は万国公法のようにはうまくいかず、たとえ孔子や孟子が現在いたとしても、時局に応じた政策を打ち出すことしかできないのだとしている。それに対し金允植はそのことを十分に承知しながらも、朝鮮のみは万国公法を守らねばならないとした。小国である朝鮮はどの国も守ろうとしない万国公法をあえて守り、諸外国に対して「信」を貫き通すことによってのみ、はじめて自守することができるというのである。ここには「信義」を世界に問おうとする金允植の深い思想があり、それこそが彼の真骨頂であった。そしてそれは覇道をあえて行なう欧米列強に対する王道論的立場からする批判でもあったと言える。[*49]

金允植は自らの思想をこの時期にはいまだまとめ切っていない――あるいは単にあまり書き記していないだけかもしれないが――ので、これ以上述べることはできないが、彼は甲申政変以降、状況の変化を考慮しながら朝鮮資本主義化構想をも含めた自らの思想＝小国主義を体系化して行く。そのことは次節において詳論するであろう。

以上に述べたように、いわゆる改良的開化派が小国主義的発想をしていたことは明確な事実であるように思われる。もっとも彼らは、変法的開化派の大国志向型ナショナリズムに対し、自らを明確に小国主義として意識していたわけではあるまい。ただ彼らは富国強兵策を主張しながらも、あくまでも王道論的立場から覇道的コースを取ることに反対したのであり、そのことがすなわち、客観的には小国主義的発想に他ならなかったということである。変法的開化派の思想を覇道的富国強兵論というなら、改良的開化派の思想は王道的富国強兵論と言うことができるであろう。姜在彦氏は変法的開化派と改良的開化派の相違を、①明治維新をモデルとするかあるいは清国洋務運動をモデルとするか、②急進か漸進か、③「東道」軽視か重視か、等に求めておられるが[*50]、それらの相違の他に今ひとつかなり重要な両者の相違として、覇道か王道か、あるいは大国主義か小国主義かという、朝鮮の進むべき道＝あり得べき国家像をめぐっての潜在的な意見の対立をあげて然るべきであると考える。

2　甲申政変以後における開化思想

(1)　変法的開化派の小国主義への転回

甲申政変以後、朝鮮をめぐる東アジアの国際情勢は一変する。清国の重圧強化と日清の全面衝突への懸念から、一八八五年閔氏政権下において、国王高宗と兵曹参判メルレンドルフは第三国であるロシアに朝鮮の保護と軍事教官派遣の要請を行なった。その要請に対しロシアはその代償として朝鮮の不凍港たる永興湾の使用を要求し、朝鮮進出の第一歩としようとした。所謂前後二度にわたる朝露密約事件であるが、他方イギリスはアフガニスタン問題をめぐるロシアとの緊張激化とも関連して、一八八五年四月ロシアの朝鮮進出阻止と、将来の対露開戦に備えウラジオストック先制攻撃の作戦根拠地とする目的のために巨文島を占領した。[*51] ここに朝鮮をめぐる国際関係は一挙に緊張の度を強くするに至る。朝鮮は日清の角逐場である他に英露の帝国主義的対抗の角逐場ともなったのである。朝鮮に対する外圧は前にくらべ明らかに強化された。

しかし英露の朝鮮における対立はそれ以上には深化せず、むしろ対立は沈静化した（一八八七年三月イギリス巨文島撤退）。ロシアはいまだ朝鮮に市場としての価値をさほど認めておらず、[補注3] またたとえ朝鮮を支配したとして軍事的に朝鮮を維持・防衛することに自信が持てなかった。そのためロシアは日清間の勢力が均衡を保っている限りにおいて朝鮮への積極的進出を断念した。他方イギリスもまた朝鮮市場にいまだ魅力を感じておらず――他の欧米列強も同様――、清国が朝鮮の領土保全を確証して朝鮮が現状を維持している、つまり日清が勢力均衡を保ちロシアを牽制する状態が続く限り、朝鮮において既得権以上のものを求めようとはしなかった。[*52]

欧米列強の朝鮮をめぐる目論見はまさに日清の勢力均衡にかかっていた。そして日清両国は、一八八五年四月の天津条約において日本が清と同等の権利を獲得すること――両軍の朝鮮撤退と相互間における有事の際の朝鮮出兵通知義務――によって、少なくとも日清戦争までは勢力均衡を保つに至った。

このようにこの段階において朝鮮に対する外圧は前にくらべて明らかに強化されはしたが、しかし諸列強は朝鮮において勢力均衡を保っていた。従ってこの時期に至ってもそうした諸列強の勢力均衡を利用しさえすれば、朝鮮が「民族国家創設と資本主義化の動き」を推し進めることはなお可能であったと言える。そして開化派はこの段階、まさに諸列強の勢力均衡を保ちそれを利用することを第一に念頭に置きつつ、自らの国家構想を新たに打ち出して行く。とりわけ変法的開化派は朝鮮をめぐる国際条件の変化と甲申政変の挫折をふまえ、もはや大国志向型ナショナリズムを主張することは許されなくなり、自らの思想をドラスチックに転換させる。外圧のより一層の強化に直面した時、彼らがなおも大国主義を主張することはもはや現実的ではなかった。より現実的な路線は、諸列強の勢力均衡を利用することによって小国として自立する方向を模索することであり、それこそが朝鮮に残された唯一の道であったのである。

それでは変法的開化派の思想と国家構想がかかるものとしていかに転回して行ったかを、変法的開化派人士の一人ひとりについて順を追って具体的に見て行くこととしよう。まず金玉均についてであるが、彼はこの時期「外には広く欧米と信義によって親交」することを外交の基本とし、内には内政を改革して文明化すればイギリスやその他の列強の侵略を防ぐことができると述べた。[*53]「信義」の主張は侵略を肯定する論理＝大国志向型ナショナリズムからは出てこない発想であるが、彼は不「信義」がうず巻く現実世界のあり方を十分に知りながらも、朝鮮のみは欧米諸国に対して「信義」を貫き通せというのである。それは先に見た改良的開化派の金允植の主張――「信」を貫き通すことこそが「小邦自主之道」である――と同じ発想に基づくものである。金玉均はこの時期、明らかに小国主義の立場に立った発想をするに至ったように思える。

彼のこの時期における小国主義的発想は、この時期に彼が打ち出した朝鮮中立化論を見ればより一層明らかとなろう。彼は一八八六年に李鴻章に書簡を送ろうとしたが、そこで彼は次のように述べた。

清国皇帝陛下、為天下之盟主、布公論於欧米各大国、与之連続、立朝鮮為中立之国、作万全無危之地、閣下継以老練手段、尽善隣友睦之誼、固結輔車之盟、以展東亜之政略、則此不独朝鮮之幸、恐亦為貴国之得策。[*54]

清が盟主となって欧米列強に説き朝鮮を中立国化させたならば、それは朝鮮にとっても清にとっても得策であるというのである。金玉均は諸列強の勢力均衡という現実の事態を深く洞察して、それを積極的に利用することを思いつき、ここに彼は朝鮮中立化構想を展開したのであった。それはまさしく小国自立のための模索以外の何ものでもなかった。

一方彼はこの時期、同じく小国主義の立場から朝・日・清の三国連帯をも模索した。所謂「三和主義」といわれるものであるが、彼は「此の頃『興亜之意見』と題する一篇を草し、日韓清三国が提携して欧米東漸の侵略を防遏すべき事を論じ、之を携へて支那に赴き李鴻章を説得しようと計画した」[*55]という。甲申政変以前の段階においても、大国主義的思想の一方で彼には三国提携の思想があったかもしれないということはすでに述べたが、この時期に至って金玉均の小国主義の思想は明確な形で全面展開することとなったのであった。

兪吉濬の思想変化も以上のような金玉均の思想変化とほぼ軌を一にしている。とりわけ朝鮮中立化構想に関しては兪吉濬もまた積極的に提唱し、金玉均とほぼ同様の論旨をより具体的に展開した。兪吉濬の朝鮮中立化構想も清を盟主とするものであるが、その中立化のモデルを彼はより具体的にベルギーとブルガリアに取っていた。そして「向之時、国未有其機耳、今則可謂時到機合」[*56]と述べ、イギリスによる巨文島占領事件以後の朝鮮をめぐる国際条件の変化を十分に考慮に入れ、今こそ朝鮮中立化を図り得べき絶好の機会だと主張した。また「唯中立之一事、寔我邦保守之策」[*57]とも述べ、朝鮮を中立国化することのみが朝鮮「保守之策」であるとした。[*58]われわれは兪吉濬についても大国主義から小国主義への転回があったことを認めてもよいであろう。

だが、兪吉濬の思想の変化を最も明確に示すものは既述の「競争論」に書かれた所説の変化である。彼はこの時期に書いた『西遊見聞』（一八八九年脱稿、一八九五年刊行）に「人世の競励」という一章を設けた。そこでは「競争論」と同じくやはり競争する精神を称揚しはしたが、それは決して無条件にではなかった。彼は「富貴利達を致すもその道に二有り。その一は他人の物を奪取するものなり。又その一は自己の力を用いて起発するものなり[*59]」と述べ、富貴利達をなす際の競争精神は後者のものであらねばならないとして前者を否定したのである。彼は前者の一例として「無名の干戈を挙げて弱小の国を攻取し、盗賊同様の挙動にて富貴を自致する者も有り[*60]」と述べ侵略行為について語っている。これは前近代的な武力征服について主に述べたものであって、必ずしも西欧列強の資本主義的侵略行為について直接に述べたものではないかもしれない。しかし少なくとも「競争論」においてみられた、競争の結果による侵略行為はやむを得ざるものとした論理の否定であることは間違いあるまい。兪吉濬は西欧に対する批判の論理をいまだ完全には構築しきれずにいるのだが、しかし少なくともこの段階に至って、小国の側に立った論理だけは自らのものにしたと言うことができよう（補注4）。

彼が小国の立場から侵略行為を積極的に否定したことは、養兵に関する議論にも表われている。彼は「養兵する事が政府の当然の職分であるが、その強を恃して弱き者を蔑視し、その大を自矜して小さき者を薄待するは軍士を設くるの本意にあらず、即ちこれ貪戻なる野蛮の行実なり[*61]」と述べたが、それは侵略の具としての軍隊の価値を間接的に否定したものに他ならない。

そしてそうした侵略の否定の論理の当然の帰結として、彼は万国平等論を展開する。彼は「大国も一国なり。小国も一国なり。国の上に国更になく、国の下に国また更になし。一国の国たるの権利は彼此の同然なる地位によって分毫の差殊も生ぜざるなり[*62]」と述べ、大国も小国もすべての国はその権利において全く平等であるとした。

しかし彼は、現実の世界各国の関係が決してそうなっていないことを誰よりも知っていたはずである。「競争論」をすでに甲申政変以前に書いた彼がそのことを知らなかったはずはない。ただ彼は現実の世界各国の関係がそうあらねばならぬという理想を高らかに述べたのである。彼は「天下の公道」＝万国公法が弱小国の自主独立権を擁護してくれるとも述べているが[*63]、それもまた彼の理想論であり、万国公法に対する大いなる期待であったのだろう。彼は現実世界が万国平等でもなければ、万国公法がどれほどの役にも立たないことを重々知りながらも、あえてその反対のことを述べることによって、自らが「信義」を世界に問おうとしたのだと筆者には思われる[*64]。兪吉濬もまた、金允植や金玉均のように「信義」こそが小国の最も鋭利な武器であることを悟ったのである。

ところでこの時期の変法的開化派の文献として注目されるのは、朴泳孝の国政改革に関する建白書であるが、彼のこの時期における思想と国家構想も、この時期の金玉均や兪吉濬と極めて似通っている。

彼はまず現実の世界を中国の戦国時代と同じであるとした上で、そうした現実世界には万国公法があるといっても、「自立自存之力」＝富国強兵する力がなければ国家は滅亡せざるを得ないとする[*65]。そこで彼は、「大凡欧人、口称法義、心懐虎狼」としてヨーロッパの侵略主義を批判しつつ[*66]、日本をモデルとした富国強兵策を朝鮮が採用すべきことを主張する[*67]のである。ここまでは甲申政変以前の金玉均や兪吉濬とさほど変わるところがない。しかし朴泳孝は日本をモデルとした富国強兵策を推進することを主張しながらも、日本のように軍事大国化する道を歩めとは決して言わなかった。彼は「養兵数万、姑足以鎮邦内事」[*68]と述べており、とりあえずはわずか数万足らずの軍隊を設置することしか要求せず、専守防衛的発想をしたものと思われる。しかもそれは対外的というよりは対国内的な存在であり、警察とも未分離のようである。

朴泳孝が小国主義の立場に立っていたことは、彼の外交論を見れば一層明らかになる。彼は「致謹於清、慎而和魯、倚托於美、親交日本、結英・徳・法等国事」[*69]と述べてすべての国と平和的外交を展開することを主張したのだが、それは仮想敵国をつくらずに全方位外交を展開せよということに他ならない。彼はもちろんロシアに対してはことさらに脅威を感じてはいたが、しかしそのロシアに対してあえて「和」の姿勢を取ることによってその脅威を取り除こうとした。彼は軍備の必要性を痛感してはいたが、彼の本領は諸列強が朝鮮において勢力均衡を保っているという現実をふまえて、すべての国と平和外交を展開することによって朝鮮への脅威を未然の内に除去しようとするところにあったものと思われる。それは金玉均や兪吉濬の朝鮮中立化構想とは違うものの、しかし内容的にかなり近似したものであると言えよう。そして朴泳孝もまた「信義」を外交の基本にすえていることは注目される。彼は「交外国以信、不可違背、且与約必慎、不可軽卒事」[*70]と述べているが、彼もやはり「信義」が小国にとってすぐれた武器であることを承知していたのであった。

以上、変法的開化派の著名士三人について見て来たが、この時期に彼らの思想は明らかに大国主義から小国主義に転回して行ったものと思われる。言い変えれば覇道から王道への転回である。姜在彦氏がいわれ、少なくとも変法的開化派のみにはみられた王道から覇道への価値転換は、皮肉にもここに至って覇道→王道という逆転換を遂げてしまったのである。ならばそれは変法的開化派の思想の後退か。決してそうではない。彼らは侵略される側の論理を明確に持つに至って、自らの思想を逆に深化させ更には発展させたのだと言うことができるであろう。

(2) 改良的開化派における小国主義の構想——金允植の構想

改良的開化派における小国主義思想は甲申政変以降、より明確な輪郭をえがくに至る。この時期に自らの小国主義構想を明確に論じたのは金允植である——金弘集や魚允中はこの時期に自らの思想を金允植ほどには明瞭に論じていない——が、彼の思想は朝鮮近代思想史上重要な意味を持っているように思われる。そこでここでは、金允植の思想にしぼってこの時期の改良的開化派にみられる資本主義構想をも含めた小国主義構想について論じてみたい。

甲申政変以前の段階において、金允植が「信義」を世界に問おうとしていたということはすでに述べたが、この時期に至ってももちろんそうした思想に変わりはない。彼は「夫信者国之宝、苟能守信、雖無城郭・甲兵、可以自保、如其無信、雖有四海之富、金湯之固、不足恃也」[*71]と言い切り、国家の自主独立にとってどれほど「信」が重要であるかを強調する。この時期、変法的開化派が小国主義の立場に立つに至って「信義」の重要性に気づいたとはいえ、その強調の仕方において、金允植にはやはり他の開化派人士の追随を許さないものがある。そして彼は「東道西器」論の立場――もっとも後述するようにこの時期の彼は、単純な「東道西器」論をもはや乗り越えようとしていたのではあるが――から更に次のように述べる。

当今之時、(中略)君明其徳、臣勤其職、官得其人、民安其業、通商可許則許之、而謹守条約、器械可学則学之、而不作無益、推誠柔遠、信孚豚魚、沛然徳教、溢乎四海、四海之国、必相率而来、執壌奠称、為有道之国、(中略)聖人之道、何不可用於今之世乎。[*72]

現今時代において、君、臣、官、民が各々その職分を全うすべきことはもちろん、わが国は諸外国と通商条約して更に西洋の「器械」の学ぶべきは学ばなければならないとした上で、信と誠を尽して徳教を四海に広げれば四海の国々が必ずやその徳を慕ってわが国にやって来る、だから朝鮮を「有道之国」にしなければならないし、また「聖人之道」は現在でも十分に通用するのだというのである。ここには「西器」=洋務の必要性を十分に知りつつも、「聖人之道」に固執する儒者ならではの思想がある。金允植は「西道」よりも「東道」の方がすぐれていることをあくまでも信じて疑わなかった。彼は覇道=「無道」がまかり通る世界の現実に対し、朝鮮のみは王道=「有道」を貫き通してそうした世界に率先して範を示すべきことを強く主張したのである。今少し言えばそれは「覇」には「覇」ではなく「覇」にほ「王」をもってする小国朝鮮の伝統的立場からする自己主張であり、また西欧列強に対する独自な論理よりする批判、対抗の仕方であった。

筆者はこのような金允植の思想に世界平和主義の高い理想をみると同時に、それを儒教型理想主義と呼ぼうと思う。[*73] 儒教型理想主義こそは彼の思想の原点であり、彼の小国主義構想もこの理想主義の当然の帰結として発想されたものであった。

では彼の小国主義の具体的内容はいかなるものか。結論が先になってしまうが、ひと口に言ってそれは富国策の優先と強兵策の猶予である。彼は軍縮論を展開して次のように言う。

夫有国者、不可忘戦、忘戦必危、今四海争雄、雖至小之国、尚能積財練兵、以図自強、況我国処東洋要衝之地、独晏然無備守文、自保不待、遠懲莒人、亦宜近鑑琉球、甚可懼也、余在天津、李少荃中堂（李鴻章―筆者）及其僚佐諸人、嘗為余言天下之形勢、勧之自強、余毎聞之、未嘗不怵然動心、嗣後我国建親軍営、設機器廠、頗修武備、伊来八・九年間、閲歴世故、商度時宜、乃知養兵非今日急務、曩日津門諸論、蓋未深知我国情形之故也、孔子曰、去食去兵、民無信不立、信者政令之本也、須先修其政令、足民之食、然後乃可議兵、（中略）且雖無一兵、但使政令内修・交誼外固、則未必遽有侵凌之事、為今之計、不如減兵省餉。[*74]

彼は小国といえども軍備が重要であること、自強に努めなければ春秋戦国時代の小国＝莒や、つい先頃の琉球のように国を失わなければならなくなることを十分に知っていた。だから清国の李鴻章や洋務派官僚の忠告に従い、朝鮮の軍事力強化に一時力を注ぎもした。しかし最近の情勢を顧みれば、養兵は今日の急務ではなく、まずは民力を優先して養わなければならないというのである。そして内政・外交に力を尽くせば軍隊が全くなくてもしばらくは侵略を受ける心配はないとまで極論する。

このように金允植が断言できたのは二つの理由からである。第一の理由は、前節で述べた、朝鮮をめぐる諸列強の勢力均衡という新たなる国際情勢の現出であったろう。彼は甲申政変以降の朝鮮における諸列強の勢力均衡状態を的確に把握したものと思われる。彼は諸列強が朝鮮において均衡を保っている限りは朝鮮が軍事的侵略をまともに受けることはないという判断から、今こそ軍縮を断行して——もっとも朝鮮はもともとそれほどの軍事力を持ってはいなかったけれども——民力養成（「足民之食」）＝富国策をすみやかに図り得べき絶好の機会だと考えたのである。[*75]

金允植がかく極論した第二の理由は、清国洋務派の政策に対する懐疑であり、またそれに追随しようとした自らの考えに対する自己批判であったと思われる。そのことは「曩日津門諸論、蓋未探知我国情形之故也」と彼が言っているのを見れば明らかであろう。彼は清国自体が強兵策を優先的に採用していることに対して必ずしも異議を唱えているわけではない。[*76] ただ国力において清国よりはるかに劣っている朝鮮が、自らの国力を顧みずに強兵策を行なうことに疑問を呈しているのである。この段階の彼においては民力養成＝富国を犠牲にしてまでの強兵策は全く考えられなくなっていた。もっともこうした強兵策に対する疑念は改良的開化派が本来少なからず抱いていたものであろう。先述したように魚允中は、清国洋務派のような強兵策の断行を主張しながらも人民生活に犠牲を強いてまでする日本の明治維新的富国強兵策——それは当然に富国より強兵に力点が置かれていた——に反対していたが、魚允中にとって強兵策の断行はあくまでも程度問題であった。そのことは金允植にとっても全く同じであったと思われるが、金允植はこの段階に至って強兵策がかえって国家衰亡の危機さえ招きかねないとみることによって、そうした疑念から脱し得たのである。彼は「若我国遽効清国之事、専力於兵械、則民窮財匱、必有土崩之患」[*77]と述べ、朝鮮が清国の如き強兵策を行なえば民力の養成をさまたげるどころか国家の「土崩」さえもまねきかねないと明確に断じるに至った。そして「崇廉黜貧、勤恤斯民、勤守条約、無啓衅於友邦、此我国之時務也」[*78]と述べ、内政を充実して平和外交を展開することこそが朝鮮の時務であるとした。朝鮮を対外的危機から救う道は強兵策の推進にはなく、むしろ民力養成（「勤恤斯民」）＝富国策の推進にあるのだということを金允植は明瞭に確信したわけである。

ここに改良的開化派における小国主義ははっきりした輪郭を持つに至ったと言える。「信義」を世界に問うという儒教型理想主義に立脚しつつ、富国策を優先し強兵策を猶予する——これこそが改良的開化派の唱えた小国主義の具体的内容であった（もっとも金允植だけに限られるかもしれないが）。従来一般に改良的開化派は清国洋務派と同一の性格を持つものとして評価されて来たが、それは少なくとも甲申政変以降の改良的開化派には妥当しない評価である。この段階に至ると、少なくとも金允植に限っては清国洋務派の思想を超克しているように思える。そのことは彼の富国策の具体的内容を見ても明らかであると思われるが、次にその具体策としての彼の朝鮮資本主義化構想について若干検討してみたい。

彼の朝鮮資本主義化構想はまず、現実に進行している農民層分解を当然あり得べき事態であるとして積極的に肯定するところから出発する。つまり彼が「夫貧富者天之所定也、先王制民之産、欲使無甚貧甚富之異、而人之勤惰不同、命之豊嗇各殊、雖聖人亦不能斉之矣……夫富者其人必勤倹力作而興家者也、是可勧而非可悪也」[*79]と述べているのがそれであるが、彼は現実の農民間における貧富の格差を不当なものとするのではなく、むしろ当然のこととして是認し、更には富民層に積極的意味を見出すのである。彼によれば富民は、凶荒などの緊急事態に際して自らの財力を放出することによって農村社会の再生産危機を救う好意的存在であった。従って彼は農民経済の均産化の道を拒否してむしろ富民層を積極的に保護しなければならないと考えた。[*80]そして彼は、一定のヨーロッパ資本主義に関する知識に基づいて富民層を産業資本家になり得る存在と捉え、そのことから単に富民層を保護するばかりではなく、そのような方向に彼らを導びかなければならないと主張した。

余聞、泰西各国惟以富民為務、民有興殖農作之利者、政府必多方以導之、設法以護之、雖国君、不敢一毫妄取於民、国有大事、則或借款於富人、必計息還償、而不能違期、鉄路・電線・機器・各廠等諸大役、富民往々自辦、而収其税、国家雖不与焉、而自獲其益、富者極楼台被服珍玩之娯、而貧者以賃作得食於富者、於是民国共享其利、貧富倶得其所、所以能横絶四海、恣睢而自雄者也、然則泰西之法、惟恐民之不富、我国之俗、惟恐民或富、何其大相遠也、夫願富之情、天下人人之所同、非独泰西為然也、何不順民情、厳立科条、禁侵暴攘奪之習、断願納冒官之弊、衛護斯民、俾得放心安業、而殖其利、則十数年之後、安知無能辦鉄路・電線・機器廠之民乎哉。[*81]

彼はヨーロッパ諸国では富民を積極的に保護育成して、彼らが鉄道や電線・各種工場を経営している結果、国家はそれらの経営に自らたずさわらなくても彼らから徴税することによって巨万の富をかち得ているとする。だから彼は、朝鮮もそのような富をかち取るべく、ヨーロッパのように富民を積極的に保護育成すべきであり、そのようにすれば十数年後には朝鮮にも「辦鉄路・電線・機器廠之民」＝産業資本家が生まれて来るだろうというのである。当時の朝鮮で現実に進行している農民層分解のあり方は、ブルジョア的分解ではなく地主的分解でしかなかったが、彼はそうした地主的分解を「貧者以賃作得食於富者、於是民国共享其利」として積極的に容認しつつ、地主層をして産業資本家へ転換させる方向での朝鮮の資本主義化を構想したのだと言えよう。それは後進国資本主義化の典型的方向をさし示す構想であった。[*82]

金允植のこのような富民の保護育成による朝鮮資本主義化の構想を強兵策の他に買弁的な官僚資本主義の方向を目指した清国洋務派の思想と同一範疇で捉えることはとうていできない。少なくともこの時期の彼は、ヨーロッパ事情の一定の理解のもとに清国洋務派の影響から脱し、独自な思想的営為を行なっていたように思われる。彼はこの時期に至ってももちろん「東道」にはあくまでも固執してはいたが、しかしこの時期の彼の思想は従来の「東道西器」の範疇ではもはや捉え難くなって来ているように思われる。朝鮮資本主義化構想はもちろんそのことのひとつの重要な証左に他ならないわけだが、更に注目すべきはこの時期の彼がヨーロッパの政治制度に強い関心を寄せていることである。彼はヨーロッパの政党にふれて次のように述べる。

本朝中葉以後、以四色党争、国勢萎靡、馴致今日之禍、有識之士、所以疾首者也、党争於無事之時、足以亡国、況有事之日乎、近世各国、皆有政党、此皆為公、非為私也、今我政府之党、是為公乎、為私乎。[*83]

これにみられるように、金允植がヨーロッパの政党政治を朝鮮の政治のあり方よりもすぐれているものと考えていたことは明らかだと言えよう。もっとも公論の拡大に関しての具体策については彼は、「今宜広開言路、不限官民、使人人得尽其言、則情無不達、冤無不白、国有公論[*84]」としか述べておらず、なお抽象論にとどまってはいる。しかし甲午改革期には金允植も参与した開化派政権内で立憲政治について盛んに論議された模様であり[*85]、彼がヨーロッパの政治制度の移入に理解を示していたことがある程度推察される。この時期の彼は単なる「東道西器」論を乗り越えつつあって、もはや変法派ともいうべき思想内容を備えていたと言うことができはしないであろうか。

だが、何度もくり返していうようだが、「東道」論をあくまで堅持する点で彼はいささかも従前と変わりはない。変法的開化派がどれほど小国主義に転回し、また金允植自身がどれほど変法論に近づこうとも、この一点において両者はこの時期に至ってもなお截然と区分される。彼は「西道」の優秀さを認めはしたが、しかしそれは彼において「東道」の相対的劣位を意味するものでは決してなかったのである。というのは彼はそもそも「西人之善処、必不出先聖之範囲、二先生（顧炎武・胡渭―筆者）之言、無怪見於西国也、亦可曰暗合古人[*86]」と述べていることからわかるように、ヨーロッパの諸制度がどれほど優秀であっても、それは東洋の聖人や大学者の考えたこと、あるいは行なったことの範囲、つまり「東道」の範囲を一歩も出ないものであると考えていたからである。東洋なかんずく朝鮮において、すでに失われてしまった本来あり得べき儒教政治の理想的あり方の一面を、彼は当時のヨーロッパに見出していたのであった。従って彼は自らが「東道」を捨てるべきなんらの理由もないと最後まで考えていたであろう。

金允植こそはヨーロッパ近代の偽善性を一面批判しつつも、その長所にも積極的に対応し得たすぐれた儒者であったと言い得るであろう。従来金允植をはじめとする改良的開化派の限界性を指摘するのが通説であったが、それはあまりに近代主義的理解にすぎる。金允植ら以上に限界性を指摘されるべきは金玉均らをはじめとする変法的開化派である。彼らは少なくとも甲申政変段階までは、ヨーロッパ近代を相対化することがほとんどできず、それに無批判的であったからである。これこそが限界性と言わなくて何と言おう。ヨーロッパ近代を批判しつつも、それに積極的に対応して小国主義に裏うちされた国家像を構想する——このことを先駆的に（甲申政変以前から）成し得たのは朝鮮ではひとり金允植をはじめとする改良的開化派のみであった。金允植は最後まで儒者であったから駄目なのではなく、むしろ最後まですぐれた儒者であったからこそそうした限界性を突破できたのである。

しかし筆者は金允植ら改良的開化派に指摘されるべき問題点が全くなかったとは言わない。金允植はすぐれた儒者ではあったが、既成の儒教の枠に止まって治者の論理をあくまでもくずすことができなかった。彼は農民闘争という下からの変革論理を是認することが最後までできなかったのである。彼は甲午農民戦争の指導者である全琫準と金開南を「猶天宝之安史也」[*87]と評したが、彼には甲午農民戦争は国家に対する許し難い反逆としか映らなかった。彼における小国主義構想の欠陥を指摘し得るとすれば、それは彼が最後（大韓帝国の滅亡）まで下からの変革論理を自らの構想の中に取り込むことができなかったということであろう。だが金允植とともに同じく甲午開化派政権に参与して行く朴泳孝や兪吉濬・徐光範などの変法的開化派においてもそれは同じである。彼らもまた愚民観から脱することはできなかった。開化派＝朝鮮ブルジョア民族運動における「民衆の発見」は更に後の時期（三・一運動期）まで待たなければならなかったのである。

おわりに

小国主義＝「第三の道」の構想は結局は実を結ぶことができなかった。それは何よりもその構想が諸列強の勢力均衡が保たれている一八八五年から一八九四年の一〇年の間に着手し得なかったためである。[*88] この期間は開化派の思想的営為にとって最も重要な時期であったのだが、惜しむらくは彼らのほとんどは政権の座から遠ざかっていた。[*89] 民衆の変革論理を取り込むことができなかったという欠陥を持っていたとはいえ、この時期に彼らが政権を握り自らの構想を実践していたとすれば、小国主義の実現は必ずしも可能性がなかったとは言い得ないように思われる。ところが次の段階に至ると、その実現可能性はかなり困難なものとならざるを得なかった。甲申政変が大国志向型ナショナリズムを思想的バックボーンとする変革の試みであったのに対し、甲午改革こそは小国主義実現の試みであったと言い得るかもしれないが、しかし日清戦争の勃発＝均衡状態の崩壊を前提とする甲午改革段階はもはや小国主義実現の絶好の機会を逸していたのである。

実現されなかった以上、小国主義は確かに「未発の契機」にすぎなかったかもしれない。しかし朝鮮においては大国主義もまた「未発の契機」であった。そしてどちらがより実現可能性があったかと言えば、欧米列強の脅威とともに日清両国の挟撃にもさらされ、近代化過程において日本が経験した外圧よりも、なお一層強い外圧を被っていた朝鮮においては前者であったろうし、また前者の道しか朝鮮には残されていなかったとも言い得るのではないだろうか。朝鮮においては覇道の実践は当初から困難であったのであり、儒教の伝統的思想に基づいて王道論を高く唱え、そのことによってあえて覇道に挑むこと——これこそが朝鮮のより現実的な唯一の道であったし、また価値ある思想でもあったのである。筆者は朝鮮近代史における日本帝国主義批判の論理をここに明確に見出したように考える。

しかしこの日本帝国主義批判の論理は、国権の高揚が大きく叫ばれる中で弱肉強食時代を当為として積極的に是認し、「信義」をも否定してしまうことになる独立協会運動と愛国啓蒙運動の段階に至ってひとたび見失なわれてしまう運命をたどる。その論理が再度明確に現われて来るのは三・一運動の時期であり、ここに朝鮮近代史は本格的な反帝闘争の段階を迎えることになると筆者は考えるのだが、そのことについての考察は他日に期したい。

ところで冒頭でふれておいた朝鮮近代史における内在的発展論の方法論的アポリアについてであるが、西欧的歴史発展法則を朝鮮史に機械的に適用しようとする限り、その克服は容易なことではないように思われる。そもそもが朝鮮史の歴史発展法則がヨーロッパと同じであり得るはずはないにもかかわらず——もちろん歴史の一般法則は両者にそれぞれ貫徹している――、特殊西欧的な歴史発展法則を朝鮮史に見出そうとしたところに従来の内在的発展論の無理があったように考える。筆者には西欧的歴史発展法則を朝鮮史において実証することがなぜ内在的発展論に基づく歴史観なのか理解に苦しむところである。そうした作業からはむしろ朝鮮史の真に内在的な側面（独自な歴史発展のあり方）が見落とされてしまうのではないだろうか。侵略された側の論理を侵略した側の論理に乗ることによって構築してはならないのである。あくまでも侵略された側の独自な論理を見出そうとする作業こそが今後の内在的発展論に問われて然るべきではないかと思えてならない。

注

＊1　服部之総『近代日本のなりたち』（初版一九四九年、青木文庫版、一九六一年）一三一頁。

＊2　紙幅の都合上甲申政変評価の学説史は、原田環「朝鮮近代史における最近の論争をめぐって――甲申政変評価の視点について」（『史学研究』広島大学、第一一七号、一九七二年）、康玲子「甲申政変の評価をめぐって」（『季刊三千里』第四〇号、一九八四年）、本誌本号の槽谷憲一論文等にゆずる。

＊3　김석형「해방후 조선력사학의 발전」（『력사과학』一九六二年第二号、평양）四頁。

＊4　遠山茂樹氏の所説に基づく。「東アジアの歴史像の検討――近現代史の立場から」（幼方直吉・遠山茂樹・田中正俊編『歴史像再構成の課題』御茶の水書房、一九六六年）二四頁。

＊5　遠山茂樹「日本近代と東アジア――いかにしてアジアの唯一の帝国主義は成立したか」（『世界』第二四二号、一九六六年）参照。

＊6　松永昌三「自由民権派にみられる小国主義思想」（『史潮』第八四号、一九六四年）参照。しかし矢沢康祐氏がいわれるように、自由民権派は本来アジア連帯意識とアジアへの侵略主義的意識とをブルジョア民族主義の二つの発現形態として固有に持っていて、しかもその主要な矛盾は後者にあった（「明治前半期ブルジョア民族主義の二つの発現形態――アジア連帯意識をめぐって」『歴史学研究』第二三八号、一九六〇年）のであり、そのことは山田昭次氏によってかなりの程度に実証されている（「立憲改進党における対アジア意識と資本主義体制の構想」『史苑』第二五巻第一号、一九六四年）。山田氏はまた松永氏の所説発表後において小国主義そのものに対して疑義を表明された（「征韓論・自由民権論・文明開化論――江華島事件と自由民権運動」『朝鮮史研究会論文集』

第七集、一九七〇年)。小国主義は「まことに力弱い〃未発の契機〃の珠玉」(芝原拓自『日本近代化の世界史的位置——その方法論的研究』岩波書店、一九八一年、二九八頁)であったのかもしれず、若干の問題点(特に朝鮮認識に関して)を含んでいることは事実であろう。だがそうした問題を持ちながらも、また「まことに力弱」くても、「法則的に確かな存在であった」(遠山茂樹「書評・芝原拓白『日本近代化の世界史的位置』」『歴史評論』第三八五号、一九八二年、八八頁)ことも事実のように思われる。

*7　姜在彦『朝鮮の開化思想』(岩波書店、一九八〇年)一二五頁。

*8　姜在彦氏に対する筆者のこのような批判の仕方は、最近宮嶋博史氏によってもなされている。朝鮮史研究会第二一回大会(一九八四年一〇月二一日)において宮嶋氏と筆者はともに報告を担当したが、その際の宮嶋氏と筆者の問題意識は多分に似通ったものとなっていた。本稿はその際の報告をもとにしたものだが、宮嶋氏は大会直後に逸早く「開化派研究の今日的意味」(『季刊三千里』四〇号、一九八四年)を発表し、大会での報告を活字化しているので参照されたい。

*9　姜在彦氏的な方法論は、日本思想史では丸山真男氏の古典的ともいうべき名著である『日本政治思想史研究』(東京大学出版会、一九五二年)を頂点とする近代主義への批判という形で、すでに克服の対象とされている(もっとも洗練された推敲と緻密な構想のもとに展開される丸山政治学の克服は容易なことではないが)。例えば松浦玲「日本における儒教型理想主義の終焉」(『思想』第五七一号——一九七二年、第五七七号——一九七二年、第五九二号——一九七三年、第六三〇号——一九七六年)があるが、本稿は松浦氏のこの労作に示唆されたところが大きい。

なお、筆者は拙稿「甲午農民戦争指導者＝全琫準《チョンボンジュン》の研究」(『朝鮮史叢』第七号、一九八三年)において、丸山氏の「国民主義」に関する方法論を援用して全琫準の思想を「前期的国民主義」と規定したことがあったが、それは近代主義的方法論に立つ丸山氏を必ずしも肯定的に評価して援用したものではない。全琫準評価が近代主義的になされて「近代的民族主義」者(金容燮「全琫準供草의 分析——東学乱의 性格一斑」『史学研究』第二号、서울、一九五八年)とか、あるいは近代的民族意識を持った「革命的思想家」(横川正夫「全琫準についての一考察——甲午農民戦争研究によせて」『朝鮮史研究会論文集』第一三集、一九七六年)と評価されていることに対する筆者なりの疑問から、仮に近代主義的に彼を厳密に評価するとすれば、彼の思想はむしろ丸山氏のいうところの「前期的国民主義」段階に止まり、いまだ「近代的国民主義」には至っていないということをいいたいがための援用であった。今少しいえばそこで筆者が言いたかったことは、全琫準を「近代的民族主義」者、「革命的思想家」として評価することは金氏や横川氏のように近代合理主義的価値基準から評価する場合にはむしろ過大評価であるということである(ただし金氏の場合、全琫準の反乱動機については自然発生的枠組から出ていないとして過小評価もしているのであるが)。筆者の真意はあくまでも、全

琫準における「前期的国民主義」範疇を一歩進めて全琫準の近代と反近代の相克のあり方にこそ朝鮮近代史の積極的意味を探り出そうということであった。以上、誤解なきように付言しておく。

*10 ここでは大国主義という用語を大国志向型ナショナリズムとほぼ同義で使う。文字通りの、すでに大国であるところの大国の立場による大国のための主義という意味では決してない。

*11 『漢城旬報』は朴泳孝の発起、兪吉濬の実務担当のもとで、所謂変法的開化派主導の下に発刊される予定であったが、朴泳孝の左遷によってその計画はひとたび挫折した。その後金允植の従兄で改良的開化派に属する金晩植《キムマンシク》を責任者として再び計画が練られ、一八八三年一〇月一日（陰暦）に第一号が発刊されることとなった。従って『漢城旬報』は改良的開化派主導の下に発刊されたということができるのだが、しかし金玉均の書いた論説「治道略論」が『漢城旬報』に掲載されていることや当時の両派の対立が深刻なものではなかった――壬午軍乱において両者の違いがたとえ鮮明になったとはいえ――ことから考えて、『漢城旬報』は両派の主義主張が混在した開化派全体の思想を体系的に表明したものと考えられる。また井上角五郎が『漢城旬報』に全面的に協力したことから福沢諭吉の考えがそこにある程度反映されていたことも事実だが、記事の取捨選択の責任は最終的にはあくまでも開化派にあったのだから、福沢の考えが反映されているにせよ、それもまた開化派の同意を得た思想内容であったと言うことができる。なお『漢城旬報』に関しては次の論文を参照。리상호「한성순보와 개화사상」（朝鮮民主主義人民共和国社会科学院歴史研究所編『김옥균』평양、一九六四年、所収）、李光麟「漢城旬報에 대한 一考察」（『改訂版 韓国開化史研究』一潮閣、서울、一九七七年、所収）、原田環「井上角五郎と『漢城旬報』」（『季刊三千里』四〇号、一九八四年）。

*12 『漢城旬報』第一号。

*13 同右、第三号。

*14 同右、第一号。

*15 同右。

*16 同右、第九号。

*17 同右、第二六号。

*18 同右、第二号、「欧羅巴洲」。

*19 同右。

*20 同右、第三号。

＊21　ここでは開化派の区分を姜在彦氏の規定に従って、一応変法的開化派と改良的開化派とに区分しているが、姜氏が兪吉濬の思想を「東教西法」として「東道西器」である改良的開化派に近いものとしている（前掲『朝鮮の開化思想』一七五頁）のに対し、筆者は彼の思想はむしろ変法的開化派そのものではなかったかと理解する。というのはまず第一に、後述するように彼の思想は大枠では金玉均の思想と軌を一にするからであり、また第二には、彼が甲申政変後にアメリカ留学から帰国した際、当時の守旧派政権から金玉均一派と目され直ちに逮捕幽閉されたことに端的にみられるように、客観的にも彼は変法的開化派＝甲申改変一派と目されていたからである。確かに彼は甲申政変以後になると改良的開化派とその発想を同じくする面があるが、しかしこれも後述するように実のところそのような思想的転回は、皮肉なことに変法派の頭目である金玉均自身にもみられたものであった。

＊22　今日までの開化思想研究においては、甲申政変以前の史料が乏しい故に、政変以降の史料――たとえば「池運永《チウニョン》事件糾弾上疏文」（金玉均）や「朝鮮国内政ニ関スル朴泳孝建白書」など――を利用して甲申政変段階の思想状況を説明して来たが、やむを得ないとはいえこれは開化思想研究の方法論上の大きな誤謬であったといえる。そうした方法論では甲申政変を画期としての開化派の思想の変化を、いわばダイナミズムにおいて把握することが全く不可能となってしまうからである。

＊23　徐載弼「回顧甲申政変」（閔泰瑗『甲申政変과 金玉均』一九四七年、所収）八一頁。

＊24　金允植「追補続陰晴史」（『続陰晴史』〈韓国史料叢書第十一〉下、所収）五六五頁。

＊25　前掲「回顧甲申政変」八四―八五頁。

＊26　古筠記念会編纂『金玉均伝』上（一九四四年）一四二―一四三頁。

＊27　広瀬靖子「日清戦争前のイギリス極東政策の一考察――朝鮮問題を中心として」（『国際政治』51、一九七四年）一五三頁。金玉均は壬午軍乱の際、「魚允中より大院君清へ拘送せられたるを聞き、悲憤慷慨、以て清国排斥の議を語」って（前掲『金玉均伝』上、一四六頁）、反清感情をむき出しにしたが、日本に対しても反日感情をむき出しにしていたのである。徐載弼は壬午軍乱前後の時期に留学生として日本に滞在していたが、当時彼は「日本がわが国を強圧して済物浦条約を結んだことをひどく憤慨し」たという（金道泰『徐載弼博士自叙伝』一九四八年、乙酉文庫版、一〇五頁）。徐載弼の日本に対する憤慨は金玉均においても全く同じであったのである。

＊28　「競争論」（『兪吉濬全書』Ⅳ、一潮閣、서울、一九七一年、所収）五七頁。

＊29　同右、六〇頁。

＊30　兪吉濬は朝鮮に最も早く社会進化論を紹介した人物である（李光麟「旧韓末進化論의 受容과 그 影響」〈『韓国開化思想研究』一潮閣、

서울、一九七九年、所収〉参照)。

＊31　李光麟「金玉均의 著作物」(『開化党研究』一潮閣、서울、一九七三年、所収)参照。

＊32　『漢城旬報』第三号の「美瑞両国共設調停法衙」という記事には次のようにある。「……或不利於我、則大国因之而欲呑小国、強国因之而欲食弱肉、干戈日出、事変靡常、故識者憂之、或有倡万国法衙之議者」。『漢城旬報』は小国の立場から、世界の平和機関たるべき「万国法衙」の設立に関する議論に関心を寄せているのである。

＊33　『漢城旬報』第三号、「英兵駐埃及」。アラービー・パシヤの革命勢力を「埃及忠君之徒」として、それに対し共感の意を表している。

＊34　黒旗軍の活躍に関しては多くの号にわたって詳報している。

＊35　『漢城旬報』第二六号の「鄰交論」という論説で、興亜会について紹介している。興亜会の会合には、変法的開化派と改良的開化派とを問わず少なからぬ人士が渡日の際に出席しており、開化派内部ではもとより関心が高かった。金玉均の「箕和近事」も興亜会の影響によって書かれたものであるらしい。なお興亜会に関しては次の二論文参照。佐藤三郎「興亜会に関する一考察」(『山形大学紀要』〈人文科学〉第四号、一九五一年)、山田昭次「自由民権期における興亜論と脱亜論――アジア主義の形成をめぐって」(『朝鮮史研究会論文集』第六集、一九六九年)。

＊36　侵略思想はこの時期には確かに表明されないものの、長い間アメリカに亡命していて、その間の東アジア情勢にうとかった徐戴弼が帰国することによって、ナショナリズムの高揚が叫ばれる独立協会運動の段階を迎えるに至ると、侵略思想は具体的言辞として表明されることとなる。次の一文は彼が主筆時代に書かれた『독립신문』(一八九六年八月四日)の一論説である。「もし朝鮮人が夢から覚め、物をもらって食べていきながらも、進歩して公平・正直・便利に努め、富国強兵する学問と風俗に努力すれば、朝鮮人もイギリス人やアメリカ人のようになれないことはないだろう。朝鮮も清国を討って遼東と満洲を奪ったなら、賠償金八億円を受けられるだろうから、朝鮮人は心を大きくもって、一〇年後には遼東と満洲を奪い、日本の対馬を奪ってくるほどの志を持つことを願う」。姜在彦氏は朝鮮の思想には「どうみても挑戦者に対抗するほかに、隣国を攻めろという論理は生まれてこない」(「朝鮮人の日本観――江戸期朝鮮通信使の日本紀行を中心として」『経済評論』一九七四年十一月、七一頁)といわれるが、それが間違いであることはこれによって明らかであろう。

＊37　前掲広瀬靖子論文参照。

＊38　『修信使記録』(韓国史料叢書第九)一五八頁。金弘集は日本で清国駐日公使館参賛官黄遵憲と会談し、彼から「今日之急務、在

力図自強而已」と言われると「自強二字、至矣尽矣、敢不敬服」と答え（同右、一七二頁）、自強の必要性を痛感して帰国した。
＊39 「従政年表」（『従政年表・陰晴史』〈韓国史料叢書第六〉所収）六五頁。
＊40 同右、一二一頁。
＊41 同右、一二二頁。
＊42 同右、一二三頁。
＊43 「随聞録」（『魚允中全集』亜細亜文化社、서울、一九七九年、所収）六一―六二頁。
＊44 同右、七七頁。
＊45 「東萊御史書啓」（前掲『魚允中全集』所収）一一―一二頁。なお「公債之漸積」三億六三三二万七九七〇円というのは正確ではないようである。一八八〇年現在の日本の内外債、借入金の合計はおよそ二億四九〇〇万円である（安藤良雄編『近代日本経済史要覧』東京大学出版会、一九七五年、一九頁）。
＊46 同右、一五頁。
＊47 前掲「随聞録」七五頁。
＊48 金允植「陰晴史」（前掲『従政年表・陰晴史』、所収）七九頁。
＊49 金允植は「曾聞泰西諸国、惟俄外不貪人土地、此説亦妄」（同右、一二六頁）と述べ、ロシア以外の欧米列強も侵略主義だとして批判している。
＊50 前掲『朝鮮の開化思想』二一一頁。
＊51 前掲広瀬靖子論文、一五三頁。
＊52 藤村道生『日清戦争』（岩波書店、一九七三年）四〇―四三頁。
＊53 「池運永事件糾弾上疏文」（『金玉均全集』亜細亜文化社、서울、一九七九年、所収）一四六頁。
＊54 「与李鴻章書」（同右、所収）一五二頁。
＊55 近藤吉雄『井上角五郎先生伝』一九四三年）一一七頁。
＊56 「中立論」前掲『兪吉濬全書』Ⅳ、所収）三二七頁。
＊57 同右、三二六頁。
＊58 兪吉濬の朝鮮中立化論のより具体的紹介は姜方吉「兪吉濬의 韓半島中立化論」（『分断時代의 歴史認識』創作批許社、서울、

一九七八年、所収）にゆずる。

＊59　兪吉濬『西遊見聞（復刻本）』（景仁文化社、서울、一九七二年）一三〇―一三一頁。

＊60　同右、一三一頁。

＊61　同右、二四二頁。

＊62　同右、八八頁。

＊63　同右、九五頁。

＊64　兪吉濬は「比隣の景況は友睦する信義を結」ぶことだと述べている（同右、八八頁）。なお、「天下の公道」＝万国公法に兪吉濬が楽観的に依存していたとして、彼の帝国主義認識の甘さを指摘する見解がある（金泳鎬「『西遊見聞』解題」同右、所収一七頁、及び野村淳一「兪吉濬についての一考察」『史海』第二七号、一九八〇年、四二―四三頁）が、そうした見解は『西遊見聞』のみに依拠した皮相な理解だと考える。

＊65　「朝鮮国内政ニ関スル朴泳孝建白書」（『日本外交文書』第二一巻、所収）二九六頁。

＊66　同右。

＊67　同右、二九五頁。

＊68　同右、三〇五頁。

＊69　同右、三〇九頁。

＊70　同右。

＊71　『雲養集』巻之七「十六私議」所収〈第十二講約〉。

＊72　前掲『続陰晴史』上、一五六―一五七頁。

＊73　儒教型理想主義とは松浦玲氏が横井小楠の思想を規定づけたものである（松浦玲前掲論文参照）が、筆者は小楠の思想と金允植の思想に極めて近似したものを認めている。

＊74　前掲「十六私議」所収〈第三養兵〉。

＊75　金允植のこの判断は基本的には的確であったろうと思われるが、しかし諸列強の勢力均衡は比較的に長期にわたるものであって、列強の直接的侵略は当分はあり得ないものと理解していたようであり、その点では楽観的すぎた趣もある。例えば彼はロシアがたとえ朝鮮を侵略しようとしても、それは平和的手段によるもので一〇年二〇年先のことと考えていた（同右、所収〈第十三綏北〉）。

＊76　金允植は「当今識時務者、宜莫如北洋大臣少荃李公」と述べ李鴻章を高く評価しているし、また「立経陳紀、択人任官、練兵治械、以禦四裔之侮、此清国之時務」と述べ、「練兵治械」＝洋務を行なうことを清国の時務として認めている（『雲養集』巻之八「説」所収〈時務説送陸生鐘倫遊天津〉）。
＊77　同右。
＊78　同右。
＊79　前掲「十六私議」所収〈第九護富〉。
＊80　「邑有富民、則緩急多籍其力、村有饒戸、則凶荒必有所済、在上者宜栽培而擁護之、其不可摧破也、明矣」（同右）。
＊81　同右。
＊82　金允植の経済思想については金容燮「甲申・甲午改革期開化派의 農業論」（『韓国近代農業史研究』一潮閣、서울、一九七五年、所収）が参考になる。
＊83　前掲「追補続陰晴史」五五八頁。
＊84　前掲「十六私議」所収〈第十五広聴〉。
＊85　「嗚呼、自甲午六月以後、立憲政治之論肆行、而乱逆之徒接踵而起」（「聚語」『東学乱記録』〈韓国史料叢書第十〉上、所収、一四六頁）。
＊86　前掲「陰晴史」九〇頁。
＊87　「錦営来札（雲養）」（前掲『東学乱記録』上、所収）九三頁。
＊88　小国主義実現の可能性は諸列強の勢力均衡をどれだけ有効に利用し得るかにかかっていた。
＊89　変法的開化派が政権の座から遠ざかっていたことはもちろんだが、金允植も一八八七年より守旧派によって六年間定配されていた。この時期は開化派にとってまさに「冬の時代」であった。

〔付記〕
本稿は注＊8にも述べたように、朝鮮史研究会第二一回大会での報告をもとにしたものであるが、その際の題名は「朝鮮ブルジョア民族運動の思想的転回——朝鮮における日本帝国主義批判の論理の形成」というものであった。大会報告では三・一運動後までを考察の対象としていたのだが、本稿では紙幅の関係上独立協会運動以降については省かざるを得なかった。従って本稿では題名もやむなく改めたことを付言しておく。

【初出】『朝鮮史研究会論文集』（二二、一九八五年）。

（補注1）のちに横井小楠と中江兆民に対するこのような評価は、甘いのではないかと考えるようになった。第2部第一論文を参照されたい。

（補注2）以上のような魚允中の明治維新批判は、『魚允中全集』所収の「東萊御史書啓」に基づいている。ところが、本稿執筆の一年後に許東賢によって、「東萊御史書啓」は魚允中と同じく紳士遊覧団の一員として日本視察を行った李鑢永《イホニョン》の著書であって、魚允中の著書ではないことが明らかになった（「一八八一年朝鮮朝土日本視察団에 관한 一研究――〝聞見事件類〟과『随聞録』을 중심으로」『韓国史研究』五二、一九八六年、서울、参照）。しかし、私の魚允中評価は基本的に変わらない。視察団は、魚允中以外は「東萊御史書啓」の真の執筆者である李鑢永と同様の明治維新観であることが、同じく許東賢によって明らかにされている（『一八八一年朝士視察団研究――日本見聞報告書의 内容을 中心중심으로』高麗大学大学院博士学位論文、一九九三年）が、だからといって魚允中は手放しで明治維新を評価するような人物ではなかった。やはり儒教的民本主義の立場が堅持されている。このことについては、第1部第二論文の注＊32と第四論文の第2節を参照されたい。ちなみに、李鑢永は日本視察ののち大韓帝国期成立直前までは、通商司堂上経理事・監理釜山港通商事務・日本駐箚辦事事務大臣・協辦交渉通商事務など、主に外交・通商事務を担当した開化派官僚である（『국학 한국사대사전』七、二〇一三年）。

（補注3）この段階においてロシアはいまだ貪欲に市場を必要とするほどの資本主義化を達成していなかったと見るべきであり、それゆえロシアの朝鮮に対する関心はもっぱら軍事的なものであったと修正しておく。

（補注4）実は、『西遊見聞』「人世の競励」は福沢諭吉『西洋事情』外編巻之一にある「世人相励み相競う事」に多く依拠している。「富貴利達を致すもその道に二有り。その一は他人の物を奪取するものなり。又その一は自己の力を用いて起発するものなり」という文言が、「世人相励み相競う事」に「富貴利達を致すに二様あり。その一は他人の物を奪取ると、その一は自己の力を以て新たにこれを起すとなり」とあるのから取ったのは明らかである。しかしだからといって、これが「競争論」における見解の修正であることを否定することはできない。一八八一年紳士遊覧団の一員として来日し、そのまま慶應義塾に留学を果たした兪吉濬は翌年末まで一年半滞日した。その頃の福沢は、『唐人往来』（一八六五年）以来のオプティミスティックな「万国公法」観を放棄し、『通俗国権論』（一八七八年）や『時事小言』（一八八一年）を通じて国際社会における「道理」の支配を否定し、「権道」主義を唱えていた。一八八三年に執筆された「競争論」には、その頃における福沢のペシミスティックな世界観の影響をみるのが妥当である。兪はこの年七月には渡米しており、その手引きともなる『西洋事情』も読んでいたのは疑いない。しかし「競争論」では、『西洋事情』の「世人相励み相競う事」は多く採用するところとはならなかった。『西遊見聞』段階で兪は、明らかに過去の福沢に学び直したのであって、転向した福沢の考えを拒絶したのである。

このことと関連してのちに、金鳳珍（『東アジア「開明」知識人の思惟空間』九州大学出版会、二〇〇四年、一六三―一六四頁）と月脚達彦（『朝鮮開化思想とナショナリズム』東京大学出版会、二〇〇九年、三三―三四頁）から「競争論」において兪吉濬は大国主義的発想をしていないという批判を受けた。兪の「競争論」は道義を否定したものではなく、あくまでも礼儀をともなった競争を提唱したに過ぎないというのである。なるほど兪は苛烈に弱肉強食を肯定したわけではなく、大国主義を露骨に語ってもいない。本稿においても私は、この段階における金玉均や兪吉濬のナショナリズムは「日本とは違って即侵略思想というわけでは決してない」と留保している。問題は、「競争論」が「伝統的儒教の王道論からの逸脱」であるとした本稿の評価の問題であろう。私は、朝鮮において真にペシミスティックな世界認識と国家主義の成立は愛国啓蒙運動期の朴殷植や申采浩に待たなければならない（特に後者）と考えており、甲申政変以前の金玉均でさえ「伝統的な道徳的オプティミズムを放棄しえなかった」と認識している（第2部第五論文、第六論文参照）。おそらく「競争論」段階では、ペシミスティックな世界認識とオプティミスティックな国家認識が共存していたものと思われる。私の「競争論」解釈には行き過ぎた点があったかもしれないが、しかし「競争論」にペシミスティックな道義認識が模糊とした形ではあるにせよ、顔をのぞかせていることは間違いない。すなわち、「競争」という用語が『西遊見聞』段階で「競励」に変わったのには、兪の思想的変化を認めないわけにはいかない。インド化を当為とするような認識から国家間競争による国家滅亡を強く否定する論理への転回である。金鳳鎮は「競争」から「競励」への用語変化を「高尚に発展した形態」というが、世界観においてそれはペシミスティックな認識をしていたことに対する自己批判であって、もとより営為していたはずのオプティミスティックな朱子学的思惟への回帰であろう。「無名の干戈を挙げて弱小な国を攻取し、盗賊同様の挙動にて富貴を自致する者も有り」というのも、『西洋事情』「世人相励み相競う事」にある文章から取ったものだが、しかし内容が若干違っている。『西洋事情』には「師《いくさ》を起して妄りに人の国を攻取り、盗賊同様の挙動にて自から富貴を致すものあり」（傍点引用者）とある。「人の国」を『西遊見聞』で「弱小の国」と言い換えたところに、危機意識の深化とともにオプティミスティックな道義に回帰すべく小国主義を唱えようとした兪吉濬の思想的苦闘の跡を見て取ることができようかと思う。

二　朝鮮近代のナショナリズムと東アジア
——初期開化派の「万国公法」観を中心に

はじめに

朝鮮近代の課題がいかなるものであったかという設問は、すぐれて今日的問題関心に直結するものである。たとえば、姜万吉氏は統一問題との関わりで次のように述べている。

近代以後における我が民族の歴史的課題としての統一された民族国家の樹立過程は、門戸開放以後の時期から植民地の時期を経て将来の民族統一がなしとげられる時期にまで及んでおり、民族統一が達成された後には、開化期と植民地時代そして分断時代が、あわせて統一民族国家樹立過程としての一つの時代として把握され、統一以後の時代と区分されて「近代史」に含まれることになるであろう。*1

ここでは朝鮮近代の課題が民族（国民）国家の創設であるとされているがために、分断という現実によってそれをいまだ達成していない朝鮮史は、いまなお苦難の近代史の途上にあるものとされる。しかしこうした国民国家至上論＝「未完の近代史」理解は、現在の時代認識として問題がありはしないか。筆者には分断という現実の克服は、南北に奇型的に創設された二つの国民国家の相対化を前提としてこそ可能なように思われる。

そもそも朝鮮近代の課題が、近代西欧的な国民国家の創設という理念だけに収斂され得るものかどうかが疑問である。姜万吉氏においては、朝鮮の近代化を推進して行こうとしたとされる開化派の中でも、「東道西器」論の立場に立つ改良（穏健）的開化派は国民国家を実現しようとする思想を持たなかったか、あるいはそれが脆弱であったがために、近代化勢力として認定され得ないと考えられているようである。[*2] だが、そうした理解――おおむね通説的理解となっている[*3]――はあまりに一面的にすぎる。改良的開化派の思想に国民国家創設の意図が全くなかったとは言えないし、またたとえその意図が不十分であったにせよ、そのことが改良的開化派の朝鮮近代史上の価値を低めることにはならないと思われる。改良的開化派の思想はむしろ、朝鮮近代史のまた別の一つの可能性を提示するものではなかったのか。

そこで本稿の課題は、改良と変法（急進）の両開化派の思想について、①文明観との関わりで、②その朝鮮独立化構想を検討することにある。その際①は、当時東アジア世界に新しい国際秩序観を強要することとなった「万国公法」＝国際法に対する認識との関連のもとに考察することとする。[*4] また②は、対清関係をどう認識していたかに焦点を合わせて論ずることとなる。なぜなら、西勢東漸の危機的状況に対処するに、朝鮮が伝統的な東アジア秩序＝朝貢体制に組み込まれていた以上、開化派はまずもってそれとの関わりをどうするかという問題に直面せざるを得なかったからである。

最近中国史では、溝口雄三氏によって「中体西用」論の立場に立つ洋務派の再評価が試みられた。[*5] また、濱下武志氏によって東アジアの近代を朝貢体制の変容との関わりにおいて捉える視点の必要性が訴えられた。[*6] 両氏の問題提起は朝鮮近代史を考えるうえでも多くの示唆を投げかけている。本稿は両氏の問題提起に多分に勇気づけられたものであることを付言しておく。

1　改良的開化派の対清協調論

「万国公法」がいつ朝鮮に将来されたかは定かではないが、たとえ一八七六年二月の開国（朝日修好条規締結）以前に将来されたとしても、それへの関心がにわかに高まるのは開国以後、すなわち条約体制への参入が不可避になって以後のことである。[*7] 日本や西欧列強の侵略脅威にさらされながらも、国民国家を前提として生まれた近代西欧世界の論理＝「万国公法」の中に弱小国が生き残り得る論理を見出したことがその最たる理由であった。

開国後逸早く「万国公法」への関心を表明した者はおそらく、朝日修好条規の締結から三カ月後に日本に派遣された第一次修信使の金綺秀《キムギス》であろう。彼はその見聞記で、

　其所謂万国公法者、諸国締盟、如六国連衡之法、而一国有艱、万国救之、一国有失、万国攻之、無偏愛憎、無偏攻撃、此西人之法、而方規規奉行、不敢有失。[*8]

と述べている。彼は中国戦国時代に行なわれた連衡政策に付会させて「万国公法」を理解しているのだが、それはとりもなおさず「万国公法」の背骨を貫く「均勢」論理への共感に他ならなかった。この論理こそは、西勢東漸の対外的危機のなかで朝鮮が独立を維持し得る一つの有力な理念的根拠となるものであった。

開化派のうちでも改良的開化派の場合、こうした論理を持つ「万国公法」への注目の仕方はとりわけ顕著であった。そのことは一八八〇年に第二次修信使として訪日した金弘集《キムホンジプ》が、駐日清国公使何如璋との会談で次のような会話を交わしているのを見れば明らかである。

　璋（何如璋―筆者）曰、近日西洋各国、有均勢之法、若一国与強国隣、惧有後患、則聯各国以図章制、此亦自前不得已応接之一法。

宏（金弘集—筆者）曰、均勢二字、近始従公法中見之、然本国、凜守旧規、視外国如洪水猛獣、自来斥異教甚峻
故也、大教如此、第当帰告朝廷。[*9]（傍点は筆者による。以下同じ）

すなわち金弘集は、「均勢」論理で貫かれた「万国公法」が一国の独立を保障する根拠ともなるべきものだと考えるが故に、朝鮮国内の西学を拒否する衛正斥邪的風潮を嘆いている。[*10] この時期は欧米への開国はいまだなされていなかったのだが、早晩迎えなければならないその事態に備えて、彼は「万国公法」の受容は必須だと考えたのであった。

朝鮮の真の開国は一八八二年五月の朝米修好通商条約の締結を待たなければならない。一八七六年二月の対日開国は、朝鮮側の主観においては、以前まであった（江戸時代の）交隣関係の修復を図ったにすぎず、近代的な外交関係の樹立を意味するものでは決してなかった。しかし「洋夷」への開国は不可避であり、自己の安全保障上から朝鮮の戦略的重要性を認定する清国は、日本と欧米の相互牽制を図るため、朝鮮に欧米への開国を勧告した。ここに朝鮮は、清国の指導の下に第二の開国＝文字通りの条約体制への参入を決意するに至る。[*11] すなわち国王高宗は、一八八一年九月技術者養成のために領選使として清国天津に赴く改良的開化派の代表人士金允植《キムユンシク》に、より重大な使命としてアメリカとの修好通商条約締結のための交渉を行なうことを命じた。[*12]

もっとも金允植は李鴻章との交渉に終始し、アメリカの代表者である海軍提督シューフェルトとの直接交渉は、李鴻章とその幕下の馬建忠などの洋務派官僚によって行なわれた。しかし李鴻輩との交渉を命ぜられた金允植は、「万国公法」に対する認識とともに、朝貢体制と条約体制の二重体制が朝鮮にとって持つ意味を明確にする必要があった。そのため、改良的開化派の中でも彼は「万国公法」について比較的多く言及している。そこで次に、彼の「万国公法」観と二重体制に対する認識について検討してみることにしたい。領選使行より一〇年の後、金允植は当時を回顧して次のように述べている。

我国素無他交、惟北事清国、東通日本而已、自数十年来、宇内情形日変、欧洲雄長東洋諸国、皆遵其公法、捨此

則孤立寡助、無以自保。[*13]

西勢東漸に対するに、「万国公法」をもってしなければ「孤立寡助」の状況に陥ってしまうというのである。いわばそれは、「万国公法」という近代西欧世界の論理を認めてその世界に朝鮮も入って行くこと、すなわち条約体制に参入することによってはじめて朝鮮の独立が維持できるという議論にほかならない。ヴェトナムやビルマ・琉球の衰亡は、世界と広く交わることをせずにもっぱら一国（清国）に依存した結果である。宗主国たる清国は救援するという意志はあっても、今や「鞭長不及之歎」があり、十分に援助の手をさしのべることができない。それゆえこうしたアジアの情勢を見るとき、朝鮮の条約体制への自主的な参入は不可避であり、それは清国から再三にわたって勧告されたことでもある。[*14]金允植によれば、朝鮮が対欧米開国に踏み切らなければならない動機はこのようであった。

しかし条約体制移行の前提となる「万国公法」の遵守は、果たして真に朝鮮の自主独立を保全する方途たり得るのであろうか。これに関して朝鮮が小国であることを自認する金允植の見解は明瞭である。彼はある洋務派官僚との会談の中で、

近来事、惟視強弱、不在公法、然小邦自守之道、惟在謹守公法、無失信於他邦可也。[*15]

と述べている。朝鮮のような小国は「万国公法」を顧みない弱肉強食的世界の風潮のなかであえてそれを守り、諸外国に対して「信」を貫き通すことによってのみ自守が可能になるというのである。ここには「万国公法」＝「信」を世界に問おうとする金允植の深い思想があり、それこそが彼の真骨頂であった。

事実においてそうした金允植の考えは、一八八五年四月のイギリスによる巨文島事件への対応ぶりに表われていた。その時督辦交渉通商事務の任にあった彼は、

此島係我国地方、他国不応占有、於万国公法、原無此理、（中略）豈知如貴邦之敦於友誼、明於公法、而有此意外之挙耶、殊違所望、不勝詫異、貴国若以友誼為重、飜然改図亟去此島。[*16]

として、あくまでも「万国公法」の正義に依拠することによってイギリスの非を鳴らして巨文島から退去させようとした。

金允植は現実世界において「万国公法」の理念が全面的に貫徹するという楽観論の立場に立っているわけでは決してない。むしろその有効性に疑問を呈している。日本の琉球処分に対して欧米列強がなんら干渉しなかったことに言及して彼は、「万国公法亦不足称也」と言い切ってもいる。[*17] しかし彼は「若以強制強、反恐有欠折之患」[*18]と考えており、小国朝鮮の自立の道は「万国公法」に徹底的に依拠するしかないことを強調する。それは覇道をあえて行なう欧米列強に対する王道論的立場からの批判であった。

そもそも金允植のこのような「万国公法」遵守論は、彼の儒学者としての矜持より結論される当然の信念であった。孔子の教えに則って「信者政令之本也」と考える彼は、[*19] 外交に関して、

夫信者国之宝也、苟能守信、雖無城郭・甲兵、可以自保、如其無信、雖有四海之富、金湯之固、不足恃也、約条者交際之大信也。[*20]

と述べている。彼は「信」こそが国家独立の基礎をなすものであると認識しているのであり、それゆえ「約条者交際之大信」に他ならないのであった。儒教の論理のなかで「万国公法」が積極的に肯定されているわけである。彼は現在においても「聖人之道」を実践して、朝鮮を「有道之国」にすることによって、覇道＝「無道」[*22]がまかり通る世界の現勢に対処しようとする考えを持っていた。[*21] 儒教型理想主義ともいうべきそうした思想的営為のなかで、彼は西欧近代の論理を見事に取り込むとともに、またそれへの批判の論理をも明確にしたのだと言うことができるであろう。

したがって金允植は他方で、伝統的な東アジア秩序（儒教文化圏）に強いこだわりを持つ。当然のことながら、以上のような条約体制参入論＝「万国公法」遵守論は清国との朝貢体制の堅持を前提としているのである。彼は二重体制に対してなんらの疑問もさしはさまず、むしろ積極的に肯定する。李鴻章が朝米修好通商条約に「朝鮮久為中国属

邦、而外交内政事宜、均得自守、他国未便過問、方覚不触不背」という属邦条款を入れるべきことを提議すると、金允植は「条約中、此一款添入似為極好」と答え賛意を表した。[*23] それは何よりも、朝鮮のような弱小国は「大邦之作保」がなければ「特立」し難いからであり、清国の朝鮮に対する後見が世界に明確になれば、朝鮮が軽んぜられることもないからである。しかもそれは朝鮮の自主権の喪失にはならず、清国への「事大之義」にもそむかない「両得」である。金允植においては、衰えたりとはいえ清国への朝鮮の事大は「天下之所共知」のきわめて当然のことであった。[*24]

こうした考えは当時にあっては全くの正統論であって、閔氏一族の一員であり閔氏政権の枢要な地位を歴任した閔《ミン》泳煥《ヨンファン》も、「我国乃中国之東藩、字小事大、固有名分」と述べ、小国朝鮮の中国への事大を正当化している。[*25] しかもその関係は、

> 中東相孚、自古已然、論其境界、則只隔一水、論其人物、則亦是同種、論其情誼、則便似兄弟、論其依附、則無異唇歯[*26]

とされ、単なる事大関係の範疇では捉え切れないほど濃密なものである。ただ彼は、それは必ずや朝鮮の「自強之政治」を前提としなければならないという。なぜなら、自強をなんら図らずにもっぱら中国に依存しては、中国から「屍人・蕩子」の如くみられ、かえって見捨てられてしまうからである。[*27] この対清協調論は、伝統的な事大主義外交に立脚しながら、しかもそれとは截然と区別される自強的事大政策というべきものであった。

金允植の朝貢体制堅持論もこうした自強論を前提としていることは言うまでもない。[*28] 彼の自強論は富国策を優先して強兵策を猶予するという点に特徴があった。[*29] 彼の国家独立構想は一口に言って、自強的事大政策を前提とする小国主義と言い得るであろう。

こうした国家独立構想はおそらく、改良的開化派にあっては共通の認識となっていたと思われる。すなわち、いま一人の代表的な改良的開化派人士の魚允中《オユンジュン》にあってもそれは同様であった。彼もまた、朝清商民水陸貿易章程（一

八八二年一〇月）をはじめとする三つの対清貿易章程の締結の任に当たって、属邦条款の挿入を認めて対清宗属関係の強調による対外抑止力に重点を置いていた。[*30] そして彼の小国主義は、具体的にベルギーやスイスをモデルとした自強論を唱えるところに特徴があった。すなわち彼は、

諸大国所行、多籍其物力之富、侈濫過度靡財不小、如我小国、未易跂及、而又欲傚之、則労民傷財而已、現西洋英・法・徳・俄之外、白耳義・瑞西等国、治法政規、多有可観、此英・法・徳・俄、反有勝者耶。[*31]

と述べ、朝鮮のような小国は西欧に学ぶ場合、大国よりも小国に注目すべきであるとしたのである。[*32]

ところで、以上のような改良的開化派の対清協調論＝自強的事大政策を前提とする小国主義は、興味深いことに清国李鴻章の属国支配観と対応するものであった。茂木敏夫氏によれば、李鴻章は近代西欧的な属国支配＝植民地支配の道を拒否し、伝統的な宗属関係の枠組を維持しつつその実質を変えて行く道を選択したというが、[*33] それはまさに改良的開化派の国家独立構想を裏打ちするものであった。だからこそ金允植は、「当今識時務者、宜莫如北洋大臣少荃李公」[*34] として李鴻章を賞賛したのである。

またいま一つ興味深いこととして、李鴻章の「万国公法」観と金允植のそれとの近似性ということがある。朝日修好条規の締結に先立って、一八七六年一月二四日李鴻章と駐清日本公使森有礼との間に会談が行なわれたが、その中で「万国公法」をめぐる次のような会話が交わされた。

鴻章　我々東方諸国の中、清国が最も大きく、日本之に次ますが、其余の各小国も均しく、心を合せ、睦み合ひ局面を挽回するに於ては欧洲に対抗する事が出来ませう。

森　私思ひまするに、修好条約などは、何の役にも立ちません。

鴻章　両国間の和好は皆条約に拠るものですのに、何故役に立たぬと云われるのですか。

森　通商と云ふが如き事は条約に照して之を行ふ様な事もありませうが、国家の大事と云ふ事になりますと、

只誰が、いづれが強いかと云ふ事によつて決するもので、必（ず）しも条約等に依拠する必要はないのです。

鴻章　それは謬論だ。強きを恃んで約に背くと云ふ事は万国公法も之を許さゞる所です。

森　万国公法又無用なりです。

鴻章　約に背き公法に背くは、世界各国の容れざる所です。[*35]

ここでは朝貢体制の維持を意図する李鴻章が「万国公法」の遵守を主張するのに対し、条約体制への一元化を意図する森有礼がかえってそれを否定するという皮肉な構図が展開されている。単に朝貢体制の維持というだけでなくアジア連帯論までも唱える李鴻章にとって、「万国公法」はまさにアジア諸国の独立を保障する理念的根拠なのであり、この点で李鴻章の「万国公法」観は金允植のそれと全く同じであると言えよう。金允植においても李鴻章においても、「万国公法」の遵守を前提とした、中国を中心とする東アジアの協調体制の創出こそが目指されていたのである。それは西勢東漸に対するに、伝統的東アジア秩序の維持に基づく国家独立構想であり、日本的な脱亜コースを否定する一つの東アジア近代化の模索であった。

2　変法的開化派の対清協調論

朝貢体制の維持を図る改良的開化派に対し変法的開化派は、その体制の打破こそを朝鮮近代化の前提条件としていた。一八八四年の甲申政変の参加者であるとともに、一八九六～一八九八年の独立協会運動の指導者でもあった徐載《ソジェ》弼《ピル》は、後年変法的開化派＝甲申政変の領袖金玉均《キムオッキュン》を回想して、

彼は祖国が清国の宗主権下にある屈辱感にたえることができず、いかにすればこの羞恥を脱して、朝鮮も世界各国中の平等と自由の一員になり得るか、いつも労心焦思していた。彼は現代的教育を受けることはできなかった

が、時代の趨勢を洞察して朝鮮も力ある現代的国家になそうと切実に望んだ。[*36]

と述べている。改良的開化派とは異なり金玉均においては、朝貢体制こそが朝鮮の自主独立を阻害する体制であると認識されていたのである。彼自身も、

撇退覇絆、特立為独全自主之国、欲独立、則政治外交不可不自修自強。[*37]

と述べ対清独立路線を明確に主張していた。

では、金玉均が目指した「現代的国家」=国民国家のモデルはどこか。徐載弼は先の回想に続けて、「彼はいつもわれわれに、日本が東洋のイギリスになるならば、われわれはわが国をアジアのフランスにしなければならないと言った」[*38]と述べている。金玉均は日本を当面のモデルとして朝鮮の富国強兵=大国化の道を模索していたと言うことができよう。金玉均ら変法的開化派と小国主義を標榜する改良的開化派とは、理想的国家像をめぐってもその性格の違いは明瞭であった。

こうした両者の性格の違いはその文明観の相違に起因している。金允植は両者の文明観の相違を次のように指摘している。

聞欧洲之風、而漸革其俗曰開化、東土文明之地、更有何可開之化乎、甲申諸賊、盛尊欧洲、薄尭舜、貶孔孟、以彝倫之道、謂之野蛮、欲以其道易之、動称開化、此可謂天理滅絶、冠履倒置矣（中略）所謂開化者、即時務之謂也。[*39]

すなわち「東土」を「文明之地」とみるか否か、あるいは「尭舜」「孔孟」の教えを「彝倫之道」とみるか否かにおいて両者の間には大きな隔たりがあった。金允植においては「東土」がもとより「文明之地」である以上、開化はなんら必要とされず、もしそれあるべきとすれば、「時務」としての開化のみであった。ところが金玉均らにあっては、「東土」は西欧文明によって開化されなければならない「野蛮」の地なのであった。それは相容れることのない儒教

観の相克であったとも言える。

　改良的開化派と変法的開化派の思想の相違はおよそ以上のように概括される。それゆえ後者のみによって敢行された甲申政変は、①西欧近代文明崇拝に基づいて、②条約体制への一元的参入＝対清独立を果たすべく、③朝鮮の富国強兵＝大国化を意図するクーデターであったと評価するのが妥当であろう。このような変法的開化派の思想は、甲申政変以後も西欧文明崇拝に基づく富国強兵論という限りにおいて基本的に継承される。

　たとえば朴泳孝《パクヨンヒョ》は一八八八年に国王高宗への上疏をしたためたが、これは西政と古典の付会という手法を取りつつも福沢諭吉の影響を強く受けたもので[*40]、全編西欧文明信仰に彩られている(補注1)。したがって彼は依然として日本をモデルとした朝鮮の富国強兵化を意図し、「彼己就開明之道、修文芸、治武備、幾与富強之国、同馳」[*41]として日本を賞賛する。そして特徴的なことはその「万国公法」観の改良的開化派との相違であり、朴泳孝は、

　　方今宇内万国、猶昔之戦国也、一以兵勢為雄、強者并其弱、大者呑其小、（中略）雖有万国公法均勢公義、然国無自立自存之力、則必致削裂、不得維持、公法公義、素不足以為恃也、以欧洲文明強大之国、亦見敗亡、況亜洲未開弱小之邦乎、大凡欧人、口称法義、心懐虎狼[*42]。

と述べている。すなわち、徹底した弱肉強食認識に基づく否定的な「万国公法」観と西欧列強への不信感の表明である。これは彼の西欧文明崇拝の姿勢と矛盾するようにみえる。しかし彼は、

　　印度雖亜洲中盛大之邦、亦困其内乱無備、為英所領、其人民楽承英政府之命、不欲自立政府者、無他、英之法律寛、而政治正、人々各安其生[*43]。

とも述べており、その矛盾はたちまち氷解される。ここでは文明の名の下にイギリスのインド支配が合理化されて、ある種の帝国主義肯定論が展開されているのである。朴泳孝にあっては、弱肉強食的現実は悲惨ではあるが、確実な文明の波及過程でもあって、必ずしも否定的には認識されていなかったと言える。

このような朴泳孝の認識はこの時期の金玉均においてもほぼ同様であった。金玉均も一八八六年に国王高宗への上疏を書き、それは『朝野新聞』七月八日付雑報覧に公表されたが、そこでは「愚昧ノ人民ニ教フルニ文明ノ道ヲ以テ」することが唱えられた。また巨文島事件に言及して、富国強兵に徹すれば、やがてイギリスは巨文島を退去するだろうとしたが、それほ「万国公法」に徹底的に依拠することによって、イギリスの巨文島退去を迫った金允植の外交姿勢とは異なるものであった。金玉均の「万国公法」観もまた否定的であったものと考えられる。

以上のように朴泳孝においても金玉均においても、以前からある西欧文明崇拝に基づく富国強兵論は甲申政変後に至っても基本的には変わり得なかった。しかし同じく富国強兵論といっても、この時期に至ると単純な大国志向は消失し、他の方策が視野に収められて来るようにもなる。

金玉均は先の上疏とは別に同じ頃李鴻章にも書簡を送ろうとし、それは上疏発表の五日後の七月一三日に同じく『朝野新聞』の雑報覧に掲載された。上疏といいこの書簡といい、その執筆の動機は池運永《チウニヨン》なる刺客を派遣して自らを暗殺しようとした朝鮮政府と、それを支援しようとした袁世凱の頭目李鴻章に対する抗議であった。しかしその政策議論上の内容は大きく異なっており、李鴻章宛書簡の結論は要するに次のことに尽きる。

然則閣下何不推尊大清国皇帝陛下、為天下之盟主、布公論於欧米各大国、与之連絡、立朝鮮為中立之国、作万全無危之地、閣下継以老練手段、尽善隣友睦之誼、固結輔車之盟、以展東亜之政略、則此不独朝鮮之幸、恐亦為貴国之得策。

すなわち、清国が盟主となって欧米列強に説き朝鮮を中立化させるならば、それは朝鮮にとっても清国にとっても得策であるというのである。上疏において、

清国ノ如キ近年他国ノ為メニ安南・琉球ヲ占領セラル、モ亦一言ノ抵抗ヲ試ムル能ハズ。然ルニ之ニ託スルニ我邦ヲ以テシテ高枕安臥スルコトヲ得ベシト云フハ実ニ笑フ可キノ至リナリ。

と述べ、はっきりと対清不信論を展開しているのと比較すれば、その違いは明瞭である。このことはこの時期の金玉均が富国強兵化による朝鮮独立論を依然として主張しながらも、他方では対清協調による朝鮮中立化を模索していたということを示している。『東京日日新聞』の同年七月一七日付論説「金玉均」では、上疏と書簡の違いを指摘して前者に対し、[*44]

然らば則ち金が朝鮮国王に進むる所の大計（富国強兵論―筆者）は太だ良しとするも之を実行せんには明主を補佐するに賢相良弼を以てして十分の熟慮を費し非常の英断を行ふこと恰も我国の維新に於けるが如くならざれば到底其実を挙ること能はずして偶々国変を招くに過ぎざるの恐れあるべき歟。

と論評したうえで、後者こそを「これ実に金玉均が主眼の論趣なるべし」と断定している。当時すでに、金玉均の上疏と書簡との違いは少なくとも日本の一部の有識者には矛盾したものと映じ、しかも彼の真意は後者、すなわち対清不信論ではなく対清協調論にこそあると思われていたのである。[*45]そして事実において彼は、所謂「三和主義」を唱え、『興亜の意見』と題する一篇を草し、日韓清三国が提携して欧米東漸の侵略を防遏すべき事を論じ、之を携へて支那に赴き李鴻章を説得しようと計画した」[*46]結果、上海に赴きその地で非業の最期をとげる。[*47]

以上を要するに、甲申政変失敗を契機に金玉均の対晴独立路線を前提とする大国志向を内に秘めた富国強兵論は、中立論や東アジア三国連帯論を射程に入れた対清協調路線を前提とする富国強兵論――これはもはや文字通りの富国強兵論ではなく、自強論と言った方が適切かもしれない[*48]――に変わって行ったと言うことができる。対清協調路線への転回とはいえ、それは必ずしも朝貢体制の維持を前提とするわけでは決してない。また文明（近代）主義に貫かれている点で、その富国強兵論は金允植ら改良的開化派との差異を依然としてきわだたせてはいる。しかし金玉均の考えは今や、改良的開化派の自強的事大政策を前提とする小国主義に真っ向から対立するものではなく、むしろそれに微妙に接近した朝鮮独立論の形式を整えるに至ったというべきである。

このことは再び朴泳孝に立ち返ってみても恐らく同様である。彼は「致謹於清、慎而和魯、倚托於美、親交日本、結英・徳・法等国事」[*49]を主張したが、それは清国への特別の配慮を前提とした全方位外交論の主張に他ならない。また彼は「交外国以信、不可違背、且与約必慎、不可軽卒事」[*50]を主張してもいる。既述したように「万国公法」への不信感を表明しているにもかかわらず、ここにおいて「信」を外交の基本にすえるに至ったことは注目される。その文明主義の故に彼の否定的「万国公法」観が、金允植のような欧米批判に帰結しなかったのは確かな事実ではある。しかし外交における「信」の強調は、少なくとも強力な軍事力を持たないが故に平和外交に徹するしかないという、小国自立の模索を表象しており、その限りではそれもやはり金允植の思想への接近を示していると言える。[*51]

甲申政変失敗を契機として、変法的開化派の朝鮮独立化構想に大きな転回が認められることはもはや明白であろう。ではそれはいかなる条件によってもたらされたものなのか。それは何よりも朝鮮をめぐる国際条件によって規定されていたものと思われる。

甲申政変以後、朝鮮は日清両国の角逐場である他に英露の帝国主義的対立の角逐場ともなり、前後二度にわたる朝露密約事件やイギリスによる巨文島占領事件が起きた。前者は朝鮮への清国の重圧強化と日清の全面衝突への朝鮮の危機感を背景とし、後者はアフガニスタン問題をめぐる英露の対立を背景としていた。しかし英露の対立はそれ以上深化せず、むしろ鎮静化した。それは何よりも英露がいまだ朝鮮に市場としての魅力を感じていなかった――他の諸列強も同様であった――ことによる。イギリスは清国が朝鮮の領土保全を確証する限り、両者の宗属関係を認め朝鮮の現状維持を図ったし、他方ロシアは日清間の勢力が均衡を保っている限りにおいて、朝鮮への積極的進出を断念した。[*52]

そして朝鮮に対する清国の宗主権は李鴻章―袁世凱（駐箚朝鮮総理交渉通商事宜）ラインによって以前より明らかに強化された。しかし他方で、一八八五年四月の天津条約において日本が清国と同等の権利を獲得すること――両軍の朝鮮撤退と相互間における有事の際の朝鮮出兵通知の義務化――によって、日清間の軍事的均衡は少なくとも日清戦争まで保たれるに至る。いわば清国の強化された宗主権の下、諸列強が勢力均衡を保つ状態が現出したのである。

金玉均や朴泳孝は、こうした朝鮮における日清をも含む諸列強の勢力配置を的確に把握したものと思われる。対清協調路線を前提とする小国主義への転回は、きわめて現実的な選択であったと言えよう。

3 兪吉濬の対清協調論

変法的開化派と目される人士の中でも、対清協調論を前提とする小国主義への転回をもっともドラスティックに遂げるとともに、理論的にも鮮明にしたのは兪吉濬《ユギルジュン》である。

彼はアメリカ留学中のため甲申政変に参加はしなかったが、彼の思想的立場は少なくとも甲申政変までは変法的開化派のそれと軌を一にしていた。甲申政変以前なによりもその人間関係において金玉均との関係がもっとも深かった点で、彼は本来金玉均とその志を同じくしていた。[*53] 留学先のアメリカで甲申政変の消息を聞いた兪吉濬は、一年後の一八八五年一二月にヨーロッパ経由で帰国するが、その途上日本に立ち寄って危険を覚悟のうえで金玉均に会ったのは、金玉均との親密な関係を如実に物語っている。朝鮮政府が帰国した兪吉濬をただちに軟禁した（一八九二年まで）のも、彼の変法的開化派との濃密な関係を認めたからこそであった。

したがってこの時期に書かれた兪吉濬の著作には当然のように変法的開化派の思想の特徴が認められる。一八八三年に書かれた「競争論」という論文では、社会進化論の影響をすでに受けていた彼は、現実の弱肉強食的世界のなかでは国家の文明富強と独立の達成が競争の精神を持ち得るか否かにかかっていることを強調し、インドがイギリスの奴隷となった事態を競争精神の欠如に求めた。[*54] それゆえ彼は朝鮮人一般の競争精神の活発化を訴えるとともに、朝鮮をして「一国の文明を進めて一国の富強を成し、国威をして万邦に震轟させ、国光をして四海に照曜させることを余等は希願する[*55]」とした。それは変法的開化派に特徴的な富国強兵化＝大国志向の発露であったと言えよう(補注2)。

しかし兪吉濬は、甲申政変から一年足らずの間に自らの考えを急速に転換させる。それは言うまでもなく、前節で述べた朝鮮をとりまく諸情勢の変化に規定されたものであったのだが、欧米諸国を見聞して視野を広げたことも少なくない作用を及ぼしたものと考えられる。

彼の思想的転回は帰国後ただちに書き上げられた「中立論」（一八八五年末）という論文に認めることができるが、これは金玉均の朝鮮中立化構想に先立つこと半年ほど前に書かれたものである。兪吉濬の朝鮮中立化構想は朝鮮に対するロシアと日本、特にロシアの侵略を予想して構想されたもので、それは朝鮮の自強の不備を前提としている。すなわち彼は、

其在我邦、為亜洲中立之国乎、其有国而不能自強、願借諸邦之約、僅々欲為自保之計[*56]。

として、自強論にとってかわるに中立論を提示する。それは必ずしも自強論の放棄ではないものの――単にその困難さを指摘しているにすぎない――、甲申政変以前の、少なくとも大国志向的な富国強兵論の完全放棄を意味していたことは確かである。この時期の彼においては、朝鮮中立化だけが「寔我邦保守之策[*57]」と考えられており、しかもその実現は「今則可謂時到機合[*58]」として、今こそもっとも可能な時節であると確信されていた。ならば朝鮮中立化の具体策は何か。彼は、

乞中国之為盟主、会同諸国如英・法・日・俄之有関係於亜土者、而進我於其間、共訂其盟款乎、此非独為我邦之地、亦中国之利也、諸国相保之計也[*59]。

と述べている。それはすなわち清国盟主下における列強会同による朝鮮中立化案であり、金玉均の対清協調による朝鮮中立化案ときわめて似通った構想である。

しかし同じく対清協調論を展開しながらも、兪吉濬の場合はより積極的である。金玉均の対清協調論は必ずしも朝貢体制の維持を前提とするものではなく、一元化された条約体制の中でも可能なものであったと判断されるが、兪吉濬にあってはむしろ朝貢体制の維持こそが前提とされていた。そもそも彼は中国の伝統的な属国支配のあり方を、

中国待遠人之道、自古迄今、概従寛柔、只収其貢、冊其封、而使自為治、余不復問也。[*60]

と見ていた。すなわち彼は、朝貢と冊封を媒介としてのゆるやかな服属関係が伝統的な中華帝国体制のあり方であって、なんら朝貢国の独立は妨げられないと認識していた。しかも「衣冠文物」と「俗尚好悪」が同じで、「親附之深」と「倚信之篤」で結ばれた朝鮮と中国の関係は特別に濃密なものである。[*61]それゆえ彼は「其終始方略、惟在中国、而我邦之所親信、又莫如中国」[*62]として、清国への依存を正当化したのである。

兪吉濬の朝鮮独立化構想は今や、金玉均以上に金允植や閔泳煥などが唱えた自強的事大政策を前提とする小国主義とほとんど変わらないものになった。[*63]中立化構想の有無という差異はあるものの、朝貢体制と条約体制の併存という二重体制の均衡の上に朝鮮の独立を図って行こうとする点ではなんら変わらない。兪吉濬は朝鮮中立化のモデルをベルギーとブルガリアにとったが、それは彼の二重体制論を考えるうえで示唆的である。彼によれば、朝鮮がアジアの要衝に位置しているという点ではヨーロッパにおけるベルギーと同じであり、朝鮮が中国の朝貢国であるという点ではブルガリアのトルコに対する関係と同じである。しかし朝鮮は世界各国と同等の立場で条約体制に参入しているが、ブルガリアはそうではなく、またベルギーは他の国の冊封を受けていないという点で朝鮮とは違う。[*64]それゆえに兪吉濬は、朝鮮の国際政治上の地位はベルギーとブルガリアの両者を兼ねるものだと考え、「我邦之体勢、実兼比（ベルギー―筆者）・発（ブルガリア―筆者）両国之典例」[*65]とした。それは二重体制の均衡が朝鮮独立の重要条件であるということを彼が十分に意識していたことを示すに他ならない。

ところが従来、兪吉濬を対清独立論者と見なす有力な見解があった。彼が一八八九年に稿了した『西遊見聞』（国

漢文体、一八九五年刊行）第三編中にある「邦国の権利」は、まさに対清独立の理論的構築を試みたものの如く見なされている。「邦国の権利」中に出て来る「両截体制」という語に逸早く注目したのは原田環氏である。氏によれば、「両截体制」とは対清独立を意図する兪吉濬が、「第三国に対しては、朝鮮、清とも主権国家としてそれぞれ当該国と国家主権の行使という点において対等に条約を結びながら、朝鮮と清の関係のみは、旧来宗属関係にあったということから、国際法（万国公法）上は同等にもかかわらず、不平等な関係にある」ことを批判したものであるという。[*66]しかし上述したような「中立論」における兪吉濬の、朝貢体制を前提とする対清協調論の文脈からすれば、そのような理解は疑問とせざるを得ない。

「邦国の権利」で兪吉濬が言わんとするところは、「贈貢国」＝朝貢国とは強大国の脅威から自己を保全するために約章を遵守して「受貢国」＝宗主国に朝貢する国家を意味し、それゆえそれは独立主権を喪失した「属国」とははっきり区別され、「万国公法」上は宗主国とも同等であるのだということである。彼はこれ以上のことはなんら展開していない。朝貢体制からの離脱には全く言及がなく、むしろ朝貢国の宗主国への一方的廃貢については、「約章の違背は信義を損毀することにして公法の取らざるところなり」[*67]とさえ言う。朝貢体制の廃棄を兪吉濬が主張しなかったことは、原田氏も認めるところである。

そもそも「邦国の権利」の元原稿は一八八五年、すなわち「中立論」と同じ年に書かれた「国権」[*68]（純漢文）である。「国権」は対清協調論を展開した「中立論」と矛盾するものではなく、むしろ「万国公法」によって二重体制の理論的説明を試みたものと見なされる。そして「邦国の権利」は若干の加筆はしたものの、この「国権」をほぼ全面的に国漢文に翻訳したものである。したがって「邦国の権利」はなんら対清協調論を批判するものではない。

ただ、「両截体制」なる語が「邦国の権利」においてはじめて使われる兪吉濬の造語であり、多少の批判的意味あいを含んでいることは事実であろう。当時強化された清国の宗主権行使が朝貢体制の枠組を越えることを警戒する謂が、その語にあることは否定できない。[*69] しかし、それは警戒以上のものでは決してなく、ましてや対清協調論の放棄などでは全くない。一説には軟禁中彼は閔氏政権に協力し、また袁世凱にも受け入れられるようになったという。[*70] 兪吉濬の朝鮮独立化構想はあくまでも二重体制の均衡を前提とするものであり、「両截体制」とは二重体制の均衡が破れる状態を意味したにすぎない。

だが二重体制の均衡は、皮肉にも兪吉濬が『西遊見聞』執筆段階に警戒したのとは全く逆の形で崩れることとなる。すなわち一八九四〜一八九五年の日清戦争の勃発と日本の勝利は、その均衡を朝貢体制の廃棄→条約体制への一元化という形で崩壊せしめた。甲午改革における兪吉濬の親日派としての登場は、そうした予期せざる体制転換への窮余の対応であった。このことは金允植についてもそのまま妥当する。

ところで最後に、兪吉濬の「万国公法」観について若干検討しておきたい。二重体制を合理化するために「万国公法」を縦横に駆使していることから分かるように、彼において「万国公法」が肯定的に認識されていたことは言うまでもない。彼の場合「万国公法」への関心は甲申政変以前からあったが、その段階では「一国の国権の基本は兵力に在ると言うは可なり」[*71] と述べているが如く、国家独立の基礎をなお軍事力に求めていた。しかし自強の困難さを自覚した甲申政変以後、彼の関心の比重は「万国公法」に置かれることとなる。「比隣の景況は友睦する信義を結」[*72] ぶことだと考える彼は、「万国公法は邦国の発達する事体を掌守し、かつ弱国の権利を衛護して主権を一致に帰するものなり」[*73] と断言さえするに至る。

こうした「万国公法」観は金允植のそれときわめて似通っている。兪吉濬もまた「万国公法」の万能を信じているわけではなく、もとより彼は「強者之欲並弱、大者之欲呑小、固人世之技癢」[*74] として弱肉強食的現実を直視していた。それゆえ彼にとっては、「万国公法」は決して万能ではないが、帝国主義時代を生きぬくうえでの一つの有力な武器として認識されていたものと考えられる。

ただ、兪吉濬の文明観は必ずしも金允植と同じではなかったことを指摘しなければならない。兪吉濬においては「行実の開化」（五倫）＝儒教倫理は普遍ではあったが、文明が「至善極美の境域」に至るのは「未開化」→「半開化」→「開化」という階梯をたどるものとされた。[*75] それは反儒教では決してないが、基本的には西欧文明に帰一する文明観であり、「東土文明之地」をもとより自負する金允植の文明観とは異なっていた。[*76] したがって兪吉濬の欧米批判の論理は、「有道之国」の実現を説く金允植ほどには明確なものになっていなかったと言える。

おわりに

従来朝鮮開化派のナショナリズムは、金玉均ら変法的開化派のそれをもって正統視するのが一般的であった。それは西欧文明のトータルな受容と伝統的な朝貢体制の廃棄を前提とする国民国家創設の試みであり、日本的近代＝脱亜を理想化するものであった。これに対し「東道西器」論と伝統的な朝貢体制の維持を前提とする金允植ら改良的開化派のナショナリズムは、冒頭でもふれたように国民国家創設の自覚が全くないか、あるいは不十分であったとされて来た。しかし改良的開化派のナショナリズムは、西欧近代と日本近代、更にはそれに追随した金玉均的ナショナリズムを相対化する視点を与えてくれる。西勢東漸の危機的状況のなかで、朝貢体制からの離脱を前提とする国民国家創設の道だけが朝鮮近代の唯一の選択だったのでは決してない。伝統的な東アジア秩序の護持を前提に小国主義を貫徹することによって西勢東漸に対抗しようとする道もまた、一定の現実性を帯びていた。

帝国主義時代においては、「小国中立」の可能性はヨーロッパではほとんど奪われてしまい、[*77] 結果として朝鮮においてもその試みが挫折するのはまぎれもない事実である。しかし東アジアでは少なくとも、日清戦争までは日中の運命は未定であった。[*78] したがって、対清協調による朝鮮小国主義が模索される現実的根拠は、いまだ失なわれていなかったと言わなければならない。変法的開化派の朝鮮独立化構想が甲申政変以後、改良的開化派のそれに近似してくるのはその一つの証左になろう。

そもそも金玉均的ナショナリズムは朝鮮思想史上、反儒教＝伝統思想の拒否という点もさることながら、その大国志向的性格において特異な様相を見せているように思われる。朝鮮の伝統的華夷意識は文化意識を中心とするものであって、国家意識が前面に表われるものではない。実学思想の中には大朝鮮主義的思潮が確かにあったが、その場合でさえ文化意識が優先されていた。国家意識が前面に押し出される華夷意識は例外的なものにすぎなかった。[*79] その点で文化意識より国家意識が優先される「日本型華夷意識[*80]」との違いは顕著であるように思える。朝鮮においては、国家意識の面ではもとより小国を自認するのが伝統的であり、その意味で金允植における小国主義的ナショナリズムこそいかにも朝鮮的だと言わなければならない。

しかし今日では、朝鮮半島の南北を問わず、ほとんど金玉均的ナショナリズムしか存在していないようにみえる。金允植の思想的営為は今日なんら顧みるに値しないものなのであろうか。筆者には彼の思想的営為は、近現代国家の相対化を考える際の一つの糸口を与えてくれるものと思えてならない。[*81]

注

＊1　姜万吉（高崎宗司訳）『韓国現代史』（高麗書林、一九八五年）一三頁。
＊2　姜万吉「東道西器論の再吟味」（『韓国民族運動史論』ハンギル社、ソウル、一九八五年）参照。
＊3　拙稿「朝鮮における大国主義と小国主義の相克――初期開化派の思想」（『朝鮮史研究会論文集』第二二集、一九八五年）参照。
＊4　本稿は、佐藤慎一「「文明」と「万国公法」――近代中国における国際法受容の一側面」（祖川武夫編『国際政治思想と対外意識』創文社、一九七七年）の方法から教えられるところが多い。
＊5　溝口雄三「近代中国像は歪んでいないか――洋務と民権および中体西用と儒教」（『歴史と社会』二、一九八三年）、同「ふたたび〈近

代中国像〉をめぐって」（『史潮』新一九号、一九八六年）参照。

＊6　濱下武志「朝貢貿易システムと近代アジア」（『国際政治』第八二号、一九八六年）、同「近代中国における「アジア」と「ヨーロッパ」」（『東洋文化』六七、一九八七年）参照。

＊7　李光麟「韓国における「万国公法」の受容とその影響」（同『韓国開化史の諸問題』一潮閣、ソウル、一九八六年）参照。他に朝鮮開化期の「万国公法」観を扱ったものに、李漢基「韓国及び日本の開国と国際法」（『学術院論文集』〈人文・社会科学編〉一九、ソウル、一九八〇年）や金鳳珍「『漢城周報』の発行と朝鮮の万国公法受容」（韓国社会史研究会『韓国伝統社会の構造と変動』文学と知性社、ソウル、一九八六年）などがある。

＊8　金綺秀「日東記游」（『修信使記録』韓国史料叢書第九）七〇頁。

＊9　金弘集「大清欽使筆談」（前掲『修信使記録』）一七七頁。

＊10　金弘集は帰国に際し、「親中国・結日本・聯美国」を唱える駐日清国公使館参賛黄遵憲の著わした『朝鮮策略』を持ち帰った。これを契機に衛正斥邪上疏が巻き起こるが、その中で『万国公法』は金弘集の危惧した通り「邪書」として指弾された（前掲李光麟論文、一八〇頁）。

＊11　原田環「朝鮮の近代化構想――兪吉濬と朴泳孝の独立思想」（『史学研究』広島大学、第一四三号、一九七九年）一一―一二頁。

＊12　この交渉過程については、宋炳基「金允植・李鴻章の保定・天津会談――朝美条約締結（一八八二）のための朝清交渉」（『東方学志』延世大学校国学研究院、第四四―四五輯、ソウル、一九八四年）が詳しい。

＊13　「天津奉使縁起」（『金允植全集』二、亜細亜文化社、ソウル、一九八〇年）五一三頁。

＊14　同右、五一三頁。

＊15　「陰晴史」（『従政年表・陰晴史』韓国史料叢書第六）七九頁。

＊16　「与英国領事賈禮士書」（前掲『金允植全集』二）三一四―三一五頁。

＊17　前掲「陰晴史」八〇頁。

＊18　同右、九五頁。

＊19　「十六私議」（前掲『金允植全集』一）四八二頁。孔子の教えとは、『論語』「顔淵第十三」にある「子貢問政、子曰、足食、足兵、民信之矣、子貢曰、必不得已而去、於斯三者何先、曰、去兵、子貢曰、必不得已而去、於斯二者何先、曰、去食、自古有死、民無信不立」を指す。

＊20　同右、五〇二頁。

＊21　『続陰晴史』韓国史料叢書第一一、上、一五六―一五七頁。

＊22　前掲拙稿、参照。

＊23　前掲「陰晴史」五二―五三頁。

＊24　同右、五七―五八頁。

＊25　「千一策」（『閔忠正公遺稿』韓国史料叢書第七）四七頁。

＊26　同右、六六頁。

＊27　同右、四七頁。

＊28　しかし、閔泳煥と金允植は日本認識において異なる。両者とも西欧化した日本の侵略性を非難、あるいは蔑視しながらも、前者は単に日本を敵視するのに対し、後者は複雑である。金允植は「日人・中国一戦決雌雄、一則上国、一則友邦、我国当何以処之」（前掲「陰晴史」八二頁）と述べている。彼においては条約体制の堅持も不可欠なことなのであって、日本は蔑視の対象でありながら、あくまでも「友邦」である。二重体制の崩壊こそが彼のもっとも恐れる事態であった。

＊29　前掲拙稿、参照。

＊30　秋月望「朝中間の三貿易章程の締結経緯」（『朝鮮学報』第一一五輯、一九八五年）参照。

＊31　「随聞録」（『魚允中全集』亜細亜文化社、ソウル、一九七九年）五三頁。

＊32　前掲拙稿で、前掲『魚允中全集』所収の「東萊御史書啓」を使って彼の明治維新批判を展開したが、その後、ソウル大学校奎章閣文庫を調査した許東賢氏によって、それは魚允中の著書ではないことが明らかになった（「一八八一年朝鮮朝士日本視察団に関する一研究――〝聞見事件〟類と『随聞録』を中心に」『韓国史研究』五二、ソウル、一九八六年）。しかしにもかかわらず、魚允中の明治維新評価は許東賢氏のいうようにそれほど肯定的ではない。何よりも日本の大国志向に対するに、小国モデルを提示したことはその有力な証左になろう。許東賢氏は魚允中を「変法自強論者」として位置づけるが、そもそもそうした評価に問題がある。後述するように、改良的開化論者と変法的開化論者の違いはその文明観に起因するものと思われるが、典型的な変法的開化論者の尹致昊《ユンチホ》が文明（近代）主義の立場から朝鮮野蛮論を展開すると、魚允中はそれを「何其言之愚也」として一笑に付したという（『尹致昊日記』韓国史料叢書第一九、一、四一頁）。「我国免野蛮久矣」（同上）とみる魚允中にとって、朝鮮はまさに伝統的な文明の地なのであって、単なる朝鮮の西欧文明化は彼の意図するところではなかったと言える。

＊33　茂木敏夫「李鴻章の属国支配観――一八八〇年前後の琉球・朝鮮をめぐって」（本誌第二号、一九八七年）参照。
＊34　「時務説送陸生鍾倫遊天津」（前掲『金允植全集』二）二〇頁。
＊35　王芸生（長野勲・波多野乾一編訳）『日支外交六十年史』第一巻（建設社、一九三三年）一三八頁。なお原典は「日本使臣森有礼署使鄭永寧来直隷総督署内晤談節略」（『清季中日韓関係史料』第二巻、二八三頁）である。
＊36　徐載弼「回顧甲申政変」（閔泰瑗『甲申政変と金玉均』国際文化協会、ソウル、一九四七年）八二頁。
＊37　「朝鮮改革意見書」（『金玉均全集』亜細亜文化社、ソウル、一九七九年）一一七頁。
＊38　前掲「回顧甲申政変」八四―八五頁。
＊39　前掲『続陰晴史』上、一五六頁。
＊40　青木功一「朝鮮開化思想と福沢諭吉の著作――朴泳孝『上疏』における福沢著作の影響」（『朝鮮学報』第五二輯、一九六九年）、同「朴泳孝の民本主義・新民論・民族革命論――『興復上疏』に於ける変法開化論の性格」（『朝鮮学報』第八〇輯―一九七六年、第八二輯―一九七七年）参照。
＊41　「朴泳孝建白書」（『日本外交文書』第二一巻）二九五頁。
＊42　同右、二九六頁。
＊43　同右、二九六―二九七頁。
＊44　上疏と書簡は、『朝野新聞』に遅れて『東京日日新聞』も七月九日と一五日にそれぞれ掲載した。
＊45　ただし、富国強兵論と対清協調論は必ずしも矛盾するものではない。
＊46　近藤吉雄『井上角五郎先生伝』（一九四三年）一一七頁。
＊47　宮崎滔天の回想によれば金玉均は、「亜細亜の問題は、支那の興亡によりて定まる。朝鮮畢竟何するものだじや、アレは只の蹈台ぢや。僕は少なくとも朝鮮と云ふ小問題は閑却して居る」とまで語ったという（葛生東介『金玉均』一九一六年、一〇三頁）が、誇張された表現ながら、金玉均の清国への思い入れを示すエピソードではある。
＊48　自強と富国強兵は必ずしも同じ概念ではない。金弘集と高宗との間で、「上曰、自強、是富強謂乎。対曰、非但富強、将自強修我政教、保我民国、外畔無従、此実自強之第一先務」（「修信使日記」前掲『修信使記録』、一五八頁）という会話が交わされているが、要するに自強とは王道的イメージであり、富国強兵の覇道的イメージとは異なる。
＊49　前掲「朴泳孝建白書」三〇九頁。

＊50　同右。
＊51　富国強兵の徹底化をイギリスの巨文島退去の条件とし、やはり否定的「万国公法」観を持っていたと思われる金玉均も、他方では「外ハ広ク欧米各国ト信義ヲ以テ親交」すべきことを上疏中で述べていた。
＊52　藤村道生『日清戦争』（岩波書店、一九七三年）四〇―四三頁。
＊53　兪東濬『兪吉濬伝』（一潮閣、ソウル、一九八七年）二七―三二頁。
＊54　「競争論」（『兪吉濬全書』Ⅳ、一潮閣、ソウル、一九七一年）五七―五八頁。
＊55　同右、五九―六〇頁。
＊56　「中立論」（前掲『兪吉濬全書』Ⅳ）三二六頁。
＊57　同右。
＊58　同右、三二七頁。
＊59　同右。
＊60　同右、三二三頁。
＊61　同右。
＊62　同右、三二八頁。
＊63　姜万吉「兪吉濬の韓半島中立化論」（宮嶋博史訳『分断時代の歴史認識』学生社、一九八四年）は兪吉濬の「中立論」を中立に力点を置きすぎて読んでおり、対清協調の意義が見失なわれているように思われる。
＊64　前掲「中立論」三二〇―三二一頁。
＊65　同右、三二一頁。
＊66　前掲原田環論文、二〇頁。
＊67　兪吉濬『西遊見聞（復刻本）』（景仁文化社、ソウル、一九七二年）九四頁。
＊68　一八八五年説は李光麟氏の所説による（「兪吉濬の開化思想――『西遊見聞』を中心に」（『韓国開化思想研究』一潮閣、ソウル、一九七九年）七五頁。
＊69　O. N. Denny, China and Korea, Seoul.（日本語訳『清韓論』一八九〇年）は外国人の立場から同様の警戒を発したものであるが、兪吉濬とは違い対清国批判は明瞭である。

＊70　柳永益「甲午更張以前の兪吉濬――一八九四年親日改革派としての登場背景を中心に」（『翰林大学論文集』〈人文・社会科学編〉第四輯、春川、一九八六年）参照。
＊71　「世界大勢論」（前掲『兪吉濬全書』Ⅲ）九三頁。
＊72　前掲『西遊見聞』八八頁。
＊73　同右、九二―九三頁。
＊74　前掲「中立論」三二一頁。
＊75　前掲『西遊見聞』三七五―三七六頁。
＊76　兪吉濬が儒教を必ずしも否定しなかった点で、彼の思想を儒教否定であると捉える原田環氏の見解（「十九世紀の朝鮮における対外的危機意識」『朝鮮史研究会論文集』第二一集、一九八四年、一〇三頁）には従えない。また彼の思想を「東教西法」とする姜在彦氏の見解（『朝鮮の開化思想』岩波書店、一九八〇年、一七五頁）は妥当のようだが、金允植の思想に近づけすぎた理解のように思われる。
＊77　百瀬宏『小国』（岩波書店、一九八八年）参照。
＊78　遠山茂樹「東アジアの歴史像の再検討――近現代史の立場から」（幼方直吉・遠山茂樹・田中正俊編『歴史像再構成の課題』御茶の水書房、一九六六年）参照。
＊79　青泳禄「一七～八世紀尊我的華夷観の一視角」（『東国史学』第一七輯、ソウル、一九八二年）参照。
＊80　荒野泰典『近世日本と東アジア』（東京大学出版会、一九八八年）参照。ただし荒野氏自身指摘していることだが、本来の華夷意識が文化意識を中心とする概念である以上、国家意識を中心とする「日本型」なるものをそう呼ぶことは必ずしも適切ではない。「日本型華夷意識」とはあくまでも便宜的いい方にすぎない。
＊81　今日歴史的産物としての国民国家なるものは、いまだその価値を喪失しておらず、脱神話化されるには至っていない。しかしながらその相対化の動きは、徐々にではあれ進行しているようにみえる（福田歓一『国家・民族・権力――現代における自由を求めて』岩波書店、一九八八年、参照）。こうした世界史的視点に立って、冒頭でふれた姜万吉氏の問題提起に対する筆者の反論をいま少し展開すれば、次のようになる。やがて来たるべき朝鮮の統一が、「連邦国家」という形態をもって実現するとするならば、それは本来なら相容れることのない資本主義と社会主義という二重体制の均衡の上に定立されるはずである。したがってそれは、統一された朝鮮民族の国家でありながらも、もはや従来の国民国家の範疇では把握し得ない国家なのではないか。今や朝鮮は、国民国

家の創設ではなく、むしろ逆にその相対化を前提としての新たなる国家創出という、希有な歴史的課題を背負っているというべきのように思われる。(補注3)

【初出】『中国——社会と文化』(四、一九八九年)。

(補注1) 朴泳孝の上疏が単に「全編西欧文明信仰に彩られている」としたのは、誤解を招く表現であったと思う。朴は主観的には西欧文明への強い憧憬を抱きながらも、しかしその認識と理解の仕方は儒教的思惟に規定されているということにより着目する必要がある。このことについては、第1部第六論文第1節を参照されたい。

(補注2) 兪吉濬の思想が甲申政変以前大国主義的であったという評価が行き過ぎたものであったことについては、第1部第一論文の(補注2)を参照されたい。

(補注3) 今や北朝鮮は、現実的には社会主義とはいえない国家体制になっているので、これは踏み込みすぎた評価だったかも知れない。しかし今や、国家体制のあり方や仕組があまりに懸隔してしまった以上、将来の統一が「連邦国家」の形態であるだろう可能性はなおあると考える。

三　朝鮮における日本帝国主義批判の論理の形成
――愛国啓蒙運動期における文明観の相克

はじめに

日本の保護政治の下で展開された国権回復運動としての愛国啓蒙運動（一九〇五〜一九一〇年）に関しては、従来一元的な発展段階論的視点から、いくつかの限界性や問題性を認めつつも、ア・プリオリに肯定的に評価する見解が一般的であった。すなわち、朝鮮近代ブルジョア民族運動史の一階梯をなすものとして、それなりの高い位置づけがなされてきた。それは、朝鮮における近代的変革をになう運動は開化派的コース＝ブルジョア的コース以外ありえず、したがって、朝鮮の近代思想は開化思想に収斂されて行くのだとする近代主義的方法論に縁由するものである。[*1]

しかしこうした方法論は、本来日本的近代批判という問題意識をかかえながらも、「日本近代後追い論」とでもいうべき朝鮮近代史像しか構築しえないという矛盾を宿命的にかかえており、西欧的発展コース（あるいはその亜流としての日本的近代化コース）を自ら主体的に拒否しようとした、朝鮮近代史のさまざまな「未発の契機」＝思想や運動を充分にすくい上げ得ない。特に思想史研究において、「未発の契機」を抉摘することは現実批判をするうえで重要な作業であると思われるが、今後の朝鮮近代思想史研究は、こうした課題を自らに課さねばならないだろう。[*2]

このような方法論的認識に基づいて再び愛国啓蒙運動を顧みれば、それは国権回復運動として重大な欠陥をかかえていたといわざるを得ない。[*3]何よりも当時同じく国権回復運動として反日救国闘争を熾烈に展開した義兵運動に対して、それは敵視、でなければ傍観の姿勢を取り続け、結果的にはなんら国権回復に寄与するところがなかったからである。愛国啓蒙運動とは一般的に、各種団体や言論界などが教育振興や殖産興業を掲げるとともに、民権高揚に基づく愛国思想を流布することによって、国権回復のための実力を養成しようとした自強運動であったと定義できる。こうした性格の運動に対して、自らがその運動の当事者であったとともに、激烈な民族運動家としての生涯を全うした申采浩《シンチェホ》は、のちにいみじくも、義兵運動におけるような決死的人物が愛国啓蒙運動の陣中から出てこなかったことに言及して、「愛国の声が高かった新教育界（愛国啓蒙運動―筆者）の愛国人物が、むしろ愛国の声がまれな旧教育界にさえ劣るのは、その訳がどこにあるのか」[*4]、と反問して自己批判せざるを得なかった。

筆者は愛国啓蒙運動が義兵運動に合一し得なかった理由を、その日本帝国主義批判の脆弱性に求めるしかないと考える。当時は社会進化論が全盛を極めていたが、社会進化論的思考は愛国啓蒙運動の文明観を規定するとともに、日本帝国主義批判のあり方にも強い影響を与えずには置かなかったはずである。

そこで本稿は、愛国啓蒙運動期の文明観とその問題性を剔抉することを第一の課題とし、次いでそうした問題性が近代文明＝現実批判としていかに克服されていくのかを明らかにすることを第二の課題とする。この課題の解明は、朝鮮ブルジョア民族運動が固有にかかえる問題とその転回の過程を跡づける作業であり、換言すれば、朝鮮における日本帝国主義批判の論理を見出す作業でもある。そして、この二つの作業を通じて、朝鮮近代思想の独自性とその「未発の契機」の意義はわずかにではあれ浮彫りにされるものと考える。

ところで本稿は課題達成に当たって、国際法と社会進化論の受容のあり方、及びその連関に着目することによって、愛国啓蒙運動の文明観に接近するという分析方法をとる。なぜなら、世界秩序の規範たるべき国際法に対する認識にこそは、文明観が象徴的に表れているはずだし、それは世界認識の一つの原理であった社会進化論の受容のあり方に規定されてもいるはずだからである。そのため、あらかじめ簡単に両者について概観しておきたい。

まず国際法についてであるが、日清戦争における日本の勝利は、朝鮮と清国との間の朝貢体制の廃棄をもたらし、朝鮮は以後文字通り条約（国際法）体制に一元的に組み込まれることとなった。その結果、朝鮮国内では国際法への関心がそれまで以上に高まった。一八九六年には朝鮮最初の西欧法律書として、学部編集局長李庚植《イギョンシク》の序文を附して歩倫（J・C・ブルンチュリー）著・丁韙良（W・マーティン）漢訳『公法会通』が出版されたが、これは一八九九年八月に発布された大韓国国制に大きな影響をあたえた。[5]

国際法への関心は愛国啓蒙運動期に入ると益々たかまり、朝鮮人自身によって国際法の解説が広く行われるようになった。[6]だが、国際法への関心は必ずしも肯定的認識に基づくものではなかった。当時の法学者石鎮衡《ソクジニョン》は、朝鮮における国際法についての認識を類別して、①「国際法は大砲一門に如かず」とする認識と、②国際法が国家の独立を守ってくれるとする認識、そして③国際法には国内法のような照律処断の規定があるとする認識の三つに分けている[7]が、これを要するに当時の朝鮮における国際法観には、①の悲観的（否定的）国際法観と②③の楽観的（肯定的）国際法観の二つが存在していたと言うことができよう。

次に社会進化論についてであるが、金度亨氏によれば、当時の社会進化論の受容のされ方には、進歩重視的社会進化論と競争重視的社会進化論の二つがあったという。[8]けだし当を得た指摘であるが、そのことは両者の世界認識の原理が微妙に違っていたことを示すに他ならない。やや結論めくが、金度亨氏の見解をふまえつつ、筆者なりにこの二つの社会進化論の差異を敷衍すれば次のようになる。まず社会進化論である以上、進歩重視的と競争重視的とを問わず、「弱肉強食」「生存競争」「優勝劣敗」「適者生存」などと標語化された時代認識においては、その価値観を同じくするのは言うまでもない。しかし前者が、①物質文明の進歩とともに、②世界史レベルにおける倫理過程としての文明の進歩をも強調したのに対し、後者は②に対しては懐疑的であって――一国史レベルにおける倫理過程としての文明の進歩に対しては両者とも承認――徹底した弱肉強食論を唱えるところに微妙な差異があったものと思われる。[*9]

本稿は、先の二つの国際法観とこの二つの社会進化論の対応関係を検討するところから出発する。各々の文明観はその対応関係を明らかにすることで浮彫りにされるに違いない。

1　近代文明至上主義的愛国啓蒙運動論（補注1）

国際法の実効を肯定的に評価する認識には、およそ三つの類型があったものと思われる。第一の類型は、国際法への全面的期待を表明するものである。ビスマルク流の「火鉄主義」（鉄血主義）を「自国の利権保衛の正当条件」（傍点筆者、以下同じ）だとしながらも、強兵政策をすぐに実行できない朝鮮の「今日焦眉の急務は国際法観念を国民の脳髄に注入することである」とする、ある赴日留学生の見解はまさにこの類型の典型に属する。[*10] 彼は当時の現実を国際法理念が徐々に実現されて行く過程であると認識しており、「万国公法の令が一出してより、利益の共通をはかることに国際関係の目的を定めるに到達した」という。したがって彼においては、国際法の遵守のみが弱小国朝鮮の生きるべき道に他ならず、「自助」＝自強化の道さえ拒否される。力の論理によって国際間の正義を決定してはならないからである。[*11] しかしこの議論は、「自国の利権保衛の正当条件」としてビスマルク流の鉄血主義を肯定する点において全くの自家撞着に陥っている。彼は弱肉強食の社会進化論を否定し得ないままに、世界史レベルにおける倫理過程としての文明の進歩を過大評価したのであった。そのため、近代世界を支配する力の論理の否定という当為的主張はなんら現実批判に帰結せず、彼の議論は国際法理念の実現→文明化という楽観的文明主義の枠を一歩も出ていない。

それればかりか、世界文明国（国際法）への全面的期待から、彼の民族独立論は「自助」＝自強をも否定するという卑屈なものにならざるを得なかったのである。

しかしこのような「自助」＝自強をも否定してしまうに至る国際法観は、おそらく当時としては少数意見であったであろう。愛国啓蒙運動とは一般的に、自強主義を標傍する運動であったからである。自強主義の立場に立つ国際法観こそがより一般的であり、そうした国際法観にはまず、「自助」＝自強を前提とする国際法への積極的期待論の立場があった。これは肯定的国際法観の第二の類型に属する。

この立場によれば、国家滅亡の原因はあくまでも「自助」＝自強の不足に求められ、大国インドがイギリスの植民地になったのは「自助」＝自強の不足に他ならないという。しかし限定的な「自助」＝自強のみでは小国自立の保障は必ずしも得られないが故に、「自助」＝自強を前提としたうえでオプティミスティックな認識──「自助」＝自強を図る国には必ずや国際法が適用される──に基づき、有効力ある「権力均平之公法」を利用して朝鮮中立化を目指し、デンマークやベルギーのような小国自立の道を模索すべきだというのである。[*12]

この議論は、弱肉強食という現実のなかで積極的に朝鮮中立化の道を模索するという点において、現実世界否定の契機を持つようにみえる。しかしイギリスのインド支配が小国イギリスの「自助」＝自強の結果だとして、むしろ肯定的に認識されていることから分かるように、この議論もまた、弱肉強食の社会進化論を否定し得ないままに、国際法理念の実現→文明化に期待を寄せたものに他ならなかった。したがって、なんらの近代文明批判も展開し得ていないと言うことができよう。

自強主義の立場からのこのような国際法積極期待論に対して、肯定的国際法観の第三の類型として、同じく自強主義の立場に立ちながらも国際法消極期待論ともいうべき立場があった。この立場では、国際法は一度は否定的に認識される。たとえば西北学会の崔錫夏《チェソクカ》は、「国際法が発達すればするほど、不仁不義の侵略行為は各国に日に益々増加し、平和主義が広布伝播すればするほど、残忍暴悪の強食弱肉の攻略は日に益々甚だしくなる。ああ、だれがこの世界に人道があるといえようか」[*13]と述べて国際法に対し露骨な不信感を表明しているが、ここには西欧文明への一応の批判があるようにみえる。しかし彼はそのすぐ後で、「生存競争は社会原理であり、民族帝国主義は天下の風潮ではないか」[*14]とも述べており、弱肉強食の社会進化論を肯定する立場に立っている。したがって彼は、「侵略する者を憎視するよりも、なお一層侵略される弱虫を唾罵し」なければならないと主張し[*15]、第二の類型と同じく「自助精神」＝自強精神の養成を訴えた[*16]。

ところが、「自助」＝自強の限界を認識しているが故に、彼は巧みな外交へも目を向けなければならないと考える。その結果、彼は国際法をひとたび否定的に認識したにもかかわらず、外交の具としてのそれに再度注目するというアイロニーに陥った。すなわち彼は、欧米諸国の言語や宗教・文学・精神・歴史などの文化を学ぶことはもとより、「国際法を精考して列国の先例を記憶し、宇大的頭脳（地球的視野—筆者）を生長させれば、外人と交際するにおいて共通の感情が生まれ、思想が同じとなり、自然に四海兄弟主義が貫徹するようになるだろう」[*17]というオプティミスティックな結論に達したのである。崔錫夏の立場はいわば、国際法に対して不信感を抱きつつも、肯定的に認識される弱肉強食の社会進化論的危機の状況のなかで、結局は国際法理念の実現→文明化に期待を寄せてしまうというものであったと言えよう。したがって、この立場にも近代文明批判は認められないのである。

以上述べたように、肯定的国際法観はとりわけ第三の類型に多少の近代文明批判の契機を有しながらも、結局のところは総じて、社会進化論全面受容を前提とした——弱肉強食的時代認識とともに、程度の差こそあれ世界史レベルにおける倫理過程としての文明の進歩への期待を持した——近代文明批判なき国際法受容であった。この立場は、国内的には「自助」＝自強の限界というペシミスティックな認識を持ちつつも、外に対してはオプティミスティックな世界史認識を持っており、西欧文明への強固な普遍化信仰と限りない進歩への確信によって裏打ちされている。

「（国際法が）今の時代においてはなお幼稚ではあっても、どうして他日完全に国内法と同一の域に進まないと言えようか」[*18]と問いかけたある赴日留学生が、他の所で、「世界の進運はすなわち西洋の文明と一致し、西洋の文明はすなわち世界的文明になる」[*19]と高らかに唱えているのを見る時、そのことは明らかであると言えよう。ここでは見事に、西欧近代国民国家における一国史的な倫理過程[*20]と世界史的な倫理過程の連続が楽観視されているのである。こうした文明観はもはや、進歩重視的社会進化論を前提とする近代文明至上主義というべきである。

　国際法肯定論の立場に立つ愛国啓蒙運動論の思想的問題性は、何よりもここにあるといわなければならない。この近代文明至上主義的愛国啓蒙運動は、西欧文明批判の視座を欠如しているが故に、単に帝国主義への批判がないというだけでなく、更に進んで、それへの幻想をも振りまくような運動論を展開するに至るからである。たとえば、大韓自強会と大韓協会（大韓自強会の後身）の幹部であり、愛国啓蒙運動の代表的イデオローグでもあった尹孝定《ユンヒョジョン》は当時の世界情勢を、「無徳義を原則とし、偏狭な帝国主義に準拠して国際問題を応用解決した列強の態度が、遽然として正義人道と平和自由の文明的精神に色彩を発揚するに至っ」ている[*21]として、文字どおりオプティミスティックに認識したが、それは世界史レベルにおける倫理過程としての文明の漸次的実現を強調することによって、世界的規模での帝国主義政策の衰退を言明するものに他ならなかった。したがって彼は、帝国主義への多大な期待を表明するに至り、「先進文明国の指導によって、（中略）よく国富国強を増進して、列国に肩を並べる日を期して待つべき」[*22]であるという文明国指導下の朝鮮改革論を提唱した。文明国指導下の朝鮮改革論は独立協会運動で活躍した尹致昊《ユンチホ》などには以前からあり、彼は文明開化至上論の故に、単に指導というだけでなく、文明国の朝鮮支配さえも肯定してしまうという論理を持っていたが[*23]、尹孝定の帝国主義認識はまさに尹致昊の思想を受け継ぐものであったと言えよう。当時、こうした尹致昊→尹孝定的発想は決して珍しくなく、「保護の下にもまた自由独立、完全独立はある」[*24]と言明する者もいた。

こうした近代文明至上主義認識の甘さを前提とする国家構想は、ある種の小国主義といいうるであろう。尹致昊は、甲午改革段階には朝鮮を「極東のスイス」にすべきことを唱えていた。[*25] しかしこの小国主義は、西欧近代への批判＝近代文明批判を前提とする、改良的開化派といわれる金允植などの小国主義[*26]とは基本的にその性格を異にするものであることに留意しなければならない。

ところで、近代文明至上主義の立場に立つ愛国啓蒙運動がもっとも期待をかけた文明国＝帝国主義国は具体的にどの国であったかというと、隣国日本に他ならなかった。日露戦争前後においては、日本は天皇の「宣戦の詔勅」そのままに、朝鮮の独立保全と東洋平和の維持をなし得る国家として朝鮮の世論の相当な部分に期待されていたようである。一九〇七年六月にオランダのハーグで開かれた万国平和会議に派遣された密使の一人である李瑋鍾《イウィジョン》は、そこで演説を行い、日露戦争に際して「韓国独立の維持と領土保全」を掲げる日本に、朝鮮がいかに期待したかを訴えている。[*27] すなわち、「韓国民は、日本がこの機会を利用して、韓国民が全力を尽くして必要な改革をなし得るようによく導いてくれるだろうと信じた」[*28] と言うのであった。また、後述する伊藤博文を暗殺した安重根《アンジュングン》でさえ、多少の誇張を含みながらも、「実際ハ韓国ノ人民ハ日露戦役ノ前迄ハ好個ノ親友トシテ日本国ヲ喜ヒ韓国ノ幸福ト信シテ居リマシタ」[*29] と述べている。日露戦争前後においては、朝鮮の対日観は必ずしも否定的ではなく、むしろ好意的な認識の方が主流であったように思われる。[*30]

そして日露戦争後、乙巳保護条約が締結されて以後も日本への期待は、少なくとも愛国啓蒙運動においては依然としてあり続けた。もちろん李瑋鍾や安重根の例を見れば分かるように、日本の裏切りを糾弾する声は広がり高まりはしたが、日本への期待は決して喪失したわけではなく、近代文明至上主義論者の間では益々高まる様相さえ見せた。たとえば、日露戦争における日本の勝利を立憲主義＝文明の専制主義に対する勝利であると認識した尹孝定の日本観[*31]は、好意的以外の何ものでもなかった。彼は、「今日のわが国の政治は日本の代表者が指揮監督を行っており、その真意が果たしてわが民国の文明富強を啓発することにあるとするなら、わが国民一般はその真意を一日も早く徹底して了解しなければならない」として、統監政治＝保護政治への積極的協力を訴えた。[*32] また尹孝定の分析とはいささか異なるが、日露戦争における日本の勝因を、「武士的愛国思想」と「没個性的愛国性」に求めるとともに、「たとえ隣邦の歴史であっても、明治維新の歴史を追憶すれば全身が戦慄する」として、感動をまじえて日本を賞賛した崔錫夏は、東アジア的見地から日本への期待を表明した。[*33] すなわち彼は、「日露戦争の結果は世界人の思想界に一大革命を起こした。何となれば、欧米人はいつも白人以外に世界の原動力になる人種があるのを否認していたのに、事実が理論に反したからである」として黄色人種の白色人種に対する勝利を意義づけたうえで、「東洋平和を維持して支那大陸の利益を均分し、世界列強の疑雲を一掃する責任と自信を有する者は、すなわち日本である」とした。[*34] 崔錫夏は、まさに日本を「東洋の盟主」と仰ぐに至ったのである。

　こうした日本＝「東洋の盟主」論は、当時決して異例のものではなかった。崔錫夏以外にも、「日本は早い時期に人文がつとに開け、東洋の先覚であり、三国の前導者というべきである」[*35] という議論はありふれたものであった。そのことは、後述する申采浩が国粋主義の立場から、これらの議論を「東洋主義」として批判しなければならなかったことからも分かるであろう。[*36]

　総じて言えば、当時の「東洋主義」（アジア主義）＝対日妥協論には同盟論、[*37] 保護国論、合邦論の三つがあり、このうち保護国論は、先に述べた尹致昊→尹孝定の小国主義とも重なる内容を持っていた。そして、合邦論を提唱した李容九《イヨング》の一進会もそうした「東洋主義」の一類型と見ることができ、本来愛国啓蒙運動に敵対するものではなかった。「保護劣等国民の名実を蟬脱し、一超して新大合衆世界一等民族の列に上」ろうとした一進会は、「日本天皇陛下の至徳至仁ならせらるゝに頼れるに非ずんば、弊邦の沈淪して社稷墟となれること既に已に久しからん。弊君臣それ復た何ぞ天日を今日に仰ぎ、文明を将来に望むを得んや」と言い切るが、[*38] 合邦論が導かれる論理は近代文明至上主義そのものであったと言えよう。従来、一進会を売国団体として愛国啓蒙運動から疎外して指弾することが一般に行われてきたが、一進会もまた愛国啓蒙運動の系譜の中に正しく位置づけなければならないだろう。国家を超越してその上に文明を置いた一進会の運動は、その意味では近代文明至上主義的愛国啓蒙運動のもっとも純粋な形態であったと言えよう。

したがって、愛国啓蒙運動の中核団体である大韓協会と西北学会が反李完用《イワニョン》内閣と「親日主義」を中心課題として、一進会といわゆる三派連合を組もうとしたのはきわめて自然なことであった。当時、実は大韓協会と西北学会は排日派と思われていたのだが、その排日から親日への転回は、先に見たように少なくとも尹孝定（大韓協会）や崔錫夏（西北学会）の論理においてはすでにできあがっていた。三派連合は諸般の理由で崩壊するが、[*39] しかしこれを契機に、とりわけ大韓協会の尹孝定らをはじめとする一部幹部の日本への接近はいよいよ顕著になっていく。当初から保護国論者であった尹孝定は、もはや実質的には合邦論者になったもののようである。この頃彼は心ある朝鮮人からは、「先是尹孝定設大韓協会、称以文明趣旨開導人民、暗受日本人偵探金、凡国中大小事偵察、而密告于日本人」[*40] といわれ、日本のスパイのように思われていた。そうした指摘がどこまで正しいかどうかは確認できないが、少なくとも日本側が「殊ニ総務尹孝定一派ノモノハ明ニ日韓合邦ハ早晩免レサル所ナルヲ察シテ一進会排斥ノ主義ヲモ賛セスシテ形勢観望ノ説ヲ主張シタリト云フカ如キ其ノ真意ノアル所ヲ知ルヘシ」[*41] と見ていたことだけは確かである。また彼自身もこの時、「余は最初より表面中立を守りしも、内心は合邦に賛成して一進会に同情を抱きたり」[*42] と語っていたという。

もはや、近代文明至上主義的愛国啓蒙運動の国権回復運動史上における問題性は明確になった。それは、朝鮮ブルジョア民族運動が内在させていた一つの重大な汚点であった。この運動論は近代文明至上主義であるが故に、単に日本帝国主義批判の視座を持ち得なかったというだけでなく、日本の韓国併合を合理化する役割さえもになったのである。この運動論の立場に立つ人々は、概ね義兵運動に対し否定的であり、尹孝定などは義兵の行為を「義名暴行」「絶対的非議」としてその鎮圧を訴えたが[*43]、彼らが本来近代文明拒否の義兵運動を肯定し得なかったのは、けだし当然である。

2　近代文明妥協主義的愛国啓蒙運動論

愛国啓蒙運動の一般的理念は自強主義であったが、自強主義を強権主義にまで高めようとする立場の愛国啓蒙運動家たちがいた。当時のもっとも代表的な抗日新聞ともいうべき『大韓毎日申報』のある論説には、「ビスマルクが言うに、国家を安定する者は黒鉄赤血のみとし、福沢諭吉が言うに、万国公法は大砲一放のみに如かずとしたが、これは強権の真状を善論したものである。強権到る所に仁義が何ぞ、道徳が何ぞ。（中略）仁義で強権に敵せんとする者は、虎口に坐して仏経を説くのと同じである[*44]」とある。『通俗国権論』で「百巻の万国公法は数門の大砲に若かず」と語った熱烈なナショナリスト福沢諭吉の否定的な国際法観がそのまま述べられているのみか、鉄血宰相といわれたビスマルクもまた肯定的に評価されたうえで、「仁義道徳」の否定→強権の肯定が訴えられていることに注目したい。国際法を否定的に認識する者にとっては、弱肉強食という現実だけが世界史の真理であったのであり、「仁義」や「道徳」などという世界史における倫理過程はなんら顧みるに値しなかったのである。すなわち肯定的国際法観の立場に立つ愛国啓蒙運動家が、多かれ少なかれオプティミスティックに世界史における倫理過程としての文明の漸次的発展に期待を寄せたのに対し、否定的国際法観の立場に立つ愛国啓蒙運動家は、ペシミスティックな立場からそうした世界史認識を拒否し、その代わりに恐らくは国内的にはオプティミスティックな認識から国家的強権を求めたのだと言えよう。

このような国際法否定論者のペシミスティックな世界史認識は、競争重視的社会進化論の受容を前提としている。ここでは、競争重視的社会進化論に基づいて自強（強権）主義を展開した人物として朴殷植《パクウンシク》と申采浩《シンチェホ》を取り上げ[*45]、各々の文明観とその問題性を具体的に検討してみたい。

まず朴殷植についてであるが、その国際法観は、エジプトのアラービー反乱に言及して、「いわゆる道徳原理と文明本旨と万国公法と自由主義を何ぞ夜叉叢裡（西欧列強―筆者）に提論すべけんや[*46]」と述べているのを見れば分かるように、西欧への不信感から国際法に対しては否定的認識をしていたのは間違いなく、当然の如く道徳や文明の有効性に対しても悲観的であった。彼はある人物の言葉を借りて、「いわゆる公法がいずこに在り、人道を何ぞ論ぜんや[*47]」とも述べている。そもそも彼の世界史認識は徹底したペシミズムに彩られ、彼は、「現今時代は生存競争を天演だと論じ、弱肉強食を公例だという。かのもっとも文明を重んずる英国もインドとエジプトに対していかなる政策を施したか。また徳義を号称するアメリカも、フィリピンに対していかなる手段を取ったか。現今列国の鷹揚虎躍の者はその口気は菩薩でも、その行動は夜叉である。誰を信じ、誰に依るべきか[*48]」と嘆く。彼の欧米列強への不信感は深く、彼は世界史レベルでの倫理過程としての文明の進歩をなんら認めていない。彼はいかなる列強が援助の手をさしのべても、決してそれを受け入れてはならず、他人の奴隷になりたくなければ、あくまでも自力で独立を果たさなければならないともいう[*49]。尹孝定などの近代文明至上主義者が列強の指導＝良心に期待を寄せたのとはまるで違い、朴殷植は弱肉強食という世界の現実をきわめて冷徹な目で見つめていたのだと言えよう。したがってそうした彼の認識こそは、近代文明批判→帝国主義批判という側面を持つかにみえる。

しかし、どれほど近代文明批判→列強批判を展開しているかにみえても、朴殷植のそうした批判は、実は帝国主義論理の根本的批判になっていないことに注目しなければならない。それは彼が、「西儒の言に曰く。生存競争は天演の理なり。優勝劣敗は公例の事なり、と。これその言たるや、あに仁義道徳の説に違背せざらんや。然ると雖も、仁義道徳なるものも、聡明なる知慧と剛毅にして勇邁なる者がよくこれを有するものなり。愚昧懦弱なる者はいまだこれを有せず[*50]」と述べているのを見れば明らかである。彼は、列強に弱小民族が侵略されているのは悲惨な現実であり、またそれは「仁義道徳」にかなったことではないとしながらも、「仁義道徳」は知と力の能力を備えた者＝列強だけが有するものであるから、劣等民族が侵略されるのはやむを得ないというのである。彼は、黒人やアメリカ・インディアンが白人によって衰滅されて行く現実を上古時代の禽獣に対する人類の関係にたとえてもいる[*51]。彼にとっては、文明の野蛮への侵略という対処は悲惨ではあるが歴史の必然であって、そうであるが故に、それは論理的にはむしろ積極的に肯定されてしまうのであった。

朴殷植の思考方法はあくまでも上向的であり、劣等民族の「仁義道徳」を否認することからも分かるように、彼の認識は被抑圧民族の立場に徹するものでは決してなかったと言える。彼にとっては朝鮮の自強化こそが至上課題であり、そのためには教育振興や殖産興業の他に尚武主義が必要とされた。したがって彼はアジアで唯一帝国主義化を果たした日本の近代化を、「最近の日本の歴史を見るに、今を去る七〇〇年前鎌倉幕府時代より日本武士道と称する尚武的国風が素より有り、国民の勇敢な性質が特有する。よって挽近三〇年間に教育程度がかくの如く発達し、愛国精神と団体力が他国に優勝せり。その結果、清を破り露を逐い、大いに国威を振るって、欧米列強と併駕斉馳す。壮なるかな、尚武の効力よ[*52]」として高く評価したが、ここには日本帝国主義に対する批判がなんらないばかりではなく、むしろ逆にその肯定論とも覚しき考えが展開されているのである。彼の自強主義は単に民族独立のためのものにとどまるものではなく、更に進んで日本をモデルとした、朝鮮の列強化を目指そうとするような強権主義というしかないであろう。それ故彼は大朝鮮主義者であり、そのことは彼が痛惜の思いを込めて高句麗の広開《クァンゲ》土王《トワン》の征服事業に言及し、「阿骨打と成吉思汗の威名が金国と蒙古に在らずして、高句麗にあった」かもしれない可能性を論じている[*53]のをみれば明らかである。

朴殷植のナショナリズムは、単に「戦闘的ナショナリズム」と評価するだけではすまされない内容を持っていると言えよう。彼は日本の「大和魂」にならって「大韓魂」の高揚を訴える国粋主義を鼓吹したが[*55]、彼のナショナリズムは、そうした国粋主義に支えられた大国志向型ナショナリズムそのものである[*56]。こうしたナショナリズムは、当時朝鮮が保護国の状況にありながらも決して稀有のものではなかった。むしろ逆に、被保護国であるという悲劇的な状況が、そうしたナショナリズムの高揚をもたらし、一部の愛国啓蒙運動家に大国願望を夢想せしめたのだと言える。

朴殷植と並んで国粋主義者として「大我」や「国民の魂」の不滅を説いた申采浩[*57]もまた、大国志向型ナショナリストであり、その膨張主義的志向において朴殷植にも優るとも劣らないものがあった。彼は「満州」を東洋のバルカンだとしたうえで、「満州」は朝鮮の旧領だという大朝鮮主義的認識から、朝鮮人は「満州」問題に将来目を向けなければならないとする[*58]。「韓国民族の将来を測れば、まさに、徐々に前進して高句麗の旧域を索還し、檀君《タングン》の遺史を重光する時代がくるであろう」と言うのである[*59]。

なるほど彼は帝国主義に抵抗する理念として民族主義を掲げる[*60]。まさにそれは、彼によれば「他民族の干渉を受けない主義」であった。しかし続けて彼が、「民族主義が膨張的、雄壮的、堅忍的な光輝を掲げれば、いかなる劇烈的、怪悪的な帝国主義でもあえて参入することはできない」とも言うとき、彼のいう民族主義は帝国主義批判の論理として甚だ脆弱なものにならざるを得ない。なぜなら本来、「純粋な民族主義が堕落してその自然の堤防を越えて溢れ出で、遠近を問わず反抗的且つ非同化的な国民の領土を併呑しようとする企図こそ、民族主義から一方では不純な植民主義へ、他方では帝国主義への移行を特徴づけるものである[*61]」のだが、申采浩の民族主義は「膨張」と「雄壮」を強調する点において、初発から堕落的要素＝帝国主義への転化志向を多分に内に秘めたものであるからである。

申采浩におけるこのような帝国主義批判の論理の脆弱性は、彼の文明観と深く関わっている。彼もまた朴殷植と同じく、強権主義の立場から国際法に対して否定的であるのは言うまでもなく、彼は、「二〇世紀の世界は軍国世界である。強兵が向かう所に正義が霊せず、大砲が至る所に公法は無用にして強権があるのみである」[62]と述べる。競争重視的社会進化論の立場から、世界史における倫理過程を彼もやはり認定しないのである。

しかし、彼は西欧文明の道義的先進性を認定しなかったわけではない。むしろ彼は近代文明至上主義者に劣らず、西欧文明崇拝者である。彼は、「かの西洋は暗黒時代が暫過して黄金時代が回復し、文明の気運が精神界と物質界に膨張し、道徳・政治・経済・宗教・武力・法律・学術・工芸等が長足の進歩をなす。ここにおいて国家の利が日に多く、人民の福が日に大にして、専制封建の旧陋が去り、立憲共和の福音が広がり、国家は人民の楽園になり、人民は国家の主人になり、孔・孟の輔世長民主義がここに実行され、ルソーの平等自由精神がここに成功した」[63]と述べている。ここでは彼は、多少の儒教思想との付会を混えながらも、道徳・宗教をも含む西欧近代のあり方をほとんど理念型にまで高めて論じている。彼においては、ルソー的社会契約説＝天賦人権論に基づく国民国家の創設こそが至上課題であったのであり、したがってその限りでそれを実行した西欧に対して彼は賞賛の声を惜しまなかった。それはすなわち、彼が世界史レベルにおける倫理過程としての文明の進歩は認定しなかったのだが、一国史レベルにおけるそれは認定していたということを示している。そしてそれは、社会進化論（競争重視的）と天賦人権論の奇妙な両立であった[64]。

このことは朴殷植においても恐らくは同様であろう。先に述べたように、彼は優等民族＝列強には「仁義道徳」が存しても、劣等民族には「仁義道徳」は存しないとしたが、それは、一国史レベルにおける倫理過程としての文明の進歩の肯定に基づく、西欧近代国民国家への賞賛の辞にほかなるまい。

申采浩と朴殷植の文明観の問題性は何よりもここにあったと言えよう。彼らは、近代文明至上主義者のようには、一国史的な倫理過程と世界史的な倫理過程の連続を楽観視することによって、帝国主義に幻想を抱く過ちを犯さなかった。しかし一国史的な倫理過程と世界史的な倫理過程の断絶を天賦人権論と社会進化論（競争重視的）という別個の原理で説明合理化したが故に[*65]、前者の後者への適用を拒む西欧列強への批判の論理を持ち得ずに、とにかくも一応は国民国家を絶対化したのであった。更に言えば、本来は社会進化論は帝国主義の思想を合理化するための理論体系としての意味を持つものであったにもかかわらず、それによって自らの民族主義を理論武装したところに彼らの朝鮮民族主義＝強権主義の思想的問題性があったのである。それはまさしく、日本帝国主義批判の論理の欠如であった。

しかし彼らは近代文明至上主義者とは違い、西欧文明を必ずしも普遍化しなかったことにも注目しなければならない。朴殷植は、改新儒教的立場から康有為の影響を受けて大同思想を唱え、大同教なるものも創建したが、彼の理想社会はまさに「天下為公」の「大同之世」であった。それは、競争の原理を排した世界平和の社会である。彼はむしろ儒教思想にこそ文明の普遍性を見出していたのである。そのことは申采浩も同様であり、彼は「小康を棄てて大同に務めて儒教の光を宇宙に照らす[*66]」ことを主張するとともに、朴殷植が著した「儒教求新論」に賛意を示した[*67]。

彼らは明らかに儒教的普遍主義の立場から、西欧近代文明を特殊なものとして相対化し得る視座を持っていた。ところが彼らは、儒教的理想社会の実現をかなり先の将来の問題とすることによって、今は西欧文明の原理に従うしかないと考えたのである。ある人物は、「これらの主義（大同思想―筆者）が目下の競争時代には適合しないようでも、将来、社会の趨勢が平和に向かう日にはわが儒教の大発達を確然と期すべきである[*68]」として、期待を込めて儒教の将来を語っているが、逆に言えばそれは、今のところは西欧近代文明に妥協するしかないということの表明に他ならなかった。また朴殷植も、「けだし過去一九世紀と現今二〇世紀は西洋文明が大発達する時期であり、将来二一～二二世紀は東洋文明が大発達する時期である[*69]」と述べているが、それもやはり西欧近代文明への妥協の逆説的言明であった。

彼らは近代文明批判の視座を持ちながらも、現実への妥協の故に、近代文明批判の論理を持ち得なかったというしかないであろう。かくて近代文明妥協主義的愛国啓蒙運動論の国権回復運動史上における問題性も明らかになった。

それは被抑圧民族の側に徹することによって、反帝闘争を闘い抜くという国権回復運動論では決してなかったのである。ただ近代文明妥協主義者は近代文明至上主義者とは違い、義兵運動に対して比較的に共感的であったように思われるが[*70]、それは恐らくは近代文明批判の論理はなくとも、その視座だけは持ち得ていたことの反映であろう。

3　近代文明批判の所在と日本帝国主義批判の論理の形成

愛国啓蒙運動家の中に近代文明批判をした者が全くいなかったわけではない。近代文明至上主義者の中にさえ、既述したようにそれらしき批判をなし得る者がいた。近代文明妥協主義者の場合には、より厳しい近代文明批判をなしうる可能性があった。しかしこの時期、社会進化論の否定の上に近代文明批判をなし得た者は皆無に近かったのではないか。どれほど近代文明批判を展開し得ているようにみえても、その実は近代文明主義の立場を克服し得ている者はほとんどいなかったように思える。

たとえば、西欧宗教の布教を侵略と見なし、「宗教的戦争」として指弾する議論があり[*71]、その限りでは近代文明批判のようにみえても、この議論をなす者は他の所では、「宗教は世界万国でもっとも神聖広大な教門を選んで信仰するのがいかがであるか」[*72]と述べており、西欧宗教の輸入を必ずしも否定していない。そもそもこの人物は、社会進化論的立場から日本やロシアを「世界の一等国」と賞賛してもいた[*73]。また、単に宗教というだけでなく、西欧の文明輸出をトータルに侵略とみなす議論をする者もいたが[*74]、この人物も他方では、西欧文明化した日本を高く評価していた[*75]。

さらに厳しい近代文明批判らしきものとしては、「西言に曰く。世界は強人族世襲の財産なり。故に弱人族を攘斥してその土地を拠有するは実に天授の権利なりと。猛省せざるべからず」として、帝国主義論理の批判を真っ向から行なう議論があった[*76]。しかしこの議論をなす者も、これに続けてイギリスやアメリカのような自強の国を目指すべきことを主張しており、なんら弱肉強食的現実を批判し得ていない。二〇世紀の世界を「剽窃の盗族窟」と呼び、「新星の文明とはかくの如きものか」と反問したある人物も、自ら答えて「人類競争上の必然的結果」として、社会進化論容認の立場からやはり自強を求めるしかなかった。[*77] あるいは、「愚者」「弱者」はもちろん野蛮であるが、「智者」「強者」もまた野蛮であると指摘し、列強批判をする者もいたが、[*78] これは被抑圧者側の論理をも否定する点で必ずしも社会進化論から自由ではなく、ある種の文明ニヒリズムに陥った議論であった。

このように、社会進化論的状況を克服する論理を容易に持ち得なかったために、愛国啓豪運動の中に真の意味での近代文明批判を見出すことは非常に難しい。ところが、こうした一般的時代認識の中にあってたいへん注目すべき事例として、帝国主義批判の論理を不十分ながらも構築し得ている議論があった。それは蔡基斗《チェギドゥ》というある赴日留学生の議論なのであるが、彼はまず、文明の進歩が列強の欲望を増長させ、一九～二〇世紀の間に国民主義は植民主義・帝国主義になったという。[*79] そして列強は、劣等民族の土地を開発するのは天賦の権利だとして侵略を合理化するが、それは「野心家の利己貪欲な精神上より出」たものであって、人類同種論の立場からして正しくないとする。[*80] 彼はなかなかの正論を展開しているが、しかしここまでの議論であるなら、それほど注目するに値しない。問題はその次で、彼はインド問題に言及して、インド人の独立闘争の前にイギリスはインドを保有し得ない事態になるであろうと予言しているのである。[*81] そして続けて彼は、人類同種論の立場からインド人は優等民族だとして、その独立闘争に共感し、またアフガニスタンの反露闘争にも注目して、列強に対する「武装的戦争準備」の必要を唱えるのである。[*82]「過去の一九世紀は西洋列強の全盛時代であったと言えるが、二〇世紀すなわち今日は東洋諸国の勃興する気運がある」と述べる彼は、まさに「亜州革命運動」の開始を高らかに訴えたのであった。[*83] したがって彼は、中国への共感ももちろん惜しまずに表明しているが、日本に対しては、「彼の狡猾なる行動はむしろ東洋平和を撹乱する恐れがある」として強く批判した。[*84]

このような蔡基斗の議論は、愛国啓蒙運動の議論がほとんど帝国主義の論理でしか世界のあり方を認識し得なかった中にあって、きわめて稀有な見解である。彼の立場は明らかに、被抑圧民族の側に徹することによって帝国主義と真っ向から対決しようとするものであったと言えよう。したがって、彼は義兵運動に対して非常に好意的であり、「その主義、目的は昔日の頑固輩の排外的手段ではなく、すなわち近代文明国の民族的独立思想を発揮している」と指摘するとともに、義兵を「神聖軍」と呼びさえした。[*85] 彼の国権回復運動論はいわば、帝国主義への期待を前提とする自強主義ではもちろんないし、さりとて帝国主義への上昇志向を多分に内に秘めた強権主義でもなかった。こうした点で我々は、日本帝国主義批判の論理をここに一応見出すことができるかもしれない。

しかし近代文明主義という点で、蔡基斗もまた愛国啓蒙運動の陣中の人であることを免れ得なかった。「近代文明国の民族的独立思想」を見出すことによってしか、義兵運動を肯定的に評価し得なかったのはそのことの一つの証左になるだろう。また、「けだし暗黒界より光明界に進むのが文明の順序上の原則である」として文明の進歩に限りない信仰を寄せる[*86]とともに、アメリカを「世界上自由の根本であり、文化の源泉たる文明国」として無条件に賞賛[*87]したことも近代文明主義の表れである。彼も社会進化論からどれほど自由であったか疑わしい。したがって、彼の議論は愛国啓蒙運動における真の近代文明批判の可能性を秘めたぎりぎりの到達点ではあったであろうことは間違いないが、決してそれ以上ではなかった。[*88]

我々は、真の近代文明批判の確固たる所在を愛国啓蒙運動以外に求めなければならないであろう。それは差し当たり初発から西欧文明拒否的であった義兵運動に求められると考える。試みに衛正斥邪派の巨頭であり、義兵将でもあった崔益鉉《チェイッキョン》を取り上げてみると、彼は一九〇六年に日本を批判する文章の冒頭で、「嗚呼、忠国愛人曰性、守信明義曰道、人無此性、則人必死、国無此道、則国必亡、此不惟頑固老生之常談、抑雖開化競争之列国、捨此、恐亦無以自立於世界之間矣、（中略）貴国棄信背義之罪、然後次及貴国所以必亡」[*89]と述べている。ここで彼は、人間と国家の普遍的原理として各々「忠愛」と「信義」をあげ、「開化競争之列国」＝帝国主義列強にもそれを持つべきことを求めるとともに、「信義」を廃棄した日本を批判している。これは儒教的普遍主義からする社会進化論への見事な批判＝近代文明批判に他なるまい。

ところが注目すべきは、糟谷憲一氏の研究によれば崔益鉉は甲午改革頃より国際法に依拠して日本批判を展開するようになったことである。[*90] 彼は必ずしも華夷的世界観＝「一統」論理を放棄したわけではないにもかかわらず、国際法という「均勢」論理を受け入れたのであったが、これは一体いかに解釈すべきなのであろうか。糟谷氏は、衛正斥邪論者の崔益鉉が侵略に抵抗するための論理として国際法に着目し、これを援用するまでに至った事実に注目しながらも、これを「あまりに楽観的な考え」と評するが、[*91] はたしてそうした理解は妥当であろうか。彼の列強批判の論理はあくまでも「忠愛」と「信義」という儒教的普遍主義からのものであるが、彼は「忠愛」と「信義」を列強に求めはしても、オプティミスティックに現実世界をそうした普遍主義が支配していると考えたわけではなかった。したがって彼は、とりわけ後者の「信義」＝国家存立の基礎が当為のものとして西欧の国際法にもあるのを見出したこと、すなわち儒教倫理を国際法に付会させることに[*92]よって列強・日本批判をしようとしたにすぎなかったのではないか。更に言えばそれは、誰もが遵守しようとしない国際法＝「信義」を弱者たる朝鮮のみは遵守するという道義的優位性において、「力」に対抗しようとする発想から出たものに他ならなかったのではないか。[*93]

崔益鉉は愛国啓蒙運動期には明白に東道西器論の立場に立っていたが、[*94] もとより東道西器論者であった開化派の金《キム》允植《ユンシク》は、「近来事、惟視強弱、不在公法、然小邦自守之道、惟在謹守公法、無失信於他邦可也」[*95] と述べていた。金允植は、弱肉強食の現実のなかで「公法」の有効性に不信を抱きながらも、小国である朝鮮はどの国も遵守しようとしない国際法をあえて遵守し、諸外国に対して「信」を貫き通すことによってのみ、はじめて自守することができるのだと言うのである。ここには、国際法肯定論の立場に立ちながらも、近代文明至上主義者に見られるようなオプティミスティックな世界認識はない。むしろペシミスティックな世界認識に基づきながら、国際法肯定論の立場をとっているのである。崔益鉉の立場も恐らくは金允植の立場と同じであったものと思われる。朱子学者である崔益鉉にとってはもとより当然であるが、弱肉強食的現実の中にあえて「信義」を持ち出すこと、ここにこそ文明観転換の真の可能性があったと言えよう。

したがって彼は、「天下之大勢、既与古有異、而東漸之西勢有不可以独遏、則必須韓・清・日三国相与為輔車唇歯、而後可以全東洋大局者、不待智者知」[*96]と述べ、東アジア三国の連帯を唱えるアジア主義的発想を吐露しているが、これは近代文明至上主義者に見られるアジア主義とははっきり区別されなければならない。崔益鉉のアジア主義はあくまでも近代文明批判を前提とするものであって、自らの西欧化を断然と拒否し、逆に西欧にも文明観の転換を迫ろうとするアジア主義であったからである。我々はここに、まさに日本帝国主義批判の論理を見出せるであろう。

以上のように、近代文明批判の真の可能性は義兵運動の陣営にあった。それならば、朝鮮ブルジョア民族運動の流れの中には真の近代文明批判は全くあり得なかったのかというと、そうではあるまい。現在のところ筆者はその具体的所在を、伊藤博文を暗殺した安重根に見出している。

安重根は自らを「義兵の参謀中将」と称したために、義兵運動系列の人物であるかのように見る向きもあるが、実は彼の父は開化思想の信奉者であったし、その影響を受けた彼も一時愛国啓蒙運動に身を投じていた。また民族資本家として穀物や石炭を扱う商社経営にも従事し、更には文字通りの産業資本家（炭坑採掘の直接経営）を目指しもしたようである。ここでは紙幅の関係上、なぜ彼が義兵運動に走ったのかという問題も含め、彼の経歴を詳述する余裕はない。しかし彼の、「わが二千万兄弟姉妹が各自奮発して、学問に勉励し実業を振興し、わが遺志を継いで自由独立を恢復せば、死者は憾みなし」[*97]という遺言を見れば分かるように、彼が最後まで実力培養という愛国啓蒙運動の基本的理念に忠実であったことだけは確かである。彼の評価は、正しくはブルジョア民族運動の系列のなかで論じられるべきであろう。

そこで安重根がいかに近代文明批判を展開したかであるが、彼は獄中で「所懐」をしたため、「天生蒸民、四海三《ママ》内、皆為兄弟、各守自由、好生厭死、人皆常情、今日世人例称文明時代、然我独長嘆不然、夫文明者、勿論東西洋賢愚・男女・老少、各守天賦之性、崇常道徳、相無競之心、安土楽業、共享泰平、是可曰文明也、現今時代不然、所謂上等社会高等人物者、所論者競争之説、所究者殺人機械、故東西洋六大洲、砲烟弾雨無日不絶、豈不慨嘆哉、到今東洋大勢言之、則慚状尤甚、真可難記也」[*98]と述べている。すなわち彼は、本来文明とは、万人が「天賦之性」＝各々の人格を尊重し合い、道徳を尊んで、互いに競争することなく平和を享受し合うことであるはずなのに、今日の文明はそうではなく、「上等社会高等人物」＝西欧列強の人々の主張する所は「競争之説」＝社会進化論であって、その行き着く所は「殺人械械」＝兵器の製造であり、その結果世界の至る所で戦争が絶えないでいると言うのである。

これは明らかに鋭い近代文明批判だと言わざるを得ない。彼は、社会契約説＝天賦人権論（「天賦之性」）の立場から現実世界を支配している社会進化論（「競争之説」）的状況を批判し、「道徳」への回帰を訴えたのであった。社会進化論が全盛を極めていた愛国啓蒙運動期において、天賦人権論と社会進化論を矛盾したものと捉え、前者の立場から後者を批判した人物を現在のところ筆者は他に知らない。しかも注目すべきは、ここで彼は「道徳」への回帰を訴えているが、彼のいう「道徳」とは「四海之内、皆兄弟也」という『論語』「顔淵第一二」の一節を引いていることから類推できるように、儒教的な普遍主義的価値に根ざしたもののようである。[*99]彼は、伝統的儒教思想と社会契約説という市民革命期の西欧近代思想を結合させることによって断固現実の西欧文明への妥協を拒否し、一九世紀的な社会進化論を否定したのであった。

それ故、安重根においては弱肉強食的世界の現実はやむを得ざるものでは決してなく、そのような現実は積極的に否定されなければならないということになる。これはまさに帝国主義批判の論理の獲得に他ならない。

ならば安重根の国際法観は一体どのようなものであったか。興味深いことに彼もまた金允植や崔益鉉と同様の見方をしている。彼は公判で、日本の韓国併合は国際法があるが故に、「列国ガ監視シテ居ルカラ其様ナ事ハ出来ル筈ノナイ事ハ其方ハ知ツテ居ルカ」と訊問されると、「私ハ日本ガ韓国ヲ併呑セントシテ居ル野心カアルニモ拘ラス列国カ黙視シテ居ル理由モ知ツテオリマス」と鋭く切り返し、間接的な表現ながら国際法への不信感を表明している。[*100] しかし、彼自らは国際法を遵守することを心がけていた。義兵運動の際彼は、「現今万国公法」に基づき、せっかく捕らえた捕虜を釈放して、日本の「野蛮」に対するに「弱能除強、以仁敵悪之法」を訴えたという。[*101] それはまさしく、国際法＝「信義」の遵守→「仁」＝弱者の道義的優位性をもって「力」に対抗しようとする戦略に他ならない。彼は決してオプティミスティックな立場から国際法を遵守しようとしたのではない。彼は国際法によって裁かれることを要求し、遂にその通りにならなかったが、国際法は公判過程にあって彼に残された最後の闘争の具であった。

では彼は、否定されるべき弱肉強食的世界の現実のなかで、朝鮮はいかに対処しなければならないか、と考えたのだろうか。彼の刑死によって未完に終わったが、彼は死の間際まで「東洋平和論」という論文を書いていた。その中の一説で彼は、「現今西勢東漸之禍患、東洋人種一致団結、極力防禦、可為第一上策、雖尺童、瞭知者也、而何故日本、如此順然之勢不顧、同種隣邦剥割、友誼頓絶、自作蚌鷸之勢、若待漁人耶、韓・清両国人之所望、大絶且断矣」[*102] と述べている。彼は西欧列強の帝国主義的侵略に対するに、本来アジアの小国、弱国は連帯しなければならないにもかかわらず、かえって日本が隣邦を侵略していること（脱亜入欧）を批難しているのであるが、これはまさしくアジア主義的立場からの批判に他ならない。彼のアジア主義的見解は公判でも、「東洋各国ガ皆手ヲ曳キ合フテ協力セハ人口ハ五億人アリマスカラ何国ニモ当タル事ガ出来マス」[*103] として吐露されている。

我々はここにようやく安重根を通じて朝鮮ブルジョア民族運動における日本帝国主義批判の論理を明確に見出した。近代文明批判を前提として被抑圧民族の側に徹し切ることによって構築されたアジア主義の原理こそが、この段階におけるもっとも尖鋭な日本帝国主義批判の論理に他ならなかった。[*104] 中国では、アナキストである劉師培の「亜州現勢論」（一九〇七年二月）が日本帝国主義に対するトータルな否定の先駆とされるが、[*105] 安重根の「東洋平和論」は未完とはいえ、それに匹敵するものであったと考える。

そして安重根の、言うなれば近代文明批判としてのアジア主義[*106]は、愛国啓蒙運動に存在していた二つの近代文明主義、国家構想との関わりで言えば三つの近代文明主義、すなわち①近代文明至上主義的小国主義（尹致昊・尹孝定ら）、②近代文明至上主義的アジア主義（崔錫夏・李容九ら）、③近代文明妥協主義的大国主義（朴殷植・申采浩ら）の諸潮流を止揚するものでもあった。この意味で安重根における日本帝国主義批判の論理の獲得こそは、朝鮮ブルジョア民族運動におけるコペルニクス的とも言える大きな思想的転回であった。

最後に、冒頭でふれておいた問題提起に関わるが、朝鮮近代思想史が必ずしも開化思想に収斂して行くものではないということについて若干言及しておきたい。安重根において何故にかような思想が生まれたのかということの客観的な一つの理由として、義兵運動の思想的影響を考える必要はないであろうか。彼はある意味では義兵運動にも挫折したと言えるのだが、しかし彼は崔益鉉を、「万古に得がたき古今第一の人物である」[*107]と評しており、義兵運動の思想が彼に与えた影響は無視できないように思われる。彼の思想は、愛国啓蒙運動の思想のみでは到底説明し得ない。もちろん韓国併合を前後して愛国啓蒙運動の思想も変わって行くのだが、併合直前段階では決して変わり得なかった。安重根に近代文明批判の転機を与えしめた要因を義兵運動に求めるゆえんである。今や、開化思想内外において「未発の契機」の可能性をめぐっての活発な議論がなされなければならないであろう。

展望――むすびに代えて

全民族を挙げての民族独立運動として戦われた三・一運動は、その独立宣言書において「威力の時代は去りて道義の時代は来たれり」と高らかに謳い上げ、「正義の軍と人道の干戈」をもって「侵略主義」と「強権主義」を否定した。[*108] 必ずしも近代文明批判というのではないが、それはまさに社会進化論の否定であり、[*109] 帝国主義一般に対する批判であった。朝鮮ブルジョア民族運動は、安重根が先駆的に獲得しつつも容易に持ち得なかった帝国主義批判の論理を、社会進化論の否定という限りにおいてここにようやく自らのものとすることができたのである。朝鮮における反帝民族闘争はここに本格的に開始されたと言えよう。その意味で、三・一運動こそは朝鮮ブルジョア民族運動の画期であることは間違いない。

しかしその後の民族運動の思想から見てみると、「道義の時代」に含意される意味は大きく分けて三様であったと思われる。すなわち、①西欧文明そのものに所与のものとして「道義」を見出すのか（近代文明至上論）、②西欧文明そのものを批判し得る、より普遍的価値を求めてそれに「道義」を見出すのか（近代文明批判論）、③西欧文明における「道義」の獲得を間近いと見るのか（近代文明期待論）、の三つである。まず①から論じてみると、たとえば宋鎮禹《ソンジヌ》は、「我々は欧米の自由精神と科学文明を愛好するものである。しかし隣国を盗奪して人血を吸取する獣性蛮行はどこまでも排斥して駆逐しなくてはならない[*110]」と述べているが、これは西欧文明の普遍性と特殊性を両断することによって、西欧文明の思想と科学を所与のものとして絶対化したものに他ならない。したがって彼は、「他族の人道的同情と正義的援助を辞さない」のはもちろん、日本へも「朝鮮問題の人道的解決」を求めた。[*111]

また李光洙《イグァンス》は、西欧なかんずくイギリスを理想的文明の国と見なし、その植民地支配でさえ、「その住人の宗教、習慣、その他の生活方式を尊重して自由な発達にまかせ」るものだとして合理化した。[*112] そもそも彼の場合、「社会進化の程度が高ければ高いほど人格的理想の勢力の進化の道程を決定する力が高くなる」[*113]と述べていることから分かるように、三・一独立宣言書の思想からも後退して社会進化論(進歩重視的)をなお持ち続けていたことが特徴的であった。

宋鎮禹や李光洙の思想は、明らかに近代文明至上主義的愛国啓蒙運動論の系譜を引くものであった。そして彼らが展開した実力養成運動や自治運動などの妥協的民族運動は、その文明観に規定されたところが大であったと思われる。

次に②の立場に立つ人々についてであるが、彼らの場合帝国主義批判をくもらせることは決してなかった。申采浩はその代表的人物と思われるが、彼は一九二〇年代中頃よりアナキストになり、「人類によって人類を圧迫することはできず、社会によって社会を剝削することはできない」という普遍的価値をもって「強盗日本」の打倒を訴えると[*114]ともに、現実の「野獣世界」「強盗世界」＝帝国主義時代になんらの「正義」「真理」、あるいは「文明」「文化」をも認めなかった。[*115] かつて近代文明妥協主義的であった彼の場合、韓国併合と武断政治の現実のなかで強権主義を否応なく放棄せざるを得なくなった結果、西欧文明との妥協はなんらの意味も持たなくなり、むしろ本来の大同思想的立場からする、それとの徹底的な対決のみが唯一残された道であったのだと思われる。

また韓竜雲《ハンヨンウン》は、「自由」と「平和」に人類の普遍的価値を見出していたが、彼はそれらの価値が所与のものとして西欧にあるとは考えなかった。むしろ一八世紀以後の「国家主義」の台頭にともなう弱肉強食的時代状況のなかで、それらが侵害されて行ったのだと考えた。したがって彼は、徹底した社会進化論否定の上に帝国主義批判を行い、第一次大戦におけるドイツを「軍国主義」として批判したが、連合国をも「準軍国主義」として批判し得た。[*116]

申采浩にせよ韓竜雲にせよ、国外・国内においてそれぞれ非妥協的民族運動を展開したが、それはその鋭い近代文明批判のあり方を反映するものであったと言えよう。

ところで、申采浩と同じく近代文明妥協主義者であった朴殷植は、どのように位置づければよいのであろうか。彼の場合は③の立場に属していたものと思われる。彼においてはもちろん社会進化論は克服されており、弱肉強食的現実は「全球人類惟以相殺為報、則不惟弱者被滅、強者亦不免矣」[*117]として否定されていた。しかしその故にというべきか、彼は、「美国大統領、要締国際連盟、而提出民族自決主義、雖以強権之制肘、未即実行而已、為多衆之歓迎者、則最後結果必占勝利矣」[*118]として、ウィルソンの民族自決原則にあまりに多大な期待をかけることとなった。あれほどペシミスティックに世界を認識していたにもかかわらず、彼はウィルソン声明に大同の到来の近いことを確信してしまったのである。すなわち彼は、「以時勢之動機言之、今全球人類之思想、皆憎悪専制、嫉視強権、自由平等之風潮、将易世界而新之、大勢所駆、就〔不〕能制止、此乃天意之自然、人道之大同也」[*119]と述べており、大同社会への歴史的発展がもはや制止し得ないほどに人類の欲求になっているとした。これは近代文明至上主義でも近代文明妥協主義でもない。大同思想と来るべき西欧文明との性急なる付会であった。

文字通りの大同主義者とは言えないが、愛国啓蒙運動期にはその対外不信論と強権主義の主張で申采浩や朴殷植とその立場が一致していた安昌浩《アンチャンホ》[*120]も、三・一運動後は朴殷植と同様の認識をするようになる。彼は、「まだ世界には人道主義はないと言うが、これは曲説である。うその人道主義を行なう者もいるが、その人道主義を主唱し行う者がいることも事実である。米国の参戦にたとえいろいろな動機があろうとも、人道主義がその主要な動機中の一つであることも事実である」[*121]と述べて、西欧人道主義の可能性を信じた。

朴殷植や安昌浩の対外認識＝文明観におけるペシミズムからオプティミズムへの転回が、一体何によってもたらされたものなのか――単にウィルソン声明の影響としてしまってよいものなのか――現在の筆者には解き得ないが、ともかく「道義」観をめぐっての第三の類型に属するものであることは確かなようである。そして、彼らの展開した民族運動は外交論・準備論といわれるものであり、申采浩が「迷夢」として厳しく批判したものであった。[*122]

しかしこの立場は二重の意味で微妙である。一つには近代文明への期待の故に、それは限りなく①の立場に近づくであろう。事実において安昌浩は李光洙が「民族的経倫」を執筆するに際して大きな思想的影響を与えた。[*123] またもう一つには、西欧文明への期待が幻想であることに気づいた場合、それは逆に近代文明への懐疑を深めるであろう。たとえば、朴殷植などが文明付会の性急であることに気づいた場合が考えられる。しかし彼は一九二五年にこの世を去るまで、「道義」の到来を信じ続けていたようである。ただ②への接近は論理上あり得ることであり、帝国主義への期待と不信にゆれる民族運動家の存在を想定すべきであろう。のちに新幹会の会長となる李商在《イサンジェ》が一九二五年頃、「革命時代」といいながらも現実には「非人道的諸般の罪悪」があることを訴えていたことはその一つの可能性と言える。[*124]

以上のように、三・一運動以後の朝鮮ブルジョア民族運動の思想は、李光洙のような例外があるとはいえ基本的には社会進化論を克服したのだが、しかし一元的闘争には収斂され得なかった。それは何よりも文明観の相違に縁由した、容易には収斂され得ない朝鮮ブルジョア民族運動の新たな苦悩に他ならなかった。

注

＊1　典型的には姜在彦氏の思想史研究に端的に表われている。すなわち次のような指摘を見よ。「世界史的経験は近代化のブルジョア的コースのほか、その他の類型を知るところがない。だとすれば朝鮮における近代化への具体的ビジョンを開示し、世界史的同時性を獲得するための運動としては、開化思想をおいてほかにない。開化思想およびその運動を、いろいろな限界性と脆弱性をもちながらも、朝鮮の自主的近代化の思想的軸として注目する所以である」（『朝鮮の開化思想』岩波書店、一九八〇年、二六五頁）。

＊2　拙稿「朝鮮における大国主義と小国主義の相克——初期開化派の思想」（『朝鮮史研究会論文集』第二二集、一九八五年）はその一つの試みであった。

＊3　愛国啓蒙運動を否定的に捉える見解が全くなかったわけではなく、申一澈『申采浩の歴史思想研究』（高麗大学校出版部、ソウル、一九八二年）は不十分ながらも自強主義的民族主義の反帝理論としての問題性を指摘していた。また筆者もすでに、「朝鮮の民権

運動」（自由民権百年全国集会実行委員全編『自由民権運動と現代——自由民権百年第二回全国集会報告集』三省堂、一九八五年）で荒っぽいスケッチではあるが、愛国啓蒙運動における日本帝国主義批判の論理の欠如を指摘した。そして、金度亨「韓末啓蒙運動の政治論研究」（『韓国史研究』第五四号、ソウル、一九八六年）はよりトータルに愛国啓蒙運動研究を行ない、その国権回復運動としての問題性を明らかにした力作である。本稿はこれに刺激されたところが大きい。

＊4　「新教育（情育）と愛国」（『申采浩全集（改訂版）』蛍雪出版社、ソウル、一九七五年、下、所収）一三一頁。

＊5　徳永勲美『韓国総覧』（一九〇七年）二〇七頁。田鳳徳「大韓国国制の制定と基本思想」（『法史学研究』創刊号、ソウル、一九七四年）一三—一四頁。

＊6　崔鍾庫「韓国法思想の近代化過程——開化期法学を中心に」（前掲『法史学研究』第七号、一九八三年）七八—八六頁。

＊7　石鎮衡「平時国際公法論」（『大韓自強会月報』第一二号）四六—四七頁。

＊8　金度亨前掲論文、参照。

＊9　何故に二つの社会進化論が併存したのかは今のところ定かにし得ないが、ただ一つ言えることは、「競争による進歩」を内容とする社会進化論はその受容に際して、各国、各階級、各思想家によってさまざまに変容させられる宿命を負っていたということである（田中浩「社会進化論」〈『社会思想事典』中央大学出版部、一九八二年、所収〉参照）。そもそも、T・H・ハックスリー『進化と倫理』を『天演論』として翻訳し中国にはじめて社会進化論を紹介した厳復は、「案語」を付することによってH・スペンサーの自由放任主義をもってハックスリーの人為干渉主義に対置させ、相対する社会進化論を同時に伝えるとともにハックスリーに批判的であった（小野川秀実「清末の思想と進化論」『清末政治思想研究』みすず書房、一九六九年、参照）。しかし、倫理過程と宇宙過程を分離して前者を後者より優位に置くハックスリーの思想は、進歩重視的社会進化論を考える場合示唆的である。朝鮮では厳復の影響を受けた梁啓超が絶大な影響力を誇り、社会進化論は主に彼の書物を通じて吸収された（李光麟「旧韓末社会進化論の受容とその影響」『韓国開化思想研究』一潮閣、ソウル、一九七九年、参照）が、進歩を重視する梁独自の思想とも相俟って、間接的ながらハックスリーの影響は大きかったように思われる。いずれにせよ「競争による進歩」という場合、「競争」と「進歩」のどちらに重点を置くかによって社会進化論の内容が微妙に異なって来てもなんら不思議ではないということだけは言えるであろう。

＊10　金《キム》淇《ギ》驩《ファン》「国民必究の国際急先務」（『大韓興学報』第五号）三一—四頁。

＊11　同右、四—六頁。

＊12　漳隠《チャンウン》元泳義《ウォンヨンイ》「自助論」（『大韓自強会月報』第一三号）九—一二頁。

＊13　崔錫夏「平和会議に対する余の感念」（『太極学報』第九号）二四頁。
＊14　同右。
＊15　同右。
＊16　崔錫夏「天下の大勢を論ず」（『太極学報』第一二号）一四頁。
＊17　崔錫夏「国際交際論」（『太極学報』第二号）九頁。
＊18　李承瑾《イスングン》「国際公法」（『大韓留学生学報』第二号）五四頁。
＊19　李承瑾「世界文明の来歴を論ず」（『大韓学会月報』第二号）九頁。
＊20　本稿では詳述する余裕はないが、愛国啓蒙運動期には多くの西欧思想家が紹介され、民権思想の流布→専制の否定→立憲制の主張が一般的に行なわれたことは言うまでもない。いわば程度の差こそあれ、ブルジョア的思想の確立と西欧近代国民国家の樹立が理想化されたのである。
＊21　尹孝定「専制国民は愛国思想なきの論」（『大韓自強会会報』第五号）二〇頁。なお尹孝定は、当然ながら他方では「優勝劣敗は人事の常であり、弱肉強食は現世の例」（「生存の競争」『大韓自強会月報』第一一号、六頁）という弱肉強食的時代認識を持っていたが、基本的には進歩重視的社会進化論者であったと言える。
＊22　尹孝定「大韓協会の本領」（『大韓協会会報』第一号）四七頁。
＊23　柳永烈『開化期の尹致昊研究』（ハンギル社、ソウル、一九八五年）二二三―二二一頁。
＊24　金喜成《キムフィソン》（成喜）「論外交上経験的歴史」（『大韓協会会報』第八号）七頁。
＊25　柳永烈前掲書、二五三頁。
＊26　前掲拙稿「朝鮮における大国主義と小国主義の相克――初期開化派の思想」参照。
＊27　李璋鍾「韓国のための呼訴」（李瑄根『韓国史〈現代篇〉』震檀学会、ソウル、一九六三年）九四六―九四七頁。
＊28　同右、九四七頁。
＊29　「安重根公判記録」（市川正明『安重根と日韓関係史』原書房、一九七九年）三八二頁。
＊30　梶村秀樹氏は、日露戦争段階における朝鮮の世論は対日不信感が主流であったかのようにいわれる（「朝鮮から見た日露戦争」〈『史潮』新七号、新八号、一九八〇年〉参照）が、いささか一面的ではないか。
＊31　前掲「専制国民は愛国思想なきの論」一九―二〇頁。

*32 尹孝定「我会の本領」（『大韓協会会報』第九号）六二頁。
*33 崔錫夏（友洋生）「日本文明観」（『大韓学会月報』第八号）四四―四五頁。
*34 崔錫夏（友洋生）「日本文明観（続）」（『大韓学会月報』第九号）五七―五九頁。
*35 李奎溁《イギュヨン》「東洋協和も亦智識平等に在り」（『西友』第一五号）三六頁。
*36 「東洋主義に対する批評」（前掲『申采浩全集』下）参照。
*37 大韓自強会→大韓協会は日本人大垣丈夫を顧問にすえ、彼が唱える同盟論に共感し、代表的な抗日言論人である張志淵《チャンジヨン》もそれを支持していた（池川英勝「大垣丈夫の研究――大韓自強会との関連を中心にして」『朝鮮学報』第一一九・一二〇合輯号、五三八―五三九頁）。
*38 戸叶薫雄・楢崎観一『朝鮮最近史』（一九一二年）二三三頁。
*39 詳細は次の二論文参照。李鉉淙「大韓協会に関する研究」（『韓』第四八―四九号、一九七五―一九七六年）。康成銀「二〇世紀初頭における天道教上層部の活動とその性格」（『朝鮮史研究会論文集』第二四集、一九八七年）。
*40 鄭喬《チョンギョ》『大韓季年史』（韓国史料叢書第五）下、三三八頁。
*41 朝鮮総督府『朝鮮の保護及び併合』（一九一七年）三一九頁。
*42 葛生能久『日韓合邦秘史』（一九三〇年）下、六一一頁。
*43 前掲「大韓協会の本領」四七頁。
*44 『大韓毎日申報』一九〇九年七月二一日付論説「世界に唯一強権」。
*45 後述するように両者は儒教色が強く、その点でやはり儒教色が強かった張志淵は、両者と似通った主張をしていたようにみえる。事実張志淵の自強主義は、申采浩に影響を与えたといわれる（申一澈前掲書、六五頁）。しかし張志淵は強権論までは展開せず、注*37で述べたように、むしろ日本との同盟に期待をかけていた。張志淵の文明観は、朴殷植と申采浩のそれとは微妙に異なっていたものと思われる。張志淵の国際法観は知り得ないが、彼の現状認識と対外認識にはわずかにオプティミスティックなところがあり、彼は、「試みに今の情形をもってこれを観れば、社会の程度が稍々と進歩して国民の思想が漸変し、外人の移植が日々に増加して接触の感覚が漸生し、自然の中に一転変の基本となるなり」（「現在の情形」『大韓自強会月報』第一二号、五頁）と述べていた。
*46 「埃及近世史序」（『朴殷植全書』檀国大学校附設東洋学研究所、ソウル、一九七五年、下）二二三頁。
*47 「自強能否の問答」（前掲『朴殷植全書』下、所収）六八頁。

＊48　同右。
＊49　同右、六九頁。
＊50　「教育が興らざれば生存を得ず」（前掲『朴殷植全書』下）八六頁。
＊51　同右、八七頁。
＊52　「文弱の弊は必ずその国を喪ぼす」（前掲『朴殷植全書』下）九四―九五頁。なお『大韓毎日申報』（一九〇五年一二月一四日）も「莫如為為」という論説で、日本が小さな島国であるにもかかわらず、日清・日露の両戦役で連勝をおさめ「東洋の覇権」を握ったことに関して、「世界列強はその進歩の速きことと、成功の偉大なることを讃揚している。（中略）大なるかな、有為の力よ。速やかなるかな、有為の効よ」として高く評価している。
＊53　「読高句麗永楽大王墓碑謄本」（前掲『朴殷植全書』下）四二頁。
＊54　原田環「朝鮮近代ナショナリズムの形成――朴殷植の〝大韓精神〟」（『朝鮮民族運動史研究』三、一九八六年）参照。
＊55　「大韓精神の血書（続）」（前掲『朴殷植全書』下）参照。
＊56　朴殷植は一九〇〇年前後には大国主義的発想をいまだしておらず、むしろ小国主義的立場に近かったと思われ、「能自主自強、而不依附於他、則国雖小而不屈於人、如白耳義・瑞士是也」（「謙谷文稿」前掲『朴殷植全書』中、三八〇頁）としてベルギーやスイスに注目していた。
＊57　「大我と小我」（前掲『申采浩全集』下、所収）、「国民の魂」（同、別集）参照。
＊58　「満州問題に就いて再論する」（前掲『申采浩全集』別集）参照。
＊59　「韓国民族地理上発展」（前掲『申采浩全集』別集）一九八頁。
＊60　「帝国主義と民族主義」（前掲『申采浩全集』下）一〇八頁。
＊61　J・A・ホブスン『帝国主義論』（矢内原忠雄訳、岩波書店）上巻、四四頁。
＊62　「二十世紀新国民」（前掲『申采浩全集』別集）二一九頁。
＊63　同右、二一三頁。
＊64　両者の両立は申采浩に限らず、愛国啓蒙運動期における一般的現象であった（田口容三「愛国啓蒙運動期の時代認識」『朝鮮史研究会論文集』第一五集、一九七八年、参照）。
＊65　一国史的な倫理過程と世界史的な倫理過程の連続を楽観視した近代文明至上主義者も、申采浩らと同じく天賦人権論と社会進化

論（進歩重視的）という別個の原理の適用によりながら、しかも「断絶」ではなく「連続」という別の結果を導き出したことに注目せよ。両者の違いはまさに社会進化論の理解にかかわっていた。

＊66 「儒教拡張に対する論」（前掲『申采浩全集』下）一二〇頁。

＊67 「儒教界に対する一論」（前掲『申采浩全集』別集）一〇九―一一〇頁。

＊68 『皇城新聞』一九〇九年一一月一六日付論説「儒教の発達が平和の最大の基礎となる」。

＊69 「儒教求新論」（前掲『朴殷植全書』下、所収）四八頁。

＊70 たとえば申采浩は、「ポーランド・エジプトにも義士がいないわけではなく、ベトナム・フィリピンにも忠臣がまたいる……」（「大韓の希望」前掲『申采浩全集』下、六九頁）と述べており、朝鮮の義兵を外国の「義士」や「忠臣」に擬しているようである。

＊71 姜荃《カンジョン》「宗教的戦争」（『大韓学会月報』第八号）参照。

＊72 姜荃「急進的社会改良策を内国志士諸公に望む」（『大韓興学報』第一三号）一七頁。

＊73 姜荃「韓国第一着の急務」（『大韓興学報』第三号）六頁。

＊74 金振声《キムジンソン》「天下大勢と韓国現状につき同胞に敬告する」（『大韓学会月報』第九号）九頁。

＊75 金振声「立憲世界」（『大韓興学報』第四号）二三頁。

＊76 金璣鉉《キムギヒョン》「厭貧模富につき学界の僉彦に告ぐ」（『畿湖興学会月報』第一〇号）八頁。

＊77 卞栄晩《ピョンヨンマン》「教育を大呼す」（『畿湖興学会月報』第一〇号）一五頁。

＊78 金達河《キムダラ》「蛮弁」（『西友』第一号）三八頁。

＊79 蔡基斗「平和的戦争」（『大韓学会月報』第六号）一六―一七頁。

＊80 蔡基斗「平和的戦争（続）」（『大韓学会月報』第七号）八―九頁。

＊81 同右、一〇―一二頁。

＊82 同右、一二―一三頁。

＊83 蔡基斗「清国の覚醒と韓国」（『大韓学会月報』第九号）四頁。

＊84 同右、五頁。

＊85 蔡基斗「大韓将来」（『大韓学会月報』第三号）五六頁。

＊86 同右、五五頁。

＊87　同右、五七頁。
＊88　ちなみに蔡基斗は、植民地期に入ると親日派になったようである（姜東鎮『日本の朝鮮支配政策史研究――一九二〇年代を中心に』東京大学出版会、一九七九年、一七二、一九五頁）。
＊89　「寄日本政府」（『勉菴集』巻一六）。
＊90　糟谷憲一「甲午改革後の民族運動と崔益鉉」（『朝鮮歴史論集』龍渓書舎、一九七九年、下巻）参照。
＊91　同右、二六四頁。
＊92　『万国公法』（国際法）はその基底を流れる自然法思想の故に、日本では朱子学的論理構成のなかで比較的容易に理解された（丸山真男「近代日本思想史における国家理性の問題」『展望』一九四九年一月号、八頁）が、朝鮮でもまたそうであった（李光麟「韓国における『万国公法』の受容とその影響」『韓国開化史の諸問題』一潮閣、ソウル、一九八六年、一五五頁）。
＊93　佐藤慎一「「文明」と「万国公法」――近代中国における国際法受容の一側面」（祖川武夫編『国際政治思想と対外認識』創文社、一九七七年）によれば、中国における国際法受容にはこうした発想が明らかにあった。本稿は佐藤氏の論稿から少なくない示唆を受けている。
＊94　糟谷憲一前掲論文、二六〇頁。
＊95　金允植「陰晴史」（『従政年表・陰晴史』韓国史料叢書第六）七九頁。
＊96　前掲「寄日本政府」。
＊97　『大韓毎日申報』一九一〇年、三月二五日付記事「安氏訣告」。
＊98　『日本外交文書』第四二巻第一冊、二〇八頁。
＊99　安重根は敬謙なカトリック教徒であったが、しかし自叙伝を読んでみると、彼の西欧思想理解は儒教的民本主義に基づいていることが分かる。
＊100　前掲「安重根公判記録」三三三頁。
＊101　「安重根伝」（『安重根伝記及論説』国会図書館憲政資料室『七条清美文書』所収）一四―一五頁。
＊102　「東洋平和論」（前掲『安重根伝記及論説』）三帳。
＊103　前掲「安重根公判記録」三三五頁。
＊104　安重根的思想は確かに当時の朝鮮ブルジョア民族運動のなかで異彩を放っているが、他にその可能性が全くなかったわけではな

い。のちの大倧教の創建者であり、政府大臣暗殺未遂事件（一九〇七年）の首謀者でもあった羅喆《ナチョル》の思想には、安重根におけるような天賦人権論から社会進化論を批判するという視点があったかどうかは分からないものの、近代文明批判としてのアジア主義を見出せそうである。彼が作った自新会の「同盟ノ歌」を見よ（前掲『朝鮮の保護及び併合』四〇―四八頁）。政府大臣暗殺未遂事件は義兵と合同して行なわれたものであるが、愛国啓蒙運動と疎遠であったらしい羅喆の行動はその思想とも相まって安重根と類似点があるように思われる。

＊105 小島晋治「中国人の最初の日本帝国主義批判――劉師培『亜州現勢論』」（『アジアからみた近代日本』亜紀書房、一九七八年、所収）参照。

＊106 近代日本におけるアジア主義は、樽井藤吉『大東合邦論』を含め近代主義的潮流が大勢であったといわれる（吉野誠「『大東合邦論』の朝鮮観」〈『文明研究』第四号、一九八六年〉六四頁）が、朝鮮におけるアジア主義の抉出は日本的アジア主義の相対化として少なくない意味を持つであろう。

＊107 「安重根の韓国人物評」（国史編纂委員会編『韓国独立運動史』ソウル、一九六五年、一）九四九頁。

＊108 金正明編『朝鮮独立運動』（原書房、一九六七年）I、三〇五―三〇七頁。

＊109 当時つくられたある独立歌の一節に「正義人道忘ル、勿レ、弱肉強食ハ虚事ナリ」とあるのは、当時の社会進化論否定の風潮を象徴している（姜徳相編『現代史資料』二七、朝鮮三、みすず書房、一九七〇年）四六頁。

＊110 『東亜日報』一九二五年九月六日付論説「世界大勢と朝鮮の将来」。

＊111 同右。

＊112 「民族改造論」（『春園の名作論文集・民族改造論』又新社、ソウル、一九八一年）一一〇―一一二頁。

＊113 「民族的経倫」（同右）六六頁。

＊114 「朝鮮革命宣言」（前掲『申采浩全集』下）三五―四六頁。

＊115 「宣言文」（同右）四七―五〇頁。

＊116 「朝鮮独立に対する感想の概要」（安秉直編『韓龍雲』〈韓国近代思想家選集〉ハンギル社、ソウル、一九七九年）一七七―一八一頁。

＊117 「韓国独立運動之血史」（前掲『朴殷植全書』上）五一三頁。

＊118 同右。

＊119 「大韓国民老人同盟団致日本政府書」（前掲『朴殷植全書』下）二二六頁。

＊120　安昌浩はクリスチャンであるが、三・一運動の際「大同建設」と「大同平和」を訴えた「満州露領有志」の「大韓独立宣言書」に名を連ねていた（『韓国現代名論説集』東亜日報社、ソウル、一九七九年、一二―一三頁）。また愛国啓蒙運動期、彼は、「イギリスやアメリカがわが韓を援助しようといっても、これを万が一にも信じてはいけない」と述べるとともに、「今日より共誓決約して、将来他国と開戦する準備をし、何年何日には一次宣戦書を布告して大極旗を世界に顕揚してみましょう」と訴えかけていた（「演説」（『西友』第七号）二七頁）。

＊121　「六大事業（時局大講演会）」（『島山全書』三中堂、ソウル、一九六三年）五六〇頁。

＊122　前掲「朝鮮革命宣言」四〇頁。

＊123　慶尚北道警察部『高等警察要史』（一九三四年）四六頁。

＊124　李商在「青年よ」（『近代韓国名論説集』東亜日報社、ソウル、一九七九年）一一二―一一三頁。

〔付記〕

本稿の基礎をなすものは、朝鮮史研究会一九八四年度大会（一〇月二一日）で行なった報告「朝鮮ブルジョア民族運動の思想的転回――朝鮮における日本帝国主義批判の論理の形成」の一部と、東大中国学会一九八八年度大会（六月二六日）で行なった報告「近代朝鮮のナショナリズム――開化思想と儒教」の一部であることを付言しておく。後者は前者の不備を補ない、発展させたものである。また、本稿の問題意識と関わる研究として朝鮮史研究会一九八八年度大会（一〇月一六日）で行なわれた月脚達彦、並木真人両氏の報告（月脚「愛国啓蒙運動の文明観・日本観」、並木「植民地期民族運動の近代観――方法論的考察」として『朝鮮史研究会論文集』第二六集〈一九八九年三月〉に掲載される予定）をあげておきたい。前者は本稿と考察の対象を同じくしながらも、本稿とはその見解を異にするところがあり、またその方向性も違う。後者は本稿では十分に扱い得なかった植民地期の思想について大胆な方法論的試みを展開している。参照されたい。

【初出】『史潮』（新二五、一九八九年）。初出時には補注があったが、本書再掲に際して注＊45とした。そのため注番号は以下一つずつずれている。

（補注1）初出時には単に「文明至上主義」としたが、当然それは「近代文明至上主義」を意味する。誤解を招くので、ここでは後者に改めた。以下、「文明批判」「文明妥協」などの用語も同様であり、その冒頭に「近代」を付した。

四　朝鮮の国民国家構想と民本主義の伝統

——開化思想における「富強」と「自強」

はじめに

近代朝鮮の思想にあっては、大国主義的な国家構想が全くなかったわけではないが、小国主義的な国家構想が圧倒的な主流をなしていた。金玉均《キムオッキュン》・朴泳孝《パクヨンヒョ》を中心とする急進開化派にあっては、甲申政変（一八八四年）以前に大国主義的な発想がありはしたが、政変失敗以後には明確に小国主義的国家構想に転回していく。金允植《キムユンシク》・金弘集《キムホンジプ》・魚《オ》允中《ユンジュン》などの穏健開化派にあっては、もとより小国主義的国家構想を営為していた。（補注1）この国家構想においては、西欧的な国民国家への再編を不可避とし、日本の明治維新にも倣うべきことを認識しながらも、程度差はあれ伝統的な国家観や儒教的民本主義を容易に放棄しないことが特徴となっていた。時勢に従って本来覇道たるべき「富国強兵」を喫緊の課題としながらも、それに含意される内容は、本来の字義とは微妙に違っていたのである［趙景達　一九八五、二〇〇二］。

それに対して近代日本では、「富国強兵」は文字通り覇道のイメージで語られ、大国化を標榜する絶対的スローガンであった。朝鮮朱子学の影響を受け「仁義の国」の建設を高唱した横井小楠でさえ、「富国強兵」を盛んに唱え、イギリスに匹敵する海軍力を育成して世界の「一大強国」になるべきことを主張した。また、儒教的教養人でありながら「東洋のルソー」といわれた中江兆民も、小国主義を唱えはしたが、国家の上に道義を定立することができなかったために、ついには軍事大国化を拒否することができなくなった［趙景達　一九九七］。近代における国家構想は、朝鮮と日本とではおよそ違っているというのが、年来の筆者の主張である。

朝鮮史研究では、こうした筆者の見解に対して共感を示してくれる議論も少なくはない。しかし一般には、「富国強兵」概念の朝鮮的展開についての関心はなお希薄であり、小国主義に含意される近代世界に対する相対化の契機を探ろうとする問題関心もなお脆弱である。そのことは、最近の金栄作と朴忠錫の研究によく表れている。前者はパソコンの検索機能を使って、「富国強兵」や「文明開化」にまつわる用語が『朝鮮王朝実録』や『漢城旬報』『漢城周報』などにどの程度の頻度数で現れるかを検証したものであるが、単に統計的考察に止まっている感がある［金栄作　二〇〇六］。しかも、「富国強兵」を強力に推進した日本モデルを当為とする観点から、朝鮮的な「富国強兵」の概念規定をなんらすることなく、「朝鮮の開化思想は富国強兵を軽視したまま政治的な制度改革や民権の拡張などに焦点を置いた「文明開化」＝「文弱」の思想であると断罪されている。また、後者は朴泳孝の思想を取り上げ、その思想がいかに伝統的儒教を媒介にしつつ「文明開化による富国強兵」化を期そうとするものであったかを分析したものである。そこでは朝鮮における近代思想の独自な形成が問題にされてはいるが、「富国強兵」の近代国家のあり方を普遍化するあまり、やはり字義通りの「富国強兵」を実現しようとした日本モデルが当為とされている［朴忠錫　二〇〇六］。

このような近代主義的な議論は、竹内好の有名な議論に即して言えば、「転向文化」的な問題設定であると言うことができる［竹内好　一九六六］。そこでは、近代的な「富国強兵」思想が伝統的朝鮮思想の文脈のなかで、いかに受容されたかが問われはしても、どのようなものとして独自に意味づけられ、西欧や日本のそれとはいかに異なっていくのかが全く問われない。竹内好にいわせれば、中国は「回心文化」的に西欧近代思想を受容し、そして独自に新たな思想を創っていった。溝口雄三の場合には、そうした反近代的な認識さえも、西欧近代を基軸とするものであり、基体展開論的な認識ではないとして厳しくも批判される。近代中国では、中華文明に対する絶対的な自負のもと、それを受け皿にすることによって西欧近代思想は中国的に解釈され、それゆえに中国の近代思想は伝統思想の展開のうちに成立し、そこには西欧近代思想とは似て非なるものが認められるというわけである［溝口雄三　一九八九］。溝口は竹内のように、それが近代を超えるものであるとは必ずしも考えていないが、しかしいずれにせよ、アジアにおける「回心文化」的な内在的思想発展のあり方を探ろうとする作業は、近代を相対化するうえにおいて必須である。

そこで本稿では、そうした「回心文化」的な視角において近代朝鮮の国家構想を今一度再検討することにするが、この作業は端的にいって政治文化論的な接近方法であると言うことができる。筆者は政治文化を三層において捉えている。すなわち、第一層＝原理（政治理念・政治思想など）、第二層＝現実・現象（収税慣習・官民関係・選挙慣行・運動作法・願望・迷信など）、第三層＝表象（旗幟・標識・言葉・服制・儀礼・祝祭など）である。政治文化論的なフランス革命論を展開したことで有名なリン・ハントがもっぱら着目したのは第三層である［ハント　一九八九］が、筆者がここでもっぱら問題にするのは第一層である。筆者はすでに、第一層と第二層の緊張関係について、民衆運動史の立場から論じたことがある［趙景達　二〇〇九］が、本稿では政治思想に関わる問題を議論するので、第一層の原理がもっぱら問題とされる。

では、近代と遭遇したときに朝鮮王朝の原理としてあった思想は何か。言うまでもなく、それこそが儒教的民本主義である。朝鮮王朝は原理的に儒教国家を標榜し、『書経』や『孟子』に由来する民本主義が政治原理としてその背骨を貫いていた。本稿はこのことを前提として、具体的には次のように課題を設定したい。すなわち本稿の課題は、朝鮮において「富国強兵」は伝統的論理においてどのようなものとして認識され、そしてそれが西欧思想と遭遇したときにどのようなものとして独自に解釈され、さらにはそれにいかなる独自な意味内容が付与されていったのかを解明することにある。その際、「富国強兵」ならびにその略語と言える「富強」と、それと混同して用いられることがある「自強」の概念が重要になってくるが、以下そうした用語にまつわる議論を検討するなかで、近代朝鮮の国民国家構想の独自性について考察を進めていきたい。

1 「富強」論の展開

儒教的民本主義が朝鮮王朝の背骨を原理主義的に貫いていたからといって、現実がその通りにあったわけではない。政治文化としての原理と現実は、アイロニカルな位相にあることがしばしばである。朝鮮王朝では、儒教的民本主義は教化至上主義と規律忌避主義によって現実の政治文化には必ずしも忠実に反映されず、「永続教化」として見果てぬ理想としてあった。しかし民本主義に基づく王道政治は、誰もが否定し得ない絶対的価値として人々に内面化されていた［趙景達 二〇〇九］。その点で、同じく儒教的民本主義が当為のごとく論ぜられながらも、教化よりも規律が重んじられた近世日本とは、原理主義追求のレベルにおいて明確な差異が認められる［趙景達 二〇〇九］。『孟子』（「公孫丑篇第二上」）には、覇道との関連において王道が次のように説明されている（金谷治訳『孟子』上、朝日出版社、一九七八）。

力を以って仁を仮る者は覇たらん。覇は必ず大国に有るべし。徳を以って仁を行う者は王たらん。王は大を待たず、湯は七十里を以ってし、文王は百里を以ってせるがごとし。力を以って人を服する者は、心服せしむるにはあらず、力の贍《た》らざればなり。徳を以って人を服する者は、中心より悦びて誠に服せしむるなり。

実際には力による政治でありながら、表面的には仁を装うのは覇道であり、人々を真に服せしめることはできず、自然と大国化を欲するが、仁徳による政治は大国化を欲せず、真に人々を服せしめる王道だというのである。こうした『孟子』的議論は王朝初より当為のものとしてあり、覇道＝「富強」は朝鮮が容易に追求してはならない政治原理であった。「そもそも（秦が）富強の力をもって天下を雄視したのに、匹夫が乱をなし、函谷関を守れなかったのは、思うに講武の制を失ったからであります」（『朝鮮王朝実録』太祖五年一一月三〇日条、以下『実録』とし、引用の際は王名と年月日だけを記す）という議論は、「富強」がまさに覇道そのものとして認識されていたことをうかがわせるものである。「富強」を追求するにせよ、妄りに強大化を図るのではなく、教化としての「講武」を充実させていかなければならないというわけである。

朝鮮はもとより小国をもって自ら任じており、『孟子』が説く王道政治はなおのこと理想化されたと言える。それゆえ、朝鮮では軍事思想がほとんど育成されることはなかった。軍事思想が全くなかったわけではなく、とりわけ李珥《イイ》の養兵一〇万論は有名である。しかし、それは武器消耗論の立場に立ち、戦艦などは財力を損ねるという認識から、過度な軍事力の常備を戒めるものであった。そこにはやはり儒教的民本主義の思潮が流れていた。にもかかわらず、李珥の議論は採用されなかったし、のちに惜しむ声がありはしたが、真剣に議論されることはなかった（補注2）。実学者の丁若鏞《チョンヤギョン》や朴斉家《パクチェガ》なども、民本主義的な武器消耗論の立場を堅持しつつ軍事力の常備について議論したが、やはり問題にされることはなかった。こうした軍事思想の脆弱性は、つとに藤間生大が主張するように、当該期の日本との大きな違いである［藤間生大　一九七七（補注3）］。

もっとも、「富強」論は全く否定されていたわけではない。一君万民を標榜した一八世紀後期の名君正祖《チョンジョ》は次のように言っている（正祖一五年七月一七日条）。

人はみな富国強兵を覇道だという。すなわち、（斉の宣王が）土地を闢いて秦や楚を朝貢させようとしたのは、もとより王者の当務ではない。（しかし）彊場の内において財を裕にして民を阜《ゆたか》にし、兵を訓《おし》えて暴を禦《ふせ》ごうとすることに、どうして王覇を論ずる必要があるだろうか。

他国を侵略しようとするような「富強」策は覇道に違いないが、国富と民富を図って暴虐を防ごうとするにおいては、王道と覇道の区別などないというのである。ここでは「富強」は、明らかに肯定的に捉えられている。[*1]ただし、その意味内容は覇道的意味をほとんど換骨奪胎させてしまっていることに留意する必要がある。「土地を闢いて秦や楚を朝貢させようとした」という節自体、『孟子』「梁恵王篇第一上」に出てくる文章であるが、正祖は、孟子が斉の宣王の覇道を批判したことに対して「もとより王者の当務ではない」として、まずは無条件に同意している。そしてそのうえで、「民を阜にし」「暴を禦ごう」という民本と防衛の現実的課題を遂行するには、王覇などの抽象的議論を優先的にするべきではないと批判している。正祖が言わんとするところは、実は覇道の肯定などでは決してなく、抽象的な王覇論に流れることなく、民本と防衛という当為の王道を踏み行わなければならないということである。また当時のある上疏には、「財を蓄えて需用するのは、実にこれ富強の術であります」（正祖二〇年三月二二日条）という文言が認められるが、「富強」を論じつつ、その実は富を増すことこそが「富強」の意味そのものとされている。朝鮮における「富強」の意味は、一般的に理解されているそれとはおよそ違っていたと言わなければならない（補注4）。

こうして朝鮮では、以上のような歴史的文脈を前提にウェスタン・インパクトとりわけ開国以降「富強」論がかまびすしく議論されるようになる。甲申政変直後に提出されたある人物の上疏文には、「近年殿下は、苦心賢明なる計算のもとに絃轍（前代の遺法）を変え、旧を変じて新を創っておられ、もとよりわが殿下が時に因って宜しきを制し、富国強兵しようとする深意をお持ちであることを知ることができます」とあり、「富国強兵」が高宗《コジョン》の「深意」（高宗二一年一一月二六日条）であることが示されている。急進開化派の改革策と関係なく、「富強」は朝鮮王朝と高宗の基本政策となっていたと言うことができるであろう。「富強」への確信は甲午改革（一八九四年）以降も変わることなく、一八九五年の断髪令は、高宗が「政治改革と民国富強を図ろうとして率先して自ら模範を示された」（高宗三二年一一月一五日条）ものであり、断髪を行うことは「朕の富強の業」に協賛することだとされた（高宗三三年一月一一日条）。

高宗時代はまさに「富強」論が拡散する時代であったと言える。その先導的役割を果たしたのは、開化派主導によって刊行された朝鮮最初の新聞といわる『漢城旬報』（一八八三年一〇月～一八八四年一〇月）と『漢城周報』（一八八六年一月～一八八八年七月）である。甲申政変以前に発刊された『漢城旬報』は、アフリカ諸国の亡国化の現状やアメリカ・インディアンの亡滅、ベトナムのフランス保護国化などについて詳述して深い同情を示しつつ（一八八三年一〇月三一日付「亜非利駕洲」「安南与法人講和」、一八八三年一一月二〇日付「亜米利加洲」）、対外的危機に直面している朝鮮自らに対する警句を発しようとした新聞であると言うことができる。そして、そうならないための方途として、欧米諸国を手本とした「富強」を図るべきことを、事あるごとに指摘している。その関心はもちろん軍事にも置かれているが、どちらかというと、文物や制度への関心の方がはるかに凌駕しているのが特徴である。その具体例をいくつか挙げれば次のようである。

まずは電信についてであるが、「国の富強と兵の勝敗は尽くこれによる」（一八八四年一月一八日付「電報説」）とし、「富強」の基礎が情報伝達の手段たる電信の開設にかかっているとしている。『漢城旬報』の特徴はこのように、ある文物と「富強」を直線的に結びつける議論にある。すなわち、「今西洋諸国が……兵を四海に出し、万国に通商し、富は天下を被い、隣邦を威視し、古今にいまだなかった局を開いたのはみな会社である」（一八八三年一〇月二一日付「会社説」）として会社「富強」論を述べるかと思えば、「治道」については「わが国の富強の策は実にこれに始まる」（一八八四年七月三日付「治道略論」）として治道「富強」論を展開している。治道「富強」論は金玉均の筆になるものである。こうした議論は、『漢城周報』の時代になってもかわらず、やはり鉱山「富強」論(一八八六年六月二八日付「論開鉱」[*2])や学政「富強」論(一八八六年一月二五日付「論学政」)などが唱えられている。

しかし甲申政変期、開化派の「富強」論は単純にそれを賛美し、欧米や日本を模倣しようとするものでは決してなかった。そこにはやはり、認識回路としての儒教的民本主義が存在しており、複雑な様相が示されていた。

2 「富強」観の相克

開化派の「富強」観は、アジアでいち早く西欧化を推進した日本への観察に見て取ることができる。開化派官僚とは言えないが、一八七六年の開国後すぐに日本に渡った第一次修信使の金綺秀《キムギス》は、日本の「富強」ぶりを認めながらも、物価が騰貴して大量の紙幣発行が行われている状況を見て、外見は「莫富莫強」でも、「その制を陰察すれば、やはり長久の術ということはできない」とした(「日東記游」韓国国史編纂委員会『修信使記録』一一〇頁)。そうした認識は、その四年後の八〇年に第二次修信使として来日した金弘集の場合もさほど変わらない。彼は、「日本王は意を富強に専らにして少しも怠倦することがない」として国家財政の膨張を指摘しつつ、次のように述べている(「修信使金弘集復命書」同上、一五四頁)。

官吏の俸給は八〇〇金から一二金まで差があり、その上養兵と雇役は日々増加し、その他官府の経費もはなはだ多い。(それゆえ)支出は収入より多く、つねに苦しんでいる。そこで日々紙幣を発行してこれに対応しているが、しかし実に虚額が多く、現在の銭数を超えてしまっているので、物価は日々騰貴している。

大隈財政末期の状況についての観察であるが、要するに財政膨張を補填するために不換紙幣を大量に発行した結果、激しいインフレーションが進行しているというのである。金弘集は滞日中、駐日清国公使の何如璋や書記官の黄遵憲などと会い、「自強」の必要性を説かれると、「自強の二字は至れり尽くせりで、どうして敬服しないことがありましょうか」と応じていたが、ここでは民本主義的観点から「富強」が相対化されていると言うことができる。実は「自強」という言葉には、「富強」と同じ意味があるようにみえながら、明確に違う意味合いがあるのだが、そのことについては後述する。いずれにせよ、金弘集にとっても明治維新は手放しで賞賛できるものではなかった。

　そのような明治維新観は、八一年に渡日した朝士視察団（紳士遊覧団）の認識にも見て取ることができる。朝士視察団は一二名の朝士と二七名の随員、その他二三名からなり、朝鮮の「富強」化の参考に資するため、四カ月以上にもわたり日本の政治・産業・軍事・教育・文化などについて詳しく調査した。許東賢が明らかにしたところによれば、朝士たちは日本が「富国強兵」を達成しつつあることを認定したが、産業化の推進過程で累積された国債によって国家財政が破綻していると見て、明治維新を全面的には肯定しなかったという。ただし、魚允中だけは違っていた。彼は日本をモデルとして政府主導下に強力な「富国強兵」化と近代的改革を推進すべきだと考えたという［許東賢　一九九三］。こうした評価は、従来穏健開化派と目されていた魚允中を急進開化派とさほど変わらない官僚政治家・思想家と捉えるものであり、興味深い。尹素英も同様の評価をしている［尹素英　一九八九］。

　このような評価はかつて、魚允中の思想は王道論的な立場からの「富強」論であり、明治維新批判を展開していると見なした筆者［趙景達　一九八五］に対する批判となっている。とりわけ許東賢は、筆者が依拠した文章を、魚允中が執筆したものではないということを確認することによって筆者を批判しており、説得的にみえる。筆者は『魚允中全集』（亜細亜文化社、서울、一九七九）所収の「東莱御史書啓」に基づいて、魚允中が民本主義の立場からインフレーションを加速させるような急激な日本の「富国強兵」化を批判し、合わせて「東道西器」論的な立場から日本の西欧化を批判していると評価したのだが、許はソウル大学付属の奎章閣にある文書を実地に調査し、それらが同じく朝士であった李《イ》𨯶永《ホニョン》の執筆になるものであることを確認したのである［許東賢、一九九六］。魚允中は、確かに他

のところでは「富強」を強調しており、高宗にも「富強」策を進言している。許の確認作業は多としなければならない。

しかしにもかかわらず、筆者は、魚允中の議論は明治維新をそのまま模倣しようとするようなものではなかったという考えに修正を加えるつもりはない。朝士の中で最も明治維新を肯定的に評価したという点については許東賢の研究を尊重するが、しかし魚允中においては小国主義的発想が堅持されており、その近代国家構想は明治維新が推進した大国主義的な「富国強兵」路線とは相容れないものであった点を確認しておく必要がある。魚允中は小国の朝鮮が西欧大国を模範にすれば、「民を労《つか》れさせ財を傷《そこな》うのみ」だとして、「ベルギーやスイスなどの国は法治と政規にみるべきものが多く、イギリス・フランス・ドイツ・ロシアに比してかえって勝るものがあるのではないか」(「随聞録」前掲『魚允中全集』五三頁)としている。ここには依然として民本主義を認めることができる。とりわけ独立自主の国のあり方についてはスイスに着目し、「平時には一兵卒もなく自衛し、民はみなよく抗衡して侮りを禦し、戦時には万勇の兵がたちどころに集まる」(同上、七五頁)として感嘆している。軍事力を常備せずとも戦時には「万勇の兵」=精鋭軍が瞬時に編成される国家は、小国朝鮮のあるべき国家像と重ね合わされていると考えることができる。そして、このことを前提に彼は、国民各人が職業のかたわら常時軍事訓練をすることによって数百万の軍隊を常備するという国民皆兵論を唱えた。李珥の養兵一〇万論を彷彿とさせる議論であるが、しかし重要な点は、それは正規軍構想というより民兵構想であり、他国に侮られないための軍事構想であったに過ぎないということである(同上、七七頁)。彼は一方では確かに、三方を海に囲まれた朝鮮はイギリスのように海軍を拡張すべきだと主張してはいた(同上、六二頁)が、それは大国化を夢想したものではなく、あくまでも自主自修のための議論であった。

魚允中の立場は民本主義的な武器消耗論を継承しており、たとえ彼が「富強」化を主張したとしても、そこには王道論もまた付随していたと言うことができる。彼の民本主義的立場は、のちに東学が教祖伸冤運動を起こした際、宣撫使として解散を命じに報恩に赴いたときに端的に示されている。彼は東学を「匪徒」といわずに「民党」と見なしたのだが、これは当時識者から「西欧の民権（思想）に基づく捉え方である」として批判された（黄玹『梅泉野録』一二五頁）。それは確かに西欧近代思想の影響によるものかもしれない。しかし、公論や直訴を前提とする民本主義というのは本来異議申し立てを許容する思想であり［趙景達、二〇〇九］、それが西欧思想と遭遇した場合、東学＝「民党」観は儒教的伝統思想が自ずと行き着く先の民衆観であった考えることができる。

以上のように、魚允中にあってもその主張する「富強」論は明治維新的なものとはいささか違っていた。それは当然に明治維新が手本とした西欧の「富強」に対する懐疑でもあったと見なければならないであろう。『漢城旬報』が弱小民族やアジア・アフリカ諸国の亡滅化について深い同情を示したことはすでに述べたが、『漢城周報』の場合は「論西日條約改證案」（『漢城周報』一八八六年五月二四日）において次のように西欧諸国への不信感を率直に吐露している。

五洲の万国は、貧富強弱が懸隔しており、仁暴衆寡もまた一様ではない。ここにおいて強弱が分かれ、権利が偏している。たとえ条約の義があるとはいえ、自分に便でないと思えば、強者はひとり理を奪って辞となし、たとえ公法の力があるとはいえ、弱者はあえては例を引いて証とすることができない。いわゆる条約や公法というものは、強者が己を恕して人を苛めるための具であり、また強者が辞に借りて都合よく利用するものに過ぎない。ああ、西欧人が東渡して以後、条約を結び公法を奉ずるとはいえ、その行うところをよく見てみると、我を凌侮し、我を要挟しないことがない。どうして、条約を結んで天下の信を立て、公法を奉じて天下の公を行ったと言うことができようか。

ここには、弱肉強食的現実を強いる西欧諸国への批判と、その侵略の方便に使われている万国公法への深い懐疑がある。しかしこの論文では、ならば朝鮮も西欧諸国のように振る舞うべきだという脱亜的認識は示されていない。その結論は、「通商を各国に興して誠を開いて公を布き、彼此の情を遠近隔てることなく通じ、上下の志を貴賤に関係なく達しなければならない。内を治め外に抗するのはひとえにこのことにかかっている」となっている。『漢城周報』はどれほど「富国強兵」の必要性を説こうとも、覇道的西欧の論理だけは拒否し、「誠」や「公」に準拠した王道論にこだわったのである。

3 「富強」と「自強」①——開国期

覇道であるはずの「富国強兵」を一面容認しながら、それでもなお覇道を拒否するというのは、一体いかなる論理に由来するものなのであろうか。王覇の別を論じようとしなかった正祖の言が想起されるが、そもそも高宗代に至っても、「富国強兵」や「富強」自体に含意される意味内容には覇道論が換骨奪胎されている可能性が示唆される。そのことは、『実録』にある上疏文や為政者の発言にみえる「富国強兵」「富強」の使用例に端的に示されている。

ある人物は、「外患防御し、有無通商する」ことが「富国強兵」であり、「先守の道は民堡に及ぶものはなく、その法は、上は国のために敵を防ぎ、下は民を安んじて産を定めることにあります」（高宗一八年三月二三日条）と述べているが、要は防衛と交易を行うことが「富国強兵」であり、「強兵」というのは専守防衛として考えられている。それゆえ、「民堡」（民の砦）を堅固にすることが最重要だとされるのである。これは富国策を前提とした内修論と言うことができ、そこでは「富国強兵」に本来含意される覇道的イメージが完全に払拭されている。「（富国強兵は）実事を求めて小害を顧みず、ただ大計に就いてこれを断じるに勇をもってし、これを示すに信をもってすれば、邦本は永く堅固となり、内修外和の策は先後するところを知るようになります」（高宗二一年一一月二六日条）という議論もあるが、ここでも信をもって「邦本」＝民を堅固にすることが「富国強兵」＝「内修外和」の道だとされている。あるいは左議政金始炳《キムシビョン》は、「各国もまたいまだ必ずしもみなが富強というわけではありません。貧にもまた、各々程度があります。今のわが国勢を顧みてみれば、一つも誇れるものはありません。紀綱が立ちましたか。民心が安んじましたか。軍制が整いましたか」（高宗二五年八月二六日条）と述べているが、「富強」の内容としては何よりも紀綱や民心が優位しており、軍事については軍事力の増強問題というよりはあくまでもその制度が問題とされている。さらに駐箚アメリカ全権大臣として帰国した朴定陽《パクチョンヤン》は、「その国の富強は単に金銀の贍饒や兵甲の精利にあるのではなく、もっぱら内修の務実なることにあります」（高宗二六年七月二四日条）と述べ、当時大国化の道を駆け上っていた合衆国の現実を見聞してもなお、その「富強」の本質を内修論において認識した。

「富国強兵」や「富強」という議論を盛んになしはしても、やはりそこに含意されている内容は文字通りの覇道論ではなかったと言うしかないであろう。そのことは、再び『漢城旬報』や『漢城周報』を見てみても同様である。西欧の「富強」の根源を「民会」に求めたり（『漢城旬報』一八八三年一一月一〇日付「欧羅巴洲」）、「富強」の成否を上下の情が通じ合うことに求めたりする議論（『漢城旬報』一八八四年一月三〇日付「在上不可達民情論」）がそうである。そうした議論は、公論政治を標榜する儒教的民本主義の帰結であり、新聞をよく読む者は「忠君愛国の徒」であり、下情を上達し、君民が一体となることこそが「富強」の道にほかならないというわけである（『漢城周報』一八八六年九月二七日付「論新聞紙之益」）。「富強」論はあくまでも内修論として展開されており、それはまた王道論の色合いさえ見せているのである。

ここで重要になる用語が「自強」である。「自強」は「富強」と類似した語感を持ちながら、実は本来両者はまるで異なる概念であった。「自強」の語源は『易経』「上経」に「天行は、健なり。君子は以て自ら強めて息まず（天行健、君子以自強不息）」（『新釈漢文大系』第二三巻、明治書院、一九八七）とあるのに由来する。「天道は一日として休止することがなく健全であるが、君子はそれに則り自ら励んで一日も休止することがない」というような意味になる。従って「自強」には、天に通じるような君子の精神の強靱性や健全性の意味が内包されている。

そのことは、朝鮮王朝初期にさかのぼってその用法を見てみても、確認することができる。「自強」は、国王の精神のあり方を励ます場合にたびたび臣下の言葉として現れている。たとえば、太宗《テジョン》は旱天が続いた際にそれを自らの不徳として恥じ、政事を見ないことがあったが、すると臣下たちは、「天道の自強して息まざるということを体して、政事を見ることをやめてはなりません」と諫言に及んでいる（太宗一五年六月五日条）。また名君の世宗《セジョン》も、成均館の生員たちより、「至誠を推して天行の健に則り、自強に務めて君子の息まざるということを体して下さい」と諫言されている（世宗二一年四月一八日）。そして世宗は、ついに晩年には、「今予の気力の衰えは年に加え月に増し、日一日と甚だしくなっており、自強しようとしても（自強できないことに）恐らくは後悔が残る」として自らの「自強」の衰えを吐露している（世宗二九年三月一六日条）。

このように「自強」は、本来王道を行うべき国王の精神の強靱性や健全性を語る際に使われたのだが、それが国家の政策に使われる場合にあっても王道論的意味が付与されるのが当然であった。たとえば、太祖《テジョ》は降倭への対応について、「彼が誠ならずとも、我は信を失わず、ただ自強するのみである」（太祖六年三月二七日条）と言ったが、ここでの「自強」が誠や信を随伴する王道論的意味を持つものであることは明瞭である。また世宗代にも、対女真対策として、「外に懐柔の恵を示し、内に禦備の事を修めるに及ぶものはなく、そうすれば、わが勢は自強となって彼の勢は自屈となり、自強の勢を以て自屈の隙に乗ずれば、わが方は志を得ることができます」（世宗一九年八月六日条）という意見を披瀝する者がいた。妄りに女真を征伐するのではなく、懐柔しつつ「内修禦備」に務めるべきだと言うのであるが、ここでもやはり専守防衛が「自強」論の内容とされているのは明らかである。

こうした「自強」論の意味するところは、ウェスタン・インパクトの脅威にさらされた高宗代になっても基本的にはなんら変わらない。高宗は、臣下より「先王有道の長を念い、上天の自強して息まざるを体」することを求められた（高宗四年一一月一七日条）が、『実録』中に現れる「自強」概念の用例をいくつか拾い出してみると、以下のようである。

①「自強の道は、諫諍を納れて忠言を尽くさせ、民隠を恤んで邦本を固くし、銓衡を択んで差除を公にし、賜与を節して財用を蓄え、倹徳を昭らかにして奢侈を抑え、爵禄を慎んで名器を重んじることにあります」（高宗一九年七月二日条）

②「今まさに、財を阜にして民を養い、倫を正しくして綱を立て、皆をして上に親しみ長に事えせしめること、自強にはこれ以上のことはありません」（高宗二一年七月二七日条）

③「今日の急務は、もっぱら政教を修め、兵士を鍛え、守令を択び、誹謗を斥けることにあります。伏して願わくは、まず内修に務めて自強なされますことを。そうなされば、地方の民は安んじて服し、近くにいる者も親しくなり、期して善を尽くすことができます」（高宗三〇年八月二一日条）

④「愛民を以て寧謐の本となし、自強を以て修攘の要となすならば、上下は志を同じくし、どうして従わないことがありましょうか」（高宗三一年六月二三日条）

③のように「自強」の内に「兵士を鍛え」ることが含まれる場合がありはするが、その内容は基本的には王道論を踏み外すものとはなっていない。「自強」とは、民本を基礎に置いて内政と教化の充実を図ることであり、それがよくなされれば侵略されることはないと考えられている。軍事力増強の道は民本主義に反するものであり、軍事力は国を防御するに足る最小限度のものでよいとされるのであるが、そうした思想は開化派の祖である朴珪寿《パクキュス》の思想の中にすでに明確に現れていた。彼は国富の追求を主張しはしたが、軍事力増強という意味での強兵策を拒否し、強兵化はすべての国家成員が士たることを内面化して徳化を遂げることによって、自ずからなされていくものだと考えていた。彼が「国富兵強」策を主張したのは間違いないが、それは文字通りの覇道的な「富国強兵」概念とはまるで違ってい

た［趙景達　一九九五］。

以上のように朝鮮では、もとより「富国強兵」は覇道的意味を換骨奪胎されて用いられていた。従って「富国強兵」と「自強」の意味はここにおいて近似するようになる。筆者がかねてより指摘してきたことだが、そのことを最も端的に示したのが金弘集である。第二次修信使の復命を果たした際に金弘集は、「自強とは富強のことか」という高宗の問いに対して、「単に富強というのではなく、わが政教を修めてわが民と国を保ち、外にはいくさを避けることこそ、実に自強の第一の先務であります」と答えている（前掲「修信使金弘集復命書」一五八頁）。「自強」には「富強」の意味も含意されるが、その内容は内修がまずもって重要だというのである。「富強」を完全否定することなく「自強」の中に封じ込め、しかもその内容の基礎に内修を置くことによって、「富強」は見事に王道論に変異されてしまっている。

このような「自強」論は、急進開化派の朴泳孝が一八八八年に書いた国政改革に関する建白書（「朝鮮国内政ニ関スル朴泳孝建白書」『日本外交文書』第二一巻、二九八〜二九九頁）にも見て取ることができる。これは西政と古典の付会という手法を取りながらも福沢諭吉の影響を受けたものであり［青木功一　一九六九、一九七六／一九七七］、全編西欧文明への信仰と明治日本への憧憬によって彩られているようにみえる。しかし、宮嶋博史がつとに指摘しているように、朴泳孝建白書には朝鮮の儒教的思惟が潜在している［宮嶋博史、一九八四］[*3]。従って実は、それは日本的な「富国強兵」に単純に追随するような議論にはなっていない。「国治まりて富強、民信じて安楽、教化時に新たにし、上下塞なくして、人々その所を得る」ことが「一国の慶」だとしているが、「富強」はあくまでも民信や教化、公論などに規定されている。「富強」の基礎に民本があるということである。わけても、「およそ治国立法の要は信を以て重となす」というように、信には最重要の価値が置かれていたが、これは「自強」の内容において「富強」が認識されていたことの証左になる。朴泳孝はどれほど西欧文明を絶賛しながらも、「およそ欧人は口に法義を称えながらも、心には虎狼を懐く」として、その「富強」の裏にある非道義性を問題にすることを忘れてはいない。そして、「外国に交わるには信をもってしなければならず、違背してはならない」と理想論を述べる。また、「保民護国を以て本となす」と言うように、朴にとって保民は護国に先んじる価値としてあった(補注5)。彼はもとより王室の縁戚に連なる両班貴族であり、植民地期にも朝鮮貴族となって栄華を誇るが、そうした一身上の問題と関わりなく、その思想においては、儒教的民本主義を否定することができなかったのだと言えよう。

朴泳孝建白書は、朝鮮最初の国民国家構想を具体的に語ったものと言えるが、そこに表れる「富国強兵」構想もまた、実は「自強」構想を出るものではなかった。王道論や民本主義に規定された「自強」論こそが、近代朝鮮の独自な国民国家構想の基礎にあったのである。*4

4 「富強」と「自強」② ―― 大韓帝国期

日清戦争の結果、朝鮮と中国との宗属関係は最終的に破棄された。そうしたなかで国民創出運動を担った『独立新聞』に、旧習に浸って開化せず、戦争に負け続けて弱体化する清国を侮蔑し、それを警事として朝鮮の西欧化を主張する次のような論説が掲載された(一八九六年八月四日)。

もし朝鮮人が夢から覚め、物をもらって食べていきながらも、進歩して公平・正直・便利に努め、富国強兵する学問と風俗に努力すれば、朝鮮人もイギリス人やアメリカ人のようになれないことはないだろう。朝鮮も清国を討って遼東と満洲を奪ったなら、賠償金八億円を受けられるだろうから、朝鮮人は心を大きくもって、一〇年後には遼東と満洲を奪い、日本の対馬を奪ってくるほどの志を持つことを願う。

『独立新聞』の主筆は、亡命先のアメリカから帰国した甲申政変参加者の徐載弼《ソジェピル》であり、急進開化派にもとよりあった大国主義が具体化したかにみえる。月脚達彦は『独立新聞』自体に脱亜の志向があることを強調している［月脚達彦　二〇〇九］。しかし、こうした覇道論的論調はあくまでも、長いアメリカ生活の結果、医師にまでなって脱亜主義者となった徐載弼の影響に起因するものであることを考慮する必要があるであろう。大韓帝国期（一八九七年一〇月～一九一〇年八月）に脱亜が一般化したなどとは到底言えず、それは『独立新聞』固有の問題として理解されるべきものである。王道論や民本主義に規定された「自強」論は、大韓帝国期に至っても継続しており、「富強」概念の「自強」化という現象は、なんら変わることがない。試みに、例によって『実録』中から、当該期における「富強」概念の用例を以下にいくつか拾い出してみよう。

①「そもそも信は王政の大本であります。ですから、孔子は「民に信なくんば立たず」と言われたのです。いにしえの帝王の治においてそれが尊ばれたのは言うまでもありません。商鞅の富強覇術とても、まずは木を立てるに信を取ることから始めました」（高宗三四年三月一六日条）

②「富強の習は日に進んで限りがなく、今の事務の急先とするものでありますが、その順番に従って列条すれば、以下の通りです。一、民規を立てる。二、貧窮を救う。三、奸偽を禁ずる。四、民心を斉《ひと》しくする。五、国本を固くする。六、経界を正す。七、民政を制する。八、学校を広くする。九、法律を明らかにする。十、冗官を削る」（高宗三五年四月一六日条）

③「時急の切務に一綱六目があります。曰く軍兵を選養する。器械を創造する。理財を暢理する。人材を作成（養成）する。言路を広開する。局外（外交）を図成する。大いに用人を公とする。これらの務を統括して成果を達成するものは、ただ用人一款にかかっていますので、用人こそは六目の綱です」（高宗三六年一月一日条）

④「近日列国が富強であるのは、農・商・工の三者を勧めているからですが、その内農が最も重要です。なぜなら、土地はもとより我が有するものであり、農事を行い収穫すれば、利を得るのが甚だ早いからです。今日の計

は、農桑を奨励して列国の新法と利器を参取すれば、少ない力で多くの利を得ることができるでしょう」（高宗四一年五月一五日条）

⑤「富国強兵の本は政を修めて法を立てるにありますが、政を修め法を立てる本は、私をはらって実に務めることです」（高宗四三年二月一二日条）

①では、秦の「富国強兵」化を厳烈に行ったことで儒家には評判が悪い法家の商鞅にさえ、その政策の基礎に信があったことを強調しているが、これは単なる「富強」論を逸脱している。②は「富強」の方策を述べているにもかかわらず、軍事に関することがない。③には軍事に関することがありはするが、それは「軍兵を選養」し、「器械を創造」するに止まっている。しかも「軍兵を選養」するというのは、少数精鋭化をいうのであって、伝統的な武器消耗論の立場を継承している。④は旧態依然とした農本主義をもって「富強」化を図ろうとするものであるが、本来「富国強兵」の基本である商業主義や工業主義を従とするその「富強」論は、異様にさえみえる。⑤は典型的な内修論であって、「自強」論そのものである。

もとより「自強」なる語は、大韓帝国期頻繁に使われた。そこでの内容は、それ以前となんら変わることがない。「隣国との交渉において最も大事なことは信であります。必ず公と信の上に力を尽くしてこれを行わなければなりません。いわゆる自守自強はこれ以外にはありません」（高宗三四年三月一六日条）とか、「独立の道は自強にあり、自強の道は内には修を治め、外には信を交わすことです」（高宗四二年一二月一日条）とかいうものであり、帝政以前と同じような内修外信（和）論は当為とされていた。後者の一文は本来急進開化派と目されていた尹致昊《ユンチホ》の上疏中にあるものであり、内修外信策において穏健開化派と急進開化派の区別などやはりなかったと言える。

もっとも、大韓帝国期には軍事費は国家予算の中で相当な位置を占めるに至っている。一八九七年〜一九〇〇年をみると、年平均二五パーセントで、すでに相当に高い水準にあったが、一九〇一年〜一九〇四年になると四〇パーセント近い水準に跳ね上がる［徐仁漢　二〇〇〇］。大韓帝国も「強兵」策に移行したかのようにみえる。しかしこれは、本来の軍事力があまりに脆弱であったことを示すことにしかならない。大韓帝国の軍事力は、一九〇七年の軍隊解散時で九〇〇〇人を少し超えるほどしかなく、徴兵制については、施行の議論はあったが、ついに最後まで施行されることがなかった。（補注6）

大韓帝国期はまさに、「自強」論が朝野にわたって最も喧伝された時期であったと言える。わけても一九〇五年一一月の保護条約を契機とする国権回復運動期において、愛国啓蒙運動諸団体は「自強」を合い言葉にした感がある。尹致昊が会長を務めた大韓自強会は、文字通りその代表と言えるであろう。しかし、西欧的な覇道＝帝国主義に対する批判を含意する「自強」論は国権回復運動期、大きな陥穽に陥ってしまった。初代統監伊藤博文は、「予は統監として当国に臨み、韓国民の衰弱を救ひ、韓国をして自ら富強の道を求めんとする、我大日本皇帝陛下の命令を奉じて忠実に韓国の為に力を竭さむとするものなり」（原田豊次郎『伊藤公と韓国』京城、一九〇九年、七四頁）として、朝鮮が「自ら富強の道」についた暁には朝鮮の保護国化を解消するような言説を労していた。純宗皇帝をともなっての南北巡幸は不評であり、かえって反日意識が刺激され、義兵運動も沈静化することはなかったが、しかし愛国啓蒙運動陣営にあっては、伊藤に期待する向きもあった。自らの意志だけでなく、伊藤の意も受け朝鮮に渡った大垣丈夫は、排日派を「善導」して親日派に誘導する目的を持って首尾よく大韓自強会の顧問となった。日本を盟主とする三国同盟論を説く大垣は、保護国下において朝鮮の自強を図るべきだという議論を流布させようとしたが、結局は必ずしも成功したとは言えない［池川英勝　一九八五、一九八六］。大韓自強会やその後裔団体である大韓協会は、同盟論に期待しつつ反日的姿勢も見せていた。[*5] しかし大垣の議論は、朝鮮人がそれまで議論してきた「自強」論を踏襲することによって日本の保護国下での「自強」を期させようとするものであった。すなわち大垣は、

今や世界文明国が監視する中、誰がよく兵強のゆえを以て擅に他国を侵略することができようか。天道は（それ

に）親しむことなく、常に正義を与えるものである。国が小であっても自ら畏れず、人が貧であっても自ら侮らず、ただ正義を顧みてはどうだろうか。国がすでに正義を守り、上下が協力すれば、養兵練武しなくても列強に対峙するに足りる。思うに小国が強くなる所以は正義にあり、貧国が富む所以は教育殖産にある。上下が協力して正義を守り、教育を施して殖産を勧めること、これこそが実に韓国の急務である。

と言っている（『大韓自強会月報』第一号、一九〇六）。ここにおいて「自強」論は、その王道論的性格から帝国主義批判の可能性を持ちながらも、しかし逆にかえって帝国主義の魔手に包摂されかねない、アイロニカルな側面も持ち合わせていたと言うことができる。

国権回復運動期、このような「東洋主義」を最も痛烈に批判したのが申采浩《シンチェホ》である。のち一九二五年になってからの文章であるが、彼は「日本人の挟雑輩大垣丈夫」と罵っている（「浪客의 新年漫筆」『改訂版丹齋申采浩全集』下、蛍雪出版社、一九七五年、二九頁）。彼は近代文明の陽と陰の両面を見すえつつ、朱子学的思惟としてある政治と道徳の連続を切断することによって、国家主義と国粋主義を唱え、自覚的に「自強」を乗り越え「強権」を主張した。それは社会進化論的な現実を前にして、文字通りの西欧・日本的な「富国強兵」論を説いて「東洋主義」を断固拒否し、「道徳」＝普遍主義を打破して朝鮮の帝国主義化を願望するものであった。

しかし重要なことは、深い葛藤の末に三・一運動後、彼が「道徳」への回帰を遂げ、アナキストになっていくことである。申采浩は最後まで「国家の道徳」を認めることはしなかったが、「民衆の道徳」に普遍主義的価値を見出すことによって、抵抗と変革の論理においては政治と道徳を連続せしめた。それは、「道徳と主義のための朝鮮」として彼がかつて痛烈に批判した朝鮮的であるところの朱子学的思惟への回帰であった。そこには当然に儒教的民本主義の痕跡を探し求めることができる。そしてそれはまた、近代国民国家を創設しようとする思想的営為から離陸して、かえってそれこそを相対化していこうとする、植民地民族に転落した者が背負わされた、苦悩に満ちた思想のアイロニカルな到達点でもあった［趙景達 一九九六］。

おわりに

従来、朝鮮近代思想史研究においては、「富強」と「自強」がほとんど同義概念であるものとして使われてきた。しかし、両者は混同されてはならない。民本主義の政治文化が日本よりもはるかに内面化されていた儒教国家の朝鮮では、覇道的意味を持つ「富強」は伝統的に否定的に捉えられてきたのであり、たとえその語が使われることあったとしても、本来の覇道的意味は換骨奪胎されていた。そのことは、朝鮮が近代世界に投げ出された後になっても、基本的に変わることはなかった。開国後になると、確かに「富強」は多用されはするが、しかしそれに含意される内容は、民本を基礎に置く王道的意味の「自強」概念とほとんど変わらなかった。しかも「自強」は、西欧や日本のような「富強」のあり方を、一面批判ないしは相対化する意味内容を持っていた。

そうした「自強」論の性格は、大韓帝国期に至っても変わることがなかった。しかし、日本の侵略が現実化してもなお「自強」論を唱えるに至っては、日本の保護国政策や、日本を盟主とする「東洋主義」と親和性を帯びさせる結果となり、「自強」の両義的な性格が浮上することになった。それを痛烈に批判したのが、「自強」に替わって「強権」を主張した申采浩のような国家主義者である。しかし申采浩の思想も、三・一運動以降は儒教的民本主義の思惟に回帰していく。

本稿の内容は、以上のように総括される。朝鮮においては、近代に遭遇してもなお、伝統的な思想は生き続け、近代思想の受容とその消化の仕方は独特であり、まさに「回心文化」的である。そしてそうした思想形成のあり方は、植民地期に至ればなお一層のこととなる。安在鴻《アンジェホン》や金九《キムグ》の思想が典型であるが、そこには物質至上主義的な近代や帝国主義的現実に対する批判があり、小国主義的な伝統思想が生きていた［趙景達　二〇〇二］。

西欧・日本的な「富強」論の立場から朝鮮近代思想を裁断し、しかも朝鮮的な「自強」論にそうした「富強」論理を見出すのは、近代主義のドグマにほかならない。植民地に転落した民族や国家の思想は、多くの葛藤と屈折を帯びており、「回心文化」的にならざるを得ない。アジアの「優等生」であった日本の近代の陰影は、そうした思想の発見によって浮かび上がらせることができるであろう。また、そうした思想を築きながらも、過去の思想的苦闘を忘れ去ったかのように、日本の後追いをしようとしているアジアの現実も相対化されていくに違いない。[*6]

注

＊1　王道と覇道は、漢代以降の中国でも前者をよしとするのが一般であったが、それは理想論であり、実際には王覇は混用されていたという［宇野精一　一九八四］。

＊2　『実録』を見てみると、鉱山の中でも特に石炭を重視する富強論もあった（高宗一九年一一月一九日条）。

＊3　宮嶋の論考後では、金顯哲が朴泳孝の儒教的思惟の問題に注目している［金顯哲、一九九七］。

＊4　中国においても「富強」論は「自強」論として展開されたと言える。康有為や梁啓超などの運動が変法自強といわれたのは、それがいかに日本の明治維新に範を取ろうとしたものではあっても、その内実が日本的な「富国強兵」とは違っていたことを示唆している。

＊5　大韓協会は、併合論を唱える一進会と提携しようとする動きを見せ、親日化の方向に向かった。しかし、併合論については一進会とついに相容れず、一九〇九年一二月結局は提携の議論は解消されることとなった。大韓協会の中に総務尹孝定《ユンヒョジョン》などを代表として併合阻止への諦念が生じてくるのは事実［趙景達、一九八九］だが、一進会の合邦運動に対しては地方支部などで反対運動が起きている［松田利彦、二〇〇九］。

＊6　アジアにおける国民国家構想の比較史的検証については、別稿［趙景達　二〇〇八］においてラフなスケッチをしておいた。

【参考文献】
青木功一　一九六九「朝鮮開化思想と福沢諭吉の著作――朴泳孝「上疏」における福沢著作の影響」（『朝鮮学報』第五二輯）
青木功一　一九七六／一九七七「朴泳孝の民本主義・新民論・民族革命論――「興復上疏」における変法開化論の性格」（『朝鮮学報』第八〇輯・第八二輯）
池川英勝　一九八五「大垣丈夫について――彼の前半生」（『朝鮮学報』第一一七輯）
池川英勝　一九八六「大垣丈夫の研究――大韓自強会との関連を中心にして」（『朝鮮学報』第一一九・一二〇輯）
尹素英　一九九〇「一八八〇年代初期の魚允中の朝鮮近代化構想――金玉均との対比の中で」（『お茶の水史学』三三）
宇野精一　一九八四『儒教思想』（講談社学術文庫）
金栄作　二〇〇六「朝鮮末期の西欧受容と伝播様相に関する実証的研究――文明開化、自主独立、富国強兵意識の構造を中心に」（朴忠錫・渡辺浩編『「文明」「開化」「平和」』慶応義塾大学出版会）
竹内好　一九六六「中国の近代と日本の近代」（前掲『竹内好評論集』第三巻、筑摩書房）
趙景達　一九八五「朝鮮における大国主義と小国主義の相克――初期開化派の思想」（『朝鮮史研究会論文集』第二二集）
趙景達　一九八九「朝鮮における日本帝国主義批判の論理の形成――愛国啓蒙運動における文明観の相克」（『史潮』新二五号）
趙景達　一九九五「朝鮮における実学から開化への思想的転回――朴珪寿を中心に」（『歴史学研究』第六七八号）
趙景達　一九九六「金玉均から申采浩へ――朝鮮における国家主義の形成と転回」（歴史学研究会編『講座世界史』七、東京大学出版会）
趙景達　一九九七「近代日本における道義と国家」（中村政則ほか『歴史と真実』筑摩書房）
趙景達　二〇〇二「近代朝鮮の小国思想」（菅原憲一・安田浩編『国境を貫く歴史認識』青木書店）
趙景達　二〇〇八「総論　アジアの国民国家構想」（久留島浩・趙景達編『アジアの国民国家構想』青木書店）
趙景達　二〇〇九「政治文化の変容と民衆運動――朝鮮民衆運動史研究の立場から」（『歴史学研究』第八五九号）
月脚達彦　二〇〇九『朝鮮開化思想とナショナリズム』（東京大学出版会）
藤間生大　一九七七『近代東アジア世界の形成』（春秋社）
朴忠錫　二〇〇六「朴泳孝の富国強兵論――伝統と近代の内的連関を中心に」（前掲『「文明」「開化」「平和」』）
ハント、リン　一九八九『フランス革命の政治文化』（平凡社）
松田利彦　二〇〇九「伊藤博文暗殺事件の波紋――警察資料に見る朝鮮人社会の状況」（伊藤之雄・李盛煥編『伊藤博文と韓国統治』ミ

ネルヴァ書房）
溝口雄三　一九八九『方法としての中国』（東京大学出版会）
宮嶋博史　一九八四「開化派研究の今日的意味」（『三千里』第四〇号）
金顯哲　一九九七「朴泳孝의 政治思想에 관한 研究――『国政改革』에 관한 建白書에 나타난 富国強兵論」（『軍史』第三四号、서울）
徐仁漢　二〇〇〇『대한제국 군사제도』（해안、서울）
許東賢　一九九三『一八八一年朝士視察団研究』（高麗大学校博士学位論文）
許東賢　一九九六「一八八一年 朝士 魚允中의 日本 経済政策 認識――『財政見聞』등을 중심으로」（『韓国史研究』九三）

【初出】久留島浩・趙景達編『国民国家の比較史』（有志舎、二〇一〇年）。

（補注1）私は、第1部第一論文と第二論文及び第2部第二論文などでは開化派の二グループを急進派・穏健派と把握しながらも、全般的には変法派・改良派と表記していたが、その後変法派・改良派という表現は誤解を招く恐れがあると考え、急進派と穏健派と把握するようになった。金允植・金弘集・魚允中などは、甲申政変段階では基本的には東道西器論であったが、変法に対する一定の評価と理解をしていたし、また甲午改革以降は明らかに変法論者になっていくからである。

（補注2）養兵一〇万論は、『栗谷先生全書』巻之三八「附録」に次のようにあるのに拠っている。「栗谷《ユルゴク》（李珥）は経筵（国王への経典講義）に入席した際、一〇万の兵を常備することを（王に）請うたが、西厓《ソエ》（柳成龍《ユソンニョン》）がこれを阻んだ。退室した後で西厓が、「今は太平であり、経筵の席は聖学を行う場である。軍事は急務ではないのに、公はどのような考えで私と相談もせずにあのように述べたのか」と言うと、栗谷は「俗儒がどうして時務を知ろうか」と言い、笑って答えなかった」。これは宣祖《ソンジョ》朝のことである。このことは壬辰倭乱以後に教訓として伝えられたが、しかし李珥の賢明さは讃えられはしても、養兵論は民本原則においてやはり急務と見なされることはなかった。そのことは、孝宗《ヒョジョン》朝において、名臣宋浚吉《ソンジュンギル》が王に次のように語ったことによく表れている。「かつて私は、内修外攘と安民治兵の議論を申し述べたことがあります。先の正臣李珥は宣祖朝の昇平の時代において養兵一〇万を請うたところ、時の諸臣はみなこれを間違いだとしましたが、壬辰の乱が起きるに及んで朝臣たちは「李文靖《イムンジョン》（李珥）こそ真の聖人だ」と歎じたといいます。当時においては兵はもとより備えざるを得ませんでした。しかし、今の事勢にあっては荒政が最大の急務であります」（『実録』孝宗九年九月九日条）。宋浚吉は宋時烈《ソンショル》とともに夷狄の清を討つという孝宗の北伐論を支持する立場にあった人物だが、そうであってなお民本は強兵より優先されるべき基本理念であったということである。

（補注3）藤間生大は、実は朴斉家については武器消耗論だとは言っておらず、むしろ「武器消耗論は朴斉家によって始めて止揚されることになった」と言っている。従ってこの指摘は丁寧さを欠いた表現となってしまったが、しかし朴斉家が武器消耗論を止揚したというのは藤間の過大評価であり、朴もまた武器消耗論であることに変わりがないというのが私の見解である。朴は「そもそも兵というのは精鋭であることを貴ぶべきであって多いことにこだわるべきではない。（中略）国の兵数を減らし、徴兵をやめて有給にすれば、逃亡兵は必ず帰還し、隠れていた者も必ず自願するようになる。昔は一〇人徴兵していたところを今は一人だけ選抜したとしても、精兵七、八万を得ることができ、にわかに志を天下に得ることができないまでも、自衛するには十分である。九を減じれば、兵はかえって今より一〇〇倍（の精強）となるのだから、これは無駄を省いた利というものである」と言っている（『北学議』外編「兵論」）。朴はあくまでも、軍事力の少数精鋭化を唱えているのである。彼は確かに富国論者ではあったが、決して軍事大国化を夢想するような富国強兵論者ではなく、民本に立脚した武器消耗論がやはり堅持されていたとみるべきであろう。

（補注4）この段落は、初出時には説明不足な点があったので、やや加筆してある。

（補注5）初出ではこの文章の後にもう一文あったが、錯誤に基づく議論であったので削除した。

（補注6）しかも、周知のように大韓帝国期の財政は、政府予算に匹敵するような帝室財政が別立てとしてあったのだから、総体から言えば、軍事費の割合は半減すると言っていいであろう。

五　近代朝鮮の小国思想

はじめに

ヨーロッパでは一九世紀以降、小国の在り方として「小国連合」の構想（スカンディナビア主義・バルカン連邦構想など）や、軍事力の脆弱性を前提とした「伝統的中立」化の動きが普遍化するに至っている。しかし多くの場合、それは大国の力の前で幻想に終わることを余儀なくされた。一九～二〇世紀前半は、小国がまさにその理想と現実の間を揺れ動いた時代であったと言うことができる（百瀬宏『小国』岩波書店、一九八八年）。

東アジアに目を転じれば、朝鮮は小国思想を貫こうとした典型的な国家であった。儒教では『孟子』「梁恵王編第一下」に、「大を以て小に事うる者は天を楽しむ者なり。小を以て大に事うる者は天を畏れる者なり。天を楽しむ者は天下を保ち、天を畏るる者はその国を保たん」（金谷治訳『中国古典選　八』朝日新聞社、一九七八年）とあるように、小国であることはむしろ好ましいこととされている。覇道を排し王道の立場に立つことが、儒教の理想的国家像なのである。それゆえ儒教国家の朝鮮では、「富国強兵」思想はほとんど営為されなかった。それに代わって提唱されたのは、「自強」思想である。

朝鮮史研究者の間では一般に、「富国強兵」と「自強」が混同して使われているようだが、これはまったく別の概念である。朝鮮では「富国強兵」という語は一般的には使われず、たとえ「富強」という語が使われることがあっても、それに込められる内容は「自強」の謂である。「自強」とは、民本を基礎に置いて内政と儒教的教化の充実を図ることであり、それがよくなされれば侵略されることはないと考えられている。軍事力増強の道は民本主義に反するものであり、軍事力は防御するに足る最小限度のものでよいとされるのである（拙稿「朝鮮における実学から開化への思想的転回――朴珪寿を中心に」『歴史学研究』第六七八号、一九九五年）。「自強」が王道論の一つの発現形態であり、覇道論の発現形態である「富国強兵」とは明確に異なる概念であったことは間違いない。もとより中国との宗属関係を長きにわたって維持してきた朝鮮では、大国思想はほとんど育たなかったし、それは近代に入っても同様である。

近代日本においても、小国主義が伏流し続けたことは、田中彰が説くところである（『小国主義』岩波書店、一九九九年、及び本書所収論文）。大国主義に圧伏せしめられつつも、それは細々とながら継承され続けた。しかし、思想の構造として小国思想が当為であった朝鮮では、日本とは比較にならないほどにさまざまな営為があった。それは時に大きな挫折を経験しながら朝鮮近代思想史を骨太く貫徹している。

解放後、南北に分断された二つの国家、とりわけ北朝鮮では確固とした事大主義批判が行われるに至った。事大主義は朝鮮民族の属性であるという認識は、実は開国期以来日本人によって広く流布されたものであるが、日清戦争の結果清との宗属関係が廃棄されて以降、朝鮮人もそうした自己認識を徐々に示すようになる。そして、植民地期には日本人によってそうした朝鮮人観がより一層喧伝されるなかで、朝鮮知識人の間で広く一般にその克服が叫ばれるようになった。解放後、実際にはどうであれ、対外的に自立した国家の創設と精神的に独立した国民の誕生が課題にされるに至たって、南北の事大主義批判が強められていくのは当然であった。北朝鮮の主体《チュチェ》思想というのは、そうした課題認識のなかで提唱されるようになったものである。しかし、本来日本人によってなされた事大主義批判は、日本の朝鮮侵略を合理化するためのイデオロギー的性格を一面持っていたし、近代主義の性格を色濃くにじませているものでもあった。もとより事大主義を絶対化するわけではないが、だからといって、その一方的な批判にも問題がある。朝鮮史的ないし東アジア史的文脈において、事大主義批判の問題性が指摘されなければならないし、「富国強兵」を当為としたような近代国家の在り方も相対化されなければならない。

朝鮮の小国思想は、確かに「未発の契機」に終わりはした。しかし、以上のような問題意識からすれば、その意味が改めて問い直される必要がある。ここでは、朝鮮小国思想の展開を俯瞰したうえで、植民地化を経てそれがどのような輪郭を描いていくのかを、ある二人の民族主義者の思想を通じて見てみることにしたい。

1　小国主義とアジア主義

「日本が東洋のイギリスになるならば、われわれはわが国をアジアのフランスにしなければならない」と言った開化派の巨頭金玉均《キムオッキュン》は、清との伝統的な宗属関係を打破すべく、一八八四年に甲申政変を起こした。彼はその頃までは、日本をモデルとした大国志向的ナショナリズムを主張していたと言うことができるが、失敗後は対清協調を念頭に置いた中立化の道を模索するに至っている。当時朝鮮では、明治維新を肯定的にのみ評価するのは異例であり、むしろその「富国強兵」政策の問題性を批判するのが一般的であった（拙稿「朝鮮における大国主義と小国主義の相克——初期開化派の思想」『朝鮮史研究会論文集論文集』第二二集、一九八五年）。であればこそ、金玉均の勢力はきわめて少数であり、甲申政変も日本に依存することによってクーデター的に起こすしかなかったのである。

同じく開化派でも、対清自立を主張していた急進派の甲申政変グループに対し、当初から対清協調を主張していた金允植《キムユンシク》・金弘集《キムホンジプ》・魚允中《オユンジュン》らの穏健派の場合は、朝貢体制と「万国公法」体制という二重体制の均衡の上に、小国朝鮮の生きるべき道を構想した。とりわけ金允植は、西欧近代の覇道的現実への批判から、朝鮮はどの国も守ろうとしない「万国公法」をあえて守ることによって、「信」を世界に問うような「有道の国」を目指すべきだとした。また、海外留学の経験があり、当時最も世界事情に詳しかった兪吉濬《ユギルジュン》は、急進派にも穏健派にも通じていたが、それだけにひときわユニークな国家構想を持っていた。朝貢体制を「万国公法」によって合理的に説明することによって、朝鮮の中立化構想をより鮮明に打ち出した（拙稿「朝鮮近代のナショナリズムと東アジア――初期開化派の「万国公法」観を中心に」『中国――社会と文化』第四号、一九八九年）。

このような小国構想は、みな「自強」論を前提とするものであったが、しかし日清戦争の結果朝貢体制が他律的に打破され、朝鮮が一元的に「万国公法」体制に組み込まれることによって失敗に帰してしまう。それに代わって一般化する小国構想がアジア主義である。「自強」論を前提に中立化を模索する小国構想が小国主義であるのに対し、アジアの小国連合を模索する小国構想がアジア主義であり、両者は朝鮮における小国思想の二つの発現形態であったとみることができる。朝鮮におけるアジア主義への関心は、一八八〇年八～九月に来日した第二次修信使の金弘集一行が同年三月に結成された興亜会と交流したことにさかのぼる（李光麟「開化期韓国人のアジア主義連帯論」『開化派と開化思想の研究』一潮閣、ソウル、一九八九年）。以後アジア主義への関心は徐々に高まっていく。中でも詳細な内容は分からないものの、金玉均が朝・日・清の連帯を説いた「三和主義」が有名である。それは三国の対等な連帯を標榜したとみることができるものだが、三国連盟論は日清戦争後においてこそ開花するわけである。

しかし、日清戦争後に提唱された朝鮮のアジア主義には卑屈な内容を持つものがあった。その典型は、安駉寿《アンギョンス》の「日清韓同盟論」に見て取ることができる。安駉寿は甲午改革で活躍した開化派政治家の有力人士だが、失脚して一時日本に亡命し、一九〇〇年帰国を果たしたのちに逮捕処刑された人物である。「日清韓同盟論」は、死の直前に日本でしたためたものらしく、雑誌『日本人』（第一一六～一二三号、一九〇〇年）に掲載された論文である。その論旨は、およそ次の通りである。本来同盟は実力が同等な国家間同士で行われるべきものであるが、韓（改称された朝鮮の国号大韓帝国の略）・日・中は、そのなかでひとり日本だけが強大ではあっても同盟しなければならない。なぜなら韓と清が対外的危機に陥れば、日本も無事ではすまないからである。ただし、国力が違う以上、「日本国は勿論覇者と指導者の地位に立たざる可からず、清国と韓国とは何処迄も先進者たる日本国の助教に信頼するを要す」として、日本の指導的地位を認定している。

見てのように、三国対等の連帯関係を説いたとみられる金玉均の「三和主義」より後退して卑屈なものとなっていることが分かる。また、日本と朝鮮が対等合邦して大東国をつくり、その大東国が清国と同盟するという構想を示した樽井藤吉の『大東合邦論』（一八九三年）は、詭弁的要素を含んだ問題ある書物（拙稿「近代日本における道議と国家」若桑みどり・三宅明正ほか『歴史と真実』筑摩書房、一九九七年）だが、安駉寿の構想は「自強」論が希薄であり、それにも対応し得ていない。侵略主義の契機を内包している日本のアジア主義の本質を見抜いていない点で、禍根を残す議論であったと言うことができよう。

安駉寿の議論が朝鮮の朝野人士に与えた影響については定かでないが、そのような議論は当時決して珍しいものではなかった。むしろ一般的になっていくとも言え、愛国啓蒙運動期（一九〇五～一九一〇年）には知識人の間で、同盟論・保護国論・合邦論が盛んに議論された。合邦論は樽井藤吉の影響によるものだが、もとより「自強」論が希薄である。合邦論を唱えた一進会が、「自強」論に徹底せずに内田良平や武田範之らと合邦運動を展開して韓国併合に重大な役割を果たし、その総帥であった李容九《イヨング》が併合後に自らの愚かしさを嘆きつつ、無念の死を遂げたことは周知の事実である。彼は「売国奴」となり、当時も死後も数多の非難を浴びたが、その主観においては朝鮮民族の救済のために大国日本との対等合邦を図るのだという思いが強くあったものと推察される。一進会の残党の一部は、併合後かえって独立運動を展開していく（拙著『朝鮮民衆運動の展開——士の論理と救済思想』岩波書店、二〇〇二年、第八章）が、そこには李容九と同様の慚愧の念があったことは間違いない。

一進会の論理と行動は国家の上に文明を置くものであった。それは、社会進化論を全面的に信仰し、物質的進化だけでなく、競争を通じての道徳的進歩も確信していた当時の一般的な開化知識人の中にあって、近代の文明主義に最も純粋に対応した形態であったと言うことができる（拙稿「朝鮮における日本帝国主義批判の論理の形成——愛国啓蒙運動期における文明観の相克」『思潮』新第二五号、一九八九年）。帝国主義に無防備な近代主義への確信は併合後も多くの知識人を捉え、やがてその中から転向文学者李光洙《イグァンス》を典型とするような親日派が登場し、皇民化政策の忠実な僕が輩出されることになる。

2　日本批判とアジア主義

以上のように見てくると、朝鮮において小国思想は、結果的には「未発の契機」に終わったどころか、韓国併合という一大挫折に結果し、さらには親日派を生み出す温床にもなったかにみえる。こうした点を強調した研究が、木村幹の論考である（『朝鮮／韓国ナショナリズムと「小国」意識』ミネルヴァ書房、二〇〇〇年）。彼の研究は、その着想においても実証においても既存の研究成果によっているところが少なくないが、しかし奇妙なことに、その結論は大きく異なる。彼の場合、「小国意識」こそが朝鮮の植民地化を招いた元凶として捉えられている。自己の力に対する悲観主義的姿勢や近代的改革への「諦念」こそが、朝鮮の転落をもたらしたというのである。「小国意識」ゆえに朝鮮は自らのネーションへの失望にかられて対日依存的となり、植民地に転落したという論理である。その対極には、近代化に成功した日本が位置づけられているのだが、こうした論理は韓国併合を合理化する論理と親和性を持つものように思われる。事実彼は、朝鮮は「当時の日本と比べ、近代化の観点から見てはるかに遅れた存在であり、また、その歩みも遅々としたものであった」と断言している。朝鮮停滞史観の復活ともおぼしき記述である。「小国意識」という用語も、かつて否定的ニュアンスを持ってのみ喧伝された事大主義とほとんど同義で使われている。これは、植民史観の克服を課題としてきた解放後における南北朝鮮の歴史学はもとより、日本の戦後朝鮮史学の成果をも否定しようとするものと見なされる。確固として近代主義に立脚する木村の研究においては、朝鮮の小国思想は否定的にのみ捉えられ、それが朝鮮思想の構造として生み出され、しかも帝国主義批判の方法として機能したことが全く問題とされていないのである。

確かに小国思想は、アジア主義として発現されるに至って、朝鮮の転落をもたらす契機の一つにはなった。民族主義者として激烈な生涯を送った、近代朝鮮最大の思想家とも言える申采浩《シンチェホ》が、愛国啓蒙運動期、「国家が主であって東洋は客であるのに、今日、東洋主義の提唱者を見れば、東洋が主であって国家が客であり、国の興亡は天外に付し、ただ東洋をこれ保とうとしているが、ああ、どうしてその愚迷なること、ここに至ってしまったのか」(「東洋主義に対する批評」『改訂版丹斎申采浩全集』下、蛍雪出版社、ソウル、一九八二年)と嘆いてみせたことが想起される。しかし、当時アジア主義は日本批判の鋭い方法ともなっていたことを忘れてはならない。著名な義兵将崔益鉉《チエイッキョン》が、人間と国家の普遍的原理として各々「忠愛」と「信義」を挙げ、東アジア三国連帯という大義に背信した日本を鋭く批判したのはあまりに有名である。また伊藤博文を暗殺した安重根《アンジュングン》も、天賦人権論と普遍的道徳の観点から、世界中で戦争を絶えず引き起こしている西欧列強を批判するとともに、「東洋平和」の観点から、朝・中との友誼に背信してかえって侵略の道に進みつつある日本を激しく批判した(前掲拙稿「朝鮮における日本帝国主義批判の論理の形成」)。そして、かつて「東洋主義」批判を展開した申采浩も、三・一運動以降は無政府主義者に転ずるなかで、「東方民衆の革命」という、民衆レベルの発想だがある種のアジア主義的発想において、日本や帝国主義一般を批判するに至る（拙稿「金玉均から申采浩へ——朝鮮における国家主義の形成と転回」歴史学研究会編『講座世界史』七、東京大学出版会、一九九六年）。アジア主義は朝鮮にとって両刃の剣であったのであり、その否定的側面のみを指摘するのは、やはり一面的である。

もっとも韓国併合以降、日本のアジア主義の詭弁性が明確になっていくと、民族主義陣営にあってそれは、一般的には批判の俎上に載せられることになる。なるほど、三・一運動にあってはその論理のなかに、アジア主義的日本批判がなお混入しているのを見て取ることができる。有名な独立宣言書では、ウィルソンの民族自決主義に影響されつつ「道義の時代」の到来を説く一方で、日本の朝鮮支配が中国の対日不信感を募らせていく結果、「東洋の全局が共倒同亡の悲運を招致するだろうことは明らかである」として、アジア主義的言説による日本批判を展開している。しかし三・一運動以降は、アジア主義は批判の対象でしかなくなる。『朝鮮日報』は一九二四年七月三日の社説「いわゆる大東亜建設とは何か？」で、日本が韓国併合後もアジア主義だとか東洋の平和だとかをいうのは滑稽なことだとしたうえで、日本人は、「ただ東洋の盟主は自身であり、東洋の強者が自身であることを知っているだけである」としてアジア主義を揶揄した。また、『東亜日報』も同年五月二日の社説「似非的亜細亜連盟論」で、有色人種が白人に対して大同団結をいまだなし得ないのは、日本の帝国主義的侵略主義に責任があるとしたうえで、日本がアジア主義の大義を宣揚し続けるならば、侵略をやめよと迫った。

もはやアジア主義の詭弁性が明らかになって以降も、申采浩の民衆レベルでの論理とは違って、なお国家レベルにおいてアジア主義を唱え続けるのは、親日の論理である。日中戦争期には多くの親日派が生み出されるが、日本が大アジア主義を唱えて大陸侵略を敢行するなかにあって、アジア主義をなお唱えることが親日の論理にならざるを得ないのは、あまりに自明というべきであった。アジア主義は、朝鮮人とりわけ知識人が国体思想にとらわれていくうえでの太い回路となる。従ってアジア主義は、それを目的にすることはおろか、日本批判の方法としても顧みられなくなっていく。そして、帝国主義一般や日本への批判を意識して構想された小国思想は、アジア主義に代わって再び小国主義となる。

3　帝国主義批判と小国主義——安在鴻

植民地期において、小国主義的国家構想を最も具体的に提示した人物は、安在鴻《アンジェホン》である。彼は言論人であるとともに歴史家であり、また解放後は朝鮮建国準備委員会の副委員長になり、すぐ脱会するも、その後左右合作運動に加わって統一朝鮮を目指した民族運動家である。朝鮮戦争の際に北に連行され、平壌で死去した。彼は思想家としても一級の思索をなした人物であったが、その一端は並木真人によって明らかにされた（「植民地期民族運動の近代観——その方法的考察」『朝鮮史研究会論文集』第二六集、一九八九年）。それによれば彼は、朝鮮的文化伝統の上に理想国家を構想した人物であったことが知られる。以下、並木の所論に依拠しつつも、筆者なりに補足して説明すれば次のようになる。

安在鴻は、市民革命を行って普遍的真理を投げかけた西欧が、同時に侵略をも事とする一面を持っていることに疑問を持ち、そこに近代文明の問題性を見て取った（「ウード・斎藤・メルラン」『民世安在鴻選集』一、知識産業社、ソウル、一九八一年）。西欧の文明は決して全面的に批判されるべきものではないが、しかし問題も内包している。並木は、そのような認識を持つ安在鴻の認識を「近代懐疑主義」と呼んでいる。もっとも西欧のなかでも、彼はデンマークやチェコスロバキアなどの小国には関心を抱いており、これらの国で行われた国民的・民衆的体育運動に着目しつつ、民衆文化の建設が独立になんらか寄与するものであることを示唆した。

なるほど、彼の立場はあくまでも啓蒙主義であり、必ずしも民衆文化の自律的展開を評価するものではなかった。

そのことはたとえば、当時「類似宗教」といわれて邪教視された民衆宗教のうちの一つである普天教に対する敵対的な姿勢のなかに見て取ることができる（「最初の一念に殉ずる覚悟で満天下の読者に訣別する」同上）。しかしそれは、国家主義に連なるような性格のものではなかった。そのことは、小国のデンマークが発展した理由を、「全人民が国民的、民俗的な強固なたがと帯で結ばれ、国旗の下に結合的な共同の理念で闘争し」たことに求めつつも、「それらに対して国家主義とかあるいは国旗の偶像（化）などと云々するがさつな急進思想家がいるとすれば、それはかえって浅薄（な認識）である」と述べている（「丁抹の青年らを見る」同上）ことに明らかである。安在鴻によれば、デンマーク人は共通の艱困と受難のもとに奮闘してきたがゆえに、民俗や国旗は「生命の衝動」あるいは「生命の標識」であるに過ぎないと言うのである。そのデンマーク評価が当を得ているか否かはともかくとして、国家主義を当為のものとして否定する点において、彼の認識はデンマークの国家主義化を杞憂する「急進思想家」といささかも異なるものではない。

ここに安在鴻の小国主義的発想が垣間みえる。もとより、事大主義批判が当然であった当時の思想界にあって、彼も朝鮮が長きにわたってとり続けてきた朝貢体制を「小国安分主義」として批判してはいる（「民世筆談――民衆深化過程」同上）。しかし彼は、国民国家体系と世界資本主義体制のなかにあっては、朝鮮はむしろ自立した国家であることを条件に小国こそを理想とすべきだ、と示唆しているのである。そのことを端的に示している彼の思想が農本主義である。彼は全人口の八割ほどが農民である朝鮮では、「農民道」こそが「朝鮮道」であり、そのもとで軽工業と伝統的産業の発展を期すべきことを説いた（「農民道の高潮」「百年の大計と自前の問題」同上）。そこには、大量生産を志向する生産力至上主義的な近代資本主義に対する批判的な眼差しを見て取ることができる。

実は、デンマークへの関心は朝鮮総督府にもあり、それ自体は安在鴻の独自な関心ではない。しかし総督府内には、朝鮮はデンマークに学ぶべきだという直截的な認識（山縣五十雄「朝鮮は丁抹に学べ」『朝鮮』第一〇〇号、一九二三年）がある一方で、デンマーク農業を限定的にのみ評価する見解（石塚峻「丁抹の農業」『朝鮮』第一八二号、一九三〇年）もあれば、その盛衰が外国の商況に左右されることに疑問を呈する見解（篠原英太郎「丁抹の農村問題」『朝鮮』第一〇七号、一九二四年）まであった。しかもいずれにせよ、もとよりデンマークの小国像に関心を払うものではなく、あくまでもその農業の成功にのみ着目した議論であるに過ぎなかった。また民族主義陣営にあっても、デンマークへの関心はひとり安在鴻が独占するところではなかった。しかしやはり総督府同様、その農業の成功にのみ着目した議論が一般であった（たとえば、韓東友《ハンドンウ》「丁抹農村状況」『農民』一九三〇年九月号・一一月号、白民《ペクミン》「丁抹に学ぼう」『農民』一九三一年一月号）。しかも朝鮮がデンマークのような農業立国を目指すことに異を唱え、反対に工業立国を目指すべきことを唱える未来構想さえあった（『東亜日報』一九三四年七月一九日付社説「朝鮮は丁抹ではない」）。こうした点から、小国主義をめぐってはやはり、安在鴻の独自な思想的境地を確認することができる。

ただし、「伝統的な儒教的農本主義に立脚した農業重視の傾向」は、愛国啓蒙運動段階においてすでに一般的に存在していた（林雄介「愛国啓蒙運動の農業重視論について――西友学会・西北学会の実業論を中心に」『朝鮮史研究会論文集』第二九集、一九九一年）。安在鴻の農本主義はそうした流れを継承するものであったと言うことができよう。また彼は、いわゆる朝鮮学運動の提唱者の一人であり、朝鮮後期の学問潮流に民本主義に立脚した実学なるものを見出し、朝鮮独自の近代思想の萌芽として位置づけようとしたことでも知られるが、彼の主観においては自身のそうした思想は、朝鮮的思想伝統の上に確固として位置づけられるものであったことは間違いないであろう。

では、こうした西欧近代への批判として出てきた彼の小国主義構想は、民族主義的にはどのように評価されるべきであろうか。並木真人は、安在鴻が二〇世紀のあるべき潮流として「各個民族の世界的大同の方向」を唱え、「最も穏健妥当な各国民・各民族の態度は、民族から世界へ、世界から民族へ交互に調合される民族的国際主義―国際的民族主義を形成する」ことだと述べている（「民世筆談　続」『民世安在鴻選集』一）ことに着目して、「開かれたナショナリズム」であると評価している。その通りであろう。人類史に大同社会を展望しようとする思想潮流もまた愛国啓蒙運動期よりあったものであり、これも彼の独創では決してなく、単にそれを継承したものに過ぎないといえるかもしれない。しかし、大同社会の理想を掲げつつ現実の国家建設も行おうとした点にこそは、彼の理想主義的な側面と真骨頂を見て取ることができると同時に、被抑圧民族の立場から世界史と民族史を展望しようとした当時の責任ある知識人の姿を彷彿とさせるものがある。

解放直後、政治指導者として立ち上がるとすぐに、彼は「新民族主義と新民主主義」という論文をしたため、一九四五年一二月に単行本として刊行している(『民世安在鴻選集』二、知識産業社、ソウル、一九八三年)。その中で彼は、依然として大同の理想を唱えつつ、今という時代をそれに至る過渡期として位置づけている。そして、先進資本主義国家の民族主義の多くが侵略主義に転化し、それが敗北を被るときに民族主義は「本源的な理念」に回帰するのだと述べている。彼がいう「本源的な理念」としての民族主義こそは、「開かれたナショナリズム」というべきもののように思われる。彼は民族主義と社会主義の調和を目指してもいたが、あくまでも民本主義の思想的系譜の上に国家主義を拒否しようとしたことが確認されなければならない。

4 理想の民族国家——金九

大同社会の理想を掲げつつ現実の国家建設も行おうとしたのは、安在鴻の思想的特徴であると同時に、植民地期知識人の責任ある姿であったとするなら、そうした人士は他にも当然探し求めることができる。国内で活躍した安在鴻に対して国外の中国で活躍した金九《キムグ》にもまた、そうした思想的特徴が認められる。金九はわずか一八歳で甲午農民戦争に参加してより、その生涯を民族運動にささげた人物である。三・一運動以降は大韓民国臨時政府の要職を歴任し、解放後は「反共・反信託統治」と「統一・自主独立」を掲げ、左右合作運動に理解を示しつつ南北協商運動に尽力した。その結果、一九四九年六月李承晩が放った刺客に暗殺されることになったが、その活動は独立運動史のなかに燦然と輝いている。

彼の思想は、自叙伝『白凡逸志』（一九四七年初版、日本語訳梶村秀樹、平凡社、一九七三年）に収められている「私の念願」において知ることができる。これは解放直後に書かれたものだが、この中で次のように述べていることに彼の民族主義者としての立場は面目躍如としている。

私は、孔子、釈迦、イエスの道を学んだことがあり、かれらを聖人として崇拝はする。だが、たとえかりに、かれらが力を合わせて建設した天国、極楽があったとしても、それがわが民族が建設した国でないかぎり、わたしは、わが民族を導いてその中に入って行きはしないだろう。なぜならば、血と歴史を同じくする民族というものは、それ自体完全な存在であり、自分の身体を他人の身体と取り替えることができないのと同様に、一つの民族が他の民族になりかわることは、できないことだからである。

今日から見れば、「想像の共同体」（ベネディクト・アンダーソン）にとりつかれた者の、民族至上主義の発露と見て取ることもできよう。事実金九は、「血を分かち合った民族のみは、永遠に盛衰興亡の運命をともにする因縁によって結ばれた一体として、この地上に存在するのである」とも述べてもいる。しかし、金九は続けて、「世界の人類が、おれの物、おまえの物という区別もない一家となって暮らすことは、よいことであり、人類の望みうる最高であり、最終的に目指す希望であり、理想である。しかし、これは遠い遠い将来にこそ望むべきことであり、現実ではない」とも述べており、大同社会の理想を語りつつ、ただ現実においてはそれがいまだ実践段階に至っていないことを直視している。そして、「現実のなかでの真理は、各民族がそれぞれ最善の国家を形成し、最善の文化を生み育て、他の民族と相互に有無相通じ、助け合うことにある」と説くのを見るとき、彼のナショナリズムもまた「開かれた」

ものであることが分かる。彼は現実の世界において、なお「人類の文化が不完全」であり、国内的にはさまざまな不平等・不条理があり、国際的にも国家間・民族間の闘争が激しく展開され、大小の戦争が絶えることなく、「人心の不安と道徳の堕落はますます深まっている」という認識を示している。このことを前提に「新たな生活原理の発見と実践」の必要性を訴え、その課題を担うことこそが朝鮮民族の「天職」であると言うのである。

では、その「天職」はどのような国家建設を目指すことによって可能になるのであろうか。金九は、大きく三つの目標を掲げる。第一には、「世界でもっとも美しい国となること」であるが、それは「富強な国となることを願うものではない」と言う。富は生活を豊かにするに足れば十分であり、力は他国の侵略を防ぐに足れば十分である。侵略を被った民族なのだから、他国を侵略することなど決してあってはならない。ここには、伝統的な「自強」思想が見事に継承されており、まさしく小国主義の発露であると評価することができる。

第二には、「かぎりなく多く持ちたいものは、高い文化の力である」と言い、その小国主義は物質文明至上主義的な近代文明へのアンチ・テーゼとしても主張されている。現在人類に不足しているのは、武力でも経済力でも自然科学でもない。自然科学は現在の水準で十分である。それに代わって必要なものは、「仁義」「慈悲」「愛」などであり、「愛の文化、平和の文化」を築かなければならないと言う。金九は、近代文明を全面的に否定しているわけではない。西欧近代が創り出した民主主義の原理を彼は絶対的に支持している。ただ、西欧近代のもう一面としてある生産力至上主義ないし物質万能主義的な価値は、彼にとって止揚の対象であった。それゆえ、そうした文化国家の建設は、いたずらに模倣によって達成されることはない。「わが民族の智恵と精神力と過去における鍛錬の蓄積」によって、内在的模索の末に可能となるのである。ここにはあまりに自尊に過ぎる民族の使命が吐露されているようだが、しかしこれは本来、被抑圧民族全体に共有されるべきものとして語られていると見るべきものであろう。

最後に第三には、最高文化の建設のために「すべての者が聖人であるような状態を作り出さなければならない」という目標が設定されている。これは一見、陽明学的な言説のように聞こえるが、陽明学がほとんど問題にされなかった朝鮮では、実学とその開化思想への転回のうちに全人民の総「士」化の可能性が模索された（前掲拙稿「朝鮮における実学から開化への思想的転回」）。また東学も本来、君子化の全面開放を訴える民衆宗教であった（拙著『異端の民衆反乱』岩波書店、一九九八年）。金九の総「聖人」化の理想もこうした思想伝統のうえに構想されたものであることは間違いない。

金九は反共を掲げたがゆえに右翼民族運動家とされているが、彼が共産主義に反対した理由は、それが独裁を志向する思想・体制であるという認識の一点にかかっていた。大同社会の理想や小国主義を説く点で彼の思想は、一般にイメージされる右翼とはまるで違っている。姜萬吉が明らかにしたところによれば、左右合作運動に関わった人士らの思想は、社会民主主義的方向を目指すものであった（水野直樹訳『韓国民族運動史論』お茶の水書房、一九八五年）。南北協商運動を展開してそれに呼応した金九の思想もまたそうである。いやそれどころか、それ以上に人類平等の急進的な理想社会を追求しようとした思想家として評価することが可能なように思われる。

おわりに

以上のように朝鮮では、小国思想は近代初頭より太い幹として一貫して存在し続けた。それは儒教的伝統思想に裏打ちされた思想潮流としてあり、単に弱国・小国としての自国認識を前提としてのみ発現されたものではない。確かにそれは、韓国併合によって「未発の契機」として終わり、朝鮮には悲劇がもたらされた。しかし、植民地という現実を経て、それはより一層鍛えられ、確信的に語られるに至るのである。小国思想の具体的内容は当然に問われなければならないが、より問われるべきは、アジアにおいて小国思想を「未発の契機」に封印してしまった近代という時代の在り方であろう。

「新しい歴史教科書をつくる会」の教科書（『市販本　新しい歴史教科書』扶桑社、二〇〇一年）は、「日本の近代社会は明治維新をへて革命的な変化を遂げた」とし、「日本は第一次世界大戦によって日清・日露に続く第三の成功をおさめた」と記述している。ここでは、日本が大国化する起点となった明治維新の問題性がなんら問われることなく、日本の大国化は無邪気に「成功」とされるのである。あえて大国を目指さず、むしろ小国であることによって、民衆の生活を豊かにし、また「狂気の近代」に警鐘を鳴らそうとした思想的営為は、全く顧みられることはない。「成功」の基準とは一体何なのであろうか。国際社会が協調に向かわざるを得ない現代という時代にあって、小国思想が持つ歴史的意味は大きい。

植民地を経験した韓国・北朝鮮では、一般に近代史は失敗の歴史であるとされている。もちろん「成功」したなどとは当然言えるものではない。しかし、近代に敗北してもなお、先人たちが少なくとも解放直後まで小国思想を持ち続けてきたことの歴史的意味が真摯に顧みられなければならない。北朝鮮では明治維新に範をとった近代化を構想した金玉均への評価が高いが、その一方的な事大主義批判と相俟って、その近代主義的な歴史認識には問題がある。金玉均への関心は韓国でも高いが、韓国の場合は一九六〇年代にベトナム派兵を行って高度成長の契機の一つとし、現在では経済大国化を目指している。断固として侵略行為を否定し、生産力至上主義・物質万能主義を批判した金九は、韓国で最も尊敬を集め、人気が高い歴史上の人物の一人である。彼が生きているとしたら、こうした現代史や今日の状況をどのようにみるであろうか。小国でありながらも、文化面では大国を目指すというのが、彼の理想とするところであった。近代史のオルターナティブにおいて、あえて小国の道を選ぼうとした朝鮮近代の思想的営為は、日本に対してのみならず、当然に現在の韓国・北朝鮮にも重い問いを投げかけている。

【初出】菅原憲一・安田浩編『国境を貫く歴史認識』（青木書店、二〇〇二年）。のち韓国にて『녹색평론』（제一四六호、二〇一六年）に翻訳掲載される。

六　近代朝鮮の民国思想

はじめに

朱子学革命によって成立した朝鮮は、不断に儒教化を推し進めるとともに、数々の政争を乗り越え、英祖《ヨンジョ》（在位一七二四～一七七六）・正祖《チョンジョ》（在位一七七六～一八〇〇）代になってようやく一君万民政治を現実のものにしようとした。李泰鎮によれば、朝鮮初期には君・国・民は別個のものとして考えられていたが、英祖・正祖代とりわけ後者の時代になると、君と国は一体化し、「民国」という場合、君民一体の国体であることが含意され、民と君が国家の主人であるという認識が生まれるようになったという。そして、のちに高宗《コジョン》（在位一八六三～一九〇七）は開明啓蒙君主として「民国」理念を継承していくことになるとする［李泰鎮　二〇〇〇a・二〇〇〇b・二〇〇八、李泰鎮　二〇一二］。また黄台淵は、このような李泰鎮の議論を発展させ、「民国」の意味は本来並列合成語として「民と国」と理解されていたのが、君民一体となることによって「民の国」という従属合成語に変じていったとし、それは「始原的国民国家」として評されるべき国家であったとする［황태연　二〇一六b］。早くも一八世紀後半には、国民国

家の原型が誕生していたというわけである。黄はさらに、高宗時代には「民国」という語が氾濫し、大韓帝国期には一部ではすでに「大韓民国」という語さえ非公式に使用されており、大韓民国臨時政府がその国号を採用したのも民国理念を継承したものに過ぎず、辛亥革命によって成立した中華民国を模倣したものなどではなかったことを明らかにしている［황태연 二〇一六a］。

朝鮮における近代国家が内在的な歴史的文脈から誕生すると捉えている点で、注目すべき見解である。しかし、国民国家という、本来西欧起源の近代国家が朝鮮史固有の文脈から出現するというのは、あり得ることなのだろうか。国民国家というのは、何よりも厳格な個人把握に基づく規律権力による集権的支配を特徴とする。儒教的民本主義が民国理念に結実し、国民国家創設に際しての受皿になるという認識しか導き出せないのではないであろうか。そして、むしろそのことこそが大変重要な問題を投げかけているのだと思われる。規律主義と民本主義というのは、本来ベクトルが違う。民本主義が民国理念を生み出したとするなら、それは西欧的な国民国家とは性格が異なる国家構想を持ったはずである。また、そこにこそ朝鮮近代固有の国家観をめぐる葛藤があったのではないであろうか。

そこで本稿では、近代朝鮮における代表的な国民国家構想を取り上げ、国民国家の朝鮮的な解釈や、それにまつわる葛藤について論じてみようと思う。取り上げるのは、開国期・保護国期・植民地期をそれぞれ代表する朴泳孝《パクヨンヒョ》「建白書」、申采浩《シンチェホ》「二十世紀新国民」、趙素昂《チョソアン》「大韓民国建国綱領」の三文書である。これらは体系的かつ綱領的に国民国家のあり方について論じており、筆者は近代朝鮮の三大国民国家構想として評価するに値するものだと考えている。紙幅の関係上、それぞれについて過不足ない全面的な考察はできないが、要点的な議論と特徴、継承性などを検討し、三者の議論を段階的に跡づけてみたい[*1]。

1　朴泳孝の民国思想

朴泳孝（一八六一～一九三九）の「建白書」は一八八八年に国王高宗への上疏文として書かれ、『日本外交文書』第二一巻（二九二～三一一頁）に「朝鮮国内政ニ関スル朴泳孝建白書」と題して全文が載せられている。[*2] 甲申政変失敗後の日本亡命時の文書であるが、いわゆる急進開化派の思想を知るうえで格好の史料となっている。朝鮮における国民国家構想の先駆と言うことができる。甲申政変は日本の明治維新に範をとろうとした政変であったために、この建白書にも日本をモデルとした国民国家構想が述べられていると考えるのが普通である。現にその序文では、日本は開明の道に就いて文芸を修め武備を行い、「富強」の国とほとんど同列に馳せているのに対して、朝鮮はなお蒙昧の中にあって世界から「侮辱」を受けているとしている。朴は甲申政変以前すでに、漢城府判尹として明治維新に倣い厳格な道路管理・整備や警察行政を行おうとした結果、民衆の不人気を招いて左遷されている［伊藤俊介　二〇一五、及び本書論文］。しかし果たして、朴の国民国家構想は単に日本追従的なものであったと理解するのは妥当であろうか。

「建白書」に関する研究は多くあるが、青木功一の研究が先駆にして今なお重要なものである［青木功一　一九六九・一九七六・一九七七］。青木は、「建白書」は福沢諭吉の影響を多く受けながらも、むしろ儒教を最大限拡大解釈するなかで西欧思想を受容したことを、そこに引用されている四書五経などの古典を逐一確認しながら丹念に実証した。だが同時に、「その儒教思想としての枠組みが、完全な摂取の妨げになった」とし、近代思想受容の不徹底性を指摘している。これはやはり西欧中心的な見方であり、近代思想受容の速度が日本に及ばないという結論しか導けなくなってしまう。

儒教が近代思想の完全な受容を妨げたという近代主義的な議論は、今日ではむしろ逆にポジティブに認識されている。代表的な研究としては朴忠錫の研究がある［朴忠錫　二〇〇六］。彼は実学思想を朱子学のアンチテーゼと見て、開化思想は民を統治の対象ではなく文明開化を通じた富国強兵の主体と捉えたとし、その代表的著作として「建白書」を取り上げた。伝統的儒教の民本主義では「教化」が目的で「保民」が手段であったが、朴泳孝にあってはそれを逆転させ、目的化された「保民」の延長として富国強兵が導き出されるに至ったと言うのである。本来、民本主義と富国強兵は相容れるものではないのだから、これは伝統的な民本主義が克服されたという結論になる。しかし果たして、「建白書」に文字通りの富国強兵思想を見出すことができるのであろうか。「富強」という字面だけにとらわれてはならない。また民国思想にあっては、「教化」も「保民」も民国の目的であり、逆転するという現象も起こりようがないというのが、筆者の認識である。

こうした中、宮嶋博史はつとに西欧近代思想を相対化するという観点から、「建白書」には伝統儒教に基づく朝鮮的思惟があるとし、そこに「開化思想の西欧や日本とは異なる近代的展開の可能性」を探ろうとした［宮嶋博史　一九八四］。宮嶋は「建白書」についてはさほど多くを語っていないが、近年では「儒教的近代」を見出す作業を行うに至っている［宮嶋博史　二〇一〇］。「儒教的近代」という概念が成立しうるのかについては、筆者は懐疑的だが、西欧や日本の近代を相対化するという思想史研究は、筆者もかねて提唱してきたところであり、宮嶋の「建白書」の読み方には共感するところがある。「建白書」における儒教的思惟の近代朝鮮的特質については、のちに金顯哲も注目するようになっている［金顯哲　一九九七］。ここではこうした観点を共有する立場から、「建白書」における、とりわけ朱子学的思惟や民本主義的言説のあり方について論じてみたい。

「建白書」は序文と八条目から成り、①世界情勢（宇内之形勢――原文、以下同じ）、②法律（興法紀安民国）、③経済（経済以潤民国）、④厚生（養生以健殖人民）、⑤軍事（治武備保民護国）、⑥文教（教民才徳文藝以治本）、⑦

政治（正政治使民国有定）、⑧人権（使民得当分之自由以養元気）について論じている。それぞれの内容は詳細だが、すでに述べたように紙幅の関係上、特徴的な点についてのみ考察し、また④と⑥については論じない。

まず序文だが、朴泳孝は、「一国の慶とは何でありましょうか。国治まって富強、民信じて安楽、教化つねに新たにして、上下塞がらずに、人々が各々なすべきことを得て、一年二年と天地と福をともにすることであります」と言っている点が注目される。「富強」が民安や教化、君民一体などとセットになって論じられている。「富強」は民衆生活の犠牲の上に成り立つものではない。朴忠錫の議論はまずもって序文からつまずくしかない。朴泳孝がいう「富強」が、明治維新的な富国強兵の影響を受けているのは明白だが、しかしその意味合いはかなり違う。近代朝鮮では、「富強」より「自強」を語るのが一般的であった。「自強」とは、民本を基礎に置いて内政と教化の充実を図ることである。それがよくなされれば侵略を防ぐことができ、軍事力増強の道は民本主義に反するものであり、軍事力は国を防御するに足る最小限度のものでよいとされた。こうした考えは朴の師である朴珪寿《パクキュス》の思想にすでに明確に表れており、開化派の一般的な考えにも継承された。いわば「自強」は王道論として理解され、覇道論的な富国強兵とは本来区別されていた。日本の影響で富国強兵が流布されるようになりはするが、しかし「富強」に含意される内容は「自強」であり、そこには朱子学的な民本主義の論理が強く作用していた［趙景達　一九九五・二〇一〇a］。「建白書」では「自強」ではなく、「富強」が一貫して使われているが、やはりそれは日本的な富国強兵とは違っており、「自強」と解されるべきである。そのことは③経済と⑤軍事において明らかになる。

本文に移ってまず①世界情勢だが、当時の世界を戦国争雄的な弱肉強食時代と捉えている。こうした認識は当時にあってはごく普通だが、注目すべきはイギリスのインド支配を文明的であると認めてしまっている点である。すなわち、「インドはアジアにおいて盛大な国でありますが、内乱によって備えがなくなり、イギリスに支配されるようになったところ、その人民はイギリス政府の命を楽しんで受け入れるようになりました。自ら政府を建てようとしないのは他でもありません。イギリスの法律が寛であって政治が正であり、人々は各々その生を安んじているがゆえに、イギリス政府から離れ、再び苛政に陥るのを恐れているからです」と述べている。これは、福沢諭吉『西洋事情』外編巻之二「人民の各国に分る、ことを論ず」に出てくる一節とほとんど変わらない。しかし、これは一八六八年に書かれたものであって、朴が出会った頃の福沢は、『通俗国権論』（一八七八年）や『時事小言』（一八八一年）において国際社会における「道理」の支配を否定し、「権道」主義を唱えるに至っていた。朴は明らかに福沢の過去から学んだのであって、転向した福沢の考えは受け入れなかった。オプティミスティックな朱子学的思惟から容易に抜け出せない、朴における朝鮮的な思惟のあり方が逆に端的に読み取れる。

こうした朱子学的オプティミズムは、②法律で明確になる。朴は、行刑・行罰・行法は仁義信をもって行われ、恩威並行しなければならないとしつつ、中でも信を最も重視する。「およそ治国立法の要は信をもって重となすがゆえに、信は天下の至宝であります。臣が聞くところによりますれば、「法は俗に順ってこれを治めるを貴しとする」といいます。なれば、旧章に従って漸次良道に就き、にわかに変じて擾乱を惹起してはなりません」というわけである。法治第一主義が排され、教化＝漸進主義が標榜されている。この部分は『西洋事情』外編巻之二「国法及び風俗」に基づいているが、しかし福沢は、「およそ治国立法の要は信をもって重となすがゆえに、信は天下の至宝であります」などとは述べていない。信を重視する朱子学的思惟の所在は明らかである。朴は現実的には、先に述べたように急進的な漢城府改革を行おうとして民心を失い、またのちの甲午改革でも日本と協力して日本モデルの警察行政を行おうとした［伊藤俊介　二〇一〇］。言行不一致の嫌いを免れないが、少なくとも彼の理想のうえでは、明治維新的な急進的法整備は躊躇され、伝統的な教化主義を否定することができなかった。そこには理想と現実の齟齬があった。

朱子学的な思惟は、③経済になるとよりくっきりと浮かび上がってくる。本条では、資本主義近代化について論じているのだが、宮嶋博史が指摘したように、朴は経済を政治や道徳と厳密に分別できないでいる。確かに朴は、資本主義の前提になる私欲を肯定するところから議論を進めている。「およそ人の重んずるのは衣食住の三事をもって大となし、財を増して富を得て、需用を充たして歓楽をなそうとしない者はおりません」として私欲は当然視されている。これも『西洋事情』外編からの引用で、巻之三「経済の総論」に出てくるが、周知のように伝統的な朱子学にあっては、「天理と人欲の戦い」が説かれるがゆえに、理念のうえでは私欲を肯定することは難しかった。そのためには古典の読み替えが必要であり、穏健開化派の金允植《キムユンシク》などは『論語』を近代的に読み替え、孔子さえ富を欲したと解釈しようとした［趙景達　二〇〇八］。朴にそのような古典の読み替えがあったかどうかは確認できないが、いずれにせよ私欲を認めた。しかし、国家論において朴はどこまでも道徳的、民本主義的であった。[補注1]「徳は本なり。財は末なり。本を外にして末を内にすれば、民を争わして奪うことを施す。これゆえに財聚まればすなわち民散じ、財散ずれば民聚まる」という『大学』の一節を引いて、「一国の富を得る本は民を保って財を聚めないことです」と言う。そして、「法令が苛酷で民の通義（権利）を害し、防御に失敗して国に恥辱をもたらし、義なき軍《いくさ》を起こして百姓を困窮させ、にわかに疫病が流行して四方に伝染し、教育に意なくして人民が固陋となり、四窮を顧みずに丘壑に捨て、無用な官に禄を与えて無功な人を賞し、無益な土木を行って公財を費やすなどは、民の財を盗んで民の力を尽きさせることであり、そうであっては政府と言うことができません」と続ける。これは規律権力への警鐘であると同時に、小さな政府構想[*3]であり、明らかに富国強兵政策の否定である。また、まさしく経済は政治と道徳の連続の上に認識されており、三位一体である。ここには単に民本主義というばかりではなく、伝統的な朝鮮の小国主義が貫徹している［趙景達　二〇一〇a］。

その小国主義は、⑤軍事によく表れている。ここでは武備を論ずるはずであるのに、そのほとんどは、仁義による軍の規律化とか、将兵の気力統一などの精神論に終始している。本文のあとに軍備の具体策が箇条書きされてはいるが、この条の主眼は軍隊の士気をいかに高めるかにあると言ってよい。そして、その中で注目すべきは「愛国」の論じ方である。朴は、「そもそも人に恥る気持ちがあって、それが大であるならば戦うに足り、小であれば守るに足ります。それゆえ、民が己を愛して恥を知ることを押し広げ、国を愛することに及んでいけば、身を保って国を護ることができます」と言っている。「愛己」は「愛国」の前提になっており、国家主義とは一線を画している。朱子学における修己治人的な何事も己から始まるという発想があるのだと言えよう。またこれは、「建白書」の二年後に発布された日本の教育勅語とはまるで違う論理である。周知のように教育勅語では、「一旦緩急アレハ義勇公ニ奉シ以テ天壌無窮ノ皇運ヲ扶翼スヘシ」とあり、国体に対する奉公は無条件的なものであり、己は無私なることによって国体に殉じることが宿命づけられている。朴の軍事論は日本的な富国強兵とはまるで違うものであって、大国志向は前提とされていない。朴は、「数万を養兵すれば、しばらくは邦内を鎮めるに足りる」として、軍隊は対外的な存在というよりは、反乱への備えのような対内的位置づけであり、警察とも未分離のようである。しかも徴兵構想はなんら示されていない。近代朝鮮では大韓帝国に至るまで徴兵制度が施行されることはなかった。朝鮮では軍事増強に関わる思想は、例外的に李珥《イイ》の養兵一〇万論に見られるが、しかしそれは武器消耗論の立場に立ち、過度な軍事力の常備を戒めるものであった［藤間生大　一九七七］。小国主義では士気充実した少数精鋭の軍隊育成が軍事思想の基本であり、朴の議論はこれを明らかに踏襲している。

朴における民本主義と小国主義の所在は明白である。彼はこのような議論の上に、⑦政治では「政府の職分は、穏やかに国民を治めて束縛せず、国法を固守して任意にさせず、外国との交際を保って信義を重んじ、民の生を養って廉節を守り栄辱を知らしめ、民に文徳と才芸を教えて窮理と発明の路を開くことです」（傍点引用者、以下同じ）と述べる。これは、『西洋事情』外編巻之二「政府の職分」の冒頭部分に「政府の職分は、国民を穏やかに治め、国法を固く守り、外国の交際を保つの三箇条を以てその大綱領となす」とあるのと重なっているところがあるが、『西洋事情』では「外国の交際を保つ」とは言っても、「信義を重んじ」とは言っていない。また、朴にとって政府の職分は、

「養民」＝「保民」と「教民」＝「教化」を目的とするものでなければならなかった。

では、国王の権力はどのようにあらねばならないか。朴は、「万機を親裁してはならず、各々はこれをその官に任せる」として、一君万民を排している。一君万民思想は当時にあっては一般的であり、穏健開化派も共有していたし、民衆世界もそうであった。のちに高宗は、甲午農民戦争や独立協会運動における下からの一君万民の要望を梃子にして、大韓帝国の創設と自らの皇帝即位を実現していく〔趙景達　二〇一〇b〕。こうした中にあって朴は「君民共治」を説くのだが、これは実質がともなわないものであるにせよ、理念的には一君万民を説く明治政府の方向性とも違っている。しかしそれは、朴なりの民本主義に基づく理念であった。朴は、「君賢く吏良にして、偏するなく党するなく、民を愛すること己のごとく、民を教すること子のごとくすれば、民国は安んじます」と述べ、「愛民」という民本の論理を忘れない。そして「君民共治」の立場から、かつての「朋党」とは違う「忠国の党」たる「政党」を認めるべきだと言うのである。

もっとも「君民共治」といいながら、その実質は「君臣共治」である。この段階、立憲君主制はいまだ朴の主張するところとなってはいない。彼は県会について論じても国会については論じない。また、その議員の選出方法も選挙が念頭にあるわけではなく、「県宰」や「司訟の官」などは人望によって登用されるべきものとしている。政治と道徳の未分離な徳治主義に基づく伝統的な人材観である。しかもそれは、「公卿大夫に治務させ、小吏を任じてはならない」として閉鎖的である。自らが哲宗《チョルジョン》の婿という公卿の立場にあったことから、朴は民の政治参加は容易に認めることができなかったものと思われる。しかしこれもまた、民本主義そのものであって、なんら矛盾するものではない。民本主義においては愚民観が前提にされており、民は政治の享受主体ではあっても、政治主体はあくまでも士大夫層であった。日本では翌年に憲法公布を控えていたにもかかわらず、立憲政治や議会政治は朴の政治思想からなお排除されていた。

ところが、民の自由を説く点において「建白書」は執拗である。⑦でも「およそ自由の権があってこそ君権が定まり、民国は永安する」と述べているが、⑧人権では冒頭に、「通義（権利）というのは人が自ら生命を保ち、自由を求め、幸福を願うことである」と述べ、天賦人権や四民平等も主張している。実のところ、⑧もまた福沢の受け売り的な性格が強い。「士たらんと欲する者は士となり、農たらんと欲する者は農となり、工たらんと欲する者は工となり、商たらんと欲する者は商となり、少しも区別はありません」というのは『西洋事情』初編巻之一「備考」〈政治〉にほぼそのまま出てくる。しかし本来、四民平等思想は朝鮮では朱子学の体内から自己形成されていったものである。このことは本書序論においても言及した。朴の師朴珪寿は「孝悌忠順」の徳を読書人＝士のみに限定せず、農工商にも「孝悌忠順」の徳の所有を認めることによって、四民平等思想に内在的に到達していた［趙景達 一九九五］。民衆宗教の東学もそうである。むしろ福沢の方が、西欧思想の受け売りとして『学問のすゝめ』初編冒頭に「天は人の上に人を造らず、人の下に人を造らずと云へり」と伝聞として書かざるを得なかったことを指摘しておきたい。

以上、「建白書」は伝統的な民本主義がベースとなっており、それが克服されたなどとは到底言えず、小国主義の輪郭が明確に表れている。そこに出てくる「富強」は文字通りの富国強兵とは違い、「自強」と読み替えるべきである。また、「建白書」では「民国」も多用されているのだが、これも「民と国」ではなく、「民の国」と理解されている可能性が大きい。③には、「民国の富強は人々の大いに欲するところです」とあるのだが、これは文字通り「民の国の富強」であろう。月脚達彦は「民と国の富強」と翻訳しているが、一考を要する。一般に「民富」とはいうが、「民強」とはいわない。ただし、「民の国」を標榜していたとはいえ、「君民共治」を拒否するような朴の民国論は、国民国家構想としてはなお未熟である。黄台淵がいう「始原的国民国家」とは、「建白書」により相応しい。（補注2）

2　申采浩の民国思想

一九〇五年、保護条約が結ばれると国権回復運動が起き、近代的知識人の間では首都漢城を中心に愛国啓蒙運動が巻き起こる。この民族運動は、国権回復のための実力を養成しようとする自強運動であった。しかしその大勢は、なおオプティミスティックな朱子学的思惟を随伴させ、いまだ帝国主義への甘い認識から自由ではなかった。すなわち、社会進化論が中国の厳復や梁啓超、あるいは日本を通じて受け入れられ、愛国啓蒙運動家は「弱肉強食」「生存競争」「適者生存」「優勝劣敗」などの苛酷な現実を認識してはいたが、実は彼らの多くは、一方で社会進化論が文明の進歩を説くことにも大きな関心を示していたのである。そこには「万国公法」はおろか、朝鮮が「富強」になった暁には朝鮮を独立国に戻すとした伊藤博文の老獪な言説への期待さえあった。その結果、「親日主義」の立場から日本を盟主とする「東洋主義」＝アジア主義を標榜し、対日妥協的な同盟論・保護論・合邦論などが台頭するに至る。これはまさに、日本帝国主義批判の論理が欠如した思想であった〔趙景達　一九八九〕。

こうした中、このような「東洋主義」を断固批判し、国家主義と国粋主義を至上化することによって、世界列強に伍する国民国家の建設を構想したのが申采浩（一八八〇〜一九三六）であり、その構想の概要を述べた論説が「二十世紀新国民」である。彼は当時の最高学府であった成均館に入学し、成均館博士の称号も得たが、官界には進まずに言論界に入り、『皇城新聞』や『大韓毎日申報』の論説委員、主筆となった。彼は本来朱子学を信奉しながらも、あえて政治と道徳を連続視する伝統的思惟の立場を捨てて、現実世界を徹底した弱肉強食社会と見た。

「二十世紀新国民」は一九一〇年二月二二日〜三月三日に『大韓毎日申報』に連載された論説である。申采浩はこの論説発表直後の翌四月に中国を経てウラジオストクに亡命した。その内容は端的にいって、国家競争がかつてないほどに熾烈に行われる帝国主義の時代にあっては、国民全体が勝者とならなければならず、そのためには朝鮮人は事大主義を放棄して「新国民」となり、「国民国家」を作って「全国民による競争」に打ち勝たなければならないというものである。しかし同時に、世界は民族主義と自由主義の時代ともなっているから、文明の革新を起こして衰退した韓国の地位を引き上げようとする覚悟を持たなければならない。そして、そのために必要な施策は次の六点であるとする。

①まずもって国民の道徳を高めることが重要だが、それには平等主義・自由主義・正義観念・毅勇精神・公共観念の五点を培うことが必須となる。②しかし、現実世界は「軍国世界」なのだから、精神的にも物質的にも軍事武装化に励まなければならない。③また、現実世界は「経済奮闘の世界」であるから、勤勉と進取の精神をもって商工業の発展に努め、国民経済を創出しなければならない。④政治的には、朝鮮人は清国人のようには政治能力が劣っていないから、「独立的国民の天能」を伸ばし、「立憲的国民の資格」を備えるようにしなければならない。⑤そのためには、国家精神・民族主義・文明主義はもちろんだが、尚武教育を重視した義務教育を行わなければならない。⑥そして最後に宗教問題を論じ、朝鮮人は「宗教の奴隷」になってはならず、今日韓国で勢力を持っている儒教とキリスト教などは、「国民的宗教」として育成していかなければならない。

以上が「二十世紀新国民」の概要である。一見して気づくのは、分量ははるかに少ないのだが、梁啓超の『新民説』（初出『新民叢報』一～七二号、一九〇二～一九〇六年、のち一九〇七年刊行）と酷似している点である。つとに明らかにされているように、国家主義を力説した梁啓超は当時韓国で絶大な影響力を誇っていた〔申一澈　一九八一、佐々充昭　二〇〇二〕。わけても『新民説』は強い影響を与え、『大韓毎日申報』などはそれに影響された論説をいくつも載せているし、秘密結社の新民会もその影響下に作られた〔李光麟　一九七九〕。「二十世紀新国民」が『新民説』の強い影響で書かれたことも、すでに明らかにされている〔崔洪奎　一九八三〕。だとすれば、この論説をここで取り上げる意味も相当に減殺されるであろう。

しかも、「二十世紀新国民」の議論が梁啓超に引きずられすぎだということをもって、これは申采浩の著作ではないということができるかも知れない。この論説は従来から申采浩の著作だとされてはきたが、実は無署名である。最新の『丹齋申采浩全集』（独立記念館韓国独立運動史研究所、二〇〇八年）では、所収論説を、「記名」＝申采浩の署名入りのもの、「確定」＝署名はないが申が書いたものであることが確実なもの、「推定」＝確実とまでは言えないがそのように推測されるものの三つに分類し、「二十世紀新国民」を慎重に「推定」として第六巻（四六一～四七〇頁）に収めている。なるほど、申采浩は国粋主義者であるにもかかわらず、「二十世紀新国民」は国家主義的ではあるが、実は国粋についてはなんら語っていない。梁啓超は「中国魂」について語りはしたが、『新民説』では国粋を語らなかっただけでなく、そもそも彼は唯我独尊的な国粋主義を提唱しなかった［王青　二〇〇九］。「二十世紀新国民」で申が国粋を語らなかったのは、果たして訝しいことである。また、本来の申は西欧に対して理念型的には論じていないが、『新民説』は理想主義的に語っている嫌いがあり、「二十世紀新国民」でもやや理想化している。

しかし、申は『大韓毎日申報』の主筆を務めていた以上、たとえ彼の執筆になるものではなかったとしても、申の許諾のもとに載せられたものであることは間違いなく、彼の考えが反映されていることを否定することはできない。この論説で国粋主義が論じられていないのは、おそらく国民国家の普遍的なあり方を啓蒙しようとするところに主眼があったためではないかと推測される。そして実は、この論説は重要な点で『新民説』の議論を全面的に採用せず、申采浩的な議論を展開している。筆者がこの論説を近代朝鮮の三大国民国家構想の一つとするゆえんは、まさにそこにある。ここでこの論説を取り上げる意味は、減殺されるどころか、むしろ大いにあるというべきであり、また梁啓超との比較において申采浩思想の独自性を明らかにしうる点からも、この論説は重要である。では、両者の違いは何か。筆者は大きく三つの問題において、両者には大きな違いがあると考えている。

まず第一は、国民と政体をめぐる問題である。申は自由なる新民＝国民を創出することに同意したが、その前提は違っていた。梁は、「四民平等問題は中国に存在しない。我々は戦国以来、卿大夫の世襲制度を廃止し、階級の陋習は早くに消滅していた」（高島航訳注『新民説』平凡社、二〇一四年、一四八頁）[*4]と述べており、中国には基本的に身分階級問題は存在しないという立場であった。それに対して申は、朝鮮には本来氏族・官民・嫡庶の差別があり、それは甲午改革で廃止されたものの、まだその残滓があるという立場である。従って、国民の自由について論じる場合、申は平等主義的自由を強調することになる。このことについては、すでに禹男淑が指摘するところである［우남숙 二〇〇七］。

これと関連して、梁は天賦人権論ではなく、社会進化論の立場から権利の獲得を説明したが、申は天賦人権論に比重を置いて説明している点が重要である。梁は、「権利はどこから生じるのか。強さから生じる」（一一四頁）とか「権利の強弱は、まさにその人の品格に関係する」（一一六頁）とか、あるいは「権利の競争はやむことがない」（一一七頁）などと述べているが、これは加藤弘之の『強者の権利の競争』（一八九三年）に依拠したものである。周知のように加藤は、自由民権運動に対抗するため天賦人権論を放棄して社会進化論に帰依することによって、権利なるものは強者の権利として誕生するものであることを説いた。最初これを『人権新説』（一八八二年）で述べ、のちに『強者の権利の競争』で詳論し、「凡ソ吾人ノ権利自由ハ独リ強者ノ権利ノ競争ニヨリテ進歩発達スルコトヲ得タリ」と簡明に述べた（日本評論社、再版一九四二年、一四〇頁）。これは国家論的には強権国家を正当化することになる。だが、申はこうした権利の後天獲得説を拒否する。すなわち、「人類はかの創造説のように上帝が創造したのであれ、またかの進化説のように自然に進化したのであれ、人類は平等であり、ならば強者も人、弱者も人、富者も人、貧者も人、王侯・将相・英雄・聖人も人、樵夫・牧童・愚夫・愚婦も人である」と言うのだが、これは権利の起源について、天賦人権論か社会進化論かの判断を留保しているかに見えて、その実は本来主義的な権利論であり、天賦人権論に依拠しているのだと言わざるを得ない。申は、現在の西洋では「孔孟の輔世長民主義が実行され、ルソーの平等自由精神が成功している」とも述べている。儒教的民本主義が天賦人権論を受容する重要な受け皿になっているのである。

こうした違いは、すぐにも望まれる政体は何かという点にも自然に及んでいく。梁は『新民説』では政体についてほとんど論じていないが、一九〇三年の米国訪問で華僑社会の分裂ぶりを見て以降その政治姿勢を後退させ、共和にも立憲にも疑問を持ち「開明専制論」を主張するようになるのは周知の事実である。[*5] しかし申は、「国民的国家ではない国（立憲国でなく、一、二人が専制する国――原注）と世界の大勢に逆らう国は必ず亡びる」とし、梁の見解には与しない。そこには確固たる民国理念があったものと思われる。彼は別のところで「君は君主で、社稷は皇室で、民は国家である」（「論忠臣」『大韓毎日申報』一九〇九年八月一三日、前掲『全集』第六巻、三六五頁）と述べている。「二十世紀新国民」でも「民国」という用語を使っているが、その意味が「民の国」であることは間違いない。[補注3]

以上のことからすると、申の国家主義は梁より弱かったように見える。だが、そう単純ではない。国民と政体をめぐる認識の違いは、第二の問題として公徳と私徳の認識の違いにも連動するのだが、両者においては、国家的人間になるべき民衆への信頼度が違っていた。梁が『新民説』で最も言いたいことは、「新民」になるための「道徳革命」を起こさなければならないということである。梁は、当時の中国人の道徳であっては新国家を樹立することは到底できないと考えた。早くも一九〇一年の「中国積弱遡源論」では、「わが国が病を得たのは、政府と人民の双方に罪があるのだ」（村田雄二郎編『新編原典中国近代思想史』2、岩波書店、二四九頁）としながら、中国人一般固有の道徳を問題とした。すなわち、国家観念の希薄性を始め奴性・愚昧・利己心・虚偽・懦弱などである。こうして梁は公徳の重要性を説くのだが、しかし私徳を否定したわけではない。私徳のみに生きようとする現実の中国人に妥協するとともに、その私徳そのものの改造を唱え、「公徳は私徳を推し広めたものである」（三六八頁）としたのである。

このような梁に対して申は、朝鮮人もまた公徳を喪失し、政治能力が欠乏していることを認める。しかし申は、私徳と公徳を関連づけるのではなく、むしろ対立的なものと見ていた。韓国併合直後に書いた「道徳」という論説では、「公徳が大で私徳が小であるのに……軽重が逆転した道徳こそが、国を滅亡させた道徳ではないか」と言っている（前掲『全集』第七巻、三六三頁）。ところがにもかかわらず、申は梁のようにはそのことを自民族固有の問題だとは考えなかった。「二十世紀新国民」に戻ると、「韓人が政治思想と政治能力がかくのごとくに欠乏したのは決して韓人の先天的性質ではない」とし、それらを喪失したのは「専制の毒」「経済の困」「知識の乏」によるものなのであって、朝鮮人は本来「独立的国民の天能を伸ばして立憲的国民の資格を備えて」いるという。このように申が主張できた理由こそが、国粋への確信なのだが、国民国家の普遍性を啓蒙することに主眼を置いたため、「二十世紀新国民」では論じられなかったということについてはすでに述べた。申は別なところで、国粋とは「その国に歴史的に伝来する風俗・習慣・法律・制度などの精神である。そもそもこの風俗・習慣・法律・制度は、先聖・昔賢の心血が凝縮したものであり、巨儒・哲人の誠力が結集したものである」（「国粋保全論」『大韓毎日申報』一九〇八年八月一二日、前掲『全集』二八四頁）と説明している。国粋には確かに今や古めかしくなったものもあるが、しかし「いやしくも「破壊」の二字を誤解し、歴史的習慣の善悪を分かたず、すべてを廃棄するなら、将来何に基づいて国民の精神を維持し、何によって国民の愛国心を喚起するのか」とも言い、申にとって国粋は国民を形成するうえにおいて必須の精神であった。国民という普遍的存在は、国粋という特殊的価値によって担保されなければならなかったのである。申は、「古来からの家族的道徳は、その範囲が狭く、個人に止まっているので、私はそれを捨ててしまった」と言って私徳を否定さえし、替わって「国粋的道徳」を高揚させるべきことを唱えた（前掲「道徳」三六五〜三六六頁）。申は、儒教化されたことによって国粋を喪失していったという認識は持ったが、それでも国粋は残り、「巨儒・哲人の誠力」の中にも国粋を見出していたのである。

こうした認識は梁の道徳革命論とは方向性が明らかに違う。道徳革命論は民族改造を説くものであり、梁は「ああ、

「道徳革命」の議論がきっと国を挙げて批判されるであろうことは承知している」（五七頁）と言って批判されるのを覚悟していた。朝鮮でも一九二二年、親日主義的となった李光洙《イグァンス》によって、朝鮮民族の道徳改造を主張する「民族改造論」（『開闢』五月号）が唱えられ大きな物議を醸している。李はそこで朝鮮民族に虚偽・私欲・懶惰・怯懦・無信義などの道徳的欠陥があることを認めた。もとより李の思想には日本の影響が大きく、この論文には梁啓超の影響は明示されていない。しかし、二〇歳ほど後輩になるとはいえ、同時代人を生きた者として、李が梁啓超に間接的にせよ、影響を受けなかったとは考えられない。内容の近似性から見て、梁の議論はかえって李光洙に大きな影響を与えたものと思われる。

　申が梁の道徳革命論に与しなかったことは、「国家的宗教」の創設を提唱したことによっても明らかである。『新民説』では、「宗教の奴隷」となってはならないが、「宗教の作用はもとより無視できない」と言うも、中国は宗教国ではないという立場である（一四八、一六〇頁）。それに対して申は、当時朝鮮で有力な地歩を占めていた儒教とキリスト教を「国家的宗教」として育成していかなければならないと言う。本来儒教徒である申の儒教観は、屈折している。儒教は外来の思想であるから不可なのではなく、それを朝鮮化できなかったことが問題だという認識である。いずれにせよ、国粋によって担保された国家主義の主張は、申の方がむしろ梁より強く見える。

　このことと関連して梁と申の違いの第三点は、強権論と公法論についてである。先に述べたように、梁は加藤弘之の『強者の権利の競争』に則って社会進化論の立場から権利の獲得を説明した。これは世界認識とも大いに関わっている。梁は、「かの野蛮と半開の国では、統治者の知識ははるかに被治者より優れているので、被治者を支配するのは甚だ容易い。それゆえ権力は勢い強大にならざるを得ない。文明国の場合は、被治者の知識は統治者に劣らないので、権力を伸張して統治者に対応しようとする。二つの力が遭遇すれば、その力はほとんど平均化され、互いに温良にならざるを得ない。これを自由という」（「自由書」〈論強権〉『飲冰室専集之二』三一頁）と言っている。強権を持つ者は自由であり、文明が発達していくと、弱者の知力が増して権力が平均化し、温良な秩序が生まれると言うのであるが、強権国家を志向しているはずの梁としては、いささかオプティミスティックな認識であることを免れない。これは梁の欧米列強や日本に対する認識にも連動していた。事実、日本に拠点を持っていた梁の日本への信頼感は比較的高く、帝国主義一般に対しても警戒感が薄い［狭間直樹　二〇一六］。その万国公法観も、「人に悪口を返すにせよ、力で対抗するにせよ、必ず公法に従い、外交手段によって敵を制するのでなければ、効果を挙げることはできない。必ず内部に堅固な武力を有するのでなければ、自衛の実権を行使することはできない」（『新民説』三五〇頁）というものであり、「堅固な武力」があることを条件にしながらも、万国公法の有用性を認定していた。

こうした認識に対して申は、はるかにペシミスティックである。「百巻の万国公法は数門の大砲に若かず」（『通俗国権論』一八七八年）と言った福沢諭吉に倣い、「二十世紀新国民」は、「二〇世紀の世界は軍国世界であり、強兵が向かうところに正義は霊せず、大砲が到る所に公法は無用にして、ただ強権あるのみである」と語る。これは、政治と道徳を分離するようなマキャベリスティックなナショナリズムの成立を意味し、朝鮮近代史上、申が初めてなしたものであったと言える。と同時に、そこには現実世界への深い憎悪があった。ただしそこには、申自ら強く批判した「東洋主義」同様に帝国主義批判の論理はない。国際社会に正義を求めず、自らもそれを放棄して、ひたすらに強権をもって「軍国世界」に打って出ようとするナショナリズムは、帝国主義を原理的に批判することはできない［趙景達　一九八九］。

以上、「二十世紀新国民」は『新民説』の影響を受けながらも、その国民国家構想は重要な論点において性格を異にするものであった。総じて言えば、申は梁より国家主義的ではあるが、にもかかわらず民国思想を継承したがゆえに、理論的には未熟であるにせよ、原理的次元で人間平等論を主張できた。そして、そこには堕落したという認識があったとはいえ、朝鮮民族、いや朝鮮民衆に対する信頼があった。韓国併合から一〇年ほどの葛藤を経て二〇年代に入ると、申はドラスティックに無政府主義に転じていくが、その契機はすでに「二十世紀新国民」に胚胎していたと言えよう。無政府主義者になってからは国家の道徳を否定する一方で、オプティミスティックに政治と道徳を連続せしめる普遍主義に回帰することによって、民衆文化の創造と民衆の直接革命を提唱する「朝鮮革命宣言」（一九二三年）を執筆するに至る［趙景達　一九九六］。「二十世紀新国民」こそは、朝鮮最初の本格的な国民国家構想といえるものであるが、しかしこれもまた克服される運命にあった。ただしそれは、無政府主義的には容易になされるものではない。しかも申は二八年に台湾で逮捕され、三六年旅順刑務所で没した。それはかつての学友趙素昂によってなされることになる。

3　趙素昂の民国思想

趙素昂（一八八七～一九五八）は三均主義の提唱者としてつとに有名な独立運動家であり、また思想家にして文人である。「大韓民国建国綱領」（『大韓民国臨時政府公報』独立記念館、二〇〇四年、二二〇～二二五頁、『素昂先生文集』上、횃불사、一九七九年、一四八～一五三頁）は、大韓民国臨時政府が一九四一年一一月二八日に公布した独立後の建国綱領であり、当時国務委員会副主席であった趙が起草した。主席は金九《キムグ》であるが、臨時政府は趙の三均主義を国家指針として認め、「大韓民国建国綱領」はそれを基本理念とした。三均主義とは、一口にいって政治・経済・教育の均等を理念とする社会民主主義的な思想であるが、これは単に西欧近代思想の輸入として構想されたものではない。朝鮮の伝統思想と朝鮮の独立運動の系譜上に位置づけることができるものである。このことを理解するためには、まず何よりもその発案者である趙素昂の経歴にふれないわけにはいかない。

趙は申采浩より若いが、一九〇二年成均館に入学して学友となった。しかし、〇四年二月、日韓議定書の調印に抗議して申よりも早く成均館を退学してしまった。その後皇室留学生となって日本に渡り、東京府立一中、明治大学法科などで学んだ。そして、一二年に卒業して帰国した翌年、上海に亡命し、一九年に創建された臨時政府に参加する。するとすぐに、パリ講和会議代表団支援のために渡欧し、会議終了後も欧州各国やソヴィエト＝ロシアなどを歴訪した。その間、国際社会党大会やソ連の革命記念大会など多くの国際会議に出席するとともに、各国要人や革命家、思想家、文化人など多くの有名人士と会った。二一年五月に中国に戻ってからは臨時政府の要職に就くとともに、三〇年創党の韓国独立党に参加し、以後分裂、解党、再結成を経ることになるこの党の中心的存在であり続けた。独立党は四〇年以降臨時政府の与党となり、金九がその代表の地位に就いた。「大韓民国建国綱領」はこうして臨時政府の一大綱領となるのだが、その実質的な最大の功労者が趙素昂であることは明らかである。解放後は、帰国すると、金九などとともに信託統治反対、単政反対、南北協商などを主張して平壌に赴いたが、その後大韓民国を承認して社会党を組織し、第二代国会議員となった。そして、朝鮮戦争の際に北朝鮮に連行され、その地で没した。

趙素昂は当時にあって図抜けた国際人であり、新旧にわたる深い教養を身につけた人物であった。なるほど一見したところ、彼の社会民主主義的な思想は西欧的な教養からもたらされたものであるかに見える。しかし、そう単純な思想形成をなした人物ではない。朱子学はもとより孫文の三民主義、康有為の大同主義、無政府主義、社会主義などの思想を学んだし、日本留学時にはキリスト教に入信している。キリスト教入信の五年後には、檀君《タングン》・仏陀・孔子・キリスト・ソクラテス・マホメットを六大聖人とする六聖教を自ら提唱した。六聖相合の場を一神とし、その教化によって独立・自由・平等・幸福を精神的に得ることができるという趣旨の新興宗教である。六大聖人の中に檀君を入れているのは、民族宗教として有名な大倧教の影響があるが、趙の国粋主義の所在は明かであり、普遍主義と特殊主義の統一を図ろうとした痕跡だと言えよう。彼の三均主義はそうした宗教経験や思想経験の中から生み出されたものなのである［홍선희　二〇一四］。わけても、申采浩や中国人無政府主義者たちの影響を受け、二〇年代に六聖教を

経て大同主義から無政府主義に転じたていったことは注目される。趙は二二年に上海で韓薩任という無政府主義の秘密結社を作っている［佐々充昭　二〇一六］。

しかし、やがて無政府主義の限界が見えてくるなかで民族主義の立場を明確にし、三〇年一月に創建された韓国独立党に参加する。三均主義は二〇年代後半に構想が練られ、独立党の党義になるが、それが明瞭に示されたのが三一年に書かれた「韓国独立党之近像」という論文においてである。そこでは独立党の主義は、「人と人、族と族、国と国が均等に生存していくことを主義とする」ことであり、それは、政治の均等化、経済の均等化、教育の均等化によってなされるとする。具体的には、「普通選挙制を実行して執権機会を均等とし、国有制を実行して経済生活を均等とし、国費義務学制を実行して教育機会を均等とすることによって、国内の人と人の均等生活を実現する」ことである。そして、族と族の均等は、「「民族自決」をすべての民族に適用して、少数民族と弱小民族が被圧迫、被統治の地位に陥るのを免れしめること」によってなされ、国と国との均等は、「植民政策を否定して資本主義・帝国主義を打倒し、弱国を併せ、後進国を攻め、乱れた国を取り、亡びようとする国を侮る戦争行為を禁止すること」によってなされるとする。こうして国際社会は平等になり、やがて「四海一家の世界」が実現されるとするのである（『素昂先生文集』上、一〇八頁）。

社会民主主義的というより、限りなく共産主義に近いとさえ言える。ただ、趙は最後まで共産主義とは一線を画していた。彼は社会民主主義には大きく共感したが、ソヴィエト＝ロシアを実際に見るなかで、ボルシェビキ的な一党独裁には共感することができなかった。「韓国独立党党義解釈」では、「社会主義ソ連では労農専制を実施している。本党が主張する政治的均等は、いかなる一階級の独裁専制も許さず、ただ真正な全民的政治均等を要求するだけである」（『素昂先生文集』上、二一六頁）と言っている。しかし、このような容共的綱領であるなら、左派との統一戦線は可能である。姜萬吉は、「三均主義は左右の路線対立を解消して連合戦線を志向した時期に、大体において右派路線によって提示された民族主義論の一つだと言うことができる」〔姜萬吉　一九八二〕と言っているが、その通りであろう。三五年に創立された左派優位の民族統一戦線的性格を持つ民族革命党には、独立党代表として趙素昂が新党創立代表委員として参席し、三均主義は民族革命党の党義にも反映された。そして、その後も内紛や分裂がありはしたが、三均主義はついに「大韓民国建国綱領」に結実し、臨時政府はアジア太平洋戦争期には統一戦線的性格を持つに至ったのである。

では、「大韓民国建国綱領」にはどのようなことが書かれているのか。この文書は第一章総綱、第二章復国、第三章建国の三章からなっているが、国民国家構想として重要なのは第三章である。ここでは、「三均制度を骨子とした憲法を実施し、政治・経済・教育の民主的施設を作って均衡の実現を図り、全国の土地と大生産機関の国有が完成し、全国すべての学齢児童が無償で高級教育を受けられるようになり、普通選挙制度が自由、完全に実施」されるようになることを目指すと明記されている。具体的には、労働権・休息権・被救済権・無償就学権・参政権・男女平等などを保証することが謳われるが、重要なのは企業経営と土地分配の問題である。企業は中小規模の企業以外はすべて国営とされ、日本から没収した財産は、無産者の利益のために運営される国営・公営の集団生産機関に割当てられる。土地は自力自耕の人に分給することを原則とし、雇傭農や小作農など低級の者から順次分配し、相続・売買・抵当・譲渡・遺贈・転貸などを禁止する。高利貸金業と私人の雇傭農業も禁止される。また、農工人の無償医療を実施し、教育も初等教育から高等教育まですべて無料とする。

一党独裁規定がないだけで、ほとんど社会主義の綱領と言っていいであろう。こうした綱領に金九などの民族主義右派といわれる独立運動家のほとんどが賛成したのである。被植民地民族の解放闘争が反帝国主義であって、多分に反資本主義的性格を持たざるを得なくなるために、その国民国家構想が社会主義的になるのは、ある意味当然である。しかし重要なことは、趙素昂はこうした綱領＝三均主義を朝鮮史の内在的な歴史的文脈の上から正当化している点である。第一章総綱には、次のようにある。

二、わが国の建国精神は三均制度に歴史的根拠を置いている。先民は、「首と尾が均しく均衡が取れれば、国を興して太平を保つことができる」といわれている。これは、社会各層、各級の智力と権力と富力の享有を均平にして国家を振興し、太平を保全維持しようということであり、広く人間に益を与え、世界を治め教化しようという、わが民族が守るべき最高の公理である。

三、わが国の土地制度は国有の遺法に基づく。先賢は、「聖祖の至公分授の法に遵って、後人の私有兼併の弊を革める」と痛論されている。これは紊乱した私有制度を国有に戻そうという土地革命の歴史的宣言である。わが民族は古規と新法を参酌して土地制度を国有にすることを確定する。

二の「先民」というのは、神話上の檀君時代に生きた人物神誌《シンジ》のことである。高麗時代には神誌が書いたとされる秘記『神誌秘詞』が存在していた。高麗時代の術士金謂磾《キムウィジェ》が遷都を上疏するに際して『神誌秘詞』を引用しており、『高麗史』列伝巻三五にある金謂磾の伝記にその一部が引用されている。「首と尾が均しく均衡が取れれば、国を興して太平を保つことができる」というのは、その中の一説である。趙素昂は一二年明治大学卒業の年に、書店にて『高麗史』を三円の代金で驚きをもって購入している（「東遊略抄」『素昂先生文集』下、四七三頁）。以後愛読したものと思われ、三の文言も『高麗史』に基づいている。「先賢」というのは朝鮮建国の開国功臣趙浚《チョジュン》のことで、彼は李成桂《イソンゲ》の厚い信頼を得て私田廃止に重要な役割を果たした。「聖祖（高麗始祖王建《ワンゴン》のこと）の至公分授の法に遵って、後人の私有兼併の弊を革める」というのは、高麗末に書かれた趙浚の田制改革に関する上疏文の一節で、『高麗史』志巻三二食貨一の辛禑《シンウ》一四年条に載っている。三二年に書かれた「韓国之現状及其革命趨勢」（『素昂先生文集』上、六四頁）では、趙素昂はこの上疏文を要約して掲載し、趙浚が王建の時代に私田が廃止されたことをもって私田廃止を訴え、これを李成桂とともに実行したことを「土地革命」だと評価している。趙素昂は、平等主義・平均主義というのは朝鮮民族固有のものとしてあったとしているのだが、国家は民のためにあるという朝鮮王朝以来の民本主義理念を継承しようとしているのは明かである。しかも、神誌の話は儒教とは関係のない神話上の話であり、国粋主義的な観点からも民国思想＝民本主義がその延長線上に位置づけられ、朝鮮独立の論理が導き出されている点は注目される。

ただし、解放後は三均主義の急進性はやや薄れる。これは建国段階になって趙素昂が現実的になったためである。姜萬吉は、企業の国有化の範囲が限定されたり、土地の国有化に言及されなくなったりしたと指摘している［姜萬吉一九八二］。筆者もその通りであると思うが、より理念的な面で言えば、三均主義にある小国主義的な発想が後退している点が重要ではないかと思う。「韓国在未来世界中的地位」という論説で趙は、「朝鮮は単一民族で、人口はスペインやポーランドと同じくらいで小国ではなく、面積もイギリス本国に匹敵しており、これまた小国とは言えない」し、「永世中立の制度は自存することができない小国に限定される」のだから、朝鮮が取るべき方向性ではないと言っている（『素昂先生文集』上、一七五、一七七頁）。独立機運は、やはり大国願望を刺激するのであろうか。しかし、最後には、「韓人が要求する自主独立は、富国強兵の旧形式にはなく、必ず人に対して善をなすことにある。天下は公であるという真正な民主世界は、韓人が言うところの世界一家の究極の目的である」（一七八頁）とし、富国強兵が否定され、普遍主義的世界観が語られている。若干の後退を見せはしているが、理想主義はなお健在であり、趙にとって民国思想は世界に連なるものでなければならなかったのである。

おわりに

朝鮮の近代思想は、日本や中国経由で近代思想を受容しはしたが、日本のような転向的な受容はしなかったし、また中国の影響は日本以上に強いものがあるように見えて、そこからの受容はやはり選択的であった。そこには伝統の近代的読み替えが当然にあり、それは同じく儒教社会でありながら、中国の読み替えとも違うものであったことに留意する必要がある。竹内好の言葉に倣えば、朝鮮もまた「回心文化」的であった［竹内好　一九九六］。朝鮮王朝時代に育まれた儒教思想のあり方は、本家の中国とは違うものであり、儒教的民本主義は同じように見えて、実は民国思想に結実していく朝鮮のそれは特異であり、反植民地闘争にも大きな影響を与えるものであった。

ただし解放後、民国思想は北でも南でも、破綻ないし放棄された。北朝鮮は民の「地上の楽園」をしきりに喧伝したが、社会主義とは名ばかりの独裁「王朝国家」を作ったし、韓国は大韓臨時政府を正統とし、その法統を継承する立場にありながら、「大韓民国建国綱領」とは対極にある国家を作った。民本主義というのは民への深い哀れみの気持ちから発するものであるとはいえ、民国を語る主体は基本的には知識人たる士である。従って、そこにはつねに傲慢な士の存在とその愚民観がつきまとい、それは権威主義を生み出す温床にもなる。韓国では、権威主義批判がいわれて久しくなっているが、民主化されてもなお、権威主義は社会の様々なところに潜んでいる。民本主義と権威主義は硬貨の表裏の関係にあるのではないか、というのが年来の筆者の認識である。

しかし、そうであってなお民本主義と民国思想の伝統は、朝鮮半島の民主化を推し進めていくうえでの理念的な起爆剤である。民本主義は、民衆を政治主体としては容易に認めないが、異議申し立てなら積極的に認めようとする政治文化であることをその特徴としている［趙景達　二〇〇九］。つまり、民意が重視されるということである。韓国政治が多分に民意に動かされ、NGO・NPOの活動や市民運動、学生運動などが日本に比べてはるかに活発なのは、そのことをよく示している。問題は、人々が硬貨の表裏の関係について、いかに自覚的であるかにあるのだと思われる。いずれにせよ、民本主義と民国思想の伝統は今も息づいているのである。

注

＊1　この三文書はいずれもさほど長文のものではなく、目次もしっかりしている。紙幅の問題のほか煩瑣にもなるので、これらに限って以下いちいち頁数は示さない。

＊2　「建白書」は近年日本語訳され、月脚達彦訳注『朝鮮開化派選集』（平凡社〈東洋文庫〉、二〇一四年）に収められているが、本稿での引用は『日本外交文書』を底本とした。

＊3　今日的視点からすれば、民本主義は福祉国家に連続するはずだと思われるかも知れないが、資本主義化されていない時代にあっては、そもそも大きな政府を前提とする福祉国家という発想が生まれようがない。ここでは論じない④厚生でも、大規模な財政出動を要するような厚生策は示されていない。

＊4　以下梁啓超の文章引用は、翻訳があるものについてはそれに従うが、ないものについては『飲冰室合集』（中華書局、一九三六年）中の『飲冰室文集』ないし『飲冰室専集』からの直接翻訳とする。

＊5　梁啓超は一九〇一年の「立憲法議」（『飲冰室文集之五』）では、現在世界にある君主専制・君主立憲・民主立憲の三種の政体の内、「君主立憲は政体の最良のものである」（一頁）とし、「現在の世界は実に専制と立憲の両政体が新陳代謝する時代である」（四頁）とした。だが、それに移行するには君主が立憲の詔定を下してから五段階を経る必要があり、二〇年はかかるだろうとしていた（六〜七頁）。

【参考文献】

青木功一　一九六九「朝鮮開化思想と福沢諭吉の著作――朴泳孝「上疏」における福沢諭吉の影響」（『朝鮮学報』第五二輯）

青木功一　一九七六・一九七七「朴泳孝の民本主義・新民論・民族革命論――「興復上疏」に於ける変法開化論の性格」（『朝鮮学報』八〇・八二）

伊藤俊介　二〇一〇「甲午改革と王権構想」（『歴史学研究』八六四）

伊藤俊介　二〇一五「甲午改革における警察制度改革と民衆の警察認識」（アジア民衆史研究会・歴史問題研究所編『日韓民衆史研究の最前線』有志舎）

王　青　二〇〇九「梁啓超と明治啓蒙思想」（『北東アジア研究』一七）

佐々充昭　二〇〇二「韓末における「強権」的社会進化論の展開――梁啓超と朝鮮愛国啓蒙運動」（『朝鮮史研究会論文集』四〇）

竹内好　一九九六「中国の近代と日本の近代」（『竹内好評論集』第三巻、筑摩書房）
趙景達　一九八九「朝鮮における日本帝国主義批判の論理の形成――愛国啓蒙運動期における文明観の相克」（『史潮』新二五）
趙景達　一九九五「朝鮮における実学から開化への思想的転回――朴珪寿を中心に」（『歴史学研究』六七八号）
趙景達　一九九六「金玉均から申采浩へ――朝鮮における国家主義の形成と転回」（歴史学研究会編『講座世界史』7、東京大学出版会）
趙景達　二〇〇八『植民地期朝鮮の知識人と民衆』（有志舎、第二章）
趙景達　二〇〇九「政治文化の変容と民衆運動――朝鮮民衆運動史研究の立場から」（『歴史学研究』八五九号）
趙景達　二〇一〇a「朝鮮の国民国家構想と民本主義の伝統」（久留島浩・趙景達編『国民国家の比較史』有志舎）
趙景達　二〇一〇b「危機に立つ大韓帝国」（『岩波講座　東アジア近現代通史』第二巻）
藤間生大　一九七七『近代東アジア世界の形成』（春秋社、第二章）
朴忠錫　二〇〇六「朴泳孝の富国強兵論――伝統と近代の内的連関を中心に」（朴忠錫・渡辺浩『「文明」「開化」「平和」』慶應義塾大学出版会）
狭間直樹　二〇一六『梁啓超』（岩波書店）
宮嶋博史　一九八四「開化派研究の今日的意味」（『三千里』四〇）
宮嶋博史　二〇一〇「儒教的近代としての東アジア「近世」」（『岩波講座　東アジア近現代通史』第一巻）
李泰鎮（六反田豊訳）　二〇〇〇a『朝鮮王朝社会と儒教』（法政大学出版局、第一四章）
姜萬吉　一九八二「民族運動・三均主義・趙素昂」（姜萬吉編『趙素昂』한길사）
金顯哲　一九九七「朴泳孝의 政治思想에 관한 研究――『国政改革에 관한 建白書』에 나타난 富国強兵論」（『軍史』三四）
申一澈　一九八一『申采浩의 歴史思想研究』（高麗大学校出版部、第三章）
李光麟　一九七九「旧韓末 進化論의 受容과 그 影響」（『韓国開化思想研究』一潮閣）
李泰鎮　二〇〇〇b『고종시대의 재조명』（태학사、序章）
李泰鎮　二〇〇八「민국이념은 역사의 새로운 원동력」（教授新聞編『고종황제 역사청문회』푸른역사）
李泰鎮　二〇一二『새 韓国史』（까치、第一七章）
佐々充昭　二〇一六「조소앙의 대동사상과 아나키즘――육성교（六聖教）의 구상과 한살임（韓薩任）의 결성을 중심으로」（『한국종교』四〇）

우남숙　二〇〇七「梁啓超와 신채호의 자유론 비교――『新民説』과「二十世紀新国民」을 중심으로」(『한국동양정치사상사연구』六――一)

崔洪奎　一九八三『申采浩의 民族主義思想』(蛍雪出版社、第二章)

황태연　二〇一六a『대한민국 국호의 유래와 민국의 의미』(청계)

황태연　二〇一六b「조선시대 공공성의 구조변동」(황태연 외『조선시대 공공성의 구조변동』한국학중앙연구원출판부)

홍선희　二〇一四『조소앙의 삼균주의 연구』(부코)

【初出】『儒教的政治思想・文化と東アジアの近代』(有志舎、二〇一八年)。原題は「近代朝鮮における民国思想」。

(補注1)初出ではここに注をつけ第1部第四論文の錯誤訂正を行ったが、すでに本書所収に際して削除したので、ここでの注も削除した(第1部第四論文、補注4参照)。

(補注2)再読してこの部分は、説明がやや乱暴に過ぎている嫌いがあるように思われた。そこで少し補足訂正しておきたい。確かに一般には「民強」とはいわず、それをいう場合は、否定的な意味で使う場合が普通ではなかったかと思う。「わが国の辺民は強悍なので、隙に乗じて窃かに盗みをする憂いがある」(『文宗実録』一年九月一四日条)とか、「その民は強悍愚直なので、事が起きれば、動じて利に走りやすい」(『成宗実録』五年一〇月二八日条)というような用例である。民が富強であるという場合も同様で、「(差役は)貧弱の者がまずもって侵虐され、富強の者はひとり免れる」(『世宗実録』二四年一月二七日条)とか、「富強の徒には恣に嘘を言って国法を冒す者が多い」(『世祖実録』一〇年八月一八日条)というような否定的な用例が目立つ。「富強」には本来的に覇道的イメージがあるので、人一般に用いられる場合も否定的になるのが当然であったと言えよう。しかし、朴泳孝は「富強」を肯定的な「自強」の意味で使っているのだから、「民の自強」と同義であるとしてなんら問題はない。事実朴殷植などは、「文明の效は智慧が日々開かれ、事業が日々進めば、人民は富強となり、国もこれに随っていく」というように肯定的な意味で使っている(第2部第五論文、二七六頁)。それゆえ、「民と国の富強」と訳した月脚達彦の理解は、あるいは間違いではないのかも知れない。

ところが、③経済の他のところで朴泳孝は、「そもそも人民が税を出して奉公する本志は、身家の幸安を保とうとするところにあります」と述べている。儒教国家では、「奉公」というのは本来、政治主体である官僚や士、あるいはせいぜい公人としての吏あたりまでにしか求められない。政を享受するだけの私人としての民には、自主的な「奉公」は期待されていない。「奉公」というのは、本来朝鮮語では「奉職」と同義で職務に従事することをいい、具体的には地方官などが王命を奉じて民衆を教化し、法令を遵守して不正を行わず、あるいは上級機関に賦税や文書などを上納、上達することなどを意味する。実学の巨匠丁若鏞《チョンヤギョン》が、地方官のための民政書である『牧民心書』で「奉公六条」を設けた所以である。にもかかわらず、朴は「奉公」を民一般に求めるに至ったわけであるが、これには多分に日本の影響があるのは間違いない。しかしここでいわれている「奉公」には、そうであってなお近代日本におけるような「滅私奉公」的な国家主義的なニュアンスはない。民はあくまでも国家のためではなく、自らの利益＝「身家の幸安」を図ることに「奉公する本志」があると言うのである。朴の「奉公」概念は明らかに民本主義的解釈に基づくものであったと言える。そして、朴が民を積極的な奉公主体と見なしたということは、彼の国家観が単なる君民一体の国体観を超え、「民の国」という認識に近づきつつあった可能性を示唆するものとして理解してやはり間違いないであろう。「国家は民のために民自らが公民として支える最高の公共機関である」というような認識である。朴における「民国」の用法が「民の国」の可能性が大きいとしたのは、あるいは踏み込みすぎた解釈だという批判があるかも知れないが、少なくとも「民と国」であるか「民の国」であるかというのは、朴にとって未分化だったように考える。⑥文教には、「近世に至ると……愚鈍な腐儒であっても大学士と称して士大夫に列し、民国を誤るようになりました（及於近世……雖愚癡之腐儒、乃称大学士、而列於上《ママ》大夫、以誤民国）」という文があるが、ここに出てくる「民国」を「民と国」と理解すると文意がやや窮屈になる。「腐儒＝士大夫が国を誤る」というのはいいが、「腐儒＝士大夫が民を誤る」というのは用法としていかがであろうか。「誤る」を「迷わせる」の意であり、「腐儒＝士大夫が民を迷わせる」と理解できなくもないが、朴には無意識のうちに「民の国」という概念化ができていた可能性がある。

「建白書」では「民と国」と理解される部分と「民の国」と理解した方がよいような部分が混在しており、民国概念の過渡的様相が示されているように思われる。またそもそも、「民国」概念が君民一体の国体を意味するとするなら、「民と国」とか「民の国」とかと分離して考えること自体あってはならず、「建白書」を受ける立場の国王もそのようなものとして「民国」を概念化していたであろう。君民一体の従属合成語としての「民国」使用が一九世紀には一般的であったとする黄台淵の議論からすれば、「建白書」における「民国」は「民の国」と理解して当然だということになろうが、実は民国概念の過渡的様相が示されていることこそ「建白書」の特徴なのではないだろうか。いずれにせよ、翻訳としては「民国」はそのまま「民国」と表記されなければならないと考える。そして、朴の国家構想が「始原的国民国家」構想であったというのは、むしろこのような意味においてより説得力を持ちうるであろう。民国概念が「民の国」として一元的に概念化されるようになるのは二〇世紀に入る頃からであり、その作業に本格的に取り組んだ思想家こそ次に取り上げる申采浩であり、「二十世紀新国民」はそのことを先駆的になした歴史的文献である。

（補注3）ここの部分についても、少し補足しておきたい。「二十世紀新国民」では、民国は「民国の威霊」と「民国の不幸」という形で二回使われている。「国民的国家」という表現は明らかに従属合成語であるから、民国の意味が「民の国」となるのは自明であり、「民国の威霊」はまさにそうした使用例と見てよい。ただ、「民国の不幸」は「民と国の不幸」と読めないこともなく、むしろ伝統的にはそのように読まれるべきであろう。だとすると、民国の意味は依然として「民と国」という意味である可能性もあるのだが、しかし申采浩は「二十世紀新国民」で「人民は国家の主人」とも表現し、民を明らかに政治主体として把握している。これは「民は惟れ邦の本」という『書経』に由来する民本主義の概念を明らかに超えた表現であり、彼においてはやはり「民国」は「民の国」でなければならなかったと言える。

第2部　近代朝鮮の思想家

一　朴珪寿における実学から開化への思想的転回
——横井小楠との比較

はじめに

朝鮮では一七世紀中葉より、朱子学の体内から実学が芽ばえてくる。それはやがて一筋の思想潮流となって開化思想に連結していくというのが、今日実学・開化思想研究の成果としてある。そこで、その両者の結節点となった人物であり、とりわけ実学のなかでも北学派の影響を受けた人物として朴珪寿《パクキュス》（一八〇七〜一八七七）が注目される。彼は北学派の巨匠である朴趾源《パクチウォン》を祖父として持ち、若くして学才を認められ、早世した孝明世子《ヒョミョンセジャ》に進講して信任も得た。にもかかわらず、官途につくのは四一歳になってからで遅い出仕であるが、彼は重要な役職を歴任し、とりわけ大院君《テウォングン》執権期（一八六四〜一八七三）には常に要職にあった。晩年には自邸に青年両班を招いて学問を講じるとともに時事を論じ、その中から金允植《キムユンシク》・金玉均《キムオッキュン》・朴泳孝《パクヨンヒョ》・洪英植《ホンヨンシク》・徐光範《ソグァンボム》・兪吉濬《ユギルジュン》など、のちに穏健・急進両派に分岐することになる開化派人士が巣立っていった。[*1]

このように朴珪寿は開化思想の形成を論ずる際には不可欠の人物であり、それゆえ開化思想研究においては必ずや言及される存在である。しかしその本格的研究となると、原田環氏によって先鞭がつけられたものの、[*2]それほど多くないのが現状である。それは彼が基本的には官僚政治家であり、思想家としてはまとまった著作をあまり残さなかったことによっているものと思われる。

ここでの課題の第一は、このような朴珪寿の思想にあえて迫ってみようとするものである。彼がどのような点で実学の継承者であり、また開化思想の祖たりえたのかは、実のところあまり分明にはなっていない。このことを明らかにすることによってはじめて、実学から開化への転回相は、具体的に浮かび上がってくるであろう。

そして課題の第二は、朴珪寿の思想を当該期の日本の思想と比較することによって、近代開幕前夜における朝日の思想構造の質的差異を明確にしようとすることである。この作業は、両国の近代のあり方を規定したものの思想的内実に迫ろうとするものであり、重要な意味を持っている。その際に俎上に載せる思想家は横井小楠（一八〇九〜一八六九）であるが、これは両者の思想が外見上酷似しているために、もし差異が見出されるとすれば、その思想の構造が全体として明らかにしやすいと考えるからである。

注

＊1　朴珪寿の生涯は、李完宰『初期開化思想研究』（民族文化社、ソウル、一九八九年）に詳しい。

＊2　原田氏の研究には次のようなものがある。①「晋州民乱と朴珪寿」（『史学研究』一二六、広島大学、一九七五年）、②「一八六〇年前後における朴珪寿の政治思想」（『朝鮮学報』八六、一九七八年）、③「朴珪寿と洋擾」（『朝鮮歴史論集』下、龍渓書舎、一九七九年）、④「朴珪寿の対日開国論」（『人文学報』四六、京都大学、一九七九年）、⑤「朴珪寿起草の洋擾奏文・咨文について」（『朝鮮史叢』四、一九八〇年）。

1　開国と自強の論理

朝鮮の実学思想においては、一八世紀段階に「華夷一也」の世界観を定立しており[*1]、それゆえ小中華思想を堅持しながらも、異文明の価値を認めうる立場を確立していた。とりわけそれは、北学派において顕著に認められることだが、祖父朴趾源から強い影響を受けていた朴珪寿が、その立場の忠実な継承者であったことは言うまでもない。彼の開国論は、こうした中華の相対化を前提にしてこそ可能となるものであった[*2]。弟子の金允植の回想によれば、彼は次のように述べていたという[*3]。

今宇内を顧みれば、情勢は日に変じて東西の諸強が並峙すること曩日の春秋列国の時と同じであり、会盟征伐はまさに紛紜にたえない。わが国は小なりといえども、東洋の紐枢に位置しており、鄭国が晋楚の間にあったのと同じようなものである。内治外交において機の宜しきを失わなければ、なお自保することができる。そうでなければ、昧弱して亡天の道を先んずることとなる。

朴珪寿は、当時の世界情勢をまさに春秋時代に擬して、弱肉強食時代であることを深刻に受け止めていた。そしてそのうえで、内治のみならず、外交の重要性を説き、開国論の立場をとったのである。彼が開国すべき第一の対象と考えていた国は、同じく金允植によればアメリカ合衆国であった模様だが、彼はアメリカが世界でもっとも公平にして侵略の欲を持たない国だとしていたという。この回想はアメリカとの国交の実務に携わった金允植が、自らの立場を合理化しようとする意図から誇張してなされた可能性もあるが、しかし朴珪寿は、「天下においてはいにしえより、どうして国たりて礼義なき国があろうか[*4]」という認識をしていたことは間違いない。彼は人性に理を認める、いわば朱子学的オプティミズムの立場から万邦にも「道」を認めたのである。

しかし、弱肉強食時代を認定する立場からすれば、これは矛盾であり、万邦には「道」を認めえないペシミズムの観点がなければならない。実は朴珪寿は、国が礼を失することを認めないのでは決してない。春秋時代においては、礼を失することがあったがゆえに戦争が起こり、だからこそ「交聘会盟」が列国の大事であったとしている。ただ交隣においては、相手が礼を踏みはずさないように、こちらからひたすら礼をもって接しなければならないという。日本との交隣二、三百年の間においては、確かに日本が詐りを行うこともあったが、しかし、「我よりは礼をもって接したがために、彼に文句をいう口実を与えず、すきに乗ずる余地も与えなかった」と言うのである。[*5] ここにはやはり、どのような国であっても、わずかなりとも「道」を有しているがゆえに、こちら側さえ道理を貫徹しさえすれば、互いに通じあえるとする楽観論が漂っている。

そもそもこうしたオプティミズムは、朱子学的思惟を前提としていたがゆえに、実学において一般にみられるものであった。確かに実学においては、大朝鮮主義的思想が台頭してくることは事実である。[*6] しかし国家意識よりは文化意識を優先する文字どおりの朝鮮の華夷的秩序観のなかにあっては、実学者もそうした文化的雰囲気に規定された思想形成をせざるをえず、その大朝鮮主義は文化的刻印を強く押されていた。三代は別として秦漢以降の中国を、明をも含めて堕落した国家と見なし、現実の中国と軍事的に対抗していこうとするような思想家は例外的に存在したにすぎない。[*7] 朴趾源も遼東半島までもが本来朝鮮の彊域であることを主張し、高句麗の旧領も中国東北部にわたるような広大なものであったことを唱えた。[*8] しかし、崇明＝慕華思想をなお強く堅持しつつ、[*9]「宇宙は広大にして一人が統治するものではなく、天は天下にいる者すべての天下であって、一人の天下ではない」と主張する朴趾源にあっては、侵略行為は絶対的に否定されるべきものであり、もしそれがなされるとすれば、必ずやなんらかの懲罰を受けるものと考えられた。[*10] それゆえ、彼が唱える富国は侵略のためにするものでは決してなかった。北伐＝攘夷論者に対して彼は、まことに攘夷を欲するのであれば、「耕蚕」「陶冶」「通工」「恵商」等の富国の術を中華の遺法を受け継いでいるはずの清から執拗に学び、「まずわが民を利し、わが民に杖を作らして彼の堅甲・利兵を鞭打つに足ると判断してはじめて、中国にみるべきものはないというがいい」と言っている。[*11]彼にとっての富国とは何よりも利民のためのものなのである。

朴珪寿のオプティミスティックな国家観は、こうした朴趾源の国家観と本質的には寸分違わないものである。それゆえその国防策も、単純な富国強兵策とは截然と区別されるものがあった。なるほど彼も、「もし果たして内修外攘の方を尽し、国富兵強の効を致したならば、蕞爾の島国（日本）がどうしてあえて来たりて畿甸を窺い、恣に恐赫を行ってこのような状況に至ることがあったであろうか。誠に憤惋にたえない」[*12]として、日本への対抗から「国富兵強」策を打ち出している。また、西洋各国は海外に出て通商を行い、自らの「富強の道」を誇っているとして、近代的な富国強兵策を賛辞するような言説もなしている。[*13]さらには、日本が「火輪船」に乗って朝鮮に来たことについて非難があがるなかで、それは「火輪船」が便利なものであるから当然なのだとして、近代的軍事技術への関心も示している。[*14]「兵はどうして重事でないことがあろうか。これは一日もそのままにして講じないでおくわけにはいかない」[*15]と述べる朴珪寿が、富国強兵策の重要性を十分に認識していたことは間違いない。しかし彼のいう富国強兵とは、文字どおりの覇道的イメージをともなったそれとは明らかに異なっている。

それは、オプティミスティックな国家観を前提に、「強弱の勢はただ事理の曲直にあるのみ」[*16]として道理外交を主張する点を第一とすれば、第二には、あくまでも強兵以前に保民と富国を優先する王道論を説く点に明瞭な違いを見出すことができる。彼が理想とする軍制は、唐代に典型的に行われた兵農一致を原則とする府兵制であり、[*17]それは李朝初期の兵農一致原則への回帰を主張するものでもあった。それは実学における軍政改革論の一つの大きな潮流を継承するものであり、本来安上がりの軍制を志向するものである。[*18]実学においても朴珪寿においても、その軍事思想は、民力をそこなわないことが大前提とされているのである。具体的には、「王者の政は保民のみ」[*19]という立場から政治を考える朴珪寿は、大院君による攘夷策のための増税策について言及する。それはやむをえない措置であるとして消極的に賛意を表しながらも、「なおまた民の苦しみを特慮して、これを広く延議にはかる」ことを求め、冗費を正査して減税しうるものは減税すべきだという。[20] そして、「現在の事勢は財穀を儲蓄することが第一の急務である」[21] として、富国の優先を説くのである。

しかし第三に、朴珪寿の富国強兵策の何よりの特徴は、国王から士農工商に至るまですべての国家成員に、おのおの「孝悌忠順の徳」を持つことを求めている点である。詳しくは次節で述べることとするが、彼は、「士」とは本来「孝悌忠順の徳」を備えている者のことだと定義づけたうえで、次のように述べる。[22]

> 粟帛の賦・金銅の積は、その富を恃むに足りないわけではない。兵甲の利・車馬の衆は、その強を恃むに足りないわけではない。山河の険・城郭の堅は、その固を恃むに足りないわけではない。しかしただ、士があってはじめて国たることができる。

農工商を含む「士」がその徳をもっておのおの職分に勤めることこそが、「富」「強」「固」以上に重要なことだとしている。朴珪寿のいう富国強兵が、覇道の論理において捉えられていないのはもはや明白である。それはむしろ、自強という方がふさわしい。朝鮮では富国強兵と自強とを区別する思想潮流があった模様であり、そのことは金允植と並ぶ穏健開化派の巨頭である金弘集《キムホンジプ》が、国王高宗《コジョン》との間でかわした問答の中に如実に示されている。自強とは富強のことかという高宗の問いに対し、金弘集は、「単に富強というのではなく、わが政教を修めてわが民と国を保ち、外にはいくさを避けることこそ、実に自強の第一の先務であります」と答えている。[23] 彼はあくまでも、儒教道徳と政治制度の充実によって人民と国家を内政面において安んずるとともに、外国からの脅威を未然のうちに防ぐこと、これこそが自強の本質的内容であるとし、富国強兵策をあくまでもそのための手段として位置づけようとしたのである。

このような思想からは、自ずと日本におけるような大国主義的思想は醸成されにくいであろう。後でもふれるが、金允植の思想はこのような自強思想を前提に、信義を世界に問うという儒教型理想主義に立脚しつつ、富国策を優先し、強兵策を猶予するという小国主義を内容とするものであった[*24]が、これはまさに朴珪寿の思想を原型として胚胎したものであると言えよう。[*25]ちなみに、このような単純な富国強兵思想とは区別される自強思想は、小国意識を持たない中国においても共有されていたものであろうことを付言しておく。たとえば李鴻章の幕下にいて洋務派の有力人士であった馬建忠が、「治国は富強をもって根本とし、求強は致富をもって先決とする」とか「民が富めば国はおのずから強くなる」というような言説をなしていた[*26]ことは、比較史的に注目に値する。ウェスタン・インパクトと邂逅してもなお、朝中両国の思想は王道論を基調とするものであり、少なくともその本流においては、儒教的民本主義を踏みはずすことがなかったのだと言うことができるであろう。

以上のように、朴珪寿の自強思想は実学を継承して、開化思想とりわけ穏健開化派の思想に架橋するものであった。しかし彼の思想は、近代軍事技術への関心を示すところに典型的に見られるように、「東道西器」論的思想を構成してはいるが、衛正斥邪派と同じく「倭洋一体」論をも主張しており、[*27]崇明＝慕華思想も依然として強く持っていた。[*28]また、国難に対処するに、窮極的には「士道」論の鼓吹をもってしたことに見られるように、制度の改変には関心を示さなかった。[*29]

このような点からするとき、朴珪寿の思想は実学をなんら越えるものを持たず、彼は開国論を積極的に主張するのみで、かえって旧体制の護持をひたすらに念願していた人物のようにさえ見える。しかし実のところ、「士道」論の展開にこそは、彼の独自な思想の真骨頂があり、それは近代思想受容の受け皿にもなったものと思われる。

注

＊1　姜在彦『朝鮮の開化思想』（岩波書店、一九八〇年）六九―七四頁。

＊2　朴珪寿はすでに、第二次アヘン戦争による英仏連合軍の北京入城（一八六〇年）以前よりヒステリックな斥邪論とは一線を画す

立場をとっており、開放政策を前提とするような禦洋論を唱えていたことを付言しておく〈孫炯富「〈闢衛新編評語〉と〈地勢儀銘幷序〉にあらわれた朴珪寿の西洋論」『歴史学報』一二七、ソウル、一九九〇年〉。

＊3 「美国兵船滋擾咨」(『瓛斎集』巻七、以下『朴珪寿全集』上〈亜細亜文化社、ソウル、一九七八年〉の頁数で示す) 四六七頁。および「書後」(『雲養集』巻一二、以下『金允植全集』〈亜細亜文化社、ソウル、一九七八年〉の頁数で示す) 第二分冊三八五頁。

＊4 「兄桓卿書」(『瓛斎集』巻八) 五五八頁。

＊5 「答上大院君」(同上 巻一一) 七六一頁。

＊6 趙珖「朝鮮後期の辺境意識」(『韓』四—六、一九七五年) 参照。

＊7 金哲俊「修山李種徽の史学」(『東方学志』一五、ソウル、一九七四年)、曺泳祿「一七～八世紀尊我的華夷観の一視角」(『東国史学』一七、ソウル、一九八二年) 参照。

＊8 「渡江録」(『燕巖集』巻一一、以下啓明文化社版〈ソウル、一九八六年〉の頁数で示す) 第二分冊一四三—一四五頁。

＊9 山内弘一「朴趾源に於ける北学と小中華」(『上智史学』三七、一九九二年) 参照。

＊10 「口外異聞」(『燕巖集』巻一四) 第三分冊一五六頁。

＊11 「馹汛随筆」(同上、巻一二) 第二分冊二三五—二三六頁。

＊12 『日省録』高宗一三年丙子一月二〇日。

＊13 同上、高宗一一年甲戌六月二五日。

＊14 前掲「答上大院君」七六四頁。

＊15 「唐国初置府兵」(『瓛斎集』巻一一) 八〇六頁。朴珪寿は他のところでも、「誠に天下国家の重なるをもって、一日も武備を欠かすことはできない」(『日省録』高宗一一年甲戌六月二五日) と同様のことを述べている。

＊16 前掲「答上大院君」七五五頁。

＊17 同上、八〇五—八〇八頁。

＊18 姜万吉「軍役改革論を通じてみた実学の性格」(『東方学志』二二、ソウル、一九七九年)、趙珖「実学者の国防意識」(『韓国史論』九、ソウル、一九八一年) 参照。ちなみに、兵農一致制的改革論に対抗するもう一つの軍制改革の主張は、養兵制を前提に両班にも軍役を負担させようとする戸布制的改革論である。なお、本来府兵制と均田制は不可分離の対の関係をなしているのだが、後述するように朴珪寿の場合、一般の実学者とは違い、均田論を否定する立場に立っていたことがきわだった特徴である。

＊19　前掲「答上大院君」七六二頁。
＊20　「沁都兵餉措画議」（『瓛斎集』巻六）三六一―三六二頁。
＊21　『日省録』高宗一一年甲戌六月二五日。
＊22　「范希文請興学校清選挙」（『瓛斎集』巻一一）七九六―七九九頁。
＊23　「修信使日記」（『修信使記録』韓国史料叢書第九）巻二、一五八頁。
＊24　拙稿「朝鮮における大国主義と小国主義の相克――初期開化派の思想」（『朝鮮史研究会論文集』二二、一九八五年）参照。
＊25　筆者が主張するところの朝鮮における小国主義の存在を承認する立場に立ちながらも、それを自国の力に対する「諦念」から生じたものであるとして、「小国意識」そのものに朝鮮近代史の問題性を指摘する見解がある（木村幹「『儒教的レッセフェール』と朝貢体制――近代朝鮮における「上からの改革」を巡る一考察」『法学論叢』一三一―六、一三三―四、京都大学、一九九二―一九九三年、同「近代朝鮮の自国意識と小国論――金允植に見る朝鮮ナショナリズム形成の一前提」『愛媛法学会雑誌』二一―二、二一―三、一九九四―一九九五年）。しかしこれは、アジアにおいて唯一近代化に成功して植民地化を免れた日本の現在的地平からする小国主義への一方的断罪にすぎない。「未発の契機」の現在における思想的意義を認めず、しかもその思想を構造において捉えようとしない方法論には大きな疑問を抱くものである。
＊26　「富民説」（西順蔵・島田虔次編『清末民国初政治評論集』平凡社、一九七一年）五五、六二―六三頁。
＊27　原田環前掲第四論文、参照。
＊28　金文子「朴珪寿の実学――地球儀の制作を中心に」（『朝鮮史研究会論文集』一七、一九八〇年）参照。
＊29　このことは、「人民の喜びと憂いはもっぱら守令に係わるのだから、守令を慎重に選ぶことが急務である」（『日省録』高宗一〇年癸酉五月一八日）という言説にも端的に示されている。朴珪寿が統治の要諦を制度いかんの問題ではなく、統治者の人品いかん（「士」のあり方）の問題にあると考えていたことは間違いない。

2　身分・職業・労働観

甲申政変の首謀者の一人であった朴泳孝の回想によれば、朴珪寿のサロンでは、金玉均や他の同志らとともに、朴趾源の『燕巌集』や中国よりもたらされた新思想の講義を受け、とりわけ「燕巌集の貴族を攻撃する文章から平等思想を学んだ」という。[*1] 急進開化派の人士が朴珪寿から平等思想を学び、自らの属する両班身分の廃止に突き進んでいったことは間違いなく、日本亡命後における金玉均の上疏を期した文章にも、「蓋シ今日我邦ノ急務ハ所謂両班ヲ艾除スルニ在リ」[*2]とある。また、朴珪寿の教えを受けた穏健・急進両開化派の人士が中心となって推進した甲午改革によって、両班身分が最終的に廃止されるのを見ても、朴珪寿が彼らに平等思想を鼓吹したことに思いを致さないではいられない。

では、朴珪寿が教示したという平等思想とは、いったいいかなる内容のものであったのであろうか。まずは、彼が講義のテキストにしたという『燕巌集』の内容から考えてみることにしたい。

実学においては一般に、徒食する世襲・特権的両班に対する批判は厳しい。彼らを遊民として指弾する見解は、実学者のほぼ共通した認識である。[*3] それゆえ本来の「士」たる者への回帰が主張されることになるわけであるが、朴趾源の場合、そうした見解は「原士」という短い著作にまとめられている。[*4] 彼によれば、「士」とは必ずしも身分を指していうものではない。「天子は原士であり、原士は生人の本である」が、爵位には高低や貴賤はあっても、「士」は不変であるという。「孝悌は士の統である」という朴趾源にあっては、「士」の本質はあくまでも、人性いかんに求められているのであり、両班という身分にア・プリオリに「士」を認めるものではない。「孝悌忠信」を「実」として学び、「礼楽刑政」を「用」として学んで、実用に帰結する学問を行う者こそが、「士」というにふさわしいのである。

他のところでも彼は、「士の学は実に農工賈を包摂するものであり、三者の業は必ずみな士を待ってのちに成るものである。（中略）後世に農工賈が業を失ったのは、すなわち士が実学をしないあやまちのせいである」[*5]と述べている。

しかしこれは、現実の両班支配を否定するものではない。「士は人の統である」とも述べる朴趾源は、「そもそも士は下には農工を列し、上には王公を友とする。位からいえば無等であり、徳からすれば雅事である。一士読書すれば、沢は四海に及び、功は万世に垂れる」と言い、本来の読書人としての本務を果たす「士」を農工の上位に位置づけている。彼においては、両班が実学に努め民本の立場から民衆生活を利する存在である限り、両班を頂点とする李朝の身分支配体制は容認される。彼が書いた小説『両班伝』は、現実の両班の遊民化、教条化した生活・思考態度を批判的に風刺したものとして著名なものだが、しかしそれは他方で、両班になりうる素養をなんら持たないにもかかわらず、両班に成り上がろうとする庶人をも愚弄したものであり、そこに「士」としての朴趾源の自負を認めることができる。

従って、『燕巌集』を通じて平等思想を学んだという朴泳孝の回想は、疑問の余地が生じることとなる。『燕巌集』自体からは平等思想などはにわかに学びえないはずであり、しかしにもかかわらず学んだというのだから、それは『燕巌集』を解説してみせた朴珪寿の思想の中に平等思想の原型を探し求めなければならないであろう。

朴珪寿は朴趾源の「原士」を継承して、「そもそも士は生人の大本である」と述べながらも、次のように「士」について独自な説明をする。[*6]

そもそも人に孝悌忠順の徳があれば、どうして士でないことがあろうか。士であって百畝の土地を己が憂となし、勤力して地財に長ずる者を農という。士であって五材を整えて民器を弁じ、利用厚生の物を開く者を工という。士であって有無を貿遷して四方の珍異なものを通じ、これらを世間に支給する者を商という。その身は士であり、その業は農工商賈なのである。（中略）業が同じでなくても道に違いはなく、名は四つに列せられてはいるけれども、実は士は一つである。（中略）それゆえ、その賤は匹夫よりその貴は天子に至るまで士でない者はいない。朴珪寿は、朴趾源のようには「孝悌忠信」の徳の本来の所有者を読書人＝「士」のみに限定せず、「士」以外の農工商にも「孝悌忠順」の徳の所有を認めたのである。これはいわば、「孝悌忠順」という普遍的「道」の観点から「士」の相対化をはかることによって、四民平等の論理的基礎を築いたものと見ることができる。ところが原田環氏によれば、これは李朝後期の身分制の解体化現象を論理化しようとしたものに過ぎず、「当時の階級支配を否定するものではなかった」という。朴珪寿の士論は、「農工商の上に立つ士」と、「士農工商に職分されるところの士」という二重の内容をなしているが、前者の論理が貫徹される限りそれは、「階級的身分支配」を維持しようとする論理に帰着するというのである。[*7]

しかし、果たしてそうした評価は妥当であろうか。なるほど朴珪寿の議論は、一見したところ士農工商を身分論的に論ぜずに、職分論的に論じるのみで、「士」の政治的優位性を否定するものとはなっていないであろう。だが、身分制の即完全廃棄を主張しなかったにせよ、身分と職業の概念を分断することによって後者に「士道」を全一的に認めようとしたことは、画期的意義を有し、永きにわたって両者を連続せしめるところに成り立っていた李朝の身分支配体制を、思想の面において根底からゆさぶるものになるはずである。それはいわば、全人民の総「士」化を意味するものにほかならず、論理的には四民平等、人間平等の方向に突き進んでいかざるをえないからである。[*8]「農工商の上に立つ士」を容認したにせよ、それは世襲的特権を持たない官僚の政治的支配、ないしはおうおうにして文字どおりの「士」でありうる地主による階級的支配を是認したことにしかならず、「階級的身分支配」はやがて骨抜き化の方向に向かうしかないであろう。[*9] 確かに当時の階級支配を否定することができなかったというのは、原田氏の言うとおりであるが、しかし身分支配の解体はすでに鋭く予見されていただけでなく、それを積極的に推し進める論理を構築してもいたのである。朴泳孝たちが学んだとされる平等思想は、まさにこのような論理構造をなしていた。

しかも朴珪寿の議論でさらに注目すべきは、その労働観である。彼はとりわけ「農」を定義づけた、「士であって百畝の土地を己が憂となし、勤力して地財に長ずる者」という言辞に示されているように、勤勉の結果としての土地集積などの蓄財を肯定している。これは私欲の肯定の上に立って、現実に進行している農民層分解を是認することを意味するものであり、実学の枠組を越えるものである。両班にして商業を営み巨額の富を築きながらも、最後にはすべて社会のために還元してしまい、自ら無一文となった人物を描いた『許生伝』からわかるように、朴趾源にあっては、私欲は必ずしも否定されるべきものではなく、社会的に寄与する私欲はむしろ肯定されるべきものであった。しかし、他の実学者同様に彼は、実は李朝前期より論議され続けていた均田論の立場から限田論を主張し、無制限な土地集積を否定したのである。朴珪寿の立場は、このような朴趾源とは明らかに違うものであると言えよう。

金容燮氏が明らかにしたところによれば、朴珪寿は古代における井田制の実在を否定し、土地再分配論や農民経済の均産化には否定的であった。そして彼は、農民経済破綻の原因を三政（田・還・軍の三つの税）運営上の紊乱に求めるばかりで、現実に進行している農民層分解を大きな社会問題として認識することができなかった。それゆえ、一八六二年の晋州民乱に按覈使として事後処理に赴いた彼は、無田の没落農民が民乱の主体でありうるはずはないという認識から、士大夫階層を主動者として捉えることになった。[*10]

このような指摘は、実学と開化思想に連続面だけでなく、断絶面もあることを見出した点できわめて重要な問題提起をなすものである。朴珪寿が質的差異こそあれ、李朝前期からある、なかんずく実学一般に認められる均田論を拒否したということは、新たな思想を切り開くものであり、朝鮮における近代思想の出発点をなしたとも見なすことができるように思われる。従来の実学研究では、おうおうにして土地再分配論を主張する実学は、農民的土地所有を目指す下からの動きに照応するものであり、近代志向的であるとされてきた。それは、農民層分解が地主制＝封建的土地所有の再生産に結果するがゆえに、農民層分解を否定する思想は近代的であるとする等式によるためであると思われる。しかし近代的であることのメルクマールは、近代社会が重層的土地所有を排除し、排他的私有制の論理を前提に展開されるものである以上、私欲肯定の立場から私的土地所有を是認することによって、現実に進行している農民層分解を追認する立場の誕生にこそ求められるべきものであろう。この点で、小農回帰＝農民的土地所有を求める貧農・半プロ層の姿勢は反近代的志向を示さざるをえず、来たるべき開化思想の論理とは宿命的に相容れない論理を持っていたし、またそうした無田農民への理解を示す実学も、必ずしも近代の方向にベクトルが向いていたわけではなかった。[*11]原蓄過程を随伴する近代が、農民にとっては一面悲惨なものであることを改めて想起すべきであろう。

このような意味で、私欲の肯定の上に勤勉の結果としての土地集積などの蓄財を認めていこうとする朴珪寿の労働観は、「天理と人欲の戦い」を説く朱子学はもとより実学からも挑躍したものであり、来たるべき資本主義の論理を受容するに当たっての受け皿となる可能性を持っていたものと見なすことができる。もちろん彼の労働観は具体的に提示されたものではないし、即座に資本主義のエートスになりうるものではない。しかし彼の教えを受けた弟子たちは、彼の思想を資本主義により即応した労働観に鍛え上げていく。たとえば金允植は、「富を願う情は天下の人々が同じくするところであり、ひとりヨーロッパだけがそうなのではない」[*12]と言うとともに、次のように述べている。[*13]

そもそも貧富は天の定めるところである。先王は民の産を制して甚貧と甚富の差異をなくそうとされたけれども、人の勤惰は同じではない。（中略）そもそも富者その人は必ず勤倹をもって力作して家を興した者である。これは勧めるべきものであって憎むべきものではない。

金允植は、師の朴珪寿に劣らず「聖人の道」を真に具現しようとした儒教的政治家であったが、儒教的思惟を堅持しつつ、朱子学的リゴリズムから解放されて私欲を認め、しかもさらにそれをベースに資本主義の勤倹精神を提唱するに至ったわけである。こうした思想的営為は、他に兪吉濬にもみられる。彼の場合には、正直・誠実・勤勉などの通俗道徳を説きつつ、「金章燦爛とした衣服に身を包んで政府に安座している」高官であろうが、「破れた衣に背負子を背負っている」労働者であろうが、それは職業的差異があるだけで、なんらの貴賤の差異はないとして、明確に身分制を否定する言説をなすまでに至っている。[*14]

以上のように朴珪寿の思想は、身分・職業・労働観などにおいてその真面目を示すものであったと言える。ただし断っておくが、これは愚民観からの即時の解放を意味するものではない。壬戌民乱の主体を正しく認識できなかったことは、そのことを端的に示している。ちなみに弟子の金允植が愚民観から完全に脱することができたのは、一九一九年の三・一運動の時であった。[*15]

注

＊1　李光株「朴泳孝氏に会った話——甲申政変回顧談」(『東光』三—三、ソウル、一九三一年)一四頁。

＊2　『朝野新聞』一八八六年七月八日付雑報。

＊3　鄭聖哲〈金哲央他訳〉『朝鮮実学思想の系譜』(雄山閣、一九八二年、原著一九七四年)参照。

＊4　「原士」(『燕巖集』巻一〇)第二分冊一〇〇—一〇九頁。

＊5　「課農小抄」(『燕巖集』巻一六)第三分冊三六八頁。

＊6　前掲「范希文請興学校清選挙」七九六—七九八頁。

＊7　原田環前掲第二論文、八六—八七頁。

＊8　誤解なきように付言しておくが、どれほど下賤なものだと思われている職業にも道徳を認めようとする思想は、朴趾源にあってすでに確立されてはいた(鄭聖哲前掲書、三六一—三六六頁)。ただ、彼においてはいまだ身分と職業が分断されていないがために、「そもそも天は万民を生むにおいて、おのおのに分命の根本を定めた。どうしてこれを怨むことがあろうか」(「穢徳先生伝」『燕巖集』巻八、第二分冊九頁)と述べる如く、それぞれの身分的「分」においてその「道」が認定されているのである。

＊9　大院君執政期に施行された戸布法は、軍役を実質的に両班戸にも負担させるものであり、両班身分廃止のための大きな歴史的一歩であった。身分制が日本に比べはるかにルーズで、実質的にも解体が進行していた朝鮮の場合、身分制の廃止を容認する潮流が醸成されやすい社会構造があったことを考慮すべきであろう。

＊10　金容燮「甲申・甲午改革期開化派の農業論」（『韓国近代農業史研究』一潮閣、ソウル、一九七五年）三〇八―三〇九頁。

＊11　ただし、実学最大の思想家とも言える丁若鏞にあっては、すでに均田論とは決別しており、政治と経済ないしは国家と社会の分離が志向され、その土地改革論は均税論の立場に立った「近代的改革論の初期形態」であったといわれる（李栄薫「丁若鏞の井田制論の構造と歴史的意義」『第四回東洋学国際学術会議論文集』成均館大学校、ソウル、一九九一年、参照）。だとすれば、朴珪寿の先駆性は色あせもするのだが、しかし丁若鏞は現実的には地主層と妥協しても、理念的には反地主制論者であった。この点で理念的にも地主制擁護の立場に立つ朴珪寿における私有制の論理は、より徹底したものであり、実学との断絶はやはり明瞭であると言えよう。

＊12　「十六私議」（『雲養集』巻七）第一分冊四九八頁。

＊13　同上、四九六頁。

＊14　「労働夜学読本」（『兪吉濬全書』Ⅱ、一潮閣、ソウル、一九七一年）二七四頁。なお大韓帝国期には、政府、在野を問わずに勤倹思想が鼓吹されることを付言しておく（拙稿「朝鮮人の労働観――大韓帝国期を中心に」（『ほるもん文化』二、新幹社、一九九一年、参照）。

＊15　拙稿「金允植における民衆観の相克」（『アジア史研究』一一、中央大学、一九八七年）参照。

3　横井小楠との比較

幕末維新期において、横井小楠ほど特異な思想家はいないように思われる。「我輩此道を信じ候は日本・唐土之儒者之学とは雲泥之相違なれば」[＊1]とまで述べて、儒教なかんずく朱子学を心底信奉しつつ、しかもそれを基礎にして西欧文明を受容したその思想的営為は、まさに実学の実践そのものにほかならず、他の追随を許さないものがある。松浦玲氏によって儒教型理想主義として評価づけられた[＊2]その思想は、「堯舜孔子の道を明らかにし、西洋器械の術を尽さば、何ぞ富国に止まらん。何ぞ強兵に止まらん。大義を四海に布かんのみ」[＊3]という有名な言葉に端的に示されている。小楠は、西欧文明を一面認めながらも、単純な富国強兵策を拒否し、弱肉強食的世界の現実に対するに、道義をもって立ち向かい、真に日本を「仁義の国」にしようとしたのである。このように日本においては希有な思想を持つ小楠が、その弟子的存在にして明治保守主義者の代表的人物である元田永孚とともに、朝鮮朱子学に強い影響を受けていたことはきわめて興味深い[*4]。

小楠と文字どおり朝鮮朱子学の子であった朴珪寿・金允植を比較すると、儒教型理想主義を語るその言説には、玄界灘を隔てながらも酷似したものが認められる。たとえば、金允植は次のように述べている[*5]。

> 無益をなさず、誠を推して柔遠し、豚魚（礼なき者）にも信孚をもってして、盛んに徳教を四海に及ぼせば、四海の国は必ずともにこちらにやって来る。壌奠（田畑からとれる祭祀のための供物）を保って有道の国と称することができるようになれば、あちらに利砲の猛火があろうとも、どうしてそれを使うことができようか。

ここには、道理外交の立場においてウェスタン・インパクトへの対応を模索した朴珪寿の思想が、ほとんど理念型にまで高められた形で論じられているのみか、小楠の思想を思わせるような理想主義的な言説が見出せる。

しかし両者の思想は、全く同じではない。朴珪寿・金允植と比べると、小楠の思想にはやはり、弱肉強食的現実をよりリアルに見ようとする日本的刻印が押されているように思われる。まず開国論と富国強兵論について見てみると、小楠の場合は、先に見たような朴珪寿ほどのオプティミスティックな認識は前提とされていない。すなわち小楠は、「凡我国の外夷に処するの国是たるや、有道の国は通信を許し無道の国は拒絶するのニッ也[*6]」と言っているのだが、これは天下には礼義なき国がないとした朴珪寿とは大きく異なっている。小楠は基本的には開国論者なのだが、それは朴珪寿とは逆に、無道の国の存在を認め、それとの交際を拒否するという、ペシミスティックな世界認識と厳しい姿勢を前提にしているわけである。しかも彼の見るところ、現実的には「有道の国」よりは「無道の国」の方が多いらしく、彼は、「既に西洋列国是迄有名之人物を見候てもアレキサンデル・ペイトル・ボタマルテ抔之類所謂英雄豪傑之輩のみにて、ワシントンの外は徳義ある人物は一切無之、此以来もワシントン段の人物も決して生ずる道理無之、西洋之惨怛は彌以甚敷相成可申候」[*7]と述べている。彼はすでに亡くなっているワシントン一人に徳義を認めるのみで、他の欧米人に信頼を置くことができなかったがゆえに、今後の世界情勢にも決して楽観することはなかった。しかも彼は、他のところでは、「アメリカも今日に至りては已に南北の戦争に相成候てワシントンの遺意は早失ひ申候」[*8]と述べ、当時のアメリカにも失望しているが、アメリカに最も期待を寄せていた朴珪寿との違いは明瞭である。

それゆえ富国強兵論についても、小楠のそれは、明治政府が推進した膨張主義的なそれに結果するような論理を持たないにせよ、朴珪寿の、「道」を喚起させるとともに、保民と富国を優先させようとするような自強論とはおよそ異なっている。なるほど小楠も、「勿論士民共に孝悌信忠を教るは治道の本源なれ共、教は富を待て施すべき《ママ》も聖人の遺意なれば、澆季の今日に当っては猶更富すを以て先務とすべし」[*9]として、教化と富民なかんずく後者を優先すべきことを論じてはいる。しかし小楠の場合、それを前提としての強兵策は、あまりに強大なものを思い描いている。彼は陸軍より海軍を興すべきことを説くが、その規模は当時世界最大最強を誇るイギリスに匹敵するものでなければならないという。そして、そのような海軍国を築き上げてのちに、「時あっては海外の諸州に渡航し我義勇を以て彼が兵争を釈かば、数年ならずして外国却て我仁風を仰ぐに到らん」と言うのである。[*10]彼は、「天地自然之勢に随ひ旧来之鎮鑰を開き、彼が所長を取り富国強兵之実政被行候へば数年を待たずして一大強国と相成候事は是又分明之勢にて有之候」[*11]とも述べているが、その目指すところはあくまでも「一大強国」である。

小楠は心底「仁義の国」を築くことを構想しており、それは決して詐りではない。しかしその「仁義の国」は、諸外国に強制的に道義を実践させるに足るだけの世界最大の強国でなければならない。ここにおいて小楠の思想は、朴珪寿とは大きな違いを見せることになる。朴珪寿においては、強兵は決して否定されるべきものではないが、しかし最も重要なことは、「孝悌忠順」の徳すなわち「士道」をもって、おのおのが自らの職分に勧めることであった。強兵策は、保民・富国と矛盾をきたさない限りにおいて肯定されるに過ぎない。それゆえ大国志向は、初発からその発想が生じうる余地がない。このことは金允植に至るとより明瞭となる。くしくも彼も小楠同様ワシントンを尊敬していたが、彼の独立国家構想は、自強のための軍事力の必要を十分に認めつつ[*12]、先に見た言説からわかるように、侮りを受けないだけの軍事力を持ってさえいれば、後は道義によって諸列強の武力行為を未然のうちに封じ込めるというものであり、その「有道の国」論は自ずと小国主義に帰着するものであった。

こうして小楠と朴珪寿・金允植との開国論・富国強兵論をめぐる違いは明らかとなったが、もう一つ「士道」論において両者の間には、微妙かつ大きな違いが見られる。小楠は「士」について次のように述べている[*13]。

士・農・工・商及医甚職異なりといへ共苟も道を学ぶものは皆士なり。士にして志家職にあり、士と云べけんや。家職を卑として勉ざるは分を知らざるなり。思はずんばあるべからず。

これは平石直昭氏が言うように、前近代的な「分」の原理を説きつつも、それを「道」という普遍的価値によって相対化したものと見ることができる[*14]。そしてこれは、先に見た、朴珪寿が「孝悌忠順」という普遍的「道」の観点から「士」を相対化したのに比定しうる言説だと言えよう。しかし両者には、似て否なる論理がある。朴珪寿においては、「その賤は匹夫よりその貴は天子に至るまで士でない者はいない」という言説に示されるように、「道」は万人がア・プリオリに具有しているものと見なされ、それはそれぞれの職分に勤勉であることによって担保されている。それに対し、「完成を指向して永続的に、かつ不断に自己を相対化し続ける動態的な存在」としての聖人像を持つ小楠[*15]の場合は、「道を学ぶものは皆士なり」と説かれるように、「道」の所有は「学ぶ」ことによって担保されているのであり、それゆえ実質的には、万人平等観は不安定なものとならざるをえない。確かに小楠は理念的には、無私を前提とする利他という意味において「仁」を捉えたがゆえに、平等思想を獲得し、かつ共和制への理解も示しえたように見える[*16]。しかし、実質において彼が説く道徳とは、植手通有氏が言うように、もっぱら為政者の道徳であり、かつ治国安民に関わる道徳である。庶人の道徳には、あまり関心が払われない。[*17]

ここに小楠と朴珪寿との違いは、やはりまた大きなものとなる。朴珪寿においては、「道」において為政者と庶人は連続しているのであり、決して断絶することはない。それゆえ、自強策の一番の根本は、万人がおのおのの職分を尽して「孝悌忠順の徳」の涵養に努め、「士道」を実践することに求められるわけである。対するに小楠にあっては、「たとひ武伎によって強健農樵に異ならざるに至るとも、別に士たるの道を弁ふることなくんば畢境農樵同等の鄙夫なり」[*18]というが如く、「道」において武士と庶人は明らかに断絶している。それゆえ、富国強兵策と不可分なものとして文字どおりの武士＝為政者のための「士道」が問われるのである。

かくして、同じく朝鮮朱子学の薫陶を受けながらも、両者の違いは一見したところとは裏腹に、大きなものであることが明瞭となった。ではそれは、どのような事情によっているのであろうか。短絡的とのそしりを受けるかもしれないが、現在のところ筆者は、大きく二つの理由を想定している。

第一には、華夷的秩序観の違いである。文化意識を優先する文字どおりの華夷的秩序観のなかで小中華思想が育まれた朝鮮に対し、日本では文化意識よりは国家意識を優先する日本型華夷秩序観なるものが形成された。[*19]それゆえ日本では、国家の至上性を前提とするような文字どおりの富国強兵論が台頭せざるをえず、小楠もまた、基本的にはその枠組を踏みはずすことはできなかったのに対し、朝鮮ではあくまでも文化性を前提とするような自強論が台頭することとなった。自強と富国強兵という朝日両国のウェスタン・インパクトに対する対応の違いを、文の国と武の国の違いに求めようとする見解がたやすく出てくるように思われるが、それこそあまりに皮相な見解である。確かにそれは、重要な規定要素の一つかもしれないが、より本質的には、おそらくは古代からの国家形成の違いに淵源するような、以上のような国家意識と文化意識の強弱に求められるべきであろう。

第二には、士族と庶人の生活環境のあり方の違いである。日本では兵農分離下において、武士の道徳規範と庶人のそれは分離せざるをえず、農工商はそれぞれの価値世界を作り出し、とりわけ農民のための通俗道徳も形成された。しかし士族と庶人がともに一つの村落を作りえた朝鮮の場合は、両班的道徳規範が底辺にまで及んで一元化の方向に進み、通俗道徳も容易には形成されえなかった。[補注1]それゆえ、開国前後に体内的に形成される両国の平等思想は、上から下に「道」がいかに貫徹するか否かをめぐって異なった見解を見せるしかなかった。一九世紀に入って頻発化する朝鮮の民乱においては、参加度の違いはあれ、士族と農民がともに主体勢力を形成するのが一般化していく[*20]のだが、それは武士と農民が隔絶した世界に住み分けして、武士が農民の一揆に加わることなど望むべくもなかった近世日本との大きな違いである。

注

＊1　「甥左平太・大平へ〈慶応三年六月二六日〉」（山崎正董編『横井小楠遺稿』日新書院、一九四二年）五〇八頁。

＊2　松浦玲「日本における儒教型理想主義の終焉」（『思想』五七一、五七七、五九二、六〇三、一九七二―一九七六年）、『横井小楠』（朝日新聞社、一九七六年）参照。

＊3　「送左・大二姪洋行」（前掲『横井小楠遺稿』）七二六頁。

＊4　阿部吉雄『日本朱子学と朝鮮』（東京大学出版会、一九六五年）四七九―四八七頁。小楠が明治期にも活躍していたらという仮定は、興味がそそられるが、彼の一面における分身的存在でもある元田が、東アジアの朝貢体制を尊重する立場から、三国連帯論や朝鮮不干渉論を唱えていたことは示唆的である（沼田哲「史料紹介　壬午事変後における元田永孚の朝鮮政策案」『青山史学』六、一九八〇年、参照）。

＊5　『続陰晴史』（韓国史料叢書一一）上、一五六頁。

＊6　「夷虜応接大意」（前掲『横井小楠遺稿』）一一頁。

＊7　前掲「甥左平太・大平へ」五〇八頁。

＊8　「沼山対話」（前掲『横井小楠遺稿』）九〇九頁。

＊9　「国是三論」（同上）三六頁。

＊10　同上、四六―四七頁。
＊11　「外交問題に関して」（同上）九九―一〇〇頁。
＊12　「そもそも国であるのならば、戦いを忘れることはできない。戦いを忘れれば必ず危うくなる。今四海は雄を争っており、小国といえどもなお財を積んで練兵し、自強を図らなければならない」（前掲「十六私議」四八一頁）。
＊13　「内藤泰吉に告ぐる語」（前掲『横井小柄遺稿』）七二五頁。
＊14　平石直昭「主体・天理・天帝（二）――横井小楠の政治思想」（『社会科学研究』二五―六、東京大学社会科学研究所紀要、一九七四年）九二頁。
＊15　同上、六四頁。
＊16　八木清治「横井小楠の「仁」」（『日本思想史研究』一六、東北大学、一九八四年）参照。
＊17　植手通有「明治啓蒙思想の形成（三）――西洋観の転回との関連において」（『思想』五一六、一九六七年）。
＊18　前掲「国是三論」五五頁。
＊19　荒野泰典『近世日本と東アジア』（東京大学出版会、一九八八年）参照。
＊20　拙稿「李朝末期の民乱――原州民乱（一八八五年）の事例から」（『朝鮮史研究会論文集』三三、一九九五年）参照。

おわりに

朴珪寿の思想は、自強論においては単純な富国強兵論とは区別される議論を展開したが、それは実学を忠実に継承するものであり、開化派とりわけ穏健派への架橋的役割を果たすものであった。しかし身分・職業・労働観などについて言えば、「士」の論理を農工商に拡大することによって平等思想の地平を切り開くとともに、実学に一般に認められる均田論を拒否する立場をとり、断絶相を見せている。とりわけ、私欲の肯定の上に勤勉の結果としての土地集積などの蓄財を認めようとしたことは、来たるべき資本主義の論理を受容するに当たっての受け皿となりうるものとして注目される。彼の思想の真骨頂はここにあったのであり、この点においてこそ彼は開化思想の先覚者となりえたと言うことができるであろう。

このような思想を日本と比較した時、両国の思想の構造の違いは鮮やかに浮かび上がってくる。外見上では酷似している横井小楠の思想さえ、日本的刻印が強く押されたものであった。朝鮮も日本も小農自立を達成した社会といわれるが[*1]、両国の思想を規定している社会構造の違いはさまざまである。

朝鮮近代思想史研究においては従来、自生的な「近代思想」の萌芽＝実学に着目しつつ、それを土台にして文字どおりの西欧近代思想がいかに受容、発展せしめられるかという問題意識が濃厚であった。しかしそれは、あらかじめ朝鮮思想史の到達点が設定されたうえでの受容度の測定という研究方法であり、それゆえそうした問題意識に立つ研究では、「進歩的」とか「限界性」とかという言葉がどれほど多く使われてきたことか。朝鮮思想が近代社会に入ってもなお変わりえない、あるいはあえて自らを変えようとしないものの正体をつかもうとする研究姿勢からすれば、そうした言葉は簡単には使えない。そうした研究姿勢とは換言すれば、朝鮮思想を原理あるいは構造としてとらえることによって、現在をも拘束しているかもしれないその個性を抉摘し、現在の南北朝鮮の国家と社会を相対化するのみならず日本をも相対化し、さらには、近代という時代をも相対化しようとする研究方法に立つことをいう。したがってそれは、特殊的かつ普遍的な問題意識をベースとして持っている。今後は、朝鮮思想史の文脈のなかで朝鮮の近代思想をとらえようとする研究方法が望まれるし、またその一助となりうる比較史的アプローチもますます重要度を増していくに違いない。

注

＊1　宮嶋博史「東アジア小農社会の形成」（『アジアから考える』六、東京大学出版会、一九九四年）参照。

【初出】『歴史学研究』（六七八、一九九五年）。原題は「朝鮮における実学から開化への思想的転回——朴珪寿を中心に」。

（補注1）この指摘は誤解を招く表現だったように思う。両班的価値規範が一元的に底辺民衆にまで求められたのは事実だが、その一方で遊民批判は政府的にも士人レベル（特に実学知識人）的にも執拗になされていた。ただ、真人鄭氏の誕生によって救済されるという終末的な『鄭鑑録』信仰が一八世紀より民衆世界を席巻し、依他的な救済観が広がったのも事実である。こうした救済観を克服して通俗道徳的に自力救済を求めたのが、一八六〇年に崔済愚によって創建された東学である。東学こそは、朝鮮における通俗道徳成立の画期となる民衆宗教であったというのが、年来の私の主張である。とりわけ第二代教祖の崔時亨は「守心正気」を重視し、人々に内省主義を求めて通俗道徳の実践を強く説いた。安丸良夫は、日本では通俗道徳が一八～一九世紀に民衆の間において主体的に内面化するという方向で全国的に形成されたと言うが、確かに東学の成立は日本に比べ遅かったように見える。しかし実のところ、朝鮮のそれが大幅に遅れたということはできない。東学の誕生は、それまでに民衆世界に通俗道徳内面化の契機とその自己形成の機運があったればこそ、可能であったと考えることができる。一八～一九世紀は『鄭鑑録』の蔓延とともに通俗道徳の通念化も進行していたと考えるべきであろう。本稿執筆当時は通俗道徳としての東学の誕生をあまりに画期視したために、本稿におけるような表現になってしまった。しかも、安丸自身ものちには、通俗道徳の内面化は民衆の実態ではなく社会通念であるとしたように、通俗道徳的人間は日本でも朝鮮でもどれだけ広範に存在したかは、一考を要する。このことについては、拙稿「民衆運動史研究の方法——通俗道徳論をめぐって」（アジア民衆史研究会・歴史問題研究所編『日韓民衆史研究の最前線——新しい民衆史を求めて』有志舎、二〇一五年）と「安丸史学の検証——逸脱と道徳をめぐって」（『現代思想』二〇一六年九月臨時増刊号）を参照されたい。

二　金允植における民衆観の相克

はじめに

一九世紀末葉、朝鮮が内外の危機に直面した時、改良的（穏健的）開化派のひとりとされる金允植《キムユンシク》は、小国主義構想を提示することによって西欧列強や日本の侵略に対処しようとした。彼はまず、覇道＝「無道」がまかり通る世界の現実に対し、朝鮮のみは王道＝「有道」を貫き通して率先して範を示すべきことを主張した。それは世界平和の高い理想を秘めた「信義」を世界に問うという儒教型理想主義の表明であった。そしてこの理想主義に立脚しつつ彼は朝鮮資本主義化構想をも念頭において、富国策を優先し、強兵策を猶予するという小国主義構想を提示したのである。この構想は、「覇」には「覇」ではなく、「覇」には「王」をもってする小国朝鮮の伝統的論理からの西欧列強に対する独自な批判、対抗の仕方であった。と同時にそれは、大国主義的方向をとった日本の明治維新的コースや、それを模倣しようとした金玉均《キムオッキュン》らの甲申政変的コースをも批判し得る「第三の道」の提唱でもあった。[*1]

金允植の外交政策が清国への事大政策――単なる伝統的な事大主義とは区別される――を基軸とするものであっ

たことは事実だが、だからといって彼の国家独立構想を過小評価することはできない。彼の西欧批判の論理や小国主義の具体相を見ずして、彼の東道西器論や自強論を、「進歩を仮装した保守的支配勢力が放った支配維持策のひとつ」[*3]とか、「執権層による封建体制を維持するための最期の試図」[*4]とかと単純に否定的にのみ評価することには同意しがたい。

しかし筆者は、金允植の小国主義構想を無条件に高く評価するものではない。彼の小国主義構想はあくまでも為政者の立場からなされたものであり、そこには民衆を歴史の変革主体として位置づける視点が欠如していた。彼はすぐれた儒者ではあったが、儒教の伝統的な愚民観から容易に脱し得ず、下からの変革論理を自らの構想の中に取り込むことができなかった。ところが皮肉にも、朝鮮の半植民地化が決定づけられ、小国主義の実現可能性が弱まる甲午改革以後、金允植の視野には徐々にではあるが、歴史変革主体としての民衆の姿が入りはじめる。その過程は彼が東道西器論から変法論へと思想転回する過程でもあった。

本稿の課題はまさにこの過程を跡づけることにある。李朝末期から日帝統治期にかけての激動に満ちた時代に生きた朝鮮の一儒教的政治家が、いかにして民衆に近づき得たか。儒教という伝統思想に固執しながらも、朝鮮の近代を展望しようとした朝鮮のすぐれた知性の葛藤がそこにはある。金允植の思想的営為を普遍化することはもとよりできないが、彼の思想的営為は少なくとも、朝鮮の一つの独自な近代への模索のあり方を示すものであって、そのことを明らかにすることは決して無意味ではあるまい。

1　為政者と民衆

甲申政変（一八八四年）以前の金允埴の思想が東道西器論であったことは言うまでもない。一八八一年彼は領選使として清国天津に赴くが、ここで彼は清国洋務派の影響を受けて東道西器論的な自強思想を固める。[*5] ヨーロッパの政治制度について一定の肯定的評価を下してもいるが、変法論については否定的であった。彼は「泰西各国、議起於下、在上者無成心、故鮮有敗事、惟我東洋、不可純用此法」[*6]（傍点は筆者、以下同じ）と述べ、ヨーロッパの民主的な政治制度のあり方と為政者の野心のない政治姿勢に言及しながらも、その政治制度の東洋への移入には反対していた。彼においては東洋文明の優位性は動かし難いものとして厳然としてあった。彼は、

西人之善処、必不出於先聖之範囲、二先生（顧炎武・胡渭—筆者注）之言、無怪見施於西国也、亦可日暗合古人。[*7]

と述べ、ヨーロッパの諸制度がどれほど優秀であっても、それは東洋の聖人や大学者が行なったこと、あるいは考えたことの範囲に過ぎないと考えていたのである。[*8] 従って「東道」を安易に放棄しようとする日本に対する彼の批判は痛烈である。すなわち彼は、

日本所為、多不満意、悦洋人之道、尽化其鬚髪・衣冠・典章・法制、但恨不能目深鼻高耳、且百年以来、頗尚文風、今則掃除文字、是秦政復起也、東洋山川、亦有神祇、必不楽此挙措也。[*9]

と述べ、何でも「洋人之道」に倣おうとする日本人にとって、恨むべきは目鼻だちだけは変えられないことだと皮肉ったうえで、日本人が伝来の文字を捨ててヨーロッパの言語を専習することを「秦政復起」だと過剰なまでに批判するのである。[補注1] そして日本人がそうすることは、実はヨーロッパ人の侮辱を受けることであるのだとして、彼は日本人のそうした行為を「東洋之耻」であるとまで論難した。

このように甲申政変以前における金允植の東道西器論には確固たるものがあった。ヨーロッパの政治制度に一定の理解を見せながらも、この時期の彼にはそれを移入することは到底考えられなかった。同じく開化派といわれながらも、甲申政変を起こした変法的な金玉均や朴泳孝《パクヨンヒョ》らと、金允植が考えを異にするといわれる所以の一つがここにある。

ところが甲申政変以後、とりわけ一八八七年に守旧派によって失脚させられ忠清道沔川郡に定配されて以降、彼の東道西器論には変化が表れる。中央政局からしりぞき罪人の身として地方にありながらも、沔川での平穏な生活は時局を客観的に見つめ直す余裕と思索の時間とを彼に与えたのであり、このことがその変化を引き起こす一因になったものと思われる。彼はこの時期、富民層を積極的に保護することによって産業資本家に育成していこうとする朝鮮資本主義化構想ともいうべき案を提唱する一方で[*10]、ヨーロッパの政治制度にふれ、

本朝中葉以後、以四色党争、国勢萎靡、馴致今日之禍、有識之士、所以疾首者也、党争於無事之時、足以亡国、況有事之日乎、近世各国、皆有政党、此皆為公、非為私也、今我政府之党、是為公乎、為私乎、（中略）我国自百年以来、政乱民散、挽近尤甚者、寔由於私之一字。[*11]

と述べた。彼はまず李朝中葉以降の党争の結果、今日のような禍がおとずれたのだとしたうえで、党争というものは亡国をまねくものにほかならないと断定した。ところが近世以後「各国（西欧）」にみられる「政党」は「公」的なものであって朝鮮の「私」的な「党」とは異なる。つまるところ彼は、「私之一字」を政争から取り去らねばならないと考えた。

彼がヨーロッパの政党政治を朝鮮の政治のあり方よりもすぐれているものと考えたことは明らかだと言えよう。彼はこの時期、間違いなく西欧から――単に物質文明からだけではなく精神文明からも――学ぼうとしていた。政党間で争いながらも一国としてのまとまりを堅持するヨーロッパ諸国の政治のあり方は、彼にとって一つの模範となった。先の文の前に彼は次のようにも述べている。すなわち、

泰西人云、美国之独立、非華盛頓一人之能、乃許多無名英雄之所合力而成之者也、愚嘗深味此言。[*12]

と述べ、アメリカ独立戦争の勝利がワシントン一人によって得られたのではなく、「許多無名英雄」の合力によってはじめてもたらされたのだということを聞いた時、金允植はその言葉を深く味わったというのである。彼はここにお

いて国家の富強の源泉を人々の合力に求めたのだと言えよう。彼は「夫合則強、分則弱、物理之常也[*13]」とも述べている。

金允植の政治に対する目は明らかに変わつた。一国の盛衰を国王を中心とする重臣たちの力量のみに帰するのではなく、「許多無名英雄」の役割の大きさをそこに見出したのである。従って公論の拡大について、彼は「今宜広開言路、不限官民、使人々得尽其言、則情無不達、冤無不白、国有公論[*14]」と述べ、「官」と合わせて「民」の意見をも広く聞くべきだとした。これはなお抽象論にとどまっており、立憲政治の採用を述べたものではもちろんない。ただ甲午改革（一八九四年）期には、金允植は定配を赦され、開化派政権に参与するが、そこでは立憲政治について盛んに論議された模様であり[*15]、彼がヨーロッパの政治制度の移入に必ずしも否定的ではなかったのではないかと推察することはできる。

しかし「民」の政治参加を示唆しながらも、そこには民衆一般の力量を容易に認め得ない金允植の葛藤があった。一方では「許多無名英雄」＝民衆の歴史的役割に気づきながらも、他方では彼は為政者の役割を第一義としていた。彼は「欲知其国之興替者、先問其将相之和不和、将相不和而能成国事者、未之有也[*16]」とも述べている。彼にとってはやはり、一部エリート＝「将相」の行為こそがまずもって重要であった。また金允植は「許多無名英雄」＝民衆を評価しながらも、現実に彼らがその巨大な相貌を顔前に現わした時、いったい彼らをどのように見たであろうか。反封建と反侵略の闘争に立ち上がった東学農民軍に対する彼の評価を見てみると、それは一口に言って徹底した愚民観であって、彼らの歴史的役割を全く評価していなかったと言える。

そもそも、金允植の東学に対する認識は「外托儒術、内実挟左道、如白蓮教之類[*17]」というものであって、東学を全くの邪教と見なしていた。そして東学運動が一八九三年に教祖伸冤運動として活発化し、李朝政府にとって由々しき事態になってくると、単なる邪教視は乱民視に変わる。報恩と金溝での東学集会を解散させるべく宣撫使として赴い

た魚允中《オユンジュン》に送った手紙の中で彼は、

向日東学事、（中略）観其所為、乃無才之張角、無能之妙清《ミョチョン》、不足為者、（中略）所謂東学、皆狐鼠相聚、専靠符讖、幸無一箇傑出之才、不足深憂、然所可憂者、方今民心渙散、従乱如水、朝廷無固係之信、所在貪汙、長吏又従而敺而納之、以比言之、未可已散而釋憤也、惟激濁揚清、興利除弊、為挽回民心之大関棙。[18]

と述べ、最近民心がとみに離れていっているのは、貪官汚吏の所業により朝廷の「固係之信」がなくなっているからで、それをくい止めるには清廉な政治によって民心を挽回するしかないということを認めたうえで、東学を取るに足りない反政府勢力だとした。すなわち、東学の行為には後漢末の黄巾の乱や高麗時代の妙清の乱ほどの才もなく、また東学には傑出した人物も一人としていない、東学は単に符讖を信じた心あさましい集団に過ぎないというのである。ここには金允植の東学に対する愚民観があますところなく出ていると言えよう。[19]

彼のこうした愚民観は翌年に甲午農民戦争が勃発してからも変わらず、彼は「大抵匪徒、以聚党為声勢、其実孟浪無足為、徒手之賊、烏合之衆雖多、何畏之有」[20]として、東学農民を過小評価している。東学農民軍の指導者である全琫準《チョンボンジュン》と金開南《キムゲナム》の活躍を知ると、彼は両人の実力を認めはしたが、「金琫準・金介《ママ》南猶天宝之安史也、殲比両賊、則余無足為」[21]として、両人を唐の安禄山と史思明に擬したうえで、他の東学農民軍をやはり取るに足りない集団であると見なした。そして金開南が捕縛されたことを聞くと、彼は「甚為快活」としてその喜びを素直に表明するのである。[22]

こうした金允植の東学農民軍に対する徹底した愚民観は、単に為政者の立場からというのではなく、それ以上に封建的支配階級の立場から出た危機感の表明である。そのことは両班家が東学農民軍から打ちこわしを被ることについて彼が、

前日湖西最苦者班弊、天道循環、今日之最可矜者、莫如班家、凡知名之家、無一人真心入道者、故不免家々蕩敗。[23]

と述べていることを見れば明らかであろう。湖西（忠清道）の両班の土豪武断ぶりは、かの大院君をして朝鮮の三大弊の一つとして嘆かしめたほどのものであったが、[*24]そうであるがゆえに、忠清道における両班家に対する東学農民軍の打ちこわし闘争は激しかった。ところが金允植は、甲午農民戦争における両班と農民との立場の逆転を「天道循環」としながらも、東学に入教しないがゆえに打ちこわしを被っている両班家に対して「可矜」として同情を吐露しているのである。同じく支配階級である士大夫としての連帯意識からの同情と言えよう。支配階級の一人であるという自覚のゆえに、民衆から隔絶してしまっている金允植の立場は明瞭である。[*25]

このように金允植は、現実には「許多無名英雄」を認めていなかった。むしろ彼らに対しては、支配階級の一人としての恐怖感から排撃する姿勢をとった。この時期の彼においては、「許多無名英雄」なるものは理念的にのみ脳裏に刻印されていたに過ぎなかったと言えよう。あるいは彼が真に「許多無名英雄」の存在を認識していたとするならば、それはきわめて限定された意味においてである。「夫有国・有土者、惟以保存宗社・奠安生民、為務」[*26]と述べる彼にとって、まずもって「宗社」を守ることこそが第一義とされたことは言うまでもないが、そのことに体制内的に寄与する限りにおいて「許多無名英雄」が問題となるのである。そのことはこの時期の彼の人材登用策を見れば明らかになる。

彼は人材登用策についてまず「夫国以任賢為本、官以得人為治、興百善事、不如進一賢才、祛十弊政、不如退不肖、此古今為政之大要也」[*27]と述べ、一国の政治は賢才の人物を得ることにかかっているとする。ところがここ百年来、科挙制度は「以私為公」となっており、登科する者は門閥勢力によるか、賄賂によるかしなければならない。[*28]そこで彼は中宗《チュンジョン》の治世時に行なわれた賢良薦科を一つの理想としつつ[*29]、他方で学校教育を興すべきことを提唱した。彼は「嗚呼、欧洲諸国之能雄長於四海者、以有学校教育之盛也」[*30]と述べ、ヨーロッパの学校数育にならうべきことを説くのである。

しかしこの学校なるものは教育の機会均等を前提とする、民権思想に根ざした近代的人間教育を行なう場ではない。そのことは彼が、「惟先養才然後可以取士、取士然後可以治国、外此而論治道者、未之聞也」[*31]と述べているのを見れば明らかである。この時期の彼においては、学校教育はあくまでも「治国」「治道」のための官僚＝エリート養成を究極目的とする機関として位置づけられていた。

教育の機会均等を前提とせず、しかもその目的が官僚＝エリート養成である以上、その恩恵を被ることのできる人々は当然限定される。どれほどの民衆がこの恩恵に浴することができるであろうか。金允植における民衆一般の政治への参加容認はやはりなお遠く、「許多無名英雄」なるものの内容はあまりに空虚であった。

以上述べたことから分かるように、甲午改革前後の金允植は変法論に近づきながらも、民衆一般の力量や歴史的役割を容易に是認し得ず、「許多無名英雄」をめぐって葛藤していたのだと言えよう。[*32]この時期の彼の思想は、どれほど変法論に近づいたとしても基本的にはやはり東道西器論である。それは彼が、

東土文明之地、更有何可開之化乎、(中略)所謂開化者、即時務之謂也、趙武霊王欲伐中山、遂為胡服、自漢以来、屢嫁公主於単于、皆迫於時、亦可謂之開化乎。[*33]

と述べているのを見れば明瞭となる。金允植は東洋はもとより文明の地であって開化すべき必要は毛頭ない、だから一般にいう開化とは「時務」の謂であって、趙の武霊王が胡服を採用したことや、漢が公主を単于に嫁がせたことなどを開化というのだろうとしている。朝鮮資本主義化構想やヨーロッパの政党政治への肯定的評価に見られるように、彼はヨーロッパの精神文明の移入に一見理解を示しているようでありながら、しかし他方ではそれへの懐疑をも表明しているのである。金允植の葛藤は深い。

彼が本格的な変法論者になるのは甲午改革以降、とりわけ二〇世紀初の愛国啓蒙運動期になってからである。彼は「東道」の優秀性への信仰を生涯捨てることはなく、その意味で最後まで信念ある儒者であったが、西政の古典への

付会を強めることによって東道西器論から変法論へと思想転回を遂げて行くのである。

2　変法論と民衆

　一八九五年一〇月の日本による閔妃殺害事件を経て、翌年二月に所謂高宗の俄館播遷が行なわれると、開化派政権は崩壊し、甲午改革は中途で文字通り失敗に帰した。金允植は済州牧終身定配の刑を被り、一八九八年一月より済州島に流配される（一九〇一年七月より智島に移る）。ここで彼は二つの民乱に遭遇する。一つは一八九八年の房星七《パンソンチル》の乱であり、もう一つは一九〇一年の李在守《イジェス》の乱である。前者は牧使の苛斂誅求に抗議して起こったものであり、一般の民乱に近い性格をもつものであったが、（補注2）後者は複雑な性格を帯びていた。牧使の配下が天主教徒と結託して苛斂誅求を行なったために、この民乱は単に苛斂誅求反対を唱えるばかりではなく、反天主教をも呼号していた。

　さてこの両民乱に対する金允植の見方は東学農民軍観と並んで注目されるところであるが、基本的には東学農民軍観と変わるところがなかったと言えよう。

　まず房星七の乱についてであるが、その乱の終息を知ると、金允植は「以房逆就誅、誠為万幸、而今番民乱、皆由於前牧貪虐之致」[*34]と房星七の乱の原因を前牧使の苛斂誅求の甚しさにあると正しく指摘しながらも、指導者の房星七を「房逆」と呼び、彼の死を「誠為万幸」として喜んでいる。民乱の原因がいかに官側に責任があるとしても、官に対する反乱者は彼にとってはやはりあくまでも逆賊であり、許し難い存在でしかなかった。

　こうした認識は李在守の乱に対しても同じである。彼は「山川草木・鳥獣魚鼈、皆蓬乱離、三邑銭竭、牛馬田土価為之減、如此騒擾、安得不起鬧乎」[*35]と述べ、苛斂誅求によって民衆の生活が困難な状況に陥り、そのことが民乱を必然化させたことを認めながらも、民乱の指導者である李在守に対する評価はやはり痛烈である。李在守について彼は

「年二十一、蒙騃没覚、性好殺人、毎捕教人、不加覈問而殺之、所殺甚多、其党之麁暴、楽放縦者、多附之[*36]」と述べている。官奴である李在守は無知な若者で、人殺しを平気で行い、彼の周辺にいる者には粗暴、放縦な者が多いというのである。金允植にとっては多くの死傷者をともなう騒乱を引き起こす者はやはり許し難く、そうした行為を彼は「無知妄作[*37]」としか見なかった。東学農民軍に対する愚民認識からどれほども脱していない金允植の立場が基本的に見て取れる。

しかし、彼の民衆観に全く変化が表われていないとも言えないふしがある。彼の東学農民軍に対する呼称には「東徒」とか「東学党」とかのほかには、「匪徒」「匪党」「賊徒」等があったが、房星七の乱と李在守の乱における蜂起民に対しては、彼はそうした呼称を使わずに「民党」という呼称を使っている。東学の教祖伸冤運動の際に魚允中が東学徒を「匪徒」といわずに「民党」と呼んだために、ヨーロッパの民権思想の影響を受けているとして指弾されたことについては、すでに注＊19で言及しておいた。当時にあっては「民党」という言葉の響きには、そうした感じを抱かせるに足るものがあったようである。従って金允植にとっても「民党」なる言葉は当然忌避されるべきものであったが、彼は両民乱に遭遇するに際して「民党」なる語を使用するに至ったのである。その裏面には両民乱における蜂起民の正当性を一定程度是認しようとする金允植の積極姿勢があると言えよう。この時期の彼は依然として愚民観からは脱し得ないものの、民衆がどれほど無知蒙昧であっても、彼らに対して「愚民」なりの論理＝素朴な正義だけは認めようとしたのではないかと思われる。

金允植の民衆観におけるこの微妙な変化に、一八九六〜九八年の独立協会運動の影響が少なからずあったと推測することはさほど無理ではあるまい。済州島という僻地にいながらも、彼は甲午改革の挫折後に民権運動の立場から反守旧派闘争や反露闘争、議会設立運動などを展開した独立協会運動に少なからず注目していた。彼は「独立協会諸員蜂起、以為、此（犯人孥戮之典復旧―筆者注）非先王仁政、甲午已革之法、今忽復旧、此所謂下喬木而入幽谷[*38]」と述べ、独立協会運動を、彼自身も参与して行なった甲午改革の成果をふみにじった反動政権（守旧派と親露派の連合政権）に対する闘争＝「先王仁政」を回復する闘争として位置づけている。

ところで、独立協会運動は民権運動であると同時に変法運動でもあったが、金允植のこの運動に対する共感は彼の変法論への更なる前進を示すものであったと言えよう。事実この時期の彼は、独立教会運動に対して共感するばかりではなく、清国の変法自強運動である戊戌新政にも共感していたふしがある。彼は戊戌新政の失敗（戊戌政変）を聞くと、その顚末と感想を、

北京近信、光緒励精求治、欲改旧図新、満州勲戚世臣皆不楽、於是有太后党・皇帝党、太后即慈懿后也、后党権盛、暗置毒於御食、皇帝遇害、或云自殺、或云被毒、或云見囚、其存亡尚未詳知、政帰太后、開化党十人或竄或死、李鴻章亦附后云、盖皇帝欲与日英連合而拒俄、太后党附俄、欲以制伏開化党、沮新式復旧章、以便行私圧制也。[*39]

と述べ、伝聞の形ではあるが、康有為や梁啓超らが変法改革の頭としてかついだ光緒帝を「励精求治、欲改旧図新」と評価して変法派の敗北の模様を述べたうえで、戊戌政変を起こした西太后一派の行為を、ロシアに依って反動を策し、圧政を恣にするものだと批判している。清国変法派に対する金允植の共感は確かだと言えよう。[*40]と同時に、彼がかつて多大な影響を受けた洋務派の巨頭である李鴻章[*41]に対する不信の念を、「李鴻章亦附后云」という伝聞の中に見ることができるように思われる。彼は「李鴻章以半開化、専復任事云」[*42]という他の伝聞もしるしているが、多くの伝聞のなかでも李鴻章の動向は彼の大きな関心事であったようである。それは単に李鴻章個人に対する関心からばかりではなく、李鴻章の動向は洋務論の行くえをも示唆するものであったからであろう。変法派を弾圧した西太后一派に李鴻章がくみしたとするならば、それは金允植にとって洋務派の限界を意味するものにほかならなかったと言えよう。かくて李鴻章は「半開化」論者といわれてもやむを得なくなる。この時期金允植がどれほど自身を開化論者として意

識していたかは不明であるが、変法運動である独立協会運動と戊戌新政に対する共感から見て、かつてのように開化を単なる「時務」と捉える認識からは少なくとも脱していたであろう。金允植の東道西器論から変法論への転回を筆者はこの時期に求めたい。しかし彼が変法論について具体的に語るのは一九〇五～一〇年の愛国啓蒙運動期になってからである。彼は一九〇七年七月定配をとかれて帰京し、愛国啓蒙運動に少なからず関係をもった。本節の最後として彼の変法思想について若干考察してみたい。

この時期における金允植の変法思想の具体化の前提として指摘すべきは、新学の提唱である。彼は「広設中外学校、授以新学、此誠今日之急先務[*43]」として、新学を教授すべき学校を設立することを今日の急務とした。もとよりこれは新学の提唱→「東道」の廃棄を意味するものではない。彼は「其有芸術之古今不同、時勢使然、合於当世之用、則一也[*44]」と述べており、新学を中国古代よりの六芸（礼・楽・射・御・書・数）に合致するものと考えた。また「六芸者古今需用之具也、其目有六、而無所不包、道徳仁義理也、六芸器也、道徳仁義従六芸中出[*45]」とも述べているが、六芸が「体」ではなく「用」「器」であるならば、六芸と新学を付会的に合致せしめることは、彼にとって容易な作業であった。儒教の根幹になる「道徳仁義」を「理」すなわち「体」としてあくまでも堅持しつつ、新学に合致すべき六芸をそれから「用」として切り離すことによって、彼は「東道」＝儒教を「体」とし、「西学」＝新学を「用」とする東道西器論的公式を守ったのである。

しかし、どれほど東道西器論的公式に見えようとも、これは従来の東道西器論とは根本的に異なる。彼は六芸全部を新学に付会的に合致せしめており、しかも「今新学之政治・法律・公法・経済諸学、皆礼之善物也[*46]」と述べていることから分かるように、彼における新学の容認は機器や技術に限らず、西政をも含めたほぼ全般にわたっている模様である。ここにおいては、従来ことに甲申政変以前は「惟我東洋、不可純用此法」として拒否的であった西政の導入が意図されている。そうした意図を持った彼の思想は、もはや文字通りの東道西器論の範疇では捉え難い。清国の洋務論（中体西用論）にせよ朝鮮の東道西器論にせよ、内政は伝統により、自強は西洋の機器や技術によるというのが基本認識であり、それはかつての金允植においても同様であったのだが、ここでは彼はその基本認識を大きく打ち破っているのである。彼は中国古代を理想化しつつ古典を西政に付会せしめることによって、変法論を確固としたものにしたのだと言えよう。そうした付会的思考方法は清国変法派と全く同一である。*47

もっとも付会的思考は金允植においては以前からあった。甲申改変以前に、彼が「西人之善処、必不出於先聖之範囲」と述べ、ヨーロッパの諸制度の長所と「古人」の言行とを付会させていたことについてはすでに指摘した。しかしそれは、「東道」＝儒教の圧倒的優位性への確信から出たものであって、西政受容の姿勢はきわめて弱く、付会説の持つ意味も当然小さかった。西政受容の立場から行なわれた愛国啓蒙運動期の付会説の意味と同一に捉えることはできない。一九〇二年に彼が書いた『燕巌集』序に、

或曰先生（朴趾源《パクチウォン》—筆者注）之時、未見泰西文字、何其言之与西人之学理・政術、一一相符乎、曰泰西善法、未嘗不暗合於六経、先生儒者也、其経術・文章、皆自経中来、其言之相符、曷足異也。*48

とあるが、西政の優秀性と受容を前提にして、それらをいちいち燕巌朴趾源の言に付会させている金允植の姿を読み取ることはさほど困難ではあるまい。

こうした付会説の強化によって柔軟な思考をなしうるようになった金允植は、次に新学教育の機会均等を唱える。彼は「使子弟人々皆成有用之器、可以興邦国、可以扶吾道、可以保身家、毋徒是古而非今」*49と述べている。甲午改革以前の彼が学校の必要性を「治国」「治道」のための官僚＝エリート養成にあると狭隘に考えていたことについては既述したが、ここでは彼は「邦国」「吾道」「身家」のために新学を「子弟人々皆」に授けるべきだと言っているのである。「修身斉家治国平天下」的教育観をなお残しながらも、少なくとも教育の機会均等だけは明言している。そして教育の機会均等を説き得なかったかつてにおいては、「愚民」は啓蒙の対象にすらされなかったのだが、ここにお

いて金允植には啓蒙の対象としての「愚民」が見えて来たということもできよう。
しかも、この時期の彼の思想転回は急激である。この時期彼は「愚民」を単に啓蒙の対象とするばかりか、愚民観そのものをも克服していたのではないかと思われる。彼は、

聖人之道、雖若高遠難行、其実不過日用常行之面前道理也、聖人之言、雖若深奥難解、其実平易切実、夫婦之愚所可与知也。[*50]

と述べ、「聖人之道」は一見して難しそうではあっても、それは実は日常の行為の中にあり、また「聖人之言」にしても実に簡単なことであって、愚かな夫婦でさえ知り得ることなのだという。周知のように朱子学にあっては、主知主義に立つがゆえに「天人合一」の道でもある「聖人之道」ははるかに遠いものであって、誰もが容易に目指せるものではない。ところが、朱子学者であるはずの金允植[*51]は、ここで「聖人之言」を誰でも容易にふみ行なうことができるものだとしている。このことは「聖人之道」を一般民衆に開放することを意味する。この時期の金允植にいかなる朱子学理解があったのか、現在の筆者には解き明かすことができないが、この彼の言葉は大変重要である。なぜなら、それは「天人合一」の簡便化であり、取りも直さず平等思想の宣布を意味するからである。(補注3)もはやこの時期の彼は愚民観から脱していたと言っても過言ではあるまい。事実彼は「十室雖小、必有忠信之人、衆氓蚩々、猶有一得之見」[*52]とも述べており、どれほど無知な者にも「一得之見」があることを認めている。(補注4)彼の民衆を見る目は明らかに変わったと言えよう。

この時期の金允植の変法論はまさしく本物である。彼は儒教に固執しながらも、「至大無外」の儒教を国教化することは、儒教を一国の教に限ってしまうことになるからよろしくないという理由を設けて信教の自由さえ説いた。[*53]また李朝時代を通じて禁じられていた改嫁について、それは本来儒教の禁ずるところではないとして、[*54]実際に自身の孫娘を改嫁させた。[*55]さらに彼は儒教の祭祀を簡素化したり、庶子の従侄の子を立てて嗣子としたりもした。[*56]当時の人々

はそうした金允植の行為を「真開化」と評したという。[*57]

もっとも、こうしたことは彼の変法論の瑣末に属する。彼の変法論の頂点にあるものは、やはり立憲君主政体論であろう。彼は立憲君主政体ついて、

泰西列国、経百戦之余、知人民之不可強制、天理之不可終抑、一変其政治、割専制之私、設衆議之院、昭掲憲法、与民共之、風潮所駆、及於東亜、其心法之精一、範囲之広大、暗合大同之義、（中略）苟能拡充其道、則人民発達、国勢自強、君有常尊之栄、民得自由之楽、唐虞之盛、可復見於今日矣。[*58]

と述べている。中国古代の理想化と古典への付会によって立憲君主政体の良さを説くこの一文は、言うまでもなく康有為の大同思想の影響によるものである。従って金允植の独創でもないし、当時の思想としては特別に注視するほどのものでもない。当時においては立憲君主政体論は主流を占めていたし、[*59]一部には共和政体論まで出ていた。[*60]金允植は当時の立憲君主政体論の影響も強く受けていたであろう。

だが、儒教という伝統思想を捨てることなく、むしろ儒教への固執を通じて立憲君主政体論に到達し得たその思想過程こそは、朝鮮における金允植の独自性である。たとえ同じく儒教への固執から大同思想にもとづき立憲君主政体論を唱えた康有為の影響を受けたにせよ、それを受け入れる思想的素地を自らの思想的苦闘を通じて金允植はすでにこの時備えていたと言える。ことに、愚民観の克服は金允植が立憲君主政体論を受け入れるに当っての最も重要な前提条件であったのだが、彼が儒教を堅持しつつ「衆氓蚩々、猶有一得之」ということに気づくことによって、「衆議之院」を是認して立意君主政体論を受け入れ得たことは注目に価する。

韓国併合間近に至って変法論を開花させたのは、あまりに遅きに失したと言うこともできよう。しかしそうした現実的評価を越えて、冒頭でもふれたように、彼の思想的営為は儒教国家であった朝鮮の、一つの独自な近代への模索のあり方を示すものであって、重い内容を備えている。とりわけ、彼における民衆観の相克こそは、朝鮮近代の生み

の苦しみを表象するものであったと言えるであろう。

おわりに

韓国併合の時までに金允植が愚民観から脱し得たとしても、彼が真に民衆の力の偉大さを感じとったのは、おそらく一九一九年の三・一運動の時期であったであろう。この時、彼は民衆の蜂起のすさまじさに啓発されて独立請願書（長書）を日本に提出し、所謂「対日長書事件」なるものを起こした。[*61] その時の取り調べの際、彼は「十室之邑、必有忠信、集二千万人之智慮、豈無独立之道乎[*62]」と述べている。この時彼は、明らかに朝鮮民衆一人ひとりに「智慮」を認めたのである。もはや彼は愚民観を完全に克服したと言えるであろう。

また彼はこの時「民心即天心[*63]」とも言った。東学教祖の崔済愚は「天心即人心[*64]」と言ったが、これは東学＝天道教の「人乃天」＝平等思想の原点となった言葉である。金允植はさすがに最後まで儒者として為政者の立場をくずさず、「人」とは言わずに「民」と言ったが、「民心即天心」は彼の平等思想のぎりぎりの到達点であったと思われる。（補注5）

この時金允植の年齢は八六歳であり、二年後にこの世を去った。思えば「民衆の発見」までの道のりは長かった。

注

＊1　拙稿「朝鮮における大国主義と小国主義の相克——初期開化派の思想」（『朝鮮史研究会論文集』第二二集、一九八五年）。

＊2　原田「一八八〇年半の閔氏政権と金允植——対外政策を中心にして」（同右）。

＊3　姜万吉「東道西器の再吟味」（姜万吉『韓国民族運動史論』ハンギル社、ソウル、一九八五年）一六七頁。

＊4　崔震植「金允植の自強論研究」（『大邱史学』第二五集、大邱史学会、ソウル、一九八四年）一四一頁。

＊5　崔震植前掲論文、一〇五—一一七頁。

＊6　「陰晴史」（『従政年表・陰晴史』韓国史料叢書第六）一五八頁。
＊7　同右、九〇頁。
＊8　金允植は儒教の理念がヨーロッパで行なわれていると付会させる一方で、『墨子』の理念とヨーロッパ社会のあり方をも付会させ、「墨子之道有三、兼愛也、巧思也、尚鬼也、誰知此教、行於幾万里欧洲之地、不謀而暗合、亦異事也」（『続陰晴史』韓国史料叢書第十一、上、一五〇頁）と述べている。
＊9　前掲「陰晴史」七九頁。
＊10　前掲拙稿、八一―八二頁。
＊11　「追補陰晴史」（『続陰晴史』下）五五八頁。「追補陰晴史」は一八九一年に書かれている。
＊12　同右、五五七頁。
＊13　同右、五五八頁。
＊14　「十六私議」（『雲養集』、『雲養集』は一九八〇年にソウルの亜細亜文化社より『金允植全集』として二冊本で復刻された。以下、引用箇所は『全集』の頁で示す）五一三頁。
＊15　「自甲午六月以後、立憲政治之論肆行」（「聚語」『東学乱記録』韓国史料叢書第十、上、一四六頁）。
＊16　前掲「追補陰晴史」五五八頁。
＊17　前掲『続陰晴史』上、二四六頁。
＊18　「与宜撫使魚一齋別紙」（『全集』二）三四九―三五〇頁。
＊19　東学に対する認識では、金允植の僚友で、彼と同じく改良的開化派と目される魚允中の方が一歩進んでいたようである。魚允中は報恩に集結した東学徒を「匪徒」と言わずに「民党」と言ったために、識者より「有若泰西之民権者」として指弾された（『梅泉野録』韓国史料叢書第一、一二五頁）。
＊20　「錦営来礼（雲養）」（『東学乱記録』上）九〇―九一頁。
＊21　同右、九三頁。
＊22　前掲『続陰晴史』上、三四八頁。
＊23　前掲「錦営来礼（雲養）」九六頁。
＊24　「雲峴（大院君―筆者注）嘗称朝鮮有三大弊、湖西之士夫也、関西之妓也、全州之吏也（前掲『梅泉野録』三〇頁）。

＊25　ちなみに時期は下るが、金允植は中国の義和団になんらの意義を認めずに、「其行為、則盗賊之無倫者」と批判している（前掲『続陰晴史』上、五三一頁）。
＊26　「上北洋大臣李鴻章書」（『全集』二）二九七頁。
＊27　前掲「十六私議」四七〇頁。
＊28　同右、四七五頁。
＊29　同右、四七六頁。
＊30　同右、四七五頁。
＊31　同右、四七六頁。
＊32　もっとも、変法論が必ずしも愚民観から脱していたというわけではない。金玉均や朴泳孝らの変法論も愚民観に立っていた。また、一八九六年から九八年にかけて展開された変法運動ともいうべき独立協会運動も、基本的には愚民観から脱していなかった（池川英勝「独立協会の自由民権思想について」『史淵』第一一六号、一九七九年）。しかし、変法論は「愚民」を全体としつつも「愚昧の人民を教うるに文明の道をもってし……」（「池運永事件糾弾上疏文」『金玉均全集』亜細亜文化社、ソウル、一九七九年、一四六頁）というように、彼らを教育によって文明化することを重要なこととしていたし、そのために「設小中学校、使男女六歳以上、皆就校受学事」（「朝鮮国内政ニ関スル朴泳孝建白書」『日本外交文書』第二一巻所収、三〇七頁）というように、教育の機会均等も唱えていた。すなわち変法論においては「愚民」は少なくとも啓蒙の対象になされていたのに対し、この時期の金允植においては「愚民」は啓蒙の対象にすらされていなかった。将来的には民衆一般の力量（政治参加の道）を認めていこうとする変法論と、それをも躊躇する金允植の差異は明らかであると言えよう。
＊33　前掲『続陰晴史』上、一五六頁。
＊34　同右、四六七頁。
＊35　同右、五五九頁。
＊36　同右、五七五頁。
＊37　同右。
＊38　同右、四九二―四九三頁。
＊39　同右、四九五頁。

*40 ちなみにこれより二年ほど後の記述ではあるが、金允植は孫文らの清国革命派に対しては嫌悪の念を示し、その主義主張を危険なものとみなして警戒していた。すなわち「清国秘密結社、其数甚多、皆游勇散兵、蠢如鹿豕、好乱楽禍之徒也、他無足憂、最可憂者、惟孫文之革命党、其一、興中会、顚覆満州政府、為共和政治、広東人孫文、即其魁也」（同右、五三四頁）と述べている。

*41 一八九二年の段階で金允植は「当今識時務者、宜莫如北洋大臣少荃李公」（時務説送陸生鍾倫遊天津）『全集』二、二〇頁）と述べており、李鴻章を高く評価していた。

*42 前掲『読陰晴史』上、四九三頁。

*43 「新学六芸説」（『全集』二）二四頁。

*44 同右、二七頁。

*45 同右、二五頁。

*46 同右。

*47 小野川秀美氏は清国変法派の思考方法について「中国の古代は西洋の近代に投影され、近代化の原理は理想化された古代に求められた。経書に原理を求めながら、現実には範を西政にとる。それはもはや中体西用ではない。中即西の主張ともいうべきものである」（『清末政治思想研究』みすず書房、一九六九年、五頁）と述べている。李光麟氏は、金允植は新学への反論を行っており、彼の思想はあくまでも東道西器論であったという（「旧韓末新学と旧学との論争」『韓国開化史の諸問題』一潮閣、ソウル、一九八六年、二〇九―二一〇頁）が、そうした意見は東道西器論を固定的に考えてその内容変化を見ない皮相な見解だと考える。

*48 「燕巌集序」（『全集』二）一七〇頁。

*49 「新学六芸説」（『全集』二）二八頁。

*50 「明徳説」（『全集』二）一八頁。

*51 金允植は「吾輩視朱子、当如父母」（「与徐綱堂書」『全集』二、一八三頁）と述べており、もとより朱子を尊崇している。

*52 「答日戸勝即書」（『全集』二）三六三頁。

*53 「敦化論」（『全集』二）六一三―六一五頁。

*54 「改嫁非王政之所禁」（同右）六一五―六一六頁。

*55 前掲『梅泉野録』四六一頁。

*56 同右。

＊57　同右。

＊58　「大同教続言」（『全集』二）一七九―一八〇頁。

＊59　姜万吉「韓国民族主義の展開過程」（姜万吉前掲書）一八頁。同論文は水野直樹訳『韓国民族運動史論』（御茶の水書房、一九八五年）に掲載されている。

＊60　姜万吉「独立運動過程の民族国家建設論」（姜万吉前掲書）一一七頁。前掲訳書にも所収されている。

＊61　「対日長書事件」については金文子「三・一運動と金允植――独立請願書事件を中心に」（『寧楽史苑』第二九号、奈良女子大学、一九八四年）に詳説されている。

＊62　前掲『続陰晴史』下、四九四頁。

＊63　同右、四九九頁。

＊64　『東経大全』「論学文」。

【初出】『アジア史研究』（一一、中央大学、一九八七年）。初出時には補注があったが、本書再掲に際して注＊51とした。また、不要な注を一つ削ってある。

（補注1）この部分は、もう少し説明する必要があろう。史料中には「百年以来、頗尚文風、今則掃除文字、是秦政復起也」とあるが、これは後期近世日本に対する朝鮮側の認識として注目される。日本では一七九〇年の寛政異学の禁によって藩校ブームが起き、朱子学が正学化されるが、金允植はそのことを知っていたうえで、一〇〇年ほど前から朱子学を尊崇してきたのに、それを捨てたのはまことに惜しく、「秦政復起」ともいうべきものだと憤慨しているのである。本来、日本の朱子学化は朝鮮にとって歓迎すべきものであったのだが、それゆえになおさら明治維新による西欧化は背信のように認識されたものと考えられる。

（補注2）のちに房星七の乱について調べたところ、これは民乱的性格を持つとともに、分離主義的性格が濃厚な反乱であり、訂正を要する。拙著『異端の民衆反乱――東学と甲午農民戦争』（岩波書店、一九九八年）第一一章第四節参照。

（補注3）金允植の朱子学理解がどのようなものであったのかは今もって私にはよく分からない。ただ、この時期彼は古典の解釈を柔軟に行っている。資本主義の勤倹思想を古典から引き出すべく、『論語』の一句を引いて孔子さえ富貴を願ったとするような強引な解釈を披瀝しているのはその一例である（拙著『植民地期朝鮮の知識人と民衆――植民地近代性論批判』有志舎、四八～四九頁）。

そして、上の文章もまたそうである。前半の「聖人の道は高遠にして行い難いように見えるけれども、その実は日用常行の面前の道理に過ぎない」というのは、『朱子家訓』において朱熹が人の行うべきことを諄々と語った最後に、「これはすなわち日用常行の道であり、衣服を身に纏うとか、飲食を口にするとかというようなもので、一日もしないではいられないものである」というのを、金允植なりに解釈したものであろう。しかし家訓の内容はきわめてリゴリスティックであって、当為の「日用常行の道」だといわれても、常人が容易く実践できるものではない。凡人が読めば、『朱子家訓』の内容は日用常行の道とはいえ、やはり高遠にして行いがたい「聖人の道」である。後半の「聖人の言は深奥にして解しがたいように見えるけれども、その実は平易切実にして愚かな夫婦であっても与り知ることができるものである」というのは、『中庸』第一二章（島田虔次訳『大学・中庸』下、朝日文庫、一九七八年、六三〜六四頁）に「君子の道は、費にして而も隠なり。夫婦の愚も、以て与り知る可し。其の至れるに及んでは、聖人と雖も亦た知らざる所有り。夫婦の不肖なるも以て能く行う可し。其の至れるに及んでは、聖人と雖も亦た能わざる所有り」とあるのを、金允植なりに大胆に読み替えたものであろう。道というのは、卑近なところでは愚かな夫婦も実践できるものであるが、極致になると聖人であっても実践することができない深遠なものである、というのが『中庸』の説くところだが、金允植はまるで逆の解釈をしている。ある意味では、陽明学に近づいているようにさえみえる。

（補注4）この一文も、『論語』の読み替えである。『論語』「公冶長第五」には、「子曰く、十室の邑にも、必ず忠信、丘の如き者有らん。丘の学を好むに如かざる也」（吉川幸次郎訳『論語』上、朝日文庫、一九七八年、一六三頁）とある。孔子が言うには、小さな村にも自分のような忠信は必ずいるが、しかし自分以上に学問を好む者はいない、という意味である。しかし、金允植はこれを、「十室の村は小さいとはいえ、必ず忠信の人がおり、愚かな多くの民にも一得の見識があるようだ」としているのである。孔子の言からは、民衆にも見識があるなどとは全く読み取れない。金允植の飛躍した古典解釈は明らかだが、そこにどのような朱子学理解が介在するのかは、やはり分からない。

（補注5）初出当時厳しい紙数制限のため、「おわりに」は乱雑な説明に終わっている。かねて遺憾としてきたので、ここの段落部分についてのみ若干補足しておきたい。「民心即天心」というのは言うまでもなく儒教の天人合一思想にほかならない。従って、単に金允植の思想の到達点だというのは支離滅裂である。私が言いたかったことは以下の通りである。東学の「天心即人心」は、身分制が弛緩していく時代状況を背景にして、崔済愚が民衆を主体化させる営為のなかで、天人合一思想に新たな意味を付与して使った標語である。それと同じく三・一運動において朝鮮民衆一人ひとりに「智慮」を認めた金允植の「民心即天心」という言葉も、民衆主体化という意味を新たに付与して発語したものだということである。実はこの金允植の言葉は、病躯のため自宅で行われた検事の訊問に対する答弁の中に出てくる。「問、（長書によって）どんなことを広めようとしたのか。答、私は民と情を同じくするという意を表したかった。問、無知な小民がこの思想（独立思想—筆者注）を発露しようとするなら、大官たる者はこれを禁じなければならないのに、かえってそれを助けたのはなぜか。答、民の心は天の心である。天の働きがあるところ、どうしてこれを禁じ得ようか」（前掲『続陰晴史』下、四九九頁）。すでに立憲君主政体論を提唱したうえで、民に「智慮」を認め「民と情を同じく」しようとしたこの段階における金允植は、たとえ「民心即天心」という古めかしい儒教標語を使ったにせよ、今やそれに込められた民衆観は単なる民本を超え、確固として民主の方向にベクトルが向くようになっていたのは間違いない。もちろん、彼は最後まで君主制を否定しはしない。従って、過大評価だとする意見もあろうが、言うまでもなく立憲君主制も民主政体の一つである。金允植最晩年の思想的境地は民本主義と民主主義の臨界点に達していたというのが、私の金允植論である。

三　李沂における道義と国家

はじめに

西欧列強による国民国家体制への強制的編入に際し、強固な朱子学的伝統と小中華的世界観のなかで思惟していた朝鮮は、中国と同じく、文字どおりの儒教的文明主義を堅持していた。李朝後期には実学思想のなかに大朝鮮主義的な潮流が表出してくるのは事実だが、しかしそれさえもまた、独善的な文明意識を前提とするものであって、国家意識を前面に押し出す思想潮流は例外的にしか存在しなかった。それゆえ、朝鮮における近代ナショナリズムは文明へのこだわりを強く刻印されており、ややもすれば国家意識の脆弱性をもたらすこととともなる。衛正斥邪派の巨頭である李恒老《イハンノ》にあっては、人類普遍の聖賢の「道」＝文明を守ることこそは、「国の存亡」を越えた絶対的な使命であった（姜在彦「李恒老における衛正斥邪思想」飯沼二郎・姜在彦編『近代朝鮮の社会と思想』未来社、一九八一年）。一三道義兵総大将の李麟栄《イイニョン》が、父の葬儀と服喪を優先させて義兵活動を中断したという有名なエピソードは、彼がどれほど「忠孝一致」を強弁してみても、事実としては本来儒教道徳の根幹にある「孝」（家族道徳）を、そのアナロジーにおいて捉えられる「忠」（国家道徳）よりも優先させたことを意味し、人倫至上主義、文明至上主義の明確な所在を指し示すものであった。

このような思想にあっては、当然に政治は道徳の具現化としてオプティミスティックに観念されるのだが、多かれ少なかれ朱子学を学んだ当時の知識人は、こうした思惟のあり方に宿命的に拘束されていたと言える。それは開化知識人とて免れ得ないものであり、ここに朝鮮における国家主義の成立は、困難を極めることになる。朝鮮において国権思想が、知識人のみならず一般民衆にまで浸透していく画期となったのは、乙巳保護条約を契機に本格化した愛国啓蒙運動の時期であったが、しかし皮肉にもそれは、国権回復のための実力を養成しようとした自強運動であったにもかかわらず、外勢への依存を強めるという陥穽にはまりこんで行った。

この運動を推し進めるに当たっての原動力となった思想は、「弱肉強食」「生存競争」「適者生存」「優勝劣敗」などと標語化された社会進化論であった。これは本来、帝国主義を合理化する理論として有効性を発揮していたものだが、自らが自強化する理論として被抑圧国の中国がこれを受容すると、朝鮮にも影響が及んで、当時全盛を極めていた。ところが、「競争による進歩」を内容とする社会進化論の受容のされ方には進歩重視と競争重視の二つがあり、前者の考え方がより一般的であった。

進歩重視的に社会進化論を理解する者は、西欧文明の世界的波及を楽観視する近代文明至上主義的立場に立つがゆえに、多かれ少なかれ「万国公法」（国際法）への期待を表明した。それは、西欧文明こそを普遍的なものと見るとともに、政治と道徳を連続視する伝統的思惟の立場にあっては、なんら奇異とするにあたらない当然の認識であった。その結果、西欧への期待が強まるのみならず、あろうことか侵略の張本人にして、アジアにおいて先頭を切って近代化を推し進める日本への期待も高まることになる。そして、「親日主義」の立場から日本を盟主とする「東洋主義」を標榜し、対日妥協的な同盟論・保護論・合邦論などが台頭するに至るのである。これはまさに、日本帝国主義批判の視座が欠如した思想であったと言うしかないであろう（拙稿「朝鮮における日本帝国主義批判の論理の形成——愛国啓蒙運動期における文明観の相克」『史潮』新二五、一九八九年）。

朝鮮における国家主義は、このような対外依存や「東洋主義」の論調が幅をきかせるなかにあって、それとの対抗を通じてようやくにしてその姿を現すことになったものである。国家主義を主唱した人物には、朴殷植《パクウンシク》や申采浩《シンチェホ》がいるが、彼らは伝統的な道徳的オプティミズムの廃棄を自らの課題として国家主義定立のための思想的営為を開始した。すなわち彼らは、近代文明の陽と陰の両面を見すえつつ、競争重視的に社会進化論を理解して、あえて近代文明と妥協することによって、国家主義を鼓吹して国権のための自強を至上化したのである。それは、朝鮮思想史において長きにわたって政治と道徳の連続が前提されてきた中にあって、ペシミスティックな世界認識から初めて両者を分断することによって、弱肉強食の現実世界を単に批判するのではなく、自らも「強権」の信奉者になることを正当化したものとして注目される。国際社会に仁義や道徳を求めないばかりではなく、自らもそれを放棄して、ひたすらに「強権」をもって「強権世界」に打って出ようとする、マキャベリズムともいうべき思想を基礎に持つようなナショナリズムは、朝鮮にいまだかつてなかった（拙稿「朝鮮近代のナショナリズムと文明」『思想』八〇八、一九九一年）。

しかし、ここで取り上げようとする人物は彼らではない。彼らほどには徹底しえなかったのだが、逆にそうであるがゆえに、注目すべき人物として李沂《イギ》がいる。彼は朴殷植や申采浩ほどには著名ではないが、道義への信念を無意識のうちに最後まで完全放棄しえないままに、国家主義を定立させようとした人物であり、その点で朴殷植や申采浩に比べ愚鈍に見えつつ、実は彼ら以上に苦渋に満ちた思想的営為をなした思想家であったとも言える。以下、国家の独立を念じつつ、最後まで道義の実現を期して、激動の時代を思索しつつ駆け抜けたその生涯に迫ってみたい。

1　道義と民衆

李沂は一八四八年全羅道の万頃で、没落してより二〇〇年以上もたつような貧寒士族の家門に生まれた。聡明にして詩文の才に恵まれ、その名は早くから広く知れわたっていたといわれる。彼はその才能をもって家門を挽回すべく科挙にいく度も応試したが、なんの財力も門閥も背景としない彼が及第することは、当時の腐敗した人材登用システムの中にあっては、不可能に近いことであった。権勢ある両班に媚び諂うことのできるような人であったならば、あるいはそのあふれるばかりの才ゆえに官職への道が開けたかも知れない。しかしすでに一九才の時に「竹を真の友とすべきである」という議論を展開して、次のように言っていた剛直の士李沂にあっては、そのように諂うことは到底できないことであった（「竹友堂記」『海鶴遺書』巻八、以下『遺書』とする）。

私はその本が固にして揺るがすことができないのを知っている。どうしてその本に背くことがあろうか。私はその身が直にして屈せさせることができないのを知っている。どうしてその身を失うことがあろうか。私はその節が貞にして辱めることができず、その心が虚にして汚すことができないのを知っている。どうしてその節を変えその心を二とすることがあろうか。私は必ずそうならないのを知っている。だとすれば、竹の友である私において、どうして利勢を求めるようなことがあろうか。

李沂は竹のようにありたいとして、自らの家が貧しいことを嘆くのではなく、貧しくはあっても「利勢」に赴くようなことはしないことの決意を表明しているのである。それは実力をもって世に出るのだということの決意表明でもあったと思われるが、しかしやはり官職への道は遠く、節度を重んずる彼は、二八才にしていさぎよく科挙及第への望みを捨ててしまう。

こうして夢もなく生活に追われるばかりの日常が五、六年の間繰り返されることになる。ところが、自ら「公卿はその簡倣を憎んで私を捨て、郷里はその貧賤を恥として私を軽んずる」(「帰読吾書集自序」『遺書』巻七)という孤立無援の状況のなかで、彼は一八八二年より老母と妻子をおいて「衣食奔走」の旅に出なければならなくなった。それがどのような旅であったかはよく知りえないが、おそらくは食客として自らの知識を切り売りするような生計獲得の旅であったものと思われる。のちに彼は、公卿に頭を下げて「尺寸の資を求める」ような旅であったと自虐的に回顧している(「送李承旨建昌解謫環京序」『遺書』巻七)。剛直の士李沂にあっては、いかなる理由であれ権勢ある両班の門をたたくこと自体が恥辱であったのであろう。

病の体を引きずって李沂が家族のもとへ帰ってきたのは、実に一〇年後のことであった。しかし、もとより故郷に居場所のない彼は、翌一八九三年には、旅の途中で親交を結んだ著名な詩人にして、のちに殉国の士となる黄玹《ファンヒョン》との関係から、求礼に移住することになる。李沂が歴史の表舞台に登場してくるのは、この頃からである。一八九四年甲午農民戦争が起こると、彼はその最高指導者全琫準《チョンボンジュン》を訪ねて、ともに入京して政府を転覆し、「国権を一新」すべきことを提起した。もとより閔氏政権の打倒を企図していた全琫準はこれに応じたが、しかし全琫準とならぶ東学農民軍実力者であった金開南《キムゲナム》は、李沂をかえって害そうとした。ここに李沂はやむなく求礼の民人を募ってその「盟主」となり、意に反して東学農民軍と敵対するに至った。

李沂の東学に対する本来の立場は、天主教と同じ類であり、ただその名称を変えているに過ぎないというものであった。天主教に反対する彼は、一八九一年に天主教の教理をめぐってフランス人宣教師と論争さえ交わしていた。そのような彼が、あえて東学農民軍と結ぼうとしたのは、なぜであろうか。それはまずもって、その貧寒士族としての慢性的な体制不満に原因があったことは言うまでもないが、いま一つには彼がもとより培ってきた民本主義的思考のためであったと思われる。彼は若いときから柳馨遠《ユヒョンウォン》や丁若鏞《チョンヤギョン》などの実学者の著作に親しんでおり、その民本思想を受け継ぐ人物であった。また一〇年に及ぶ放浪の旅は、見聞の旅でもあったはずであり、収奪にあえぐ全羅道各地の農民の悲惨な状況は、彼をして東学農民軍へ加担させるに十分な経験であったであろう。後年彼は、「かつて州郡を歴游したので、政事の得失、民生の利病については詳しく知らないことはない」（「答鄭君曮圭書」『遺書』巻六）とまで豪語している。しかし皮肉にも、予期せざる政府側への加担によって、彼は折からの甲午改革政権とそれに引き続く光武改革政権にいくばくかの関与をしていくことになる。

李沂が改革政権に関与するきっかけは、度支部大臣に就任した開化派の巨頭魚允中《オユンジュン》の要請で上京し、「田制妄言」（一八九五年）を執筆したことにあった。これは採用されることはなかったが、これを契機に彼は政治家や官僚といささかの人的関係をもった模様であり、一八九六年初期義兵闘争が起こるとその討伐に加わることになる。その軍功から、安東府主事の職につくが、自らを推薦してくれた郡守李南珪《イナムギュ》の辞職によって数カ月で李沂も失職した。その後一八九九年、光武改革の重要な柱として実施された量田事業（土地調査事業）に量地委員として参加したが、量田方式に関しては彼の考えが決定的な影響を与えたといわれる。このように李沂は、二度にわたって低い官職とはいえ政府官僚の地位につくのだが、かつて東学農民軍に加わろうとした彼であってみれば、転向ともいわれかねない転身である。しかしこれは、民を良き政治の享受主体とは認めつつも、政治の主体はあくまでも王や士であり、民は政治の客体に過ぎないと考える本来の民本主義にあっては、なんら不思議とするには当たらない。彼は甲午・光武改革政権を、自らの政治理想＝道義を実現しうる実践主体として認定したのである。そして、その政治理念を真摯に表白したものこそが、採用されなかったとはいえ、「田制妄言」にほかならない。

苛斂誅求への反対と富の公平分配を要求する農民戦争の勃発は、土地改革の即時の実施を政府に迫るものであったが、「田制妄言」（『遺書』巻一）はそれに応えようとしたものである。李沂はそこで、実学の継承者にふさわしく均田論の立場に立ちながらも、現実にある地主制の牢固たる存在を考慮して、井田法（孟子の理想とした平等な土地制度）や限田法の即時の実施には反対している。時間をかけて徐々に均田制を具現化していこうとするのが、彼の土地改革構想の特徴であった。すなわち、彼はまず第一に、自作農の場合、地税としては収穫物の一八分の一だけを徴収し、小作農の場合は地税、地代とも一八分の一で、合計九分の一を負担するだけでよいとする原則の定立を主張する。そうすることで農民の負担を大幅に軽減させるとともに、地主制を骨抜きにしていこうというのである。そして王土思想の立場にたって、賜田を厳禁するとともに土地公買制を実施して公田制を敷き、牛や食糧をも含めて民に公平に再分配していこうとしたが、彼はそうした公田制が一〇～二〇年の内には実現されると見ていた。ここに民本主義者としての李沂の真骨頂をみることができるが、即時の均田制の実施を主張しなかったとはいえ、基本的に地主制擁護の立場に立つ開化派政権がこれを受け入れなかったのは、あまりに当然であった。

　量田事業は自らの考え通りに実施に移されていったものの、遺憾にも自らを推薦してくれた量地衛門総裁の転任によって、一九〇〇年またもや李沂は官職を辞さなければならなくなる。ここにやはり、強力な後ろ盾を持たない李沂の悲運があった。しかし、短い期間であるとはいえ官側に身を置いたことで、李沂の国家的危機意識はますます深まっていったようである。官を退きはしたが、彼は万頃にも求礼にも帰ることなく、無官職の一読書人として首都漢城での国事活動に身を投じていくことになる。日本やロシアの侵略策動に対していかに対応していくべきか、この頃李沂は、同郷出身にしてのちに民族主義的宗教大倧教の創始者となる羅寅永《ナイニョン》（羅喆《ナチョル》）や呉基鎬《オギホ》などの同志と常に外交や政局に関する討論を交わしていたものとみられ、中枢院や政府の高官に数々の書簡を送ったり、また上疏活動を行うなどしている。その具体的な内容と問題点については後述するが、当時の彼にあっては無官職とはいえ、寝食を忘れての漢城での政治活動は信念をもって行われたものと思われる。一九〇二年には、ある意味では潔くはあっても、処士として隠遁生活を決め込んでいる黄玹に対して、国家存亡の際における態度としてそうした姿勢はよろしくないとして批判の書簡を送っている。また彼は、当時自らの心情を次のように語っている（「答鄭君曮主書」『遺書』巻六）。

今国家は内乱がしきりに起こり、外侮はかわるがわるやってくる。おそらく無事の時ということはできない。それゆえ京師に旅食しているのだが、もうすでに五年となって困苦と憂愁は日に日に甚だしくなっている。およそ旧知の人々は私を痴狂のように見、私もそのように思わないではない。思うに国がなければ家はなく、家がなければ身もない。誰が私の謀身の計が人に及ばないなどと言えようか。私の素志はかくの如しである。

当時人々は、官職も得ようとせずに国事ばかりに奔走する李沂を「痴狂」のように言っていたのだが、生活苦に見舞われながら日ごとに憂愁もつのっていった彼は、そのことを了承しつつも、国事に尽くすことは結局は「謀身の計」なのだとして、自らの素志を貫く決意を表明しているのである。民本主義者としての李沂はいまや、自らが民本の原則を守るためにも身を犠牲にして国家を護持しなければならない立場にいることを覚悟したと言える。では、その国家自立の策とは何か。次にそのことを明らかにするなかで、彼の道義観の本質に迫ってみたい。

2　道義の敗北

「ここ百年、列邦の変は思うにすでに極まっている。小は大に呑まれ、弱は強に併せられるのはみな歴然としている」(「与尹議政容善」『遺書』巻五）と言っていることからわかるように、李沂の世界の現状認識は、当時としては当然のごとく、いかんともしがたい弱肉強食の時代であることを認定するものであった。それゆえ、「興利の道」を追求せずにむやみに借款をすることは割地に道を開くことだとして、断固として反対の立場をとることになる（「答魚度支允中書」『遺書』巻五）。彼は、「よく国を為すものは外侮を憂えず、内修を憂える」と言っており、だとすれば、まずもって国政と国力の充実を図ることが優先されるわけである。

国政の充実に関して言えば、李沂は立憲君主制の採用を唱えていた（「急務八制議」『遺書』巻二）。彼は西欧政治のあり方を中国の政治に付会させて、堯舜の時代を共和制、三代を立憲君主制、秦漢以降を専制君主制と考えていたが、堯舜の時代を理想としつつも現実的ではないとして、三代のあり方を現実には適応可能なものとした。これは李沂の独創では決してないが、立憲君主制にもとずく国民の創出によってこそ国家的危機を乗り切れるのだという彼の政治思想を伺うことができる。

国力の充実に関して言えば、それは当然に自強策の提唱につきる。養兵の一事こそが、国力回復の手段にほかならない。しかしそのための「弁財の道」は、商業の発展にかかっているのであって、富民層をして土地に資本を投下させるようなことがあってはならないと言う（「与李軍部道宰書」『遺書』巻五）。ここには小農民保護を理念とする「田制妄言」で示された李沂の民本主義が、そのままに反映されていると言えよう。そしてそれはまた、民力を損なうことなしに国力を増進しなければならないという、単純な富国強兵とは截然と区別される、伝統的にして王道的な自強思想を継承するものでもあった（拙稿「朝鮮における実学から開化への思想的転回――朴珪寿を中心に」『歴史学研究』六七八、一九九五年）。

しかし列強の侵略は、内修策がいまだ緒につかない現時点において眼前にある。李沂の列強、とりわけ日本とロシアに対する警戒心は、「今日の国家の勢を顧みれば果たしていかん。日本に併せられないとすれば、必ずロシアに呑まれる。これがすなわち私の憂いとするところである」（「与李馨五定稷書」『遺書』巻六）と言っているようにきわめて強い。彼が両者の脅威を現実のものとして今更のように認識したのは、一九〇〇年頃のことだと思われる。この年の七月、駐韓ロシア公使のパブロフは駐韓日本公使の林権助に朝鮮での勢力範囲の確定を提起したのだが、このことを察知した『皇城新聞』（八月八日）は、これを文字どおり「韓国分割」「韓国連合保護説」としてすっぱ抜いた。これを読んだ李沂は、驚きをもってそれへの対策を政府や中枢院に建議している。彼の日露脅威論は、なかんずく日本により比重がかかっており、翌年には日本人の朝鮮への移民政策に反対する建議を同様に提出している。また一九〇四年には、日本公使代理萩原守一と日本商民長森藤吉郎の密謀から出た、五〇年の年限で荒蕪地を租借したいという日本の要求に対し、それを断固拒絶すべきだとして、それに応じようとした外部大臣李《イ》夏《ハ》栄《ヨン》らの処分を求める建議を四回にわたって行った。

では日露の侵略脅威は、いかにしたら除去しうるのであろうか。これに対する李沂の回答は、すこぶる単純にして明快である。確かに、ロシア人の東略の意が蓄積されてすでに久しいことは、天下の共に知るところであり、また日本人の狡詐もますます甚だしくなってはいるが、しかしそれは、日露の非を欧米各国に訴えて「万国公法」の裁定に委ねれば解決されることである。そして、もし日露の非が認められない場合には、二〇〇〇万の人民が一致団結して東北の浜に膩血《じけつ》と粉骨をさらすまでだというのである（「与申議長箕善書」『遺書』巻五）。ただし彼は、二〇〇〇万人民の死はおそらく回避されるものと考えている。なぜなら彼によれば、「今天下各国の弱小大小が互いに維持しあっているのは、弱小はあえては礼を強大に失せず、強大もまたあえては礼を弱小に失しないからである」が、それは「万国公法」あるがためである（「与趙参政秉稷書」『遺書』）。彼は、「万国公法」は現実に効力を発揮しており、どこの国も無視し得ないものだと言うのである。それゆえ、「今我が国は弱く民は貧しいので、日本人が恐れるところはないのだが、しかし日本人は天下の公法、両国の約章だけは恐れている」（「与金議長嘉鎮論日人移民書」『遺書』巻五）という認識が成立することになる。

彼は、一九〇三年に「日覇論」と題する論説を『皇城新聞』（九月一九日）に投稿しており、そこで東洋に覇を唱え、朝鮮への侵略を強めている日本の孤立化を予言していたが、それは以上のような「万国公法」観を前提にするものであった。そしてそれは、冒頭でふれた、伝統的なオプティミスティックな道義観を前提に「万国公法」を自らに有利に解釈する当時の一般的とも言える思潮から、李沂も自由ではなかったことを意味するものである。それゆえ実のところ、彼はどれほど日本を非難してみても、他方では日本への期待を表明している。彼は、「今五洲互通して列邦交伺し、その勢いを強にも弱にも片寄らせてはならないのだから、東亜を連合して黄種を扶植するのは、すなわち日本人の大義にして、またそれは至計というべきである」として、日本を盟主とするアジア主義を称揚している。また、「日廷大臣の近衛・伊藤の諸公は、みな「識時の君子」と号す」として、伊藤博文のみならず、対外硬論者の近衛篤麿さえ良識ある人物と評価している（「与皇城新聞社長南宮君檍書」『遺書』巻五）。

　要するに李沂は、確かに日本に対し並々ならぬ危機意識を持ち、その侵略的であることを十分に認定してはいたのだが、伝統的オプティミズムを容易に放棄し得ないがゆえに、国際世論を味方につけて、こちら側が誠意と理性をもって接しさえすれば、相手側の良識を引き出しうるものと思念していたのである。であればこそ彼は、同志羅寅永や呉基鎬・洪弼周《ホンピルジュ》とともにその可能性にかけて、一九〇四年九月日本行を決行することになる。当初彼らは、朝鮮問題が話し合われる日露の講和会議に立ち会うべくポーツマスに行こうとしたが、林権助の妨害によって果たせなかった。いわば日本行は次善の策であったわけだが、彼らは断髪をして洋服に身を包んで朝鮮の地を後にした。

　その時の心境を李沂は、「六〇の老髡《ろうこん》、今は何の書を読まん。それ欧亜人の憲政史か」（「自真賛」『遺書』巻九）という自問の言葉に託している。それは、何の権力も有せず知力だけを頼りとする六〇歳近い老人にとって、今や頼るべきものは侵略を事とし続けてきた西欧の良心であり、また立憲制という限りにおいて、外見上は西欧化したかに見える、霞がかった日本の良心であったことを無惨にも示している。しかし、アジアの大義に背信しようとする日本を批判して、その良心を呼び覚まさせようとした、天皇や伊藤博文への訴願は、当然のごとく無念な結果に終わる。「我が韓国を独立させてこれと鼎足すれば、我が韓国の幸だけでなく貴国の幸であり、また天下の幸である」（鄭喬《チョンギョ》『大韓季年史』光武九年一一月条）という天皇への訴えも、「韓日両国は唇歯輔車にして、勢いは必ず互いに影響しあい、韓国が滅びれば日本はそれに次ぐということは、天下の共に知るところである」（「与日本大使伊藤博文書」『遺書』巻五）という伊藤への叫びも、東京の秋空に響くことはなかった。滞日中の一一月七日ついに乙巳保護条約が強要締結されたのである。李沂らは互いに痛哭し、数日の間食もとれないような無力感におそわれ、一二月の末にむなしく帰国することになる。

かくして道義は、完膚なきまでに敗北を喫した。「万国公法」も国際世論も日本を孤立化させるどころか、かえって朝鮮を孤立化に追いやり、李沂の予想は全くの空論であったことが明らかになった。ただ、伊藤への訴えのなかで、必ずや「天の殃」があると予言し、それの正しいことが、四年後に安重根によって示されたに過ぎなかった。

3　道義と国家

帰国後李沂は母の喪に服すべくやむなく帰郷したが、しかし国家存亡の秋に際して郷里に蟄居することは許されない。郷里の人々の相変わらずの無理解と非難を浴びて、彼はまもなくして再度上京した。そして、この度は漢城師範学校教官の職につき、生活が保障されるという幸運をつかむなかで、彼は折からの愛国啓蒙運動に積極的にたずわっていく。すなわち、「懇ろな教え方ゆえに、学徒たちはみな敬服した」（『大韓季年史』光武一一年三月条）といわれるほどに熱心な教師活動をする一方で、一九〇六年三月に設立された大韓自強会の会員となり、愛国と自強の精神を訴えていくのである。

しかし、むなしい結果に終わった東京での訴願活動の後であるにもかかわらず、この時期李沂は、いまだ道義の敗北を認めることをしなかった。『大韓自強会月報』創刊号（一九〇六年七月）の序で彼は、教育と殖産興業、人材登用などによって「韓国富強」化を図るべきだとして、愛国啓蒙運動の一般的精神を鼓吹した後で、次のように言っている。

今や世界文明列国の環視の下、誰が兵強の故をもって、ほしいままに他国を侵略することができようか。天道は公平なのだから、国が小といえども自ら畏れず、貧といえども自ら侮ってはいけない。ただ正義のいかんを顧みるのみ。国がすでに正義を守り、上下が協力すれば、養兵練武せずとも、列強に対峙することができる。

ここに、朱子学的思惟から容易に脱し得ない伝統的知識人の、執拗なまでのオプティミスティックな道義観を見て取ることができる。李沂にとって道義や正義は、単なる理想ではなく、苛酷な世界の現実のなかにあってさえ、その輝きを放つことをやめさせられない確かな光明なのであった。

しかし、李沂の同志である羅寅永や呉基鎬らの敗北感は、相当なものであった。両人は一九〇六年一〇月にも日本に渡り、なんらの成果もなく年末に帰国するのだが、この時羅寅永は呉基鎬に、「国勢はこの悲境に沈み、外人は恃むべきではない。天下の公論は待つべきではない。今日の計はまず内の病から除かなくてはならない」(『大韓季年史』光武一一年三月)と語り、日本の圧力に屈した政府大臣の暗殺を企図していく。羅寅永らは、二〇〇人ほどで自新会という秘密結社を組織してその計画の母胎とし、ついに一九〇七年三月二五日、三〇人ほどの実行部隊をもって決行に踏み切った。しかし計画は失敗に終わり、各々自首するなどして縛せられるに至る。この計画はあくまでも羅寅永を首謀としており、李沂は成功する見込みのないことを説いて、何度も計画の中止を諭していた。しかし羅寅永・呉基鎬との友情から、李沂は自新会趣旨書と自現状を書き、そのことによって逮捕され、同年一〇月まで珍島に流配された。

史料の不足から、この事件に至る過程において、李沂にどのような思想的葛藤があったのかを明らかにすることは、残念ながらできない。しかし、羅寅永・呉基鎬との間で相当な議論が戦わせられたことが察せられる。「外人は恃むべきではない。天下の公論は待つべきではない」という言辞からわかるように、羅寅永はペシミスティックな世界認識を持つようになるのだが、事件の際にしたためた「同盟歌」(朝鮮総督府『朝鮮の保護及び併合』一九一七年)には、それが遺憾なく示されている。これは売国行為をした政府大臣を糾弾して日本を非難しつつ、国権回復を呼訴したものだが、「日本の如き文明か」「文明政治こ《ママ》は何ぞ。虚言造言分明《ママ》か」「万国公法存するか」というような言辞を並べて、近代文明批判を行っている。このような近代文明批判の視点は、李沂にも当然影響を与えずには置かなかったはずである。李沂は政府大臣暗殺未遂事件と同じ日付に発行された『大韓自強会月報』第九号に、「好古病」という興味ある文章を掲載しているが、そこには今までの自らの思想を打ち消すようなペシミスティックな思想世界が展開されている。

世の学者で古を好む病にかかっている者は多い。政治道徳を論ずるたびに必ず唐虞を持ち上げるけれども、私には、いまだ古道が挙って今の世に行われているとは思われない。そもそもどうして古道に借りて今の世に自誇することができるのであろうか。今の世に行われうると考えるとすれば、これは至愚の人である。今の世に自誇するとすれば、これは大詐の人である。私はかつて一言をもって弁破しようとしたのだが、ただ迂儒曲士の誹りを恐れて、隠忍発せざること十数年となった。今は事すでに急にして、勢いすでに迫っているがゆえに、一言直説せざるを得ない。

これはかつて、堯舜の時代を西欧政治のあり方に付会させて共和制であるとした自らの言説への明らかな背信であろう。「迂儒曲士の誹りを恐れて、隠忍発せざること十数年」とは言っているが、たとえ「古を好む」ことに疑問を感じるようになったとしても、実は自らも「迂儒曲士」の一人であったことは間違いあるまい。李沂は十数人の盗賊が進入して財産と妻を奪いに来たときのことを例に挙げて、「義をもってこれに諭す」ことの全く無意味なことについて語る。彼らの行為に対しては、「厨房に入って食刀を求め、（あるいは）屋を出て木棒を求めて、すばやく走ってこれを救うのみである」と。力には力をもって対抗するしかないというわけである。彼はいまや、現実の世界政治が道義や正義をもってしては、決して律し得ないことをはっきりと認識するに至った。いわば彼は、政治と道徳を分離することによって政治を発見したと言えるのであるが、それは比喩的表現ではあるとはいえ、朴殷植や申采浩が達成したのと同様の、マキャベリズムを基礎に持つような国家主義の成立を宣布するものであった。李沂に影響を与えたと思われる羅寅永は、ペシミスティックな世界認識を自己のものとしつつも、実はいまだに、「惜しむべき哉日本人。些少の利益を貪らず。信義の二字に心せよ」とか「国権回復せし時は日本人も我か同胞」とかと言い、自らは道義の理想を放棄しないオプティミスティックな立場を取り続けていた。それは「開かれたナショナリズム」ともいうべき思想と評価し得るものだが、李沂の国家主義は羅寅永の近代文明批判の影響を受けつつも、それ以上のペシミスティックな世界認識をもって自らにもオプティミスティックな立場の放棄を迫るものであったのである。

もっとも李沂が国家主義を自らのものとし得たのは、羅寅永の影響のせいばかりではなく、実は伏線があった。一九〇四年に書かれた「三満論」（『遺書』巻三）という文章の中で彼は、「満州三省は皆我が韓の旧疆」という歴史認識に立って、「必ず満州を三分し、東は日に属せしめ、南は韓に属せしめ、西は清に属せしめて、三国の精兵利器をここに集める。そして出ては迭闘し、入りては共守して、ロシア人をしてあえては窺わせないようにする」と述べていた。これは対露脅威論とアジア主義の観点からする論策であるが、清への韓日両国による侵略を合理化したものでもある。ただしこれを彼は、「私はもとより韓人であるから、この言は私韓のようなものである」として、後ろめたさをも表白しており、そこになんらか国家主義に徹しきれない李沂の思想のあり方を認めることができる。

ともあれ李沂は、一九〇七年最晩年である五九才にしてようやく一応の国家主義者として立脚し得たと言える。そして、その後死に至る二年足らずの間にその国家主義的思想の輪郭が形作られる。すなわち流配がとかれて漢城に戻った彼は、一九〇七年七月に設立された湖南学会に教育部長として迎えられ、同時に翌年六月に創刊された『湖南学報』の編集兼発行人として健筆をふるいつつ、そうした思想を世に問うていくのである。李沂はまず、自強思想を展開して、次のように言う（「答李康済書」『湖南学報』第五号）。

今泰西列強が天下を虎視しているのは、その巨艦大砲あるがためである。苟も対抗しようとすれば、必ず同等の器機がなければならない。そのためには工学が講ぜられなければならない。苟も製造しようとすれば、必ず金穀の費用がなければならない。そのためには農商学が講ぜられなければならない。苟も供給しようとすれば、必ず富民の政治がなければならない。そのためには士学が講ぜられなければならない。

ここには愛国啓蒙運動の典型的な自強思想が示されているが、もはや「万国公法」ないしは道義や正義・信義などを語らない点において、一般的な愛国啓蒙運動論から脱皮している。しかもその自強思想は、伝統的かつ王道的なそれから飛躍して、いまや覇道的な文字どおりの富国強兵論に質的な転換を遂げていることが注目される。李沂は、現在は「政法時代」であり、「その時代を知ってその時代を生きる者は必ず強く存し、その時代を知らずにその時代を生きない者は弱く亡びる」として、富強化の前提としての「政法」＝立憲君主制や共和制の採用を不可避だとしている（「国家学説」『湖南学報』創刊号）。だがその一方で、次のような屈折した日本観を披瀝するなかで、覇道論を提唱しているのである（「国家学〈続〉」『湖南学報』第二号）。

日本人がまず起こって君主立憲の制を行い、一、二〇年でついに琉球を取って台湾を得、旅順を占めて満州を開き、その勢いは日に進んでいるのに、我々はなお守株（旧慣維持―筆者）に楽しみ、拑制《しめつけ》に甘んじている。何と悲しいことではないか。

李沂にとってアジアの大義を裏切った日本は、いまや批判の対象でも期待の対象でもない。西欧政治の陽と陰である民主政治と侵略主義をまるごと導入した日本は、たとえ内心は憎悪すべき対象ではあっても、善悪を越えて模範とすべき対象になったのである。ここに侵略主義は合理化され、陽と陰を合わせ持つ西欧政治のまるごとの導入を図り得なかった朝鮮の愚かしさだけが嘆かれることになる。これはまさしく、排他的な国家の論理を至上化するところに成立する国家主義の具体的闡明であった。そして同時にそれは、どれほど日本を憎悪して日本帝国主義を批判する視座を持ちえていたとしても、その批判の論理を欠如させてしまっている思想であったとも言える。

しかし、たとえコペルニクス的道義観の転回があったにせよ、李沂の国家こそが道義の実体であるとする、いわば国家＝道義観には、やはりなお不安定性がつきまとっていた。彼は、もっぱら旧知識人を対象に国家思想を鼓吹しつつ新学問と新教育の重要性を説いた「一斧劈破論」（『湖南学報』第一―三号）という有名な論説の中で、次のように言っている。

今私は時勢について論じたが、これはあるいは功利に近いのかもしれない。従って諸兄は、董子（前漢の儒者董仲舒）の「その道を明らかにしてその功を計らず、その義を正してその利を謀らず」という説とは大きく距たっていると言うだろう。しかし、これは全く間違っている。(補注1) 凡そいわゆる道義とは公益を指し、功利とは私計を指すものである。しかし、天下には道義の名に借りて私計をなし、功利の志を用いて公益を為す者もいる。このことを察しなくてはならない。諸公がもし必ずしも国家に功するところなく、生民に利するところなくして、しかるのちに道義を為すのだとすれば、私はそうした学問が何の学問であるかを知らない。

李沂はここで一種の功利主義を展開し、一身に止まるような道義を批判して、道義と公益を分離せしめている。彼は、功利から発する行為であっても公益＝国家に寄与するのであれば、それもまた道義だと言っているのであるが、それは本来あるべき道義を現実の国家に求めないということを意味し、実際的な思惟のあり方としては道義と公益＝国家を分離せしめたと言うことができる。すなわちそれは、逆説的には国家こそが道義であるということにほかならない。(補注2) ここにやはり、政治と道徳を分離せしめるに至った彼の思惟方式の転回を一応は確認することができる。しかし、そうした観点から道義を国家に従属せしめようとも、他方で、道義を「生民」に従属せしめてもいる。確かに国家の功に帰結するものを道義と言っている点で、国家＝道義観を看取することができはするが、国家を越える普遍的実在である「生民」――「国民」とは異質の概念であることに注意せよ――の利に帰結しない道義は意味がないと言っている点で、「生民」＝道義観をも確認することができ、そうであるがゆえに国家＝道義観は不安定であることを免れない。であればこそ彼は、「諸公が民を平等の人であることを許さなければ、天下もまた我が韓を平等の国として許さない」とも述べ、人民平等論を敷衍させて小国の立場からの国家平等論を展開するのだが、これはオプティミスティックな世界認識への逆戻りとも言える言説にほかならないであろう。要するに李沂の国家＝道義観は、民本主義を最後まで放棄しえなかったがゆえに、論理矛盾を内包させていたのである。

道義は実現されうるか。果たして疑問である。李沂もそう反問しないわけにはいかなかったはずである。しかし彼にとって道義は、たとえその光明が消え失せても、やはり自らはその明かりを灯し続けなければない永遠の真実であったのであろうか。

おわりに

李沂は最晩年に至って、確かに自らに国家主義を成立せしめたと言える。しかし、実学の系譜に連なって本来民本主義者であった李沂は、やはり道義を完全にはかなぐり捨てることができなかった。そこにどれほど近代的思想を吸収しようとも、容易に伝統的思惟から自由にはなり得ない朝鮮近代知識人の宿命的とも言える思想的葛藤の姿を見て取ることができる。このことは実は、朴殷植や申采浩らとて同様であり、彼らも三・一運動前後からは道義へ回帰していく。特殊主義の帝国主義に対抗するには、普遍主義の道義に立ち返らなければならなかったのである（前掲拙稿「朝鮮近代のナショナリズムと文明」）。弱肉強食的な世界の現実の中にあって、国家と道義をいかに両立せしめるか。これこそは朝鮮近代の最大の思想的テーマであったが、李沂の国家主義定立のための思索の旅は、朴殷植や申采浩と並んでそうした朝鮮近代思想の苦渋に満ちた生成の物語を象徴するものなのである。

一九〇九年七月李沂は、その思索の旅をやめ、憂国の志士としての生涯を閉じた。彼は生前「迂」とも「狂」ともいわれ（鄭寅普「海鶴李公墓誌銘」『遺書』）、既述したようにそのことを自覚してもいたのだが、この事実は道義へのこだわりにおいて尋常でなかったその生涯を形容してあまりある。しかし「国家の道義」ではなく、「道義の国家」を求める声が大きくなればなるほど、彼の生涯はますます輝きを増して、現在の私たちに多くのことを語りかけてくる。

【参考文献】

金庠基「李海鶴の生涯と思想について」（『亜細亜学報』1、ソウル、一九六五年）
金容燮「光武年間の量田・地契事業」（『韓国近代農業史研究』一潮閣、ソウル、一九七五年）
鄭景鉉「韓末儒生の知的変身」（『陸士論文集』二三、ソウル、一九八二年）
金度亨『大韓帝国期の政治思想研究』（知識産業社、ソウル、一九九四年）
『海鶴遺書』（国史編纂委員会、ソウル、一九七一年）

【初出】林哲・徐京植・趙景達編『二〇世紀を生きた朝鮮人』（大和書房、一九九八年）。原題は「道義は実現されうるか――韓末啓蒙運動家李沂の思想と行動」。

（補注1）以上の史料部分は本書で加筆引用した。
（補注2）以上の二つの文章は本書で加筆した。

四　安重根の思想と行動

はじめに

一九〇九年一〇月二六日午前九時半頃、ロシア大蔵大臣ココツェフとの会談に臨むべくハルビン駅プラットホームに降り立った伊藤博文は、何者かによって三発の弾丸を受けまもなく絶命した。その男はただちに捕捉されたが、三度「大韓万歳」を叫び伊藤の死を確認すると、「天主よ、ようやく暴虐者は死にました。感謝します」とつぶやいたという。

日本では単に伊藤を暗殺した朝鮮の一青年とのみ説明されることが多いこの人物こそ、安重根《アンジュングン》その人である。日本とは裏腹に北朝鮮でも韓国でも、彼はあまりにも有名な民族英雄である。伊藤暗殺に、「万国はみな驚き朝鮮にお人ありとなした」（黄　玹《ファンヒョン》『梅泉野録』）のだが、そのことは当時の朝鮮人にこの上ない勇気を与えた。

だがそうした行為のみをもって彼を評価し、単に英雄としてたたえるのは正当な安重根評価とは思われない。私は彼の真価はむしろその思想の高さにあると考えている。彼は質の高い教養人でもなく、ましてや文字通りの思想家というのでは決してなかったが、獄中において次のような「所懐」（原漢文）を表明していた。

天は蒸民を生み四海の内皆兄弟となす。おのおの自由を守りて生を好むは人の皆常情なり。今日世人おおむね文明時代と称す。然るに我ひとり長嘆して然らずとす。夫れ文明とは東西洋の賢愚・男女・老少を論ずるなく、おのおの天賦の性を守り道徳を崇常し相競うなきの心もて安土楽業し共に泰平を享す、これ文明というべきなり。現今時代は然らず。所謂上等社会の高等人物の論ずる所は競争の説にして、究むる所は殺人機械なり。故に東西洋の六大洲に砲烟弾雨日に絶えざるなし。豈慨嘆せざらんや。今に到りて東洋の大勢をこれいえば、則ち慙状尤も甚し。真に記し難きとすべきなり。（「伊藤公兇変ニ関スル件」『日本外交文書』第四二巻第一冊、所収）

これは明らかに近代文明批判である。(補注1) 彼は、天賦人権論（「天賦の性」）の立場から社会進化論（「競争の説」）を否定することによって帝国主義的世界の現実を鋭く批判し、さらには「道徳」への回帰を訴えたのであった。当時の朝鮮ブルジョア民族運動は、本来帝国主義の思想を合理化するための理論体係としての意味をもつ社会進化論を全面受容し、自強論や強権論を唱えることによってナショナリズムの高揚を促しはしたものの、帝国主義を批判し得ないでいたというのが真相である。詳述はできないが、近代文明主義の立場からする帝国主義への幻想や帝国主義への上昇願望などは当時ありふれていた（拙稿「朝鮮における日本帝国主義批判の論理の形成――愛国啓蒙運動における文明観の相克」『史潮』新二五、一九八九年）。それゆえに日本に対しても「東洋の盟主」と仰いだり、あるいは抗日を掲げながらも軍国主義的な近代化のあり方を「壮なるかな、尚武の効力よ」（「文弱の弊は必ずその国を喪う」『朴殷植全書』下、檀国大学校出版部、ソウル、一九七五年）と肯定的に評価して、アンビバレントな日本観を表明する者が一般的であった。そうした中にあって安重根の思想は明らかに異彩を放っていたと言わざるを得ない。彼は近代文明批判の立場から、「東洋人種の一致団結」を訴える「東洋平和論」（未完）を叙述しアジア主義を唱えてもいたが、そうすることによって彼は「脱亜入欧」を目指してアジアを裏切った日本を明確に批判し得た。それは朝鮮ブルジョア民族運動にコペルニクス的ともいうべき思想的転回を迫るものであった。そして近代文明批判を前提とする安重根のアジア主義は、近代日本におけるアジア主義が樽井藤吉『大東合邦論』を含め近代主義的潮流が大勢であった（吉野誠「『大東合邦論』の朝鮮観」『文明研究』第四号、一九八六年）ことを考えるとき、それを相対化しうる地平を切り開いていた点でも注目される。

従来安重根の朝鮮近代思想史上における位相は不明確であったが、私は以上のようにその思想を位置づけている。しかし彼の思想は、もとより一朝一夕に形成されたものではない。それはいかにして獲得されたか。ここでは彼の思想的営為を跡づけるとともに、なぜ彼は伊藤を暗殺しなければならなかったのかを考えてみたい。

1　民族主義への目覚め

安重根は一八七九年九月二日、黄海道海州府で生まれた。彼の祖父仁寿《インス》は人望厚く、その地方では名族両班に属し、鎮海県監を勤めたことがあって、相当の資産家でもあった。父の泰勲《テフン》は仁寿の三男として生まれ、非常な秀才で神童の誉れ高く、成人して科挙に合格し進士となった。泰勲は一八八四年に上京して、開化派の巨頭朴泳孝《パクヨンヒョ》の知遇を得るに至って外国留学の機会を得たが、甲申政変の失敗によってそれを逸し、反逆の罪を逃れるべく祖父ともども一族郎党七、八〇人を率いて信州郡清溪洞の山中に移住した。重根はその父の影響を強く受けたと察せられることから、その思想は初発的には開化派の系譜に属していたと言うことができる。のちに彼が開化派の流れをくむ愛国啓蒙運動に携わっていくのは決して偶然のことではなかった。

しかし重根は、父に似ず勉学の人ではなかった。少年時代には書堂（漢文学校）に通い、一応の漢学の素養を身につけたものの、中国の英雄項羽と自らを重ね合わせて英雄志向を発露し、もっぱら銃を持って山野を狩猟して歩いた。

乗馬・弓術・槍術・射撃などの武芸では人に抜きん出たものがあったといわれ、そこに尚武的性格が窺われる。

一八九四年に甲午農民戦争が起きるや、泰勲は時の開化派政権に与して自宅に「義旅所」を設け反農民軍を組織したが、重根はこの時弱冠一五歳で従軍して農民軍「討伐」に加わった。この時泰勲は少年重根の従軍をたしなめたが、重根は、「大人が国のために賊を討ち身命を考えずにいるのに、子がどうして安坐して恬視できましょうか」と言って戦いに赴き、その勇敢さのゆえに農民軍は彼を「天降紅衣将軍」と呼んで恐れたという（「安重根伝」前掲『朴殷植全書』中、所収）。重根自身も「自叙伝」（いくつかの異本があるが、ここでは「安応七歴史」および「安重根伝」を底本とする。両者は連続して一冊をなし、国会図書館憲政資料室所蔵『七条清美文書』中の『安重根伝記及論説』に所収されており、以下引用の場合原漢文を現代語訳によって示す）において、この時自分がいかに勇敢に戦ったかをいかばかりかの誇りをもって語っているが、この事実は彼の尚武的な英雄的行動主義を如実に物語っている。後年彼が愛国啓蒙運動から義兵運動に転身していく理由の一つはここにあったと言えよう。

ところで、重根が朝鮮の国権の危うきをはじめて察したのはおそらくこの甲午農民戦争段階であったであろう。もっともこの時期、少年重根には朝鮮の社会矛盾はいまだ的確に把捉されていない。単に士＝封建的支配者の立場から農民蜂起を憂い、それを契機としての日本からの外圧を危惧したに過ぎなかったものと思われる。この時彼は、「わが国は文を崇め武をしりぞけ、民が兵を知らないがゆえに国が積弱した。東学は烏合の衆に過ぎないのに官軍は鎮定できず、生民を害することかくの如きである。もし一朝にして外強が我の弱に乗じて来るとすれば、我々は一弾も加えることができずに土崩瓦解しよう」（前掲朴殷植「安重根伝」）と語ったというが、ここには素朴な愚民観に基づく国権至上主義の色彩が濃厚である。彼は原体験的に愚民観を備えていたと言えよう。そしてそれは、最後まで容易には克服されなかった。

しかし甲午農民戦争以後、彼の素朴な愚民観は啓蒙的なそれへと変わっていく。その転機はある事件によってもたらされた。甲午農民戦争後、泰勲の軍が農民軍から獲得した米穀などの戦利品についての所有問題が政府大官との間に起こった。両者間の紛糾状態は容易に改善されず、やがて政府大官の返還圧力に抗し難いことを悟った泰勲は、フランス人神父のいるカトリック教会に難を避けた。これを契機に重根は家族ともどもカトリックに入信し、以後敬虔なカトリック教徒としてその生涯を全うする。そして彼は一七、八歳頃よりカトリックの伝導活動に従事するようになったが、この活動を通じて彼はヨーロッパ人から直接に西欧的教養を身につけるようになった。そのことは彼の視野を徐々に拡大していくとともに、その愚民観に質的変化をもたらした。すなわち彼は若輩の身でありながら、朝鮮人教徒が無知であるがために布教の障害になっているとして、大学校を設立して国内の英俊子弟を教育しなければならない旨をフランス人の閔《ミン》主教（ミューテル）に提案したが、それは愚民観にとらわれているとはいえ、啓蒙の対象としての民衆の発見である。

　ところが重根は、この時自分以上の愚民観を驚きをもって見出すこととなった。閔主教は意外にも、朝鮮人に学問があることは信教上好ましくないとの理由でその提案を却下したのである。これは重根にとって憤慨にたえぬ出来事であった。彼はこの時、「キリスト教の真理は信ずべきであるが、外国人の心情は信ずべきではない」（前掲「自叙伝」）と悟ったという。そして、それまで行なっていたフランス語の学習をこれを契機にやめてしまい、彼はある友人に、「日本語を学ぶ者は日本人の奴隷となり、英語を学ぶ者はイギリス人の奴隷となる。私がフランス語を学習すればフランス人の奴隷となるのが免れ難い。だからこれをやめたのだ。もしわが韓国の威が世界に振るえば、世界の人々は韓国語を使うようになるであろう」（同上）と語ったともいう。

　ここで吐露された民族主義は、一見単に甲午農民戦争段階における国権主義の延長線上で理解できるように見える。だが、ここでの民族主義が民権思想を前提とするものであったことに注目する必要がある。重根は伝導という啓蒙的立場から民権思想に徐々に目覚めていたのである。カトリック入信の数年後には彼は、「いつの日にこのような悪政府を一挙に打破し、改革ののちに乱臣賊子の輩を掃滅して堂々とした文明独立国を築き、快く民権自由を得ることができるだろうか」（同上）という思いにかられたという。彼の民族主義は西欧的な国民国家を志向するそれへと明らかに変わっていったと言える。

2 抗日運動への目覚め

しかし、この民権思想を通じて獲得された重根の民族主義には重大な欠陥があった。それは当時、朝鮮のブルジョア的知識人が一般的にややもすれば陥りがちな陥穽であったが、冒頭で述べたように近代文明主義に固執するあまりに文明国＝帝国主義国に対する批判の論理を喪失してしまう危険性である。重根自身もそれを免れ難かったことは、「訊問調書」で次のように述べていることから察せられる。


答、（前略）日露戦役迄ハ二千万ノ同胞ハ何レモ日本人民ナルコトヲ喜ンデ居タノデス。

問、韓国人民ガ日本人トナレハ韓国ノ独立ヲ失フ訳デハナヒカ。

答、従民デハアリマセヌ。日本人ノ好植民地トナナルト言フノデス。

問、然ラハ韓国従民ハ無言ノ中ニ日本従民トナルト言フカ。

答、左様デハアリマセヌ。伊藤公ノ施政宣キヲ得ハ韓国人民ハ知ラヌ内ニ日本人民ニ同化スルト言フ意味デス。

問、其方カ思フ如ク人民ガ知ラヌ間ニ日本ニ同化シタ時デモ尚其方ハ日本ニ反対スルデアロウ。

答、私ノ思フ様ニナツテ居タナレハ何ノ気モ付カズニ山ニ入ツテ猟デモシテ安逸ニ暮シテ居ツタデシヨウ。

（「安重根公判記録」市川正明『安重板と日韓関係史』原書房、一九七九年、濁音表記は本書のまま）


これを見れば分かるように、日露戦争頃までの重根は朝鮮の近代文明化を至上とするあまりに、逸早くそれを達成して早熟な帝国主義を実現した日本に多大な期待をかけていた。その結果、彼は日本への同化=併合を拒否する論理さえ見出せないでいたと言える。これは彼の西欧的な国民国家への志向とは矛盾する内容であるが、当時の重根においては国民国家の実現は近代文明主義を前提としてこそ可能であると認識されていたがために、論理必然的に彼はそうしたアイロニーに陥ってしまったのである。

このような考えにとらわれていた重限が自らの認識の間違いに気づいたのは、一九〇五年一一月の乙巳保護条約締結の時であった。彼は、「日露開戦の時日本は宣戦書（宣戦の詔勅）の中で東洋平和を維持し韓国独立を強固にするといいながらも、この大義を守らずに野心的侵略をほしいままにした」（前掲「自叙伝」）ことをもって日本を明確に批判した。彼はここに民族運動への参加を決意し、「熱心ニヤレハ人ニ先ジル事ヲ得ルト思ヒ以来奔走シ始メタノデある（「前掲「安重供公判記録」）。

重根は当初、泰勳と相談のうえ民族運動の第一歩を海外でしるそうとし、その視察の目的をもって山東地方や上海を歴遊した。しかし、上海で敦《トン》神父（ルーガク）という旧知のフランス人と出会い、彼からその計画の不可なることを示唆された。すなわち、敦神父は独仏戦争の敗北によってアルザス・ロレーヌ地方がドイツに割譲された事実を例にあげて、国民が国外に脱出しては国権の回復は不可能であるとして、祖国にとどまってまずは実力培養に努むべきことを諭したのである。それは、当時義兵運動とともに国権回復運動の一翼をにない、教育や産業の振興を通じての実力養成を唱えた愛国啓蒙運動とその理念を同じくするものであった。

ここに重限は一九〇五年一二月帰国するや、愛国啓蒙運動に身を投じていくこととなる。その時父泰勳はもはやこの世になき人となっていたが、これを機会に彼は朝鮮独立の日まで断酒を誓った。明くる年三月、彼は一族を率いて山中の清渓洞より都会の鎮南浦に移住し、この地に洋館を構え米穀や石炭を扱う商社を経営し、さらには文字通りの産業資本家として鉱山経営にも直接携わっていこうとした。そして他方で、いよいよ彼は愛国啓蒙運動の隊列に加わるべく私財を投じ三興学校と敦義学校という二つの学校を設立し、青年子弟の教育に力を注ぐとともに、国権回復運動の一形態としての大衆的募金による国債報償運動にも積極的に参加していった。

しかしこの時期、重根の活動の主力は民族運動そのものよりはなお民族ブルジョアジーとしての企業経営に向けられていたであろう。彼の弟の定根《ジョングン》は、「兄ガ家ニ居ル頃ハ金儲ケノ事ノミ考ヘテ居リマシタ」（同右）とさえ述べている。重根が民族運動を本格的に開始するには三つの契機が必要であった。第一には民族ブルジョアジーとしての挫折であり、彼の事業は日本人の妨害によって多大な損害を被り失敗に帰した。第二には秘密結社新民会の中心人物である安昌浩《アンチャンホ》との邂逅である。重根は安昌浩とは親密な交際はなかったが、一九〇七年の五、六月頃安昌浩が鎮南浦に来て講演した時、重根はそれに大いに感銘を受けている。安昌浩は愛国啓蒙運動の代表的イデオローグであり、この頃各地で講演会を開き愛国啓蒙思想を鼓吹していた。重根は安昌浩の演説を聞いてよりまもなく職業的民族運動家ともいうべき道を目指していく。第三には一九〇七年七月の丁未七条約の締結と朝鮮軍隊の解散である。もはや朝鮮の植民地化を阻止する方策は、国内的にはなんら見当たらなくなった。ここに彼は自分には妻子はいないものと思い定めて、本格的な独立運動に携わるべく朝鮮人の多く居住するロシア領ウラジオストックに亡命するのである。

3　義兵運動から伊藤暗殺へ

重根が国外に脱出したのは必ずしも義兵運動に専念するためではなかった。彼は当初、「外国ニ出テ居ル韓国同胞ノ教育ヲ為スコトヲ計画シテ居」（同右）た。それは愛国啓蒙運動家としての必然的な行為であった。そもそも、彼の愛国啓蒙運動家としての基本理念は最後まで変わっていない。「わが二千万兄弟姉妹が各自奮発して学問に勉励して実業を振興し、わが遺志を継いで自由独立を恢復せば死者は憾みなし（傍点筆者）」（『大韓毎日申報』一九一〇年三月二五日）という彼の遺言はそのことを如実に物語っている。

しかし、その地で愛国啓蒙思想を鼓吹して回っていた重根は、まもなく義兵運動に走っていく。当時国権回復運動としての愛国啓蒙運動と義兵運動は分裂して展開され、前者の一部には後者を敵視する向きもあった。代表的な抗日言論人として名をはせた張志淵《チャンジヨン》でさえ、外国の武力独立運動の例を引きながら、「かくの如き者は一時血気の勇強に過ぎざるのみ。これを勇といえば則ち勇なり。これを烈といえば則ち烈なれども、毫髪も国家に補するなし」（「自強主義」『大韓自強会月報』第三号）と述べていた。こうした風潮のなかで重根の愛国啓蒙運動から義兵運動への転身は異色である。彼の転身はまさに、両者の統一を身をもってなそうとした数少ない事例の一つであった。

こうして重根の思想には義兵運動的な思想が加味されることになる。獄中において、著名な義兵将の崔益鉉《チェイッキョン》を「万古に得難き古今第一の人物」（「安重根の韓国人物評」『韓国独立運動史』一、国史編纂委員会、ソウル、一九六五年）と評して最大限の賛辞を送ったのはその表われである。また、事実において彼は義兵運動に際して、日本の「野蛮」に対するに「弱のよく強を除き仁を以て悪に敵するの法」を実践しようとし、国際法＝「信義」に忠実たることをその戦略の第一としたが、それは国家存立の普遍的原理として「信義」を重んじた崔益鉉の思想に通ずるものがあった。朝・中・日の三国連帯を唱えるとともに国際法に正義を見出そうとした崔益鉱の思想（糟谷憲一「甲午改革後の民族運動と崔益鉉」『朝鮮歴史論集』下巻、龍渓書舎、一九七九年）と、冒頭でふれた重根の思想には確かに近似したものがある。重根の思想を愛国啓蒙運動の思想的脈絡のなかでのみ考えることはできない。

さて義兵運動では重根はすぐにその才覚を認められ、「参謀中将」に選ばれた。義兵闘争への旅立ちは順風万帆のように見えた。時に一九〇八年六月のことである。三〇〇人ほどの重根の部隊は、当初日本軍の捕虜若干名を得る戦果を挙げた。だが義兵闘争は一ヵ月ほどのうちには惨敗を喫することになる。彼はいく日も死を目前とする彷徨を続けた末に、ようやく九死に一生を得て同志二人とともに生還することができた。これは重根にとって二重の意味で痛根の傷手であった。まず第一に、この義兵闘争では規律を十分に保つことができなかったのだが、彼はその要因を義兵隊員の質の低さに求め、「このような烏合の乱衆では孫子や呉子、諸葛孔明が再び現われたとしてもいかんともすることができない」(前掲「自叙伝」)として、今さらながらに「民の愚かさ」を再確認ぜざるを得なかったことである。そして第二には、「敗軍の将」としての恥辱感である。結局はなんらの成果も挙げられなかったことは、彼の自責の念を深いものにした。

重根はこの挫折から立ち直らなければならなかった。一九〇九年正月、エンチア(現クラスキノ)において自らを含む同志一二名で断指同盟を結成し、左手の薬指を断ってその血で太極旗(旧大韓帝国旗)の前面に「大韓独立」という四字を大書することによって再度来るべき義兵闘争への誓いとしたが、それは焦燥感から出た行為であったと思われる。

大韓帝国の滅亡はもはやいかんともし難い時点に立ち至っていた。断指同盟を結成したとはいえ、愚民観にとらわれ続けるとともに恥辱の念を払拭することもできない重根の焦燥感は深まるばかりであったに違いない。空しくも苦悩の毎日が過ぎ、絶望感が頭をもたげてくる。そうこうするうちにエンチアにいた彼は、「ある日(一九〇九年九月)突如として訳もなく心神がうっせきして怒りを覚え、悶々とした気持ちにたえられず自己を制禦できなくなって、親友数人にウラジオストックに行くと言い出した」(前掲「自叙伝」)という。自分で自分の気持ちが分からなかったとも告白している。このことは、絶望の淵に立たされた重限の焦燥と苦悩を表現してあまりある。

伊藤の「満州」来訪を知ったのはウラジオストックに到着した時のことであった。焦燥と苦悩の毎日を過していた重根にとって、それはまさに天の恵みとも思えたことであろう。ここに彼は同志禹徳淳《ウドクスン》とはかって伊藤暗殺に踏み切っていく。それは彼の精神力の強さの結果では決してない。むしろその弱さがもたらした最期的行動であったというべきであろう。義兵闘争が敗北した時、彼は単身日本軍に戦いを挑み死を決しようとしたが、同志にいさめられようやくそれをやめたことがあった。彼にはこの時から死に場所を求めていたようなふしがある。また、焦燥のうちにも愚民観にとらわれ続けていた彼には、英雄をもって自任する自身の尚武的行動主義こそがもっとも信頼のおけるものにほかならなかった。国権回復運動期は「愛国的英雄礼賛の時代」であった（田口容三「愛国啓蒙運動期の時代認識」『朝鮮史研究会論文集』第一五号、一九七八年）が、こうした時代風潮も彼の英雄主義に拍車をかけたであろう。彼の「自叙伝」はまさに英雄伝そのものである。そして客観的に見た場合、何よりも彼の悲壮に満ちた最期的手段＝テロリズム（補注2）は、朝鮮民族の実力では大韓帝国の滅亡を到底阻止し得ないという当時の絶望的現実を象徴するものであったと言えよう。

しかし転じて重根の思想を振り返ってみれば、それは彼の悲壮な思惟の中から生み出されたものではなかったか。先に述べたように、もとより義兵運動への参陣は彼の思想に大きな影響を与えたものと思われる。彼の近代文明批判はそれとの相関で考えなければならないであろう。だが、彼が絶望の淵から這い出すべく決死の悲壮な境地に到達した時、彼の思想はより一層鍛錬されたに違いない。開き直った境地で彼は現実世界を見事に否定し得た。土壇場で見せる彼の果敢な公判闘争にはもはや弱さは感じられない。そこには悲壮さはあっても、それは強さによって裏打ちされていた。いわば死を媒介として重根の弱さは強さへと転じていったのである。その彼が処刑されたのは一九一〇年三月二六日、大韓帝国の滅亡（八月二九日）に先立つこと五ヵ月ほど前のことであった。

おわりに

重根の愚民観について再び言えば、それはやはり最期まで克服されなかったと言うしかない。しかし、死を目前にして彼は一つの悟りを開いたかに見える。彼は「自叙伝」で次のように述べている。

私になんの罪があり、私がなんの過ちを犯したというのか。千思万量の末に忽然と大覚し手をたたいて大笑し、「私は果たして大罪人である。他でもない。私の罪は仁弱の韓国人民の罪である」と考えた。すると疑問が解けて安心できた。

これは単なる愚民観ではない。「仁弱の韓国人民」はもとより罪人であるが、自身もまた罪人であるというこの独白には、単に民衆というのではなく、客観的には士であり、かつ主観的には英雄を自任する自身をも含む朝鮮人一般（士と民）に対する批判がある。「わが遺志を継いで自由独立を恢復せば死者は憾みなし」という遺言を残した重根は、厳しくも朝鮮人を総体として罪人にまで貶めることによってそれからの再生を期待したのである。それはいわば再生のペシミズムともいうべき屈折した思想的境地であった。

従来、安重根はあまりに英雄的にのみ語られ過ぎた。言うまでもなく完全無欠の人はいない。われわれは歴史上の人物の葛藤をありのままに見なければならないであろう。その意味で、重根の最期的行為を「暗殺」ではなく「砲殺」とか「射殺」といい変えることがありふれて行なわれて来たが、それは真実の姿を見ようとしない歴史認識のように思われる。確かに彼は主観的には自身の行為を義兵運動の延長線上に位置づけようとしていた。それは主観的思い入れのほかに、公判闘争において自らの行為を義兵運動の一環として訴えることによって、まさに朝鮮が独立戦争の真っただ中にいるのだということを日本と世界に認定させるための方便でもあった。だが、彼が義兵運動に挫折したことはまぎれもない事実である。彼の最期的行為を「暗殺」ととらえてこそはじめて、彼の人間的葛藤と思想、さらには苦渋に満ちた朝鮮近代史の姿が浮き彫りにされる。植民地という悲惨な歴史を経たがゆえに、歴史上の人物に対してややもすれば英雄視的叙述に流れやすい朝鮮史では、今や人物の虚像と実像を明確化する作業がわれわれに与えられた緊要な課題であるように思われる。

【初出】『歴史評論』(四六九、一九八九年)。原題は「安重根——その思想と行動」。

(補注1) 第1部第三論文でもそうであったが、単に「文明批判」「文明主義」などというのは誤解を招くので、初出時の熟語を改め、ここでもその上に近代を付した。

(補注2) 今思うと、安重根の行為をテロリズムとしたのは間違いであったと反省している。その議論の修正は、『近代朝鮮と日本』(岩波書店、二〇一二年、二四一頁)でしておいた。テロリズムには現在に至るも明確な定義はないが、当時私は暗殺＝テロリズムというくらいに考えていた。しかし、国民国家間の戦争において行われる暗殺はテロとはいわない。当時の義兵活動は朝鮮人にとっては正規の戦争であった。大韓帝国は正規戦を挑もうにも、もとよりその力はなく、韓国軍も日本によって強制解散させられ、政府も全くの傀儡となっていた。政府に代わって義兵運動が起こらなければならなかったゆえんである。解散軍人たちも多く義兵に合流していたし、それは民衆の支援によっても支えられていた。従って、それは義兵戦争というのが相応しい。

今日テロリズムが世界的に蔓延しているが、それは敵とは見なし得ない一般市民や地域住民をも殺害の対象にしており、安重根の暗殺とはまるでレベルが違うものである。安が行ったことは、義兵側からすれば敵将と単独対峙して射殺したということであり、正しい戦争行為の一貫である。それゆえ安は国際法によってさばかれることを最後まで望んだが、それは日本人裁判官の法廷にあってかなわなかった。しかし私は、安の暗殺行為が良かったか悪かったかなどという善悪論的歴史評価を展開しているわけではない。当初集団戦による義兵活動を仕掛けていた安が、正規の戦争という認識があるにもかかわらず、何故に暗殺という単独の戦いを挑まなければならなかったのかという、大韓帝国と安重根自身にとっての悲劇性であり、また英雄史観の問題性である。そしてその一方で、彼がその代わりにとでもいうように到達し得た思想の先駆性である。本来民衆史から出発した私にとって、このことはいささかも修正する余地を認めない。

五　朴殷植における国家と民衆

はじめに

アジアにとって近代とは、西欧発祥の国民国家体系に無条件に編入されることを意味した。言うまでもなく、それを率先して実践した「最優等国」が日本である。武威文化を持つ日本は、懸命に近代思想を受容しつつ「富国強兵」路線をひた走っていくことになる。

確かに植民地への転落を阻止しようとするなら、「富国強兵」による西欧化は不可避であったかのように見える。しかし、それは後追い的な歴史認識である。そうした近代主義的な歴史認識にあっては、武威文化を持たない他のアジア諸国家が、自らの伝統的な思想や文化にこだわりつつ独自な近代化を構想しようとした、いわば「回心文化」的な営為[*1]は、無意味なものにされてしまいかねない。山室信一は、近代日本で形成された思想はアジアにおいて近代国民国家を形成するための「基軸」となり、やがてそれはアジア諸国に「連鎖」し、他方で日本人も主体的にアジアに「投企」していった、としている。[*2]東アジアにおいて近代思想の最大の経由地が日本であったことは動かしがたい事実であるために、一見したところこの歴史認識は、まさにその通りであると是認されうる枠組提示となっている。しかしそれは、あくまでも日本から見た場合のことであって、アジア史の立場としては簡単に納得するわけにはいかない。アジア史研究としては、日本中心主義的な近代アジア思想史像を脱構築する必要がある。

朝鮮近代思想史研究では、開化思想は「「覇」には「覇」を、「利」には「利」をもって対応するための富国強兵の道」を説いたものだとして高く評価する姜在彦の思想史像が、[*3]なお少なくない影響力を持っている。しかしこれは朝鮮近代思想史を、近代日本思想史に従属させかねない歴史認識であり、到底承服することができない。儒教では『孟子』「梁恵王編第一下」に、「大を以て小に事うる者は天を楽しむ者なり。小を以て大に事うる者は天を畏れる者なり。天を楽しむ者は天下を保ち、天を畏るる者はその国を保たん」[*4]とあるように、小国であることはむしろ好ましいこととされている。覇道を排し王道の立場に立つことが、儒教の理想的国家像なのである。朝鮮はまさに、そうした政治思想に忠実にして典型的な儒教国家であった。開化派と一口にいっても、周知のように金玉均《キムオッキュン》を中心とする急進開化派と金允植《キムユンシク》を中心とする穏健開化派があった。筆者が明らかにしたところによれば、後者は弱肉強食時代という現実の中で近代化の推進を不可避のものと認識しながらも、王道論をあえて唱えて覇道的世界に対応しようとする、「第三の道」ともいうべき小国主義の思想を持っていた。そこには、「信義」を世界に問おうとするような朱子学的思惟や東道主義が前提とされている。前者にしても、当初は大国主義的な志向を見せはしたが、甲申政変後は小国主義的発想に転回していく。[*5]近代朝鮮には、西欧国民国家体系への参入を不可避であると認識しながらも、あえて伝統思想にも依拠して独自な国家構想を実現していこうとする思想的営為が確実にあったのである。

朝鮮では一般に「富国強兵」という語は使われない。それを使うのは列強の現実政治を表現する場合であり、たとえ朝鮮自身の近代化を「富強」と表現する場合があっても、それに込められる内容は「自強」の謂であり、時に「自強」には「富国強兵」思想への批判が含意されることもあった。[*6]「自強」とは、民本を基礎に置いて内政と儒教的教化の充実を図り、そのことを通じて外国の軽侮と侵略を未然のうちに防ごうとする政策のことである。軍事力増強の道は民本主義に反するものであり、軍事力は防御するに足る最小限度のものでよいとされる。[*7]「自強」は王道論の発現形態であり、覇道論の発現形態である「富国強兵」とは明確に異なる概念であったが、その具体的内容をなす小国主義と民本主義は表裏の関係にあったと言うことができる。

ここで重要なことは、両者は単に政治思想というに止まらず、政治文化としても成立していたという点である。朝鮮王朝時代の小中華思想は傲慢な自尊意識ではあるが、上下を挙げて大国である明清王朝への事大の礼＝小国儀礼を当為のものとしていたし、また民本主義は公論政治を標榜し、民乱の論理や作法にも貫徹するものとしてあった。[*8]官民が共通して持ち、国家儀礼や民衆運動の論理・作法などにも広範に見られたとするなら、小国主義や民本主義は政治文化としても捉えられるべき側面を持っていたと言えよう。そしてそれは、日本の武威文化に対するに文治文化として把握することができる。

実は、朱子学的な思惟を批判して政治と道徳を分離し、国家主義を提唱する思想家は朝鮮にも誕生している。大韓帝国期から植民地期にかけて、言論人・歴史家・民族運動家として活躍した朴殷植《パクウンシク》（一八五九～一九二五年）と申采《シンチェ》浩《ホ》（一八八〇～一九三六年）の両人が代表的な人物である。両者は二〇世紀初頭の国権回復運動期に国家理性の問題を強く意識したうえで、国際社会に一切の「仁義」や「道徳」を求めないばかりではなく、朝鮮もそれを放棄してひたすらに「強権」をもって世界に対すべきことを、ひとたびは主張した。これは朝鮮における福沢思想＝権道主義ともいうべき思想的営為であった。しかし、両者は韓国併合以降、次第に朱子学的思惟＝普遍主義的道義に回帰し、思想的転回を遂げていく。朴は大同主義へ、申は無政府主義へというように、その方向と論理は異なるが、強権主義と決別し、被抑圧民族の立場に徹した思想形成をしていくのである。

筆者はかつて、こうした両者の思想的営為を概観するとともに、申采浩についてはやや詳細に考察したことがあったが、朴殷植については、まだ詳細に論じたことはない。[*9] 朴殷植と申采浩については、これまで実に多くの研究が行われてきた。しかしこれまでの研究は、両者の思想を朝鮮民族主義の画期と見る観点から、たとえ伝統思想との連関に着目することがあるにせよ、もっぱらその民族主義の内容を解明することに主眼を置いてきたと言ってよい。比較的最近の研究でも、朴殷植の「世界平和思想」と申采浩の「民衆革命思想」は「近代韓国の光復運動思想の中枢的双璧」であり、相互補完的な関係にあったとして、その民族主義思想の偉大性を高く評価するばかりである。[*10] また、日本でも朴殷植については原田環の研究があるが、「戦闘的ナショナリズム」だとしてもっぱらその民族主義的側面に着目した評価に止まっている。[*11]

朝鮮の民族主義が、民族主義一般として論じられるものではなく、さらには日本からの単なる「連鎖」の産物でもないことを論じるためには、逆の作業が必要なのではないかと考える。すなわち民族主義に着目しつつも、その内に包含されている伝統思想、さらには伝統文化との連関にこそ主たる関心を注ぐことである。従って本稿では、朴殷植の思想的営為について、伝統的思惟との連続性や朝鮮的政治思想・政治文化との関係性に重点を置きつつ考察していくことにしたい。

＊本稿では、朴殷植の著作は原則として白巌朴殷植先生全集編纂委員会編『白巌朴殷植全集』（全六巻、동방미디어、서울、二〇〇二年）からの引用とする。引用注は本文中に括弧を付して記し、巻数は丸数字で示してその下に頁数を記す。ただし本全集にはごく一部欠けた部分があるため、『朴殷植全書』（全三巻、檀国大学校出版部、서울、一九七五年）から引用する場合もある。その場合は、『全書』と記したあとに巻数と頁数を記すことにする。

1　小国主義の提唱と文明主義

朴殷植が歴史の表層に立ち現れてくるのは、中年になってからのことであり、それは何よりも言論人としてであった。韓国併合以前、言論人としての彼の生涯は『皇城新聞』時代（一八九八年九月〜一九〇五年七月）を第一期とし、『大韓毎日申報』記者（一九〇五年八月〜一九〇七年）を経て再び『皇城新聞』記者（一九〇八年〜一九一〇年八月）となる時期を第二期とすることができる。（補注1）いずれも主筆を務めた。後者は国権回復運動期と重なっている。彼の国家主義は国権回復運動期にその輪郭を整えるが、前期の『皇城新聞』時代は小国主義的な発想をしていた。当時書かれた未刊行の文集である『謙谷文稿』で、彼は次のように述べている（「与孫聞山貞鉉書」③三二一頁）。

> 思うに国が国であるのは、自主の心があり自強の気があるからである。従って、よく自主自強して他に依附しなければ、国が小であっても他の国に屈することはない。ベルギーやスイスがそうである。自主自強することができずに他に依附しようとすれば、国が大であっても、ついには他の国に属してしまうようになる。インドやベトナムがそうである。だとすれば、兵が多くないのは憂えるところではない。財が豊かでないのは憂えるところではない。器械が備わっていないのは憂えるところではない。製造が盛んでないのは憂えるところではない。ただ人心の陥溺、民気の萎薾こそを最も憂えるべきである。

ここでは事大主義を排しつつ、自強思想に基づいた典型的な小国主義が語られている。ベルギーやスイスが理想化されており、朴殷植にとって軍事大国化は目指されるべきものでは決してなかった。彼は「富強」について語らないわけではないが、「文明の效は智慧が日々開かれ、事業が日々進めば、人民は富強となり、国もこれに随っていく」（「興学説」③三四八頁、以下傍点は引用者によるもの）と述べるその「富強」認識は、民衆生活に犠牲を強いるような、一般にいうところの「富国強兵」とは意味が逆である。国家の富強は人民の富強が前提となっており、民本主義に基づき、「富強」が「自強」の意味で捉えられている。こうした考えが、朝鮮の伝統的な文治文化に規定され、またオプティミスティックな朱子学的思惟を前提に発露されているのは言うまでもない。朴は、「国は人によって立ち、人は学によって成り、国の国たるを論じようとすれば、まさに人の人たるを論ずべきであり、人の人たるを論じようとすれば、まさに学の学たるを論ずべきである」（同上、三四八頁）と言っている。国と人と学を連続して捉えることのような言説は、政治と道徳と学問を一直線に結びつける朱子学的思惟そのものにほかならない。

従ってこの段階では、主知主義的な観点から士の役割が強調されていた。朴殷植は、「よく士気を振動して民智を開導し、自主自強の義を心の内にしっかり持てば、今日一歩を進め明日も一歩を進めることができる」（「与孫聞山貞鉉書」③三三四頁）と言う。士たる者は、文字通り民を啓蒙するその文人としての本質において国家の自強を担う責務があるというわけである。そのことは次のような言葉の中により明らかにされている（「与金局長書」③三三六頁）。

今泰西の人は新術を発明し、その著書は極めて多く、それを読まなければその術を得ることができない。従って中東隣邦（中国と日本――引用者、以下引用文中の括弧内は引用者によるもの）の士は、日々新書を翻訳することを務めとして骨を折り、その作業はいまだやまない。現在、志を持った士が行わなければならない急務は、これ以上のものはない。それなのに志を持つ者はその力なく、力ある者はその志がないのはなぜなのであろうか。ああ、人文が進まなければ民智は開けず、民智が開けなければ将来の虞《うれ》いとなるのは言うまでもないことである。これは士たる者の責ではないのか。

中国や日本の士＝知識人は懸命に西欧の文物を紹介しているが、朝鮮の士も自らの責務を自覚し、そうした作業に従事すべきだと言うのである。もとより朴殷植は、「学校が盛んになればその国は文明となり、学校が盛んでなければその国は蠢野となる。そもそも民智に導き愚昧を脱するようにするのが学政ではないのか。士気を興して功業をなすようにするのが学政ではないのか。利源を拓いて民財を豊かにするのが学政ではないのか。汚俗を洗い清め風化を一新するのが学政である」（「与孫聞山貞鉉書」③三三〇頁）と言い、教育の振興によって「士気」を養成すべきことを説いていたが、士とはその精神性もさることながら、自強国家を支える実学性においてその役割が重視されていた。ここには、単に朱子学というだけでなく一八世紀以来の実学の影響も垣間みることができる。

以上のような朴殷植の思想は、いまだ強権主義とは距離がある。そのナショナリズムは儒教的文明主義の色合いが濃いものとなっている。「欧州各国の俗は宗教を維持することによって国脈を保全する道としている」（同上、三五八頁）と見る彼は、西欧の「富強」＝「自強」の重要な条件としてキリスト教の国教化があると考えていた。西欧の「富強」は、宗教＝道徳の発露の結果であるというわけである。従って、彼は朝鮮でも「夫子の教を国中に振起して人心にあまねく行き渡らせれば、国家は不抜の基に置かれる」（「宗教説」③三七〇頁）とし、宗教であり学問でもある儒教の国教化を構想していた。彼は、「わが大韓の初め、箕聖八条以来教があり、俗は礼譲を尊び、婦女は貞信であるがゆえに、天下はこれを君子国と称した」（「宗教説」③三六九頁）とも言っており、彼にとって朝鮮は神話的世界の箕子朝鮮の時代より文明の地なのであった。言うまでもなく、殷の遺臣である箕子《キジャ》に朝鮮の起源を探し求めようとするアイデンティティは小中華思想の明確な表明にほかならない。彼は他方で「檀箕以来今に至るまで四〇〇〇年」とか「四〇〇〇年礼儀の邦」（「与金滄江書」③三三七頁）という表現も使い、「支那四〇〇〇年」（「興学説」③三四八頁）と対応させている。これは中国を相対化するのみならず、箕子以前の檀君《タングン》神話に朝鮮の建国起源を求めようとする、より純粋な朝鮮主義の立場を表明するものだが、この時期それはまだ本格化していない。

2　強権主義の提唱と儒教観の相克

一九〇五年一一月、乙巳保護条約によって国権が喪失すると、朴殷植の世界認識や国家認識は厳しさを増していく。まずその世界認識について見れば、エジプトのアラービー反乱に言及する中で、「いわゆる道徳原理と文明本旨と万国公法と自由主義をどうして夜叉叢裡（西欧列強）に提論することができるであろうか」（「埃及近世史序」⑤一〇六頁）と述べているのが注目される。今や朴殷植は西欧への不信感を露わにし、国際法に対して否定的認識を発露すると同時に、道徳や文明の有効性に対しても懐疑を抱くに至っている。彼はある人物の言葉を借りて、「いわゆる公法がどこに在り、人道をどうして論じようとするのか」（「自強能否의 問答」⑤三一七頁）とも述べている。彼の世界認識は徹底したペシミズムに彩られるに至り、彼は、「現今時代は生存競争を天演だと論じ、弱肉強食を公例だという。かの最も文明を重んずる英国もインドとエジプトに対していかなる政策を施したか。また徳義を号称するアメリカも、フィリピンに対していかなる手段を取ったか。現今鷹揚虎躍の列国はその口気は菩薩でも、その行動は夜叉である。誰を信じ、誰に依るべきか」（同上、三一七頁）と嘆くようになる。彼はいかなる列強が援助の手をさしのべても、決してそれを受け入れてはならず、他人の奴隷になりたくなければ、あくまでも自力で独立を果たさなければならないともいう（同上、三一九頁）。

彼の欧米列強への不信感は強く、これには当時流行していた社会進化論の影響があったのは言うまでもない。当時の社会進化論には、進歩重視的社会進化論と競争重視的社会進化論の二つがあった。[*12] 物質文明の進歩とともに、「弱肉強食」「生存競争」「優勝劣敗」「適者生存」などと標語化された時代認識について両者は同じくしていたが、しかし世界史レベルにおける倫理過程としての文明の進歩を前者は肯定し、後者は否定するという点に大きな違いがあった。大勢としては前者が有力であったが、朴殷植は申采浩とともに後者の立場に立っていた。

　このような朴殷植の世界認識は、一見したところ鋭い文明批判＝帝国主義批判になっているかに見える。しかし実のところ、それは帝国主義論理の根本的批判にはなっていない。それは彼が、「西儒の言に曰く。生存競争は天演の理なり。優勝劣敗は公例の事なり、と。この言は、どうして仁義道徳の説に違背しないことがあろうか。しかしながら仁義道徳というものも、聡明な知慧と剛毅にして勇邁な者が持つことができる。愚昧儒弱な者はいまだこれを持つことができない」（「教育이 不興이면 生存을 不得」⑤三二八頁）と述べているのを見れば明らかである。彼は列強に弱小民族が侵略されているのは悲惨な現実であり、またそれは「仁義道徳」にかなったことではないとしながらも、「仁義道徳」は知と力と勇の能力を備えた者＝列強だけが持つことができるものであるから、劣等民族が侵略されるのはやむを得ないというのである。彼は、黒人やアメリカ・インディアンが白人によって衰滅されていく現実を上古時代の禽獣に対する人類の関係にたとえてもいる（同上、三二九頁）。彼にとっては、文明の野蛮への侵略という対処は、悲惨ではあるが歴史の必然であって、そうであるがゆえに、それは論理的にはむしろ積極的に肯定されてしまうのであった。

　朴殷植の思考方法はあくまでも上向的であり、劣等民族の「仁義道徳」を否認することからも分かるように、彼の認識は被抑圧民族の立場に徹するものでは決してなかった。彼にとっては朝鮮の自強化こそが至上課題であり、そのためには教育振興や殖産興業のほかに尚武主義が必要とされた。従って彼は、アジアで唯一帝国主義化を果たした日本の近代化について次のように評している（「文弱之弊는 必喪其国」⑤三七四頁）。

　国政の虚弱が今日に至って極度に達し、つまるところの結果がついには他人の奴籍に隷した。痛ましいことよ。惨たることとよ。崇文賤武の弊によって国を喪うに至るとは。最近の日本の歴史を見れば、今を去る七百年前鎌倉幕府時代より日本武士道と称する尚武的国風が生じ、国民の勇敢な性質が際だって養われた。よって挽近三十年間に教育の程度がかくの如くに発達し、愛国の精神と団体力が他国よりすぐれるに至った。その結果、清を破り露を逐い、大いに国威を振るって、欧米列強と併駕斉馳している。壮なるかな、尚武の効力よ。

ここには政治思想に止まらない政治文化の問題が語られている。朴殷植はいわば、文治文化を文弱文化として退け、武威文化への転換を迫っているわけである。第一期の『皇城新聞』時代にはもっぱら、日本をモデルとしつつ実学性において士の役割とその養成が重視されたのに対し、ここでは武勇と愛国の精神を持つべきことが士に求められるに至っている。周知のように武士道なるものは、明治中期以降に作られたものに過ぎない[*13]が、彼は朝鮮の士道に武士道精神を盛り込むことを提言しているのである。士観の大きな転回である。そして重要なことは、日本帝国主義に対する批判の論理が見失われているばかりではなく、むしろ逆にその肯定論とも覚しき考えが展開されている点である。彼の自強主義は単に民族独立のためのものに止まるものではなく、さらに進んで日本をモデルとした、朝鮮の列強化を目指そうとするような強権主義への転回を見せ始めている。彼は痛惜の念を込めて高句麗の広開土王の征服事業に言及し、「阿骨打と成吉思汗の威名が金国と蒙古に在らずして、高句麗にあった」かもしれない可能性を論じている（「読高句麗永楽大王墓碑謄本」⑤四二五〜四二六頁）が、そこには大朝鮮主義の影がちらついている。

士のあり方に武士道的要素も求めるようになった朴殷植は、日本の「大和魂」にならって「大韓魂」の高揚を訴える国粋主義も鼓吹した（「大韓精神의 血書〈続〉」⑤三七〇〜三七一頁）が、彼のナショナリズムは、そうした国粋主義に支えられた大国志向型ナショナリズムに限りなく近いものとなった。ここでは詳論しないが、この時期彼は民族英雄や国史・民族文化を称揚する多くの文章を書いている。当時は日本が投げかけるアジア主義＝「東洋主義」の網に多くの近代的知識人が絡め取られており、李容九《イヨング》率いる一進会はその最たるものであった。しかし朴殷植は、穏和な性格ゆえに申采浩ほど激烈ではないにせよ、ともにそうした流れに抗していた。彼は朝鮮の政治社会に分け入って日本との同盟を唱えた策士大垣丈夫の議論に対して、その同盟論は高見ではあっても「一朝一夕に期すべきではな

い」として婉曲に批判するとともに、青年時代に相当する朝鮮には、イタリア統一の功労者であるマッチーニやカブール、朝鮮古代の英雄である乙支文徳《ウルジムンドク》や金庾信《キムユシン》などが必要だとした（「青年立志編序」⑤一一〇頁）。いわば、「東洋主義」を排して民族主義＝国家主義の立場を堅持したのである。こうしたナショナリズムは、当時朝鮮が保護国の状況にありながらも決して稀有のものではなかった。むしろ逆に、保護国であるという悲劇的な状況が、そうしたナショナリズムの高揚をもたらし、一部の愛国啓蒙運動家に大国願望を夢想せしめたのだと言える。そしてこのような朴殷植の思想的営為は、申采浩と並んで朝鮮思想史上における政治と道徳の分離の発見であり、朱子学的な思惟に基づくオプティミスティックな世界認識との決別を意味するものであることに注意を喚起しないわけにはいかない。[*14]

しかしながら、朴殷植は伝統的な朝鮮的思惟から完全に自由になったわけではない。彼は大国志向的ナショナリズムを発露する一方で、「わが韓もかのスイスのように屹然と列強の間に標置して独立自主を鞏固にすれば、わが同胞の生活は地獄から脱して天国にのぼるであろう」として、なおスイスへの憧憬を口にしていた（「瑞士建国誌序」⑤一八七頁）。実は、彼は現実世界における政治と道徳の分離を永続的なものとは考えていなかった。彼は、「思うに過去の一九世紀と現今の二〇世紀は西洋文明が大発達する時期であるが、将来の二一、二二世紀は東洋文明が発達する時期になるであろうから、わが孔子の道がどうして地に墜ちることがあろうか」（「儒教求新論」⑤四三八頁）と述べ、政治と道徳の分離を特徴とする時代を近代世界に限定し、将来においては必ずや、政治と道徳が再び合致した儒教的理念の世界が到来することを確信していた。そうであればこそ彼は、大同思想を謳った大同教なる宗教の創建にその中心人物として参与し、将来における大同社会の到来に備えようとした。大同教の創建が、親日化の方向を目指す大東学会による孔子教の創建に対抗しようとした民族運動ないし政治運動の性格を一面帯びたものであることは事実だが[*15]、しかしその本質はあくまでも、政治と道徳の分離を前提とした宗教運動であって、大同思想の現実化を即座に実践しようとするものでは決してなかったと言える。彼においては儒教の理念は本来、観念世界においても現実世界においても絶対的なものであるにもかかわらず、ただ近代世界にあっては、それが一時的に阻止されているがゆえに、近代文明と妥協して「強権」を信奉するに過ぎないということになる。そしてそれは、国家を「不抜の基」に置くために儒教国教化が必要だとしたかつての国教化論ともやや位相を異にするものであったとも言えよう。朝鮮民族の全儒教化は、当然視野に収められており、この時期彼が奨励した儒教は、一般民衆への感化が容易な「良知の学」たる陽明学であった。彼自身は主知主義的な朱子学に深く帰依してはいるが、「将来の後身学界を観察すれば、簡単直截な法門がなくては孔孟の学に従事する者がほとんどいなくなるであろう」（同上）として、陽明学に依拠した儒教化の推進を訴えるようになった。しかし、それは今や儒教の即座の国教化ということでは決してない。

『大韓毎日申報』段階、朴殷植の中では檀君神話の比重は高まっていた。彼は『西友学会月報』に「我東古事」（⑤八一頁）なる文章を書き、檀君神話について短いながらも詳述している。すなわち、中国が帝王堯によって統治されていた時代に天孫である檀君が誕生して朝鮮を建国し、人々に初めて衣服飲食の制を教え、檀君はのちに神となったというのである。つとにいわれているように彼が、当時流行していた檀君ナショナリズムに基づく反尊華精神の立場に立っていたことは間違いない。[*16] しかし、彼は「檀箕以来」という言葉を頻繁に使っており、箕子神話に対する信仰を捨てたわけではない。『大韓毎日申報』段階に至って、相対的に檀君神話の比重が高まったというに過ぎない。従って、儒教の至上性を信じて疑わなかった朴殷植の国粋とは、朝鮮における儒教文化の発展に対する衿持をもその内容とするものであったと言える。そのことは彼が、「三国が鼎立する時代に高句麗は支那と壌地が最も近かったために、支那の文化を輸入するのが最も先であった」ことをもって、高句麗における文化の進歩を論じ、さらにはそこに国粋を見出していた（「読高句麗永楽大王墓碑謄本」『全書』㊦四二〜四三頁）ことに端的に示されている。

このような国粋概念は、「東道」にも通じるものがある。国粋とは本来、民族固有の特殊主義的価値であるにもかかわらず、朴殷植においては、儒教文化という普遍主義的価値が朝鮮において開花したことこそが、国粋の重要な一側面なのであった。文明主義的ナショナリズムはなお影を落としており、これは彼が金允植などの東道主義と比較的近いところにいたことを示唆している。大同教の総長には金允植が推戴されたが、それはこうした事情によるものであることが理解される。

国権回復運動期朴殷植が強権主義＝国家主義へと大きくその舵を切ったのは間違いない。しかし、伝統的な政治思想と政治文化から完全に自由になれなかったこともまた確かである。ここにこそは韓国併合後、彼がさらなる思想的転回を遂げていく本質的要因を見出すことができる。

3　日本帝国主義批判とその論理

韓国併合後、朴殷植は中国に亡命し、民族運動の傍ら多くの著作を執筆した。そして、一九一九年上海に大韓民国臨時政府が創建されるや、それに積極的に参与し、のち死の直前に至って国務総理と大統領を歴任した。この時期に執筆した歴史書としては、『韓国痛史』（一九一五年、以下『痛史』とする）と『韓国独立運動之血史』（一九二〇年、以下『血史』とする）が著名だが、朴殷植の思想変化はすでに『痛史』において見え始めている。

すでに述べたように、国権回復運動期朴殷植は弱肉強食的な世界の現実を嘆き、一面帝国主義を批判しているかに見えながらも、その実は「仁義道徳」は侵略された弱小民族にではなく、侵略する列強の側にこそあるとしていた。文明の野蛮への侵略という対処は悲惨ではあるが歴史の必然だというわけである。しかし『痛史』段階では、そうした認識に微妙な変化が表れている。彼は侵略されて悲惨な状況に置かれた民族は多いが、韓国ほど酷い状況に置かれた民族はいないとして、概略次のように述べている（『痛史』①八七〜八八頁）。

スウェーデンがノルウェー、オーストリアがハンガリーを合邦したといっても、そこには差別はなかったし、トルコはエジプトを併合しても王は残し、イギリスは植民地カナダに憲法と議会を許した。またイギリスのインド・エジプト支配、フランスのベトナム支配、アメリカのフィリピン支配にしても、民産だけは保護している。ところが日本の朝鮮支配は、国家を形成していなかった台湾に対するのと同じように苛酷なものである。日本は貧国で窮民が多く、財政は日に縮まり、債務は日に高くなっているので、苛税暴歛が朝鮮に加えられ、その上日本の窮民が朝鮮に渡り民産を奪い取っている。

ここでは、列強の「仁義道徳」はやはり相対的には認定されていると言ってよい。しかし、日本の完全植民地となった以上、もはやその武威文化を称揚することはできなくなってしまっている。日本は列強の仲間入りをしたが、その「富国強兵」化による対外侵略は資本主義的な文明の発展の結果ではなく、従って日本には「仁義道徳」は何ら認められないということになる。日本の列強化は、今や野蛮な本性の結果として捉えられているのであり、民本主義の立場に帰って、窮民の増大と引き換えに行われるその「富国強兵」政策が断固批判されることになる。そこでは日本帝国主義の早熟性が看破されていた。

一方、劣等民族は「仁義道徳」を持たないとしていた朴殷植は、完全植民地となった朝鮮もそのような民族として捉えなければならなくなっていたはずだが[*17]、そうはならなかった。日本の文明性を批判する論理は、本来的な文明観の立場を強くさせ、「檀箕以来」文明の地であるとする朝鮮認識はかえってより明確なものとなっていく。すなわち、檀君は「教化の祖」となる神人であり、箕子は「仁賢の化」をなした聖人とされる（同上、一一八頁）とともに、文明を尺度とした日本との優劣も再確認されることになった。朴は、「そもそもわが立国以来の歴史と古代文化は、日本より進んでいる。儒仏道徳の教、百工技芸の術、詩書礼学の化は、みな彼が慕うところにして、これを学ぼうとする者は壬辰の役に際してもおり、日本の部将沙也可は兵を引き連れてわが境に入り、わが文物を慕ってついに部下三〇〇〇名が我に帰した」（同上、四二〇頁）として、文明国朝鮮の矜持を日本との対比の中で発露している。一九一四～五年頃に刊行された『安重根』では、朝鮮が「文化先進」国であるのに対して、日本民族の性は「慓悍にして寇鈔を好む」（③七二頁）とし、明確に文明と野蛮の論理を適用している。

こうして朴殷植は、文明主義への比重を強めつつ朝鮮独立の確信を説くことになる。彼は、人間の精神を主宰する陽気である魂と、人間の肉体を主宰する陰気である魄にたとえて、朝鮮の不滅を次のように語っている（『痛史』①四四〇頁）。

思うに国教・国学・国語・国文・国史は魂に属する。銭穀・軍隊・城池・船艦・器械は魄に属する。魂というものは魄に従って生死するものではない。それゆえ国教・国史が亡びなければ、その国は亡びない。ああ、韓国の魄はすでに死んだが、いわゆる魂は存するや否や。

朴殷植にとっては、朝鮮という土地に長きにわたって文明の国を営んできたこと、これこそが朝鮮独立の最大の根拠となるものであった。しかし、現実にはいかにしたら、独立を成し遂げることができるのか。意外に思えるが、ここで持ち出されるのは、依然として尚武主義の興起である。彼は過去数十年の間に忠義の士が多く現れ死を恐れずに日本に挑みはしたが、結局は国亡を救うことができなかったのは、「わが族全体の文弱によって彼に敵する力がなかったからである」として、次のように「尚武の精神」を興すべきことを説いている（同上、四二一頁）。

ならば、わが国の武力はいつから衰え始めたのだろうか。本朝五〇〇年、文治を尚ぶと号して武を黜けること甚だしく、積弱に陥ったというのはみな知り語るところである。しかし私一人は、「わが祖の教化が変わって武力が衰えたのだ」と考える。思うに、鎗砲剣矛は器械の武であり、忠信勇敢は精神の武である。そして、器械の用は必ず精神の力を借りるものである。わが祖の尚武の精神は、教化の中にある。昔三国の世に五教の目があったが、「君に事えるに忠を以てし、親に事えるに孝を以てし、友に交わるに信を以てし、戦いに臨んで退くことなく、殺生は択ぶところあり」というのがそれである。そもそも、この五教は民に普及してその神経を貫徹していた。ゆえに当時わが族は国のために命を捧げ、戦えば旋踵せず、隋兵一〇〇万を薩水に沈め、唐師一〇万を安市に苦しめた。どうしてわれらが武を行わなかったと言えようか。

まぎれもなく依然として尚武主義が唱えられていると言ってよい。しかし、ここで重要なことは、文弱を批判しながら、当時一般論としてあった李朝五〇〇年の「尚文賤武」の風に必ずしも亡国の原因を求めていない点である。朴殷植によれば、本来朝鮮民族にあった尚武の精神が教化されなくなったことこそが問題なのであり、李朝の文弱を認めつつも、それは文治文化一般の問題ではない。朝鮮は本来文明の国であり、文治を重んじてきたことは決して間違いではないが、しかし他方で文治政策がバランスを失って尚武精神の民衆教化をいつしか怠るようになってしまったことこそが問題だというのである。こうした見解は、かつて国権回復運動期に簡明に「崇文賤武の弊によって国を喪うに至る」としていた歴史認識とは微妙に違っている。彼は一九一四年に儒教的民族運動家として知られる李承熙《イスンヒ》に送った書簡の中で、壬辰倭乱後のことについて言及し、「我が国の亡はすでに三〇〇年前に形づくられました。（中略）復讐主義を提唱し、大いに国民の心を激し、寝苦枕戈、臥薪嘗胆して死を誓い、必ず報わんとするのは、誰であれどうして当然の義務でないことがありましょうか」（「剛齋先生足下」⑤一五七頁）と言っている。問題なのは李朝五〇〇年の文治文化そのものではなく、壬辰倭乱に対する復讐主義＝尚武精神を教化しようとしなかったそれ以降の歴史だというわけである。

おそらく彼の理解にあっては、古代から李朝前期までは、文治＝シビリアン・コントロールのもとで尚文と尚武がバランスよく行われており、それこそが理想の国家体制であったのである。従って尚武主義再興の提唱は、国権回復運動期のように武威文化への転換を主張したのとはいささか違っている。「標悍にして寇鈔を好む」日本の武威文化は、今や彼の採用するところとはなっていない。朝鮮の伝統的な政治文化への回帰が始まりだしている。

4　世界認識の変化と文明主義

『痛史』と『血史』の間にはわずか五年の歳月の差違しかないにもかかわらず、朴殷植の思想はさらなる変化を遂げていく。ここでは、『血史』以降の著作をも一括りに『血史』段階と把握し、三・一運動以降の思想について考察することにする。

三・一運動の朝鮮近代思想史上における意味は、ウィルソンの一四か条平和原則を背景に社会進化論を否定して民族自決を主張した点にある。[*18] 朴殷植の思想変化もこれと平行しており、彼は弱肉強食的現実を次のように明確に否定した（『血史』②一四五頁）。[*19]

ああ、過去の時代の文明は人類競争のために利用されたものであり、人道平和の事業ではなかった。それゆえ物競天択と適者生存の論は唯一の法門となり、優勝劣敗を天演とし、強食弱肉を公例とし、軍国主義の侵略政策は生存の目的となった。いわゆる文明民族が心思知力を尽くして神巧を極めたものは、殺人の利器と盗国の譎計である。初めは強と弱が闘って弱が滅び、めぐって強と強が闘って両虎がともに傷つく。人の弟を殺せば人もまたその弟を殺し、人の子を殺せば人もまたその子を殺す。全地球の人類がひたすら互いに殺し合い報復し合うとするならば、弱者が滅びるだけでなく、強者もまたそれを免れない。

朴殷植にとって、もはや強国化することは文明の進歩とは見なされなくなり、それは強者自身も滅ぼすような「仁義道徳」に悖った所為である、ということになる。しかしそれゆえにと言うべきか、彼は世界改造の時代が到来するだろうことに多大の期待をかけることになった。すなわち、「ロシアの革命党は赤旗を先頭に掲げて専制を打倒し、広義を宣布して各族の自由自治を許した。先の極端な侵略主義は一変して極端な共和となったが、これは世界を改造する最先端の動向である」（『血史』②四五頁）とか、あるいは「ロシア革命は（中略）弱小民族の自由を扶助して労働社会の権利を増進するものであるから、実に世界を改造する曙光であり、人道の萌芽を扶植するものである」（「理想与実行」⑤五三〇頁）とし、ロシア革命に高い評価を与えた。[*20] そしてウィルソンの「民族自決主義」は、「強権の掣肘によっていまだ実行されてはいないが、多くの人々の歓迎を受けているのだから、最終的には必ず勝利する」（『血史』②一四五頁）とし、さらなる期待を寄せた。またその一方で、「かの日本もまた極端な侵略主義であり、わが族の仇であるだけでなく、世界人道の敵なのだから、決して新時代に容れられることはない」（同上、一四五～一四六頁）として、「世界人道」という普遍的原理に立ち返って日本を批判した。

総力戦として戦われた第一次世界大戦の悲惨性は、朴殷植にとって何よりも西欧文明の終末的様相として認識されたのであろう。ロシア革命の狼煙は、西欧文明自らがその文明を否定する契機として映り、彼はそこに新たな文明の可能性を見て取ったに違いない。そしてウィルソンの一四か条平和原則こそは、文明史の新たな方向を指し示す歴史的マニフェストとして、世界史が大きく変わっていくことを確信させるものとなった。またさらに、彼は日本の大正デモクラシーについても大きな期待をかけており、その影響も被っていることを指摘しておかなければならない。そもそも朴殷植が多用する「改造」という言葉自体が大正デモクラシー期に流行した重要タームであり、朝鮮には三・一運動の直前に流入していたものである。[*21] 彼は「民衆運動」についても、「今全地球人類の生活問題と政治事業において、民衆運動の力を見ないものはない」（「民衆運動之時代」⑤五〇八頁）として関心を示したが、「民衆」という言葉も大正デモクラシー期において盛んに使われた重要タームである。彼は日本の民衆運動、とりわけ普選運動に関心を示している。すなわち、「（日本の）民衆は再接再厲の計を以て大いに演説会を開き、かつ船員数千が結団上京して普選派を応援することに従事し、それがためにその意気が一振している」（「労働階級之向上進展」⑤五一五頁）として、日本の民衆運動が歴史を大きく動かそうとしていることに敏感に反応した。そしてそれは、大正デモクラシー全体に対する期待へと拡大していき、吉野作造の朝鮮同情論や総督府の文化政治への転換を受けて、「(日本)社会の言論は以前の調子とは頗る異なり、同化の不可能なることを明らかにして政府の失策を攻め、朝鮮の自治を語る者や朝鮮の独立を許すべきことを唱える者などが現れ、政府もまた武断を改め軟化している」(『血史』②八二頁)とした。

国権回復運動期、あれほどペシミスティックに世界を認識していたにもかかわらず、朴殷植は第一次大戦後の世界の状況に、遠い将来のこととしていた大同社会の到来を早くも見出してしまったように思われる。すなわち彼は、「時勢の動向について言えば、今全地球の思想はみな専制を憎悪して強権を嫉視し、自由平等の風潮はまさに世界を変えてこれを新しくし、大勢の駆するところはこれを制止することができない。これはすなわち天意の自然であり、人道の大同である」(「大韓国民老人同盟団致日本政府書」⑤四七九頁)と述べ、大同社会への歴史的進展がもはや制止し得ないほどに人類の欲求になっているとしている。彼は、「アジアの文明は道徳に基づき、欧州の文明は物質から生まれ、道徳の弊は空想的になることであり、物質の弊は激戦になることである」として、本来東洋の道徳主義が理想的であることを指摘しつつ、第一次大戦の悲惨性が世界の人心を道徳主義の方向に導き、「愛の心理」を説くインドのガンディーや、「人権思想」を説くアメリカの黒人指導者ガーヴェイの活動に「道徳文明発生の兆」を見た(「世界人道之将来」⑤五〇七頁)。かつて彼は、二一、二二世紀にこそ東洋文明が発達すると考えていたが、今や早くもその時期が到来しつつあるものと認識したのである。これは大同思想と西欧文明との付会にほかならないが、結論的にいうならば、それはあまりに性急であったと言うしかないであろう。

このような政治思想的な変化は、オプティミスティックな朱子学的思惟への回帰にほかならない。そしてそれは、朴殷植が文明主義的なナショナリズムを持ち続けたことと深い関係があると言えよう。実は『血史』段階では、箕子神話信仰はなんら語られることなく、檀君神話信仰だけが叙述されており、選民主義が明確に打ち出されるに至っている。「そもそもわが族は檀祖神聖の後孫にして東海名勝の区に居住し、人材の産出と文物の制作においては実に優

秀な素養を備え、他族に勝っている。わが国の歴史四三〇〇年にわたる血統・忠義・道徳の根基は深厚にして、宗教と文学は早くから盛んであり、その余波は日本に注ぎ潤し、われわれは先進の位置にあった」（『血史』②八一頁）というわけである。「韓族は文化の吸収消化と創造力において、日本と較べはるかに勝っている」（同上、一四二頁）とも述べている。すでに朴殷植は、大同教に替わって一九一一年に檀君を信仰する新興の民族宗教大倧教に入信し、一三年からはその幹部となった。また二三年からは一年間第三代教主尹世復《ユンセボク》の家に起居している。*22 朴が大倧教の影響を少なからず受けたのは、間違いないところである。しかし、この時期に至っても依然として朱子学を敬しつつ陽明学の効用を説いており、儒教を信奉することにおいていささかの揺らぎもない（「学의 真理는 疑로 조차 求하라」『全書』㊦一九六〜一九八頁）。選民主義によって箕子神話を否定したものの、朝鮮を本来的に文明の地とする確信は深化しこそすれ、弱まることはなかった。

　以上のように、『血史』段階に至って、朴殷植は儒教的文明主義への回帰を確固としたものにしていったと言うことができる。だとすれば、真の文明主義とは相容れない尚武主義の主張はどのようになったであろうか。端的に言って、それは相対化の様相を強くするに至っている。彼は朝鮮亡滅の原因について、必ずしも尚武主義の欠如を最重要な問題とせずに次のように述べている（「通告二千万同胞」⑤五四二頁）。

> ああ、わが半万年の霊長の歴史がどうして異族の毒手に殲滅され、二千万の善良な民族がどうして異国の奴籍に編入されたのか。もちろん、政治不良と教育不興と実業不尽と武備不張などの弊習があまりに多かったのが原因であるけれども、最大の原因は政界の党争と地方の差別によって団結的精神と合作的事業が欠乏し、人心が腐敗して国力が虚弱になったことである。

　ここでは、「武備不張」＝尚武主義の欠如は明確に相対化され、朝鮮亡滅の最大の原因は団結力と合作力の欠如に求められている。このような分析の変化には、「徒手革命」として戦われた三・一運動に対する評価が多分に関わっ

ている。朴殷植は、「三月一日はわが二千万の韓族が正義人道の旗幟を挙げ、忠信を以て甲冑となし、赤血を以て砲火に代え、前古にいまだない徒手革命を創始し、世界の活舞台に躍り出た日である」（『血史』②一五四頁）と自負し、あるいは「三・一運動について言えば、全民族の大同団結と一致行動によって世界歴史に未曽有の徒手革命を演出したので、世界人士たちから独立の資格があると好評を博し、賛同の意を表せられた」（「通告二千万同胞」⑤五四二頁）と評価した。そして朴は、「ひたすら世界人類の平和思想と人道主義によって強暴不法な軍国主義を除去しようとする新機運に順応し、武器を用いず独立自由を得る新紀元を世界歴史に開創しよう」（「敵을 戦勝할 能力을 求하라」⑤四八三頁）とか、「人道主義によって敵の軍国主義を声討し、わが仁によって敵の暴を攻め、わが正によって敵の詐を征すれば、決して勝利を得られないということはない」（同上）とも述べ、到来しつつある真の文明主義の時代にあっては、もはや武力独立は絶対化されるものではないとした。

大韓民国臨時政府は創設当初、外交論や準備論が主流であった。そのため臨時政府は、それに疑義を唱えて即座の武力独立を主張し、臨時政府の打倒を叫ぶ創造派と、臨時政府の維持を前提にその改造を図っていこうとする改造派とに分裂した。申采浩は前者に属し、朴殷植は後者に属したが、朴の文明主義への確信に基づく「仁」による抗敵の論理は、改造派の立場を代表するものであったと言えよう。基本的には彼の立場は、非暴力抵抗の方向に向かったのは明白である。彼は単なる準備論や外交論とは違って自力独立を唱えはしたが、ガンディーの影響も受けて、「今二千万の人民がかの行政に対して一致同盟をなし、協力して抵抗すれば、彼は気を失い退くまいとしても、そうならざるを得ない」として、非協力をともなった非暴力抵抗を唱えるに至っている（『血史』②四一一頁、「吾族之進行方法」⑤四八六頁）。非暴力抵抗こそが文明主義の時代に相応しい朝鮮独立の方途となったのであった。それゆえ朴は、「世界の人類がみなわれわれを道徳に豊んだ民族だとし、文明の程度が独立するに足るとし、果然正義人道の先導者だと承認すれば、われわれは最終の凱旋を奏して独立自主の完全な幸福を得ることができよう」（「敵을 戦勝할

能力을 求하라」⑤四八三〜四八四頁）として、朝鮮民族全体に文字通り文明民族となるべきことを求めるようになる。彼の文明主義へのこだわりは、ついには独立の論理にまで収斂されることになった、と言うことができる。

しかし現実には、朝鮮において非暴力抵抗は容易に現実化しなかったし、朝鮮独立を後押しする世界の世論も強まりはしなかった。そこで朴殷植は、自らが基本戦略として描く、いわば非暴力抵抗独立論を放棄せざるを得なくなっていく。彼は、結局は武力解放論を容認し、臨時政府大統領に就任した日に出された『独立新聞』（一九二五年三月二三日）の論説では、「わが独立運動については実伝《ママ》（戦）と破壊等の各種方法がすべて必要」であり、最終的には「武力解放を要求する」と明確に述べるに至った（「政府와 우리 民族의 關係」『全書』㊦一九一頁）。臨時政府もまた、軍隊を持とうとした。こうした事態は、三・一運動直後の朴殷植の現状分析がいかに楽観的すぎたかを物語っている。彼は深く落胆したに違いないが、いずれにせよ政治思想史的に重要なことは、朴殷植においては三・一運動を契機に文明主義への完全回帰がひとたびはなされたということである。伝統的な朝鮮の政治思想と政治文化は、朴殷植においてかくも深く内面化されていた。そしてこの問題は、彼の民衆観にもいささか関わることであり、次にはそのことについて検討してみなければならない。

5　民族独立運動と民衆

三・一運動以降の朴殷植の思想には、大正デモクラシーの影響もあって「民衆」に対する着目が見えだしてくることについてはすでに述べた。しかし、彼の民衆観は複雑である。彼はもとより民本主義を持していたが、言うまでもないことながら、儒教にあって民本主義は民を国の本とするものではあっても、民を政治の主体として把握するものではない。民は仁政の享受者ではあっても、政治の主体はあくまでも士にあり、士は天下国家のために言動する者をいうのである。

愛国啓蒙運動期は英雄礼賛の時代であった。[*23] 朴殷植もこの時期、そしてそれ以降もさまざまな英雄伝を書いている。彼にとって英雄は、国家の運命を左右するような存在であった。一九一一年に書いた「泉蓋蘇文伝」では、「そもそも英雄は邦国の干城であり人民の司令であるのに、英雄を冷淡に待遇したのは国の干城を捨て去り司令を蔑視するものである」(④二八九頁)として、朝鮮が英雄を重んずる文化を持たないできたことを批判している。英雄が「人民の司令」であるとする認識には納得できるとしても、民衆こそが「邦国の干城」であるのだとする認識を持てないでいたことは、愚民観の表れだとみることができる。

そのことは『痛史』の甲午農民戦争に対する評価によく表れている。朴殷植によれば、甲午農民戦争の最高指導者全琫準《チョンボンジュン》は「桀黠」(凶暴で悪賢い)であり、「もっぱら迷信によってその徒衆を服せしめて」自らを「神人」と思い込ませ、民衆も迷信によって精神的武装をし、両班土豪に対して残忍な暴力によって報復を果たしたという。そもそも東学は「本来政治思想と革命性質《せいしん》を持ってはいたが、多くは卑賤無頼の愚蠢無識の徒」によってなり、その闘いは「改革の先駆というべきだが、彼らは烏合の衆であって、あわただしく挙事した」。従って、「西欧革命の血光をまた亜島半島に見たが、如何せん、それらの胆力と識力を持たなかった」(①一七三～一七四頁)。朴は確かに、東学と甲午農民戦争が旧体制を打破しようとする方向性を持つものであったことは認めている。しかし両班土豪への報復を旨とする民衆の暴力は、フランス革命のようには新しい国家建設に結びつくものではなかったというわけである。そこには、「愚蠢無識の徒」は到底歴史の主体になれないという歴史認識が働いている。朴には、甲午農民戦争は単に迷信に衝き動かされた無秩序な民衆暴力としか映らなかった。甲午農民戦争がブルジョワ革命に帰結するようなものでなかったことはあまりにも自明なことである。しかし甲午農民戦争において民衆は、無秩序に見える中にも自律的な闘いをしていたし、全琫準も民衆を、迷信ばかりを駆使して指導していたわけではなかった。朴は全琫準を英雄と見なすことさえできなかった。

甲午農民戦争における民衆闘争の秩序性が正しく認知されるのは、解放後の歴史研究に待たなければならない。今日の甲午農民戦争研究の水準にあっても、朴殷植が垣間見たような暴力と報復と迷信に走る民衆イメージは、必ずしも間違いだとは言えない。しかしそれは表層的な事実でしかなく、そのような闘争に走る民衆の営為にも、彼らなりの自律性と変革性と合理性があった。[*24] そしてここで重要なことは、朴殷植の歴史研究の未熟性が問題なのではなく、あくまでもその英雄観と裏腹の関係にある、もとよりの彼の民衆観が甲午農民戦争観を規定し、それが暴力と報復と迷信のみに走るという民衆イメージを形作るに至っているという点である。

しかし、このような甲午農民戦争観は『血史』になると微妙に変わってくる。朴殷植は次のように述べている（『血史』②八六～八七頁）。

> 甲午春、党魁全琫準・孫化中《ソンファジュン》等は貪吏を厳しく懲らしめるために乱を湖南の古阜に起こした。一呼すると万が応じて営塁を相望み、貪汚を除き民瘼を救うの意を以て檄文を両湖の列郡に宣布すると、響応しないものはなかった。（中略）思うに、その動力は両班の圧政と官吏の貪虐に怒ったことに発したものであり、わが国平民の革命である。ただその徒党は多くが愚蠢無識であり、その挙動もまた乱暴が多く紀律もなかった。改革政治はそのよくするところではなかったが、しかし旧慣を破壊することは十分にできた。外人の干渉を防いでさらに有能な者がその間に出ていれば、その破壊の中から一つの新生の独立国を建てることはいまだ不可能なことではなかった。

もはや朴殷植は、全琫準を「桀黠」とは見なしておらず、迷信に替わって檄文こそが民衆の結集を呼び起こしたのだとしている。全琫準を英雄視するには至っていないが、甲午農民戦争の合理性と革命性はより踏み込んで評価されるに至っていると言うことができる。甲午農民戦争は指導者の如何によっては、新生国家の誕生に至ったかもしれない画期的民衆反乱であったということになる。こうした評価には、三・一運動を指導した有力勢力が東学の後身の天道教であることが関係しており、朴は上の文に続けて「今日天道教は血を流して活動している」という一文を付け加えている。

もっとも、甲午農民戦争がもっぱら「愚蠢無識の徒」によって担われ、無秩序に展開されたという評価は相変わらずであり、愚民観がなお顔をのぞかせている。前述したように、彼は確かに三・一運動を、「全民族の大同団結と一致行動によって世界歴史に未曾有な徒手革命を演出した」ものと評価した。自律的に非暴力に徹して文明的に「徒手革命」を実践したというこの三・一運動観は、民衆が甲午農民戦争段階から成長したと捉える歴史認識を示すものにほかならない。そこには当然に運動指導者の政治理念が進歩したのだという歴史認識も前提されてはいるが、彼においては民衆はともかくも成長したものと捉えられるに至ったのである。

しかしこれは、朴殷植の事実認識というよりは、単に言説でしかない可能性がある。三・一運動において民衆は、実は単に独立示威を行うばかりではなく、凶器や農具を以て暴力を行使し、警察署・駐在所・面事務所・郵便局・日本人商店などを襲撃していたことが明らかである。[*25] 上海にあって、新聞報道や伝聞情報を懸命に採取し、それに一喜一憂していた朴がそのことを知らなかったはずがない。にもかかわらず、『血史』には民衆の暴力についてはほとんど記述がない。対抗暴力についての記述はわずかに見られるものの、全体的には朝鮮民衆は徒手による独立示威を繰り広げたとの印象のみが与えられるものとなっている。これは当時、単に歴史学者・ジャーナリストであったばかりでなく、臨時政府の政治家であり、あるいはスポークスマン的役割も担っていた朴が、ことさらに三・一運動を文明化された朝鮮民衆による「徒手革命」として内外に宣伝し、世界の同情を集めようとする意図を持っていたためだと考えられる。その意図はほぼ成功し、以後三・一運動は内外を問わず非暴力独立運動としてもっぱらイメージ、記憶されることになる。

三・一運動前後にあって、やはり朴殷植の愚民観はいまだ克服されてはいなかった。先にも引用した一九一四年の李承熙宛て書簡の中で、彼は次のように述べている（「剛齋先生足下」⑤一五七頁）。

そもそも華民を観てみると、国家思想と開明事業には短ずるとはいっても、その勤勉な仕事ぶりと堅忍耐苦することにおいては優れた特性を有しており、はるかに私たちが企て及ぶべきところではありません。私たちは怠惰に慣れて、耕耘の余と伐採の隙にはただ群飲して賭博を行うことを事とし、蕩産流離して山谷に並死するのはよくあることとです。

ここでは自虐的にも、朝鮮人は中国人にはるかに及ばない怠惰遊食の民族とされている。朝鮮人怠惰認識はもっぱら日清戦争以降、西欧発のオリエンタリズムを自らも内面化して朝鮮に適用しようとした日本人によって喧伝され、次第に近代的な朝鮮知識人にも蔓延していき、愛国啓蒙運動期には彼らの間でそのような自画像が一般化されるに至ったものである。それは近代のフィルターを通じて獲得されたものに過ぎず、実は朝鮮人一般を怠惰遊食の民とすることはできない。ここでは詳しく論ずる余裕はないが、朝鮮王朝末期から植民地初期にかけてすでに、同一の条件下では中国人やロシア人より朝鮮人の方が勤勉であるとする認識を示す外国人もいたほどである。[*26] 朴殷植もまた、日本的なオリエンタリズムの罠にはまってしまったと言うことができよう。そしてこうした朝鮮人怠惰認識は、三・一運動後も彼においては正されることがなかったことが重要である。一九二三年段階で彼は、「上流社会は仕官生活で一指不動なのはもちろんだが、中流以下でも遊衣遊食して生民の蟊賊となるものが数え切れない」（「対症投剤」⑤五五七頁）と言っている。

このように朴殷植は最後まで愚民観を引きずっていた。「徒手革命」を行った朝鮮民衆にあれほど厚い信頼をしていたはずであるにもかかわらず、彼は朝鮮民衆をなお文明にほど遠い存在と見なしていた。実は彼は、知識人の指導なくして朝鮮民衆はいまだ自律的な闘争を行い得ず、「愚蠢無識の徒」であることから完全には脱していない存在であると認識していた。晋州での三・一運動について次のように叙述している（『血史』②一八九頁）のは、そのことを示唆している。

（三月）二四日は最大の示威運動を決行しようとしたが、倭人は鉄砲によってこれに対処しようとしているという噂が伝えられると、わが独立団員はますます怒って武器を持って一死を決しようとし、殺気が城に満ちた。しかし、指導者たちが極力これを止めさせ、ついに平和な歩調で川辺に齋集し、万歳を熱唱した。

朴殷植にとって朝鮮民衆は、やはり指導者なくしては自律性を喪失してしまうような存在なのであった。彼は民衆が自律的な暴力を行使し、あるいはそれが時に逸脱することがあるにせよ、そうした民衆の制御しがたい怒りと行動が歴史を確実に動かしていくのだということを最後まで認めることができなかった。それゆえ、世界的な文明主義の到来を確信するようになっていた彼は、逆にことさらに、三・一運動をそうした時代に即応した「徒手革命」として捉えることによって朝鮮民衆の文明性を誇示しようとし、また以後もしばらくは、文明主義に相応しい非暴力抵抗を朝鮮民衆にあえて求めようとしたのだと言える。

断っておくが、こうした非暴力抵抗の論理はガンディーのそれとはまるで違う。筆者はガンディーの非暴力主義の歴史的是非を論ずるつもりはさらさらないが、ここでは最後にガンディーの非暴力主義と比較することによって、朴殷植の非暴力抵抗の論理が持つ性格についていささか検討を加えてみたい。

ガンディーの非暴力主義は、「非協力などによって起こる不利益、処分を甘んじて受け、受難や自己犠牲によって、相手の心を変えるのが目的である」[*27]。それゆえネルーが解説するように、「それは卑怯者の行動回避ではなかったし、勇敢なる者の悪と民族的屈辱とに対する挑戦であった」[*28]。つまりそれは、暴力を魂の力によって抑止しようとする勇者の論理を持つものであり、しかもそれを民衆一般に強く求め、ともに闘おうとする峻烈な精神と民衆への信頼を前提とするものであった。確かにガンディーは、時に非暴力の原則を破って暴力に走る民衆に対してしばしば困惑することがあった。初期段階において規律に従順でなく市民的不服従運動を行う資格がないにもかかわらず、そうした民衆に対し早くもその開始を呼びかけてしまったことを、のちに反省してもいる。[*29] しかしガンディーはあくまでも、本来民衆はそのような資格を持っているはずだという確信と信頼のもとに、民衆とともに闘おうとしたのである。それは、愚民観を前提とした朴殷植の非暴力抵抗の論理とは相当な開きがあると言わなければならない。

しかも重要なことは、ガンディーの非暴力主義にあっては、暴力と物質至上主義に走る西欧近代文明への根本的な批判が内在しているという点である。ガンディーは、「わたしは、インドが全世界にたいして一つの使命を担っているものと固く信じている。インドはむやみにヨーロッパの猿真似をしてはならない[*30]」と言っており、暴力によって暴力に対抗するのは、西欧の論理で西欧に対抗することにほかならず、それは世界史を切り開くことにはならないという、堅固な哲学と強固な信念を持っていた。であればこそ、彼の非暴力主義は終生変わることがなかった。予期に反して非暴力抵抗が容易に現実化せず、朝鮮独立を後押しする世界の世論も強まらないことによって武力解放論に方向を転じた朴殷植の非暴力抵抗の論理が、ガンディーのような哲学と信念を持たないものであったことは明白である。彼にあっては、非暴力抵抗は西欧近代文明への批判としての意味を持つものではなく、逆に西欧近代文明こそが自覚的に非暴力抵抗の論理を生み出しつつあり、それを朝鮮が実践することは、もとより本来の東洋文明の論理に回帰するものではあるが、西欧近代文明の方向性にも合致するものであると考えられていた。従って、そこにおける西欧近代文明への批判は、脆弱なものとなるしかなかったのである。

おわりに

本来、儒教的文明主義の立場から民本主義と小国主義に基づいたナショナリズムを唱え文治文化の中で思惟していた朴殷植は、国権回復運動期ひとたびは政治と道徳を分離することによって強権主義を唱え武威文化を称揚した。しかし、韓国併合後には帝国主義批判を強め、文明主義的ナショナリズムに回帰し、文治文化を再評価するようになる。そして三・一運動以降には、世界的に文明主義の時代が到来したことを確信することによって文明主義的ナショナリズムに完全回帰し、非暴力独立運動を唱えるに至った。最晩年には武力独立を主張しはしたが、文明主義へのこだわりは終生のものであったと言える。しかし、そのこだわりは愚民観を随伴するものでもあり、三・一運動を「徒手革命」と高く評価しながらも、それは民衆暴力への深い懐疑と裏腹の関係にあるものであった。

儒教の政治思想や文治文化との葛藤において捉えられる朴殷植の思想は、およそ以上のようなものである。それは彼固有の思想的葛藤ではあるが、一面自らの伝統と葛藤せざるを得なかった朝鮮近代知識人の典型的相貌を見せているものであったとも言える。

ではこのような彼の思想は、一見同じような思想的変遷をたどった申采浩と比較したとき、どのような違いが見られるのであろうか。国権回復運動期に限ったことであるが、朴に比べ申の方が、現実世界に対してよりペシミスティックであるがゆえに、国家の至上性がより強調されるとともに、儒教観においてアンビバレントであるがゆえに、国粋主義がより固有なものに求められたというのが、かねてからの筆者の見立てである。[*31] しかしその後、両者は民衆観において大きな違いを見せるに至り、その国家観も独立論も決定的な違いを顕現させるようになる。

申采浩は強権主義を主張した段階においてもそれを克服した段階においても、国家に普遍的道義があることを懐疑していたが、朴殷植にあっては逆に普遍的道義は本来的に国家こそが追求すべきものであった。また、申は国家に普遍的道義を求めないがゆえに、それに代わって民族固有の国粋を強く求めたが、朴にあっては国粋はあくまでも文明としての「東道」と分かちがたい概念としてあった。ところが、申は三・一運動以降「民衆の道徳」に普遍主義的価値を見出し、民衆の暴力をも絶対化するに至って国家も国粋もかなぐり捨てていく。一方朴にあっては、最後まで

「民衆の道徳」に普遍主義的価値を見出せないがゆえに、国家の普遍的道義性が文明主義の到来という認識と相俟ってますます求められるようになっていく。彼にとって「民衆の道徳」は、自律的なものとしてあるのではなく、国家思想を持つ指導者によって上から下に啓蒙的に植え付けられるしかないものであった。従って、申が民衆の暴力による直接革命を主張するようになったのに対して、朴は最後的には武力独立を主張したにせよ、民衆の非暴力抵抗による独立にこだわるしかなかったのである。

亡命者であった両者の思想は、ともに独立運動に反映されることはなかった。申采浩の民衆直接革命論は、混沌とした解放直後の南朝鮮で一〇月人民蜂起や四・三蜂起などを通じて実現されるかに見えながら、結局は無惨に弾圧された。朴殷植の非暴力抵抗論は、彼自身最晩年に放棄しただけでなく、その後の歴史においてもやはり実現されることはなかった。四月革命以降の韓国の民主化運動とその成功こそがそうした論理を持つものであった可能性はあるが、それは国家が普遍的道義に目覚めたからでは必ずしもない。申采浩が抱くに至った近代文明への深い懐疑は、現在も解消されてはいない。また、朴の文明主義的なナショナリズムに基づく大同社会の理想も、なお迂遠なことのように見える。ただ朴は本来、その理想の実現を「将来の二一、二世紀」に託していた。そして現在は、まだ二一世紀が始まったばかりであることになお救いがあるばかりである。

注

＊1　竹内好「中国の近代と日本の近代」（『竹内好評論集』第三巻、筑摩書房、一九九六年）四二頁。
＊2　山室信一『思想課題としてのアジア』（岩波書店、二〇〇一年）。
＊3　姜在彦『朝鮮の開化思想』（岩波書店、一九八〇年）一二五頁。
＊4　金谷治訳『中国古典選　八』（朝日新聞社、一九七八年）七三頁。
＊5　拙稿「朝鮮における大国主義と小国主義の相克――初期開化派の思想」（『朝鮮究会論文集』二二、一九八五年）、「朝鮮近代のナ

ショナリズムと東アジア――初期開化派の「万国公法」観を中心に」（『中国―社会と文化』四、一九八九年）。

*6 金栄作は『朝鮮王朝実録』と新聞記事を検索して、「富国強兵」の使用頻度数を調査し、「富国強兵」意識が弱かったことを論証しようとしている（「朝鮮朝末期の西欧受容と伝播様相に関する実証研究――文明開化、自主独立、富国強兵意識の構造を中心に」朴忠錫・渡辺浩編『「文明」「開化」「平和」』――日本と朝鮮』慶應義塾大学出版会、二〇〇六年）。総論的には首肯できるが、ただ「自強」についての調査をしていないのは問題であろう。また、「富国強兵」「富強」などがどのような文脈で使われているのかの調査も必要である。重要なことは「富強」と「自強」の持つ意味内容である。

*7 拙稿「朝鮮における実学から開化への思想的転回――朴珪寿を中心に」（『歴史学研究』六七八、一九九五年）、「近代朝鮮の小国思想」（菅原憲一・安田浩編『国境を貫く歴史認識』青木書店、二〇〇二年）。

*8 拙著『朝鮮民衆運動の展開――士の論理と救済思想』（岩波書店、二〇〇二年）。

*9 拙稿「朝鮮における日本帝国主義批判の論理の形成――愛国啓蒙運動期における文明観の相克」（『史潮』新二五、一九八九年）、「朝鮮近代のナショナリズムと文明」（『思想』八〇八、一九九一年）、「金玉均から申采浩へ――朝鮮における国家主義の形成と転回」（『講座　世界史』七、東京大学出版会、一九九六年）、「朝鮮ナショナリズムの系譜」（『大航海』三〇、一九九九年）。

*10 裵勇一『박은식과 신채호 사상의 비교』（景仁文化社、서울、二〇〇二年）。

*11 原田環「朝鮮近代ナショナリズムの形成――朴殷植の〝大韓精神〟」（『朝鮮民族運動史　研究』三、一九八六年）。

*12 金度亨「韓末啓蒙運動의 政治論研究」（『韓国史研究』五四、서울、一九八六年）。

*13 菅野覚明『武士道の逆襲』（講談社現代新書、二〇〇四年）。

*14 こうした思想的営為をなした代表的人物には、朴殷植や申采浩以外にも李沂《イギ》が挙げられる（拙稿「道義は実現されうるか――韓末啓蒙運動家李沂の思想と行動」林哲・徐京植・趙景達編『二〇世紀を生きた朝鮮人』大和書房、一九九八年）。

*15 愼鏞廈『朴殷植의 社会思想研究』（서울大学校出版部、一九八二年）二〇三～二〇六頁。

*16 同右、二二〇～二三六頁。

*17 論理的必然としてこのようになることは、安重根《アンジュングン》の例を見れば明らかである。彼は朴殷植とは違って帝国主義的な現実に対して先駆的に鋭い文明批判を加えていたが、その彼であってさえ、韓国併合直前死を目前に控えて、「私は果たして大罪人である。他でもない。私の罪は仁弱の韓国人民の罪である」として、朝鮮民族の「仁弱」を嘆くに至った（拙稿「安重根――その思想と行動」『歴史評論』四六九、一九八九年）。

＊18　前掲拙稿「朝鮮における日本帝国主義批判の論理の形成——愛国啓蒙運動期における文明観の相克」参照。
＊19　漢文からなる『血史』は、姜徳相訳『朝鮮独立運動の血史』（平凡社、一九七二年）を参照しつつも筆者なりに翻訳してある。
＊20　朴殷植は確かに、「最近のロシア革命もまた急進的であり、その主義に反対する者には少しも寛恕せず、直ちに残酷な殄滅の手段を講じ、流血の惨状は人々を駭愕させている」（「急性与慢性」⑤五二二頁）とし、他方ではロシア革命の急進性を批判してはいる。しかし続けて、「わが国人には冲和の風気があり、極端な性質がないので、革命事業もまた激烈な手段を取らず、主義に反対する者にはおおむねみな寛恕を与えてそれを保全するであろう」（同上）とし、将来訪れる独立とともに勃発するであろう朝鮮革命に対して楽観的見通しを示した。
＊21　조규태「天道教의 文化運動論의 定立과 그 패러다임」（『韓国民族運動史研究』一九、서울、一九九八年）。
＊22　前掲裵勇一著書、一〇八頁。
＊23　田口容三「愛国啓蒙運動期の時代認識」（『朝鮮史研究会論文集』一五、一九七八年）。
＊24　拙著『異端の民衆反乱——東学と甲午農民戦争』（岩波書店、一九九八年）。
＊25　前掲拙著『朝鮮民衆運動の展開』第七章。
＊26　拙稿「植民地朝鮮における勤倹思想の展開と民衆」（宮嶋博史・金容徳編『近代交流史と相互認識——日帝支配期』Ⅱ、慶應義塾大学出版会、二〇〇五年）。
＊27　長崎暢子「戦争の世紀と非暴力——マハトーマ・ガンディーとインド民族主義」（『岩波講座世界歴史』二五、岩波書店、一九九七年）二七三頁。
＊28　ネルー「自叙伝」（『世界の名著〈ガンジー・ネルー〉六三』中央公論社、一九六七年）四三九頁。ガンディー自身は、「行動的な非暴力とは、自覚にもとづく受難を意味する。それは、悪をなす者の意志にいくじなく服従するのではなく、全身全霊をもって圧制者の意志に抗することを意味する」と述べている（森本達雄訳『非暴力の精神と対話』第三文明社、二〇〇一年、二八頁）。
＊29　ガンディー「自叙伝」（前掲『世界の名著〈ガンジー・ネルー〉六三』）三四六〜三四七頁。
＊30　前掲『非暴力の精神と対話』三〇頁。
＊31　前掲拙稿「朝鮮近代のナショナリズムと文明」一三二頁。
【初出】深谷克己編『東アジアの政治文化と近代』（有志舎、二〇〇九年）。原題は「朴殷植における国家と民衆——朝鮮的政治思想・政

治文化の葛藤」。

（補注1）李光麟「『大韓毎日申報』刊行에 대한 一考察」（『韓国開化史諸問題』一潮閣、서울、一九八六年）二六一〜二六二頁。朴殷植が『大韓毎日申報』から『皇城新聞』に戻るのは常識的事実である。しかし、彼は『大韓毎日申報』の終刊まで関わっていた節がある。「白巌朴殷植先生略歴」によれば、乙巳保護条約から韓国併合まで『大韓毎日申報』が「国民思想を鼓吹し祖国精神を喚起した功徳は先生の苦心と筆鋒による」（⑥七六一頁）とある。この略歴は本来朴殷植の親筆によるものを、解放後に彼の息子が書き写したものである。内容的に不備な点や加筆などがあるようだが、全面的に否定することもできない。『皇城新聞』に戻って以降も、顧問のような形で時に『大韓毎日申報』の紙面に関わっていた可能性もある。初出ではこのことを重視して通説をとらずに、朴殷植が一九一〇年まで『大韓毎日申報』にいるかのように記したが、やはり正式な所属先が『皇城新聞』に移ったのは否定すべくもない。修正しておく。

六　申采浩における国家主義の形成と転回

はじめに

近世日本の儒教や華夷思想の特徴は、本来のそれとは異なり、文化意識よりは国家意識が強い点にあるといわれる。このことは、近代日本における国権意識や国家主義の強靱性を考える際、示唆的である。前近代においてすでに国家意識が強く観念されていたればこそ、日本は西欧列強が強要する国民国家体系にスムーズに適応しえたのであり、また福沢諭吉のごとき「権道」を肯定するとともに、国家を目的として文明を手段とすると言い切れるような思想家も現われえたのだと思われる。

このような日本の思想風土に対し、強固な朱子学的伝統と小中華的世界観のなかで思惟していた朝鮮の場合は、中国におけると同様に、文字どおりの儒教的文化主義が貫徹していた。李朝後期には実学思想の中に大朝鮮主義的な潮流が表出してくるのは事実だが、しかしそれさえもまた、文化意識の優越性を前提とするものであって、国家意識が前面に押し出される華夷思想は例外的にしか存在しえなかった。それゆえ、朝鮮における近代ナショナリズムは文明へのこだわり――小中華への衿持を持つにせよ小中華へのアンビバレントな感情を持つにせよ――を強く刻印されており、ややもすれば国家主義の脆弱性をもたらすこととなる。

このような文明と国家の相克の中にあって、一時的にせよ誰よりも国家主義を強く標榜した人物として金玉均《キムオッキュン》(一八五一~一八九四)と申采浩《シンチェホ》(一八八〇~一九三六)がいる。とりわけ後者はつとに、「当時のどんな啓蒙思想家よりも理論的にも実践的にも高い地位にいた」[*1]ことが指摘されてきており、それゆえ朝鮮思想史上における特異な存在であることが強調されさえする。[*2] 確かに彼は、独自な思想的境地を切り開いた存在とも言え、朝鮮において福沢諭吉におけるような「権道」主義を成立せしめようとしたその思想的営為は他の追随を許さない。しかし、申采治が朝鮮近代史上の人物である以上、彼の思想もまた朝鮮近代思想の固有の文脈の上にしかるべき位置を与えられなければならないであろう。筆者は、結果的に申采浩もまた福沢にはなりえなかったのであり、そこに朝鮮思想史の大流からのがれようとしてのがれえなかった一つの知性の思想的葛藤の姿をみる。そのことは、文明と国家の相克のうちに申采浩に至る朝鮮近代思想史の流れを追った別稿[*3]においてすでに明らかにしたことだが、ここでの課題は、金玉均の思想との連続性と断絶性を検討しつつ、別稿においては不十分にしか扱いえなかった申采浩のそうした思想的変遷を、その生きざまをもまじえてより詳細に跡づけることにある。この作業は、単に個人の思想を論ずるというにとどまらず、朝鮮の近代思想そのものの苦渋に満ちた生成と発展の道程を浮彫りにすることでもあると考える。

＊申采浩の文章は『改訂版丹斎申采浩全集』上・中・下・別集(螢雪出版社、서울、一九七二~七七年)を底本とするが、全集からの引用については煩瑣をさけるため、その出典注は本文中に記し、文章のタイトル(ハングル表記はしない)、所収巻、頁のみを記す。

1　金玉均の思想と申采浩

急進開化派の総師にして、甲申政変（一八八四年）の主謀者であった金玉均に対し、穏健開化派の金允植《キムユンシク》は、「排華尊洋の論」を述べたとして非難したが、[*4]申采浩はかえってそこにこそ、金玉均の朝鮮史上における画期的意義を見出していた。すなわち、金玉均がその師の朴珪寿《パクキュス》から地球儀を見せられ、中華が相対的であることを教えられたことによって、開化思想に目覚め、ついには甲申政変を起こすに至ったのだとしたうえで「勝朝（前王朝―筆者）末葉より儒教と漢文によって自国の国粋を忘れ、ついに自弱の結果をまねいたが、朴氏が地球儀を回して金氏の手のひらが鳴ったちょうどその瞬間に、魂がもどって来たよう気がした」と言う（「地動説の効力」下、三八四〜三八五頁）。申采浩は明らかに、金玉均の思想に自らが持つべき国家主義と国粋主義の先駆的所在を見出していたのだと言えよう。

甲申政変以前の金玉均の思想は何よりも、「彼はいつも我々に、日本が東洋のイギリスとなるならば、我々はわが国をアジアのフランスにしなければならないと言った」という、彼の同志である徐載弼《ソジェピル》の有名な回想に[*5]端的に表われている。これは金玉均が、日本をモデルとした脱亜文明富強化→大国化の道を模索していたことを証左するものだが、その必須の前提条件は、清国との間にある伝統的な朝貢体制を打破して、近代的な条約（国際法）体制に一元的に移行することであった。同じく徐載弼の回想には、「彼は祖国が清国の宗主権下にある屈辱感にたえることができず、いかにすればこの羞恥を脱して、朝鮮も世界各国中の平等と自由の一員になりえるか、いつも労心焦思していた。彼は現代的教育を受けることはできなかったが、時代の趨勢を洞察して朝鮮も力ある現代的国家になそうと切に望んだ」[*6]（傍点筆者、以下同じ）ともある。であればこそ金玉均は、自らと対立関係にあった存在であるにもかかわらず、衛正斥邪派（反開化）の巨頭にして国王高宗の父である大院君《テウォングン》が、壬午軍乱（一八八二年）に際して清国に幽閉されると、国権の侵害としてこれに反発し、対清独立の意をますます固くしたのである。壬午軍乱の際における金玉均の怒りは日本にも向けられ、「日本がわが国を強圧して済物浦条約を結んだことをひどく憤慨し」てもいるが、[*7]このことは、彼が単なる親日派ではなく、確固とした独立主権を持つ国民国家の創設を念願してやまないナショナリストであったことをよく示している。

金玉均が小中華思想から自由であったのには、朴珪寿と並ぶ彼の師である劉大致《ユデチ》の影響が考えられる。実のところ朴珪寿は、朝鮮が小中華であることを否定していたわけではなく、ただ外国にも「礼」があることを認定していたに過ぎない。[*8]劉大致は中人身分に属しながらも、金玉均ら甲申政変を起こした両班青年らの師として仰がれた著名な人物だが、彼は熱心な仏教徒であった。金玉均は科挙首席及第の秀才であり、いわば儒学エリートであったのだが、しかし意外にも儒教に対しては懐疑的で、最後まで仏教への厚い信仰を持っていた人物としても知られる。彼が小中華思想を放棄しえたことと、仏教によって儒教を相対化しえたこととは大いに関係があると見なければならないだろう。

しかし、小中華思想を放棄するのみならず、国家主義をも強く標榜するようになるには、金玉均にとって第三の師とも言える福沢諭吉の影響が決定的であったと思われる。甲申政変以前に金玉均は、三度日本に渡っているが、その際福沢から「朝鮮国権の樹立」と「独立王国の建設」を鼓吹されている。[*9]しかも彼が出会ったときの福沢は、すでに「万国公法」＝国際社会における「道理」を否定し、『通俗国権論』（一八七八）や『時事小言』（一八八一）などで「権道」を唱えていた段階の福沢である。金玉均は後年に至っても、福沢への書簡（『時事新報』一八八九年一一月八日）で、「福沢諭吉生は我師なり」[*10]と何のためらいもなく言うほどに私淑していたが、甲申政変段階において、金玉均が基本的には力の信奉者であったことは、まず間違いのないところであろう。

しかし甲申政変以前、いわば大国化を模索しつつも、金玉均は侵略思想を具体的に語ることはなかった。むしろ、現在伝わらないものの、一八八二年ごろ『箕和近事』という著作をものして、朝・日の最近事情を叙述しつつ、ウエスタン・インパクトに対するに、三国（朝・日・清）連携の興亜策を主張した[*11]。ここに大国主義と小国主義が相克している思想的葛藤を見てとることができる。そして甲申政変の失敗後、清国の宗主権が強化されつつも、諸列強が勢力均衡を保つ事態が現出するなかで、彼は大国志向を完全に放棄して、対清協調による朝鮮中立化を模索していくことになる[*12]。

宮崎滔天の回想によれば金玉均は、「亜細亜の問題は、支那の興亡によりて定まる。朝鮮畢竟何するものだじや、アレは只の蹈台ぢや《ママ》。僕は少なくとも朝鮮と云ふ小問題は閑却して居る」[*13]と述べていたという。彼は『国民新聞』（一八九〇年四月一五日）への談話で、「最早殆ど自国ながらも朝鮮は愛想もつきたり。唯だ嫌やな国に産れたるを後悔するのみ」[*14]とも述べているが、祖国への自信を喪失するなかで、小国朝鮮を生かすべき方途として見出したものが、対清協調による朝鮮中立化構想であり、さらには朝・日・清三国連帯を標榜する「三和主義」であったとも言える。そしてついに彼は、自らの構想を実現しようとして李鴻章に会いに上海に赴き、一八九四年三月二八日その地で朝鮮政府の放った刺客の凶弾に倒れ、非業の最期を遂げることになるわけである。

だが、朝鮮は到底強国になりえないという自信の喪失のみが、甲申政変後の金玉均の方向転換を規定するものではない。それはあくまでも状況的説明であって、彼の思想変化の構造的説明がなされる必要がある。国家一般に対する彼の本来からの認識こそが、問われなければならないであろう。

端的に言って、金玉均の国家観にはその革新思想とは裏腹に、伝統的なオプティミスティックな認識を認めることができる。本来彼には、日本に対し不信感を持ちつつも、日本に依存して甲申政変を起こしたことに現象的に認められるように、外国の道義に対する期待があったと言えるのだが、そうした国家認識は、朝鮮への自信の喪失と反比例する形で強くなっていったものと思われる。そのことは、甲申政変後に国王への上疏としてしたためた文章（『朝野新開』一八八六年七月八日）に、「今日ノ天下ハ古ヘト同ジカラズ。各国互ニ其釁隙《きんげき》ヲ窺ヒ他国ノ内情ヲ窺知スルコト恰カモ掌ヲ視ルガ如キ者アリ」として、列強への不信感を表明する一方で、「外ハ広ク欧米各国ト信義ヲ以テ親交」することを進言していることに如実に示されている。[*15] 彼は確かに、「百巻の万国公法は数門の大砲に若かず」（『通俗国権論』）という著名な言葉を吐いた福沢諭吉の弟子たるにふさわしく、国際社会における道義の欠如を直視していた。しかし他方で、朝鮮の側はあえてそうした世界に対して「信義」を貫けというのである。これは実は、彼を非難した金允植が一貫して主張していたことと変わらない。朱子学的伝統の中にあって、政治と道徳を連続せしめる朝鮮的思惟のあり方こそは、「東道西器」論の立場に立つ金允植をして堂々と世界への「信義」の貫徹を主張せしめる思想的基礎をなすものであった[*16]のだが、実は皮肉なことに金玉均もまた、いかに儒教を相対化し、さらにはたとえ朱子学を否定しようとも、そうした伝統的思惟から自由ではありえなかったのである。

金玉均は、確かに朝鮮における先駆的な国家主義者ではあった。しかし、伝統的な道徳的オプティミズムを放棄しえなかったがゆえに、最後にはその国家主義は脆弱なものにならざるをえなかったのだと言えよう。だとすればより強固な国家主義は、政治と道徳を分離して国家に対し決して普遍的な道義を求めない――逆に言うと国家は国家のための排他的な道義さえ持てばよい――という、朝鮮的な伝統的思惟の徹底した否定の中から出てこなければならない。申采浩こそは、金玉均の思想継承を意識しつつ、この課題に本格的かつ懸命に取り組んだ思想家であった。

2　若き啓蒙家

申采浩は、一八八〇年忠清道大徳で貧寒士族の家に次男として生まれた。漢文に秀でて、神童のごとき名声を博したという。一八八九年に政府の大官にして当代の大学者でもあった申箕善《シンギソン》の推薦で上京して成均館に入学し、一九〇五年二月には成均館博士となった。しかし、ブルジョワ思想にふれて独立協会運動に積極的に参加し、一時逮捕投獄されるなど、儒学への懐疑を深め、漢文無用論を唱えるまでになった。その結果官途にはつかず、成均館博士となるや意外にも、『皇城新聞』の論説記者となり、また断髪も行なって開化自強の立場を明確にした。そして、社主の張《チャン》志淵《ジヨン》が乙巳保護条約(一九〇五年)の不当性を訴え、「この日こそ声を放って大哭せよ」という著名な論説を書いたことで『皇城新聞』が停刊処分になったのを契機に、一九〇六年に入る頃梁起鐸《ヤンギタク》の招請で『大韓毎日申報』に移った。『大韓毎日申報』ではすでに『皇城新聞』から移籍していた朴殷植《パクウンシク》が主筆を務めていたが、彼が一九〇八年に『皇城新聞』に戻ると、申采浩が主筆となった。一九〇四年七月創刊の『大韓毎日申報』は、イギリス人のアーネスト・T・ベセルを社主とし、治外法権を利用して『皇城新聞』以上に反日的な論陣をはった新聞であったが、申采浩はここで思う存分の文筆をふるい、愛国啓蒙運動の代表的人士となる。また、一九〇七年には秘密結社新民会の創立にも加わり、非合法活動にも足をふみ入れた。[*17]

乙巳保護条約を契機に本格化する愛国啓蒙運動は、各種啓蒙団体や言論界などが教育振興や殖産興業を掲げるとともに、民権高揚に基づく愛国思想をも流布することによって、国権回復のための実力を養成しようとした自強運動である。この運動を推し進めるにあたっての原動力となった思想は、「弱肉強食」「生存競争」「優勝劣敗」「適者生存」などと標語化された社会進化論であった。これは本来、周知のように帝国主義を合理化する理論としても有効性を発揮していたものだが、被抑圧国の中国がこれを受容すると、朝鮮にも影響が及んで、当時全盛をきわめていた。ところが、「競争による進歩」を内容とする社会進化論の受容のされ方には進歩重視と競争重視の二つがあり、前者の考えがより一般的であった。進歩重視的に社会進化論を理解する者は、西欧文明の世界史的波及を楽観視する近代文明至上主義的立場に立つがゆえに、大なり小なり国際法への期待を表明した。その結果、皮肉にも国権回復を唱えながらも、アジアにおいて先頭をきって近代化を推し進める日本への期待が高まり、「親日主義」の立場から日本を盟主とする「東洋主義」を標榜し、対日妥協的な同盟論・保護国論・合邦論などが台頭するに至る。これはまさに日本帝国主義批判の視座が欠如した思想であったというほかなかった。[*18]

申采浩の立場は、このような「東洋主義」が幅をきかせる中にあって、近代文明の陽と陰の両面を見すえつつ競争重視的に社会進化論を理解し、あえて近代文明と妥協することによって国家主義と国粋主義を鼓吹して国権のための自強を至上化し、さらには「強権」を肯定しようとするものであった。彼が書いたと思われる『大韓毎日申報』のある論説（「世界に唯一の強権」一九〇九年七月二一日。全集には載っていないが、内容からみて申采浩が書いた可能性が高い）には、「ビスマルクが言うに国家を安定させる者は黒鉄赤血のみとし、福沢諭吉が言うに万国公法は大砲一放のみに如かずとしたが、これは強権の真状を善論したものである。強権到る所に仁義が何ぞ、道徳が何ぞ。（中略）仁義で強権に敵せんとする者は、虎口に坐して仏経を説くのと同じである」とある。また、「二十世紀の新国民」という論説でも申采浩は、「二〇世紀の世界は軍国世界である。強兵が向かう所に正義が霊せず、大砲が至る所に公法は無用にして強権があるのみである」と述べている（別集、二一九頁）。彼は国際社会に「仁義」「道徳」を求めないばかりでなく、自らもそれを放棄して、ひたすらに「強権」をもって「強権世界」に打って出ようとするナショナリズムを信奉していたと言える。

彼は、近代世界に文明を認めないのでは決してない。彼にとって欧米は、かえって「ルソーの平等自由の精神」を実現した文明の地である（同上、二一三頁）。「二十世紀の新国民」では、道徳や宗教をも含む近代文明のあり方をほとんど理念型にまで高めて論じている。ただ彼は、近代世界に「文明」の顔とは別のもう一つの顔である「軍国」をも鋭く認め、「文明」によって「軍国」を批判するのでもなければ、「文明」への一面的信仰によって、それが「軍国」を駆逐しつつあると見るのでもなかった。近代世界がまさに、「文明」の普遍主義的世界と「軍国」の特殊主義的世界の不可分な関係において成り立っていることを熟知していたがゆえに、自らも「強権」＝「権道」の所有者になるべきことを主張したのである。

　これは朝鮮思想史において長きにわたって政治と道徳の連続が前提とされてきたなかにあって、ペシミスティックな世界認識からはじめて両者を分断することによって、弱肉強食の現実世界を単に批判するのではなく、自らも「強権」の信奉者になることを正当化したものとして注目される。申采浩とは世界観や儒教観をめぐって微妙な違いを見せながらも、このような思想的営為をなした代表的人物としては、他に朴殷植がいる。筆者は、両者の愛国啓蒙運動期の思想形成をもって、朝鮮近代思想史においてマキアヴェリズムにも通ずるような福沢思想＝「権道」主義（強靫な国家主義）が成立したものと考えている。

　ところで、申采浩の「東洋主義」批判は、以上のような政治と道徳の分離を前提としてこそ可能であった。彼は、「韓国人がこの列国競争時代に国家主義を提唱せず、東洋主義を迷夢すれば、これは現在に生きる人物が未来他星の世界の競争を憂うのと異ならず、また羈絆脱皮の道は思わずして東洋主義に依存すれば、これはポーランド人が西洋主義を説くのと異ならない」と述べ、「東洋主義者」を「誤国者」「媚外者」「混沌無識者」と痛罵した（「東洋主義に対する批評」下、八八〜八九頁）。ましてや欧米への依存を否定したのは言うまでもなく、「他力を乞うて独立を求めれば、これはすなわち、水に入りて溺れないのを求めるのと同じである」として、欧米への依存を欧米の奴隷となることだとした（「友人に与える絶交書」下、五九頁）。そして「強権」思想の行きつくところ、侵略的言説をも生み出し、彼は帝国主義に対抗するための「膨張的、雄壮的、堅忍的」な民族主義を称揚した（「帝国主義と民族主義」下、一〇八頁）。具体的には、隋軍の侵攻を打ち破った乙支文徳《ウルジムンドク》をたたえつつ、「乙支文徳主義」を帝国主義だと断言する（「乙支文徳」中、三一頁）とともに、大朝鮮主義的認識から「満洲」を東洋のバルカンだとしたうえで、「満洲」問題への朝鮮人の関心を喚起させつつ（「満洲問題について再論する」別集、二三八〜二四三頁）、高句麗の旧域の回復を夢想さえしたのである（「韓国民族の地理上の発展」別集、一九八頁）。

このような申采浩の国家主義は、さらに国粋主義によってより強固なものとなり、それを彼は、新羅の時代にあった花郎徒の精神（「道徳」下、一四二頁。一九〇年代に書かれたものであり、詳しくは後述する）や、道教渡来以前に朝鮮古代に盛行した仙教といわれる固有の宗教に求めた（「東国古代仙教考」別集、四七〜五〇頁）。周知のように、彼は一面朝鮮における近代的歴史学の祖とも言える存在であったが、朝鮮民族固有の歴史と活力ある時代を描き出そうとする問題意識から、彼の古代史研究はこの時期より始められ、「読史新論」はこの頃のその成果である。そこでは、とりわけ神話上の朝鮮の始祖とされる檀君《タングン》の王朝を絶対化する徹底した反尊華的立場から、箕子《キジャ》東遷神話を相対化したことが注目される。彼は箕子朝鮮が檀君王朝に代わったとは考えずに、箕子は、本来中国の一部までも支配していた檀君王朝の正統を受け継ぐ扶余王朝から封爵されて、平壌だけに政教を施した「一守尉」に過ぎなかったと言うのである（上、四七八〜四八六頁）。檀君ナショナリズムは、当時にあっては一般的に流布されてはいたが、漢民族を起源とする箕子朝鮮を矮小化してまでも檀君王朝を聖視しようとする国粋主義的歴史観は、他の追随を許さない。

また彼は、国家主義は国民意識を前提としてこそ確固としたものになるとの考えから、国民国家を形成するに足る近代思想と国民思想を喚起しようと努めたが、先に紹介した「二十世紀の新国民」は、本来それこそを訴えかけた論説にほかならない。もっとも彼は、国民の総体としての覚醒を要求しつつも、「現在二〇世紀の英雄が輩出している時代に、わが国だけがどうして一人の英雄もいないのか」（「二十世紀の新東国の英雄」下、一一四頁）として、その実は国民的英雄の出現にこそ最も期待をかけていた。国民の創出を念願しながらも、抵抗主体・変革主体としての民衆一般に対する信頼感はなお弱かったのであり、そこに伝統的「士」としての申采浩の一面を見てとることができる。

ただし、愛国啓蒙運動の陣営において当時一般に批判的であり、かつ一部には敵対的ですらあった、同じく国権回復運動としての義兵運動に対しては、申采浩はそうした姿勢にくみせず、かえってポーランド、エジプトの「義士」、ベトナム、フィリピンの「忠臣」と比定して共感を寄せていた（「大韓の希望」下、六九頁）。また彼は、甲午農民戦争の指導者である全琫準《チョンボンジュン》を「革命家の精神」を持った人物として高く評価した（「天喜堂詩話」別集、六二頁）が、国家の「反逆者」である者を英雄的にであれ称揚した点は注目される。後年民衆への目が開けていく伏線が、すでに敷かれていたと言うことができよう。

以上のように、申采浩は愛国啓蒙運動期、国家主義、国粋主義、国民主義などを喚起すべく、懸命の啓蒙活動を行なっていたのだが、このような思想的営為のなかにあって、彼が否応なく格闘を強いられた思想がある。それは言うまでもなく、伝統思想としてまた本来普遍主義としてあるところの儒教である。漢文無用論を唱えつつも、成均館博士にまでなった彼が、容易に儒教を否定しきれるものではない。彼は、「儒教を信仰したから衰弱したのではなく、儒教の信仰がその道を得ないがゆえに、衰弱がここに至った」のだとして、儒教を信奉する者が形式に流れ、保守に安住したことこそが悪いのであって、本来の儒教の道は正しいとしたうえで、朴殷植が著わした「儒教求新論」に賛意を表し（「儒教界に対する一論」別集、一〇八～一一〇頁）、また儒教が拡張して「真理」と「実学」と「大同」に向かうことを期待した（「儒教拡張に対する論」下、一一九頁）。

しかし、政治と道徳の徹底分離を主張する申采浩にあっては、観念世界においては普遍主義としてある儒教の絶対的道徳を認めえても、現実世界においてそれを認めることは問題である。「忠君愛国と救世行道は儒教の本旨である」（「儒林同胞に警告す」別集、一〇五頁）とした彼は、この時期「救世行道」の普遍主義よりは、「忠君愛国」の特殊主義に儒教の一層の現実的価値を見出していたものと思われ、であればこそ儒教の「国民的宗教」「国家的宗教」への脱皮が強く訴えられたのである（前掲「二十世紀の新国民」、二一七～二一九頁）。

3　流浪の民族主義者

一九一〇年八月の韓国併合に先立って、申采浩は四月に朝鮮を脱出し、新民会の方針にしたがって、海外で独立運動に従事すべく中国を経てウラジオストクに亡命した。そこで彼は、『海潮新聞』や『勧業新聞』などの発行にたずさわって啓蒙活動を継続した。その後上海や北京に活動の拠点を移して、朴殷植や文一平《ムンインピョル》、趙素昂《チョソアン》などと博達学院を創立し、青年教育に力を入れた。韓国併合から三・一運動（一九一九年）にかけての時期は、有効な独立運動の方途も見出せず、申采浩は海外においてとはいえ、基本的には依然とした愛国啓蒙運動に従事していたのである。

しかし、韓国併合までの愛国啓蒙運動とははっきりと一線を画していたようである。韓国併合後のまもないころに書かれたと思われる「新教育と愛国」で、すでに愛国啓蒙運動批判を行なっているのが注目される。申采浩は、「愛国の声が高かった新教育界の愛国人物が、かえって愛国の声がまれだった旧教育界（の人物―筆者）にも及ばないのは、そのわけがどこにあるのか」と反問し、「三綱五倫の化沢《かたく》から出ていらした」諸先烈の活動＝殉国や暗殺、義兵などの行動を高く評価するとともに、愛国啓蒙運動の問題点を次のように列挙した（下、一三一～一三二頁）。

①ワシントンやビスマルクを見習って大韓を中興せよという訴えは、かえって青年らの名誉心を鼓吹することになった。
②亡国は人びとを奴隷化し地獄に陥れるという訴えは、かえって国民に苦痛を感じさせるだけであった。
③アメリカ合衆国やドイツのように富国強兵せよという訴えは、かえって外国文明を崇拝させることになった。
④ルソーの民約論やダーウィンの物競論をもって自由平等と競争淘汰を訴えるのは、社会の不満に対する破壊性を激発させるだけであった。

彼に言わせれば、つまるところ英雄論、亡国論、富国強兵論、天賦人権論、社会進化論など愛国啓蒙運動期に叫ばれたさまざまな愛国啓蒙論は、正しくはあるがそれを訴えるだけでは、いずれも「国家に対する愛情」を育てることには必ずしもならなかったというのである。そこで彼は、「愛国する者は必ず国粋を重く知り、国粋を重く知る国民は必ずその国を愛するものだ」（同上、三頁）という観点ら、「情育」を通じての国粋の鼓吹を主張することになる。これはもちろん、「東洋主義」に流れた愛国啓蒙運動の潮流に対する批判を意図したものだが、しかしそれを批判しつつも、力及ばなかった自身の愛国啓蒙活動に対する自己批判でもあると言えよう。いわば、愛国啓蒙運動期にもまして国粋の一層の鼓吹が必要だと認識されたのだが、一九一四年に行なった広開土王碑の調査は、まさに自らをなお奮い立たせようとする国粋再発見の旅にほかならなかった。のちに彼は、旅費が不足で十分な調査ができなかったことを惜しみながらも、この時のことを「私の一生に紀念すべき壮観」であったと回想している（「朝鮮上古史」上、四八頁）。また、彼は羅喆《ナチョル》の創始した檀君を崇拝する大倧教の運動に関与し、一九一六年の羅喆の自決に際しては、「悼祭四言文」を書いてその死を探く悲しんだといわれるが、もとより誰よりも檀君ナショナリズムを歴史的に理論化しえていた彼であってみれば、当然の行為であった。さらに、国粋へのこだわりは次のようなエピソードにも表われている。彼は一時、『中華報』と『北京日報』に論説を書き、生計の足しにしていたが、わずかばかりの字句の訂正を問責して、二度と書くことはなかった。朝鮮人の志操をくずしたとしてひどく後悔したというのだが、事大主義を排撃して中華への敵愾心を持つ彼としては、それは明らかに国粋に反する行為だったのである。

こうしてこの時期の申采浩は、以前にもまして国粋と国家をより至上化していったと言えるわけだが、その結果、国家と国粋の対極にある道徳（文明）への批判もまた、以前にもまして強まらざるをえなくなった。やはり執筆年不明だが、韓国併合から三・一運動の時期に書いたと見て間違いないと思われる「道徳」と「利害」という二つの論説は、徹底した道徳批判によって貫かれている。

「道徳」では、「強国人の道徳にも盲従してはならない」（下、一四〇頁）と述べているが、これは以前「二十世紀の新国民」で欧米の近代世界に「軍国」の一方で「文明」が確かに存在するのを認め、「ルソーの平等自由の精神」を称揚したのとは明らかに違っている。いまや彼にとっては、普遍的な道徳などは全く存在しなくなった。それは儒教も例外ではなかった。道徳とはまず第一に、「有制限的」であって国家の範囲を越えないものである。国家に対する道徳＝「公徳」より個人に対する道徳＝「私徳」を優先するような儒教は、狭隘にすぎて棄絶しなければならないと言う。そしてそのうえで、国家を越えて「文化主義」や「世界主義」、あるいは「黄種団結」や「人類博愛」を説くことは妄想、狂談として退けられる。それゆえ「クロポトキンの相互扶助論よりダーウィンの生存競争説をなお輸入」すべきことが訴えられる。そして第二に、道徳とは「無恐怖的」であって、その目的のためには手段を選ばないものである。「国家のためならば、古代蒙古のように戦殺を楽しんでも道徳であり、刃をとっても道徳であり、スパルタのように窃賊を好んでも道徳であり、筆をとっても道徳である」と言うわけである。さらに第三に、道徳とは「国粋的」であって、「わが固固有」のものである。例えば新羅史を彩った青年戦士団花郎徒の自己犠牲の精神があるが、それは「中国から輸入してわが国の痼疾になった外来の道徳」＝儒教に代わって、「弱国を強くさせる道徳にもなり、亡国を興させる道徳にもなる」と言う（同上、一三八～一四二頁）。

申采浩のペシミスティックな世界認識は深まりを見せ、愛国啓蒙運動期にはなおわずかにあった道徳的オプティミズムは跡かたもなくなったように見える。そのことは「私徳」優先に流れる一方で、「文化主義」などの普遍主義をも標榜しえる儒教に対して、「外来の道徳」だとして厳しい姿勢をとっていることに端的に示されていると言えよう。愛国啓蒙運動期に見られた本来的儒教に対する期待はいまや表明されることはない。

このようなペシミスティックな世界認識は、「利害」において頂点に達する。そこでは、「もし〈是非〉があるとすれば、これは〈利害〉の別名だけである」（下、一四五頁）と断ずるにさえ至っている。その結果彼は、第一次世界大戦における連合国側にも同盟国側にも一切の道義を認めず、正しく帝国主義戦争であることを見抜くことができた（同上、一四六頁）。しかし他方で、利害を絶対化したうえで、「国たる以上は、四方八面はみな仇敵である」（同上、一四七頁）という依然とした戦国争雄的認識では、国を失った民が国を回復することは困難である。もはや国家という実体がなくなり、植民地化以前の戦国争雄段階に対応した政策である富国強兵策が実行不能である以上、反帝国主義闘争を戦い抜く力は、まずもってその行為の絶対的正当性への確信によってこそ付与されるにもかかわらず、自らの行為さえも単なる利害であり、朝鮮民族の独善的な道徳によってしか正当化されないということになるからである。

以上を要するに、「強権」主義であるがゆえに、もとより持ちえないでいた日本帝国主義批判の論理を、申采浩は韓国併合以降に至っても獲得しえないでいたと言うことができる。いやむしろ、依然とした社会進化論の信奉のもと、とりわけ道徳批判が強まったことによって、その論理の獲得はさらに遠ざかったかにさえ見える。

しかし、やがて来る三・一運動を前後する頃より、申采浩はその論理の獲得に向けて思想の進展を見せることになる。彼がどのような葛藤のすえに社会進化論を放棄したかは、一九一〇年代に書きしるしたものが現在あまり残されていないために詳しく描き出すことはできない。彼は一九一六年にも社会進化論に基づく国家主義と国粋主義、英雄主義などをテーマとした寓話的幻想小説「夢天」（下、一七四〜二二四頁）を書いているところから見ると、ロシア革命の勃発やウィルソンの民族自決の提唱、第一次世界大戦の悲惨な結末など世界史が急激に変化していくなかで、自らの考えをドラスティックに転回させていったものと思われる。朝鮮史においては社会進化論は基本的には三・一運動を前後して克服されるのだが、もはや彼もその潮流に逆らうことは許されなかった。それは、三・一運動に先立って二月に発表された、彼も名を連ねている「満州露領有志」による「大韓独立宣言書」において、「無道の強権束縛」が批判され、「大同建設」に協賛し「大同平和」を実現するために、「道義」「公義」の道を歩むべきことが説かれていた[*19]ことに端的に示されている。

4 無政府主義への誘い

三・一運動を契機に上海に大韓民国臨時政府ができると、申采浩はこれに議政院議員→全院委員会委員長として参与した。しかし、臨政の妥協的な外交路線を批判し、『新大韓』の主筆となって反臨政的立場をとった。やがて北京に活動の場を再度移して、一九二一年『天鼓』を発行する一方、ついに五三名の同志との連名で「声討文」を書いて、アメリカに対し委任統治の請願書を出した臨政大統領李承晩《イスンマン》を弾劾した（別集、八七～九〇頁）。そして武力独立路線の方向に進んでいき、一九二三年には、テロリズムを主張する義烈団のために「朝鮮革命宣言」を書いた。『天鼓』刊行にともに携わった申采浩の同志である金昌淑《キムチャンスク》の回想によれば、当時在中国朝鮮人無政府主義者らとマルクス、レーニン、バクーニン、クロポトキンなどの著作を読む読書会が時に催されたという。[*20] 金昌淑自身は読書会に参加しただけで無政府主義もマルクス主義も拒否したのだが、申采浩は急速に無政府主義に接近していったものと思われる。彼が無政府主義者になるにおいては、李会栄《イフェヨン》・柳子明《ユジャミョン》ら朝鮮人無政府主義者との交流のほかに、中国の代表的な無政府主義者である北京大学教授李石曾の影響が大きかったといわれる。[*21]

もっとも、申采浩は臨政に失望しながらも、それに代わるべき有力な独立組織と理論を即時に確固として見出していたわけではなく、実のところ義烈団の闘争にもなんら関わった形跡はない。ここに申采浩は挫折感を深くすることになる。国粋発見のための古代史研究に力を注ぎ、一九二〇年に再婚して（意に反する結婚を一五歳でしたが、亡命前に事実上離婚していた）男子をもうけ、一面幸せではあったが、生活は貧しく、妻子も一九二三年には帰国させなければならなかったという不遇感も、それを増幅させたに違いない。彼は一九二四年春に一時仏門に入ったが、それはそのような挫折感ないしは無常感からくる現実逃避であったと言えよう。[*22] 頑固一徹にして鉄のような強勒な意志と精神力を持っていたと思われる申采浩にも、一時的な迷いや弱さがあったのである。

しかしまもなく、彼はそうした挫折感、無常感から脱して、同年末には還俗し、本格的に無政府主義運動を展開するようになる。一九二六年夏無政府主義東方連盟に加入し[*23]、二八年四月には北京で開かれた朝鮮人無政府主義者の東方連盟大会に参加して「宣言文」を発表するに至る。だが同年五月、闘争資金獲得のための秘密活動をしていたところ、台湾において日本の警察に逮捕されて獄につながれ、一九三六年二月二一日旅順刑務所で無念の獄中死を遂げるのである。

以上のように、三・一運動以後申采浩の活動はドラスティックに転回し、急激に無政府主義思想に走っていったと言えるのだが、この時期の彼の思想変化を最も鮮烈に表わしているのが、先に言及した「朝鮮革命宣言」である。これは「アナーキズム的民族主義宣言」とも言われる著名なものだが[*24]、この宣言において彼が国家主義と決別したのは間違いない。この宣言は、「われわれの生活に不合理な一切の制度を改造して、人類によって人類を圧迫しえず、社会によって社会を剥削しえない理想的朝鮮を建設すべきである」（下、四六頁）という文章で結ばれている。これはまさに社会進化論を克服して、人類の生存という普遍主義的価値＝文明的見地から「強権」を批判したものにほかならない。彼は、被抑圧民族と無産階級という二重の立場から「強盗日本」「資本主義強盗国」を批判したのであり（同上、三五～三七頁）、もはや「強権」をもって「強権」に敵しようとする矛盾した反帝論理は残滓すらない。しかも、彼が目的とするところは国家の独立ではなく、「朝鮮民族の生存を維持しようとすれば、強盗日本を駆逐しなければならず……」（同上、四〇頁）という言説に明確に表われているように、あくまでも民族の独立である。

いまや申采浩にとって重要なものは、民族を包括する国家ではなくなったようである。むしろ、民族の元素ともいうべき抵抗主体、変革主体としての民衆に目が向けられていくことになる。であればこそ、かつて高い評価を与えた金玉均による甲申政変も、「特殊勢力が特殊勢力と戦った宮中の一時の活劇」に過ぎないものとなり（同上、四二頁）、また彼の思想を強くとらえていた英雄主義も廃棄される。「民衆は神人や聖人やある英雄豪傑がいて、〈民衆を覚悟〉するよう指導することで覚悟するのではな」く、「ひたすらに（先覚の―筆者）民衆が（全体の―筆者）民衆のために、一切の不平、不自然、不合理な民衆向上の障礙をまず打破するのが、すなわち〈民衆を覚悟〉させる唯一の方法である」と高らかに謳われるのである（同上、四一頁）。それは「士」から「民」への自己規定の転回であり、さらに言えば、啓蒙運動家申采浩への決別宣言であるとともに、民衆運動家申采浩の誕生宣言でもあると言えよう。そしてその結果、暴力をもってする「民衆直接革命」が絶対化されるのに対し、文化政治下の自治運動や文化運動が敵視され、海外における外交論（もっぱら外交を通じて独立を達成しようとする主張）や準備論（独立を達成しうる実力を養成するのが先務だとする理論）も「迷夢」として批判されることになる（同上、三七～四〇頁）。

いわば申采浩の民族主義は、その至上価値を国家から民衆へ移していったと言うことができるのだが、その移行を架橋したものこそは文明であったと考えられる。すでに一九二一年『天鼓』誌上において彼は、「野蛮の性は文明の族に異なり、その到るところは必ずその文明を破壊す。日本もまたその一なり」（「日本の罪悪ありて功徳なきを論ず」別集、二五六頁）と述べていた。彼は、いにしえよりなんら文明を創造しえず、しかも明治維新以降も内実のともなわない西欧化を表面的に推し進めるのみで、依然として自らの文明を創造しえないでいる日本が、文明の国の朝鮮を侵略し、さらにはその文明を破壊しつつあると捉えたのである。こうした文明破壊の視点は、かつてのとりわけ一九一〇年代において普遍的道徳を否定し、国家に利害だけを求め、いわば儒教的文化主義＝道徳的オプティミズムを批判した申采浩からは、想像だにできないような思想的転回である。

もっとも、文明ないしは道徳＝普遍主義への回帰は、情念の世界では国家ないしは利害＝特殊主義への思いを残しつつ、矛盾をかかえながら進行していったことに注目すべきである。一九二五、六年ごろに書かれたと思われる「朝鮮上古史」では、「我」と「非我」との闘争が絶対化され、大朝鮮主義や国粋主義が依然とした基調になっている（上、三一〜三五頁)。また、「浪客の新年漫筆」(一九二五)ではやはり「人類は利害問題だけである」(下、二五頁)という依然とした特殊主義の立場から、「わが朝鮮人はいつも利害以外に真理を探そうとするので、釈迦が入ってくれば朝鮮の釈迦ではなく釈迦の朝鮮になり、孔子が入ってくれば朝鮮の孔子ではなく孔子の朝鮮になり、どのような主義が入ってこようとも、朝鮮の主義にならずに主義の朝鮮になろうとする。そうして道徳と主義のための朝鮮はあっても、朝鮮のための道徳と主義はない。ああ！　これが朝鮮の特色か。特色だと言えば特色だが、奴隷の特色である」として、「朝鮮の道徳と朝鮮の主義」＝特殊主義を追求しようとしたのである(同上、二六頁)。

しかしこの論説では、「クロポトキンの〈青年に告ぐ〉という論文の洗礼を受けよう」(同上、三〇頁)とも述べており、彼が無政府主義を自負していたことは間違いなく、一九一〇年代に「道徳」において「クロポトキンの相互扶助論」を否定したのを思えば、思想的転回を遂げたことが明らかである。また儒教に対してもこの論説では、「数千年の旧俗を掃蕩して孔子教化の理想国を建設しようとした」趙光祖《チョグァンジョ》(王道政治を実現しようとしたが果たせずに、一五一九年の己卯士禍で賜死した朱子学者にして士林派の領袖)らの精神が高く評価され、愛国啓蒙運動期と同じくその精神を忘れて形式に流れた儒教だけが批判されているに過ぎず(同上、三〇〜三一頁)、一〇年代にみせた儒教への厳しい姿勢とは明らかに違っている。「浪客の新年漫筆」はまさに、申采浩の精神世界において情念と理性、特殊主義と普遍主義が相克している姿をそのままに表出したものだと言えよう。

申采浩における国家・利害＝特殊主義と文明・道徳＝普遍主義の葛藤は深い。しかし、公判で幸徳秋水を高く評価した(「公判記録」下、四三一頁)彼の思想は、徐々にその比重を後者に傾けていったものと思われる。「宣言文」では「朝鮮」という語は一切使われず、あくまでも「世界無産大衆」「東方各植民地無産民衆」が呼びかけの対象であり、かつて「東洋主義」を批判していた彼は、いまや「東方民衆の革命」という連帯の方向において闘争を決意していく(下、四七〜五〇頁)。

繰り返すようだが、申采浩は道徳批判において、確かに最後まで峻烈ではあったと言える。同じく「宣言文」では、「野獣世界、強盗世界」に「正義や真理」「文明や文化」を唱えることがなんらの効力もないことが強調されている（同上、四九頁）。また、同じく寓話的幻想小説でありながら「夢天」と好対象をなす「龍と龍の大激戦」（一九二八）では、儒教・仏教・キリスト教はもとより一切の権威と道徳の源である、本来民衆が作りあげたとされる「上帝」が完膚なきまでに否定されている（別集、二七五〜二九八頁）。しかしここでの道徳批判は、あくまでも民衆を抑圧する国家の道徳に対する批判であることに留意すべきである。「怪動物」（国家）は、「自由平等の社会に住むわが民衆をだまして支配者の地位を得」たのであり、「民衆が熱望する自由平等の生存」こそは、申采浩にとって普遍的価値あるものであった（前掲「宣言文」四八〜五〇頁）。

いまや申采浩は、いわば民衆を発見したことによって、完全に「強権」思想を打ち破り、「民衆の道徳」という観点において「国家の道徳」を否定するに至ったと言うことができる。そしてそれは、近代国民国家を創設していこうとする民衆の発見ではなく、むしろ逆にそれを相対化する契機を内包した民衆の発見であったと評価することができるであろう。

おわりに

冒頭にもふれたように、金玉均と申采浩はその国家主義の強さゆえに、朝鮮思想史において確かに特異な個性であったように見える。とりわけ申采浩の思想は、金玉均が果たせなかった政治と道徳の分離を成し遂げたことによって、朝鮮において福沢思想＝「権道」主義を成立せしめたという意味で画期的な意義を有している。しかし三・一運動以降は、彼もまた金玉均同様に国家主義とは決別していくのである。

もっとも申采浩の場合、国家主義は放棄しても、国家レベルにおける政治と道徳は最後まで分離されたままであった。確かに彼は最後まで徹底した道徳批判を展開し、一切の国家の政治に普遍的な道徳の所在を認めないという点では終始一貫していた。しかし、抵抗主体・変革主体としての民衆を発見して以降、彼は「民衆の道徳」に普遍主義的価値を見出すことによって、抵抗と変革の論理においては政治と道徳を連続せしめたのである。それは、普遍主義的世界観への回帰による特殊主義的世界観への挑戦にほかならない。その意味では、皮肉にも彼もまた、自らが「奴隷の特色」として憎悪しないではおれなかった「道徳と主義のための朝鮮」、すなわち道徳的オプティミズムを特徴とする朝鮮思想の正しき嫡子であったと言える。

ただし付言しておくが、このことは申采浩の国家主義への離別を意味しても、民族主義への離別を意味するものでは決してない。獄中にあって彼は、エスペラント語の学習を志しつつも、朝鮮史の研究をなお情熱をもって行おうとし、出獄後には「朝鮮上古史」を書き直す決意をしていたという（申栄雨《シンヨンウ》「朝鮮の歴史大家丹斎獄中会見記」下、四四二〜四四四頁）。このことは、国家を超越した世界主義を標榜する一方で、民族への熱い思いがなおとどまることなく湧き出ていたことを示している。彼の民族主義は、いわば国家と民族を分離しえた結果、民族として抑圧され、しかも本来民族の基礎単位たるべき民衆に徹底した普遍主義的価値を見出したがゆえに、むしろ深まりつつ、かつ開かれていったというべきなのである。

注

＊1　鄭鎮石・鄭聖哲。金昌元『朝鮮哲学史』（宋枝学訳、弘文堂、一九六二年、原著は一九六〇年）三六七頁。

＊2　鄭昌烈「韓末申采浩의 歴史意識」『孫宝基博士停年紀念韓国史学論叢』（知識産業社、서울、一九八六）、同「愛国啓蒙思想의 歴史意識」『国史館論叢』一五（서울、一九九〇）、月脚達彦「愛国啓蒙運動の文明観・日本観」『朝鮮史研究会論文集』二六（一九八九）。論理の違いはあれ、鄭氏にも月脚氏にも共通しているのは、申采浩が誰にもまして社会進化論とナショナリズムの矛盾を終

始引きずったことが、かえって彼の民族主義・国家（国民）主義を強固なものにしたという点である。それは一面で的を射てはいるが、問題なのは、申采浩を例外視したために、朝鮮近代思想史上に占める彼の位置づけが不安定なものになってしまっている点である。

＊3 趙景達「朝鮮近代のナショナリズムと文明」『思想』八〇八（一九九一年）。
＊4 金允植「追補続陰晴史」『続陰晴史』下（国史編纂委員会、서울、一九六〇年）八二頁。
＊5 徐載弼「回顧甲申政変」（閔泰瑗『甲申政変과 金玉均』国際文化協会、서울、一九四七年）八四～八五頁。
＊6 同前書、八二頁。
＊7 金道泰『徐載弼博士自叙伝』（서울、一九四八、乙酉文庫版、一九七二年）一〇五頁。
＊8 原田環「朴珪寿と洋擾」『朝鮮歴史論集』下（龍渓書舎、一九七九年）。しかし、人性に理を認める朱子学的オプティミズムの立場から、万邦にも「道」＝「礼」を認めようとした朴珪寿の思想的営為こそは、朝鮮的思想の展開として注目すべきものであることを付言しておく（趙景達「朝鮮における実学から開化への思想的転回――朴珪寿を中心に」『歴史学研究』六七八、一九九五年）。
＊9 古筠記念会『金玉均伝』上（慶応出版社、一九四四年）二二四頁。
＊10 琴秉洞『金玉均と日本――その滞日の軌跡』（緑陰書房、一九九一年）五三四頁。本書は、金玉均に関する膨大な史料――とくに新聞史料――を丹念に収集して書かれた労作で、史料集的性格をも兼ねた伝記なので、以下便宜のため金玉均に関する新聞記事は、本書の該当箇所も示しておく。
＊11 李光麟「金玉均의 著作物」『開化党研究』（一潮閣、一九七三年）一八六～一九〇頁。
＊12 趙景達「朝鮮における大国主義と小国主義の相克――初期開化派の思想」『朝鮮史研究会論文集』二二（一九八五年）、同「朝鮮近代のナショナリズムと東アジア――初期開化派の『万国公法』観を中心に」『中国――社会と文化』四（一九八九年）。
＊13 葛生玄晫編『金玉均』（民友社、一九一六年）一〇三頁。
＊14 琴秉洞・前掲書、五五〇頁。
＊15 同前書、二六〇、二六四頁。
＊16 前掲拙稿「朝鮮近代のナショナリズムと文明」。
＊17 崔洪奎『申采浩의 民族主義思想――生涯와 思想』（螢雪出版社、서울、一九八三年）。以下、特別な注記がない限り申采浩の経歴は主に本書に依拠している。

＊18　趙景達「朝鮮における日本帝国主義批判の論理の形成——愛国啓蒙運動期における文明観の相克」『史潮』新二五（一九八九年）。
＊19　「大韓独立宣言書」『韓国現代名論説集』（東亜日報社、서울、一九七九年）一三頁。
＊20　金昌淑「躄翁七十三年回想記」『心山遺稿』（国史編纂委員会、서울、一九七三年）三三三頁。
＊21　申一澈『申采浩의 歴史思想研究』（高麗大学校出版部、서울、一九八一年）一七〇〜一七一頁。
＊22　慎鏞廈『申采浩의 社会思想研究』（한길사、서울、一九八四年）五七頁。
＊23　申一澈前掲書、一七二頁。
＊24　同前書、二〇二頁。

【初出】歴史学研究会編『講座世界史』七（東京大学出版会、一九九六年）。原題は「金玉均から申采浩へ——朝鮮における国家主義の形成と転回」。

第3部　近代日本の対外認識と国家意識

一　近代日本における道義と国家
――横井小楠・中江兆民・樽井藤吉

はじめに

従軍慰安婦や朝鮮人旧軍人・軍属などへの戦後賠償・補償問題は、いまだ決着をみず、また閣僚や国会議員の侵略否定ないしは戦争肯定発言も依然としてあとをたたない。そうした日本の国家責任放棄の姿勢に、日頃日本の国家主義の強さを感じないわけにはいかない。しかも昨今、こともあろうに教育現場を一つの発源地として、「自由主義史観」などと名乗りつつも、その実は国家主義を鼓吹するような歴史認識が叫ばれ出したことに、改めて危機感を深めざるを得ない。「自由主義史観」研究会を率いる藤岡信勝によれば、「近現代史とは、何よりも国民と国家の来歴の物語」であり、近現代史を考えるに際しては、まずもって「自国の生存権や国益追求の権利をハッキリと認めること」が必要だとされる。[*1] このような国益の追求を当為とする歴史観＝国民国家絶対論には、初発から世界史・民衆史レベルで歴史認識を鍛え上げていこうとする姿勢が欠落している。そうした歴史観は、近隣諸国にとって迷惑なだけでなく、これからの相互依存的国際秩序やボーダレスな国際社会に対応し得ず、日本を孤立化の道に迷い込ませるだけである。

いったい日本では、何故にかくも国家が重々しいものとして存在し続けるのであろうか。それは、長い歴史過程のうちに構造的に生み出されたものであると思われるが、日本はすでに古代において自らの領域のみを天下とする「小世界的天下思想」を作り上げていたと言われる。[*2]中世に至ると、「辺土小国観」も台頭する一方で、それを「神国観」に逆転させる価値転換が起こるのだが、[*3]豊臣秀古の朝鮮侵略の際には、その神国意識は武士や僧侶の間にも広く浸透していった。[*4]そして近世に至ると、「武威」と「万世一系」の天皇を自己の他国・他民族に対する優越の根拠とするような「日本型華夷秩序観」が生み出されていくことになるのである。[*5]隣国とりわけ朝鮮に対する蔑視観は、このような秩序観のもとに、近世初頭より徐々に形成されていき、[*6]やがて国体思想も胚胎していく。

こうして近代に入る段階ですでに、支配者レベルに止まるとはいえ、日本は国家意識を強く持った国となっていたのだが、これは日本が、国民国家に適合的な思想構造を自らの手で、すでに近代開幕前夜に用意していたということを意味する。支配者層における強固な国家意識を前提に、全国の閉鎖的な無数の村々に天皇制をかぶせることによって、日本総体に極大化された、内と外を分かちうる壮大な「村」＝国民国家が誕生したのである。

筆者はこのような前近代における思想のあり方は、世界でも希な例に属するのではないかと考えている。朝鮮では、「国」よりも人類普遍の「道」を優先すると言い切れる思想家（たとえば李恒老《イハンノ》）が存在し、絶大な影響力を持ちえたが、[*7]日本にはそうした思想家を探し求めることはなかなかに難しい。神道以外に仏教や儒教はおろか、蘭学までも容認し、さらには身分によって道徳観に隔たりを見せるような、雑多な文化や価値などを許容する日本においては、絶対に守るべき純化された「道」など存在し得なかったはずである。しかし、それに代わって幕末期、「国体」こそは絶対的に護持されなければならない至上のものとなった。国体護持のためには、攘夷から開国への転向は容易に肯定されるのである。明治になって、「国の独立は目的なり、国民の文明は此目的に達するの術なり」[*8]とした福沢諭吉の言説は、それほどの苦もなく人々に受け入れられたに違いない。

もっとも、道義＝文明へのこだわりを見せつつ対外観を鍛え上げていこうとした思想家がいなかったわけではない。むしろ、道義と国家の間を揺れつつ日本の独立を考え、徐々に後者のみを声高に叫んでいく思想的営為こそが、一般的であったとも言えるであろう。ここでは幕末維新期から明治にかけて、誰よりも道義を高く掲げた三人の思想家を取り上げ、彼らにとって道義とはいったいいかなるものであり、果たして彼らは真に道義に殉ずることができたのかを検証してみることにしたい。もし彼らにおいてさえ、国家を超えた道義や連帯を真に唱え得ず、思想の構造として国家主義を発芽、露呈させていくものがあったとすれば、そこに国家に埋没していかざるを得ない近代日本の宿命的回路を発見し得ると考えるからである。

1 「仁義の国」への道――横井小楠

幕末維新期において、西欧文明の受容を積極的に唱えながらも、横井小楠ほど道義へのこだわりを見せた思想家はいない。神道や仏教を断固排しつつ、「今日に当りて尤以第一義と奉存候は此道（儒教）之講明に有之」という認識に立って[*9]、「此道を明にするは我が大任なれば終生之力を此に尽すの外念願無之候[*10]」とまで述べる、その道学としての儒教への帰依は他の追随を許さないものがある。松浦玲によって「儒教型理想主義」として評価づけられた[*11]その思想は、「堯舜孔子之道を明らかにし、西洋器械の術を尽さば、何ぞ富国に止まらん。何ぞ強兵に止まらん。大義を四海に布かんのみ[*12]」という有名な言葉に端的に示されている。小楠は、西欧文明を一面認めながらも、単純な富国強兵策を拒否し、弱肉強食的世界の現実に対するに、道義をもって立ち向かい、真に日本を「仁義の国」にしようとしたのである。

小楠は、道理と仁政をもって外交を行えば、アメリカやイギリスはその理に服すはずだし、万が一服さず戦争という事態になっても、日本は世界に孤立することはないと考えていた[*13]。それは、「華夷彼此の差別なく皆同じ人類にて候えば互いに交通致交易の大利を通じ候が今日自然の理勢と被存候」[*14]という言葉に端的に示されているように、「普遍人類の理念」を持っていたればこそのことであったと言える[*15]。事実彼は、アメリカやイギリスはおろかロシアその他の西欧諸国の文明化を讃え、西欧諸国の政治は「殆ど三代の胎教に符合する」とまで述べていた[*16]。

しかしそれは、あくまでも自らの理想論と西欧政治の一面について述べたものに過ぎず、現実においては小楠は、ペシミスティックな認識をしていた。彼は他方で、「凡我国の外夷に処するの国是たるや、有道の国は通信を許し無道の国は拒絶するの二ツなり」[*17]と言っており、西欧諸国における「無道の国」の存在を認めていたのである。彼は基本的には開国論者なのだが、それは「無道の国」の存在を認め、それとの交際を拒否するという、ペシミスティックな世界認識と厳しい姿勢を前提にしているわけである。しかも彼の見るところ、現実的には「有道の国」よりは「無道の国」の方が多いらしく、彼は、「既に西洋列国此是迄有名之人物を見候てもアレキサンデル・ペイトル・ボタマルテ抔之類所謂英雄豪傑之輩のみにてワシントンの外は徳義ある人物は一切無之、此以来もワシントン段の人物も決して生ずる道理無之、西洋の惨憺は彌以甚敷相成可申候」[*18]と述べている。彼はすでになくなっているワシントン一人に徳義を認めるのみで、他の欧米人に信頼を置くことができなかったが故に、今後の世界情勢にも決して楽観することはなかった。

それゆえ富国強兵策について、小楠のそれは、明治政府が推進した膨張主義的なそれに結果するような論理を持たないにせよ、過大な推進が求められることになる。なるほど小楠は、「勿論士民共に孝悌信忠を教るは治道の本源なれ共、教は富を待て施すべきも聖人の遺意なれば、澆季の今日に当たっては猶更富すを以て先務とすべし」[*19]として、教化と富民なかんずく後者を優先すべきことを論じている。しかし小楠においては、それを前提としての強兵策は、あまりに強大なものを思い描いている。彼は陸軍より海軍を起こすべきことを説くが、その規模は当時世界最大を誇るイギリスに匹敵するものでなければならないと言う。彼は、「天地自然之勢に随ひ旧来之鎮鑰を開き、彼が所長を取り富国強兵之実政被行候へば数年を待たずして一大強国と相成候事は是又分明之勢にて有之候」[*20]とも述べているが、その目指すところはあくまでも「一大強国」である。

このような強国志向の思想的背景には、独善的国家意識があるものと思われる。確かに小楠は、断固神道を排する立場から独善的な国体思想のごときものを批判している。そのことは、「国本を正人にして神聖の辺を宇内に推広可申との説」を論評し、「神聖の道とも被申まじく、道は天地自然の道にて乃我胸臆中に具え候処の仁の一字にて候」と述べていること[*21]からも間違いなく、そこにあるのはやはり普遍的価値である「仁」への熱き確信である。また彼は、「我国の万国に優れ、世界にて君子国とも称せらるゝは天地の心を躰し仁義を重んずるを以て也」[*22]とも言っており、日本が万邦に優越する根拠として、仁政を重んずる君子国＝文明国であることをあげている。このような文明的視点を持っているという点で、彼の国家意識は、単なる神国意識や「日本型華夷秩序観」に規定された国体意識とは確かに一線を画してはいる。しかし、彼もまた優越した国家意識を持っていたことは、次のように述べていることから窺い知れる。[*23]

我が邦東海中に孤峙すれども、天地中を得て物足り人蕃《しげ》る。外はこれ山海風濤の険あり。内はこれ列国藩屛の固あり。万国を雄視すること二千年。昔日蒙古十万の軍を挙げて来侵すれども、一風濤は之を淹滅す。爾後醜虜敢えては覬覦の心を萌ぜざれば、仰も天の我が邦にひとり之を厚くする者存する有るにあらざるや。

これは近世日本を一つの理想国家と見たケンペルの『鎖国論』の影響を受けて書かれたものだが、そうとはいえここにあるのは、日本は天に選ばれた国であるという選国意識とも称すべき過度の自尊意識にほかならないであろう。

しかもまた小楠は、「幕府もし維新の令を下し固有の鋭勇を鼓舞し全国の人心を固結し其軍制を定め其威令を明かにせば、外国の恐る、のみならず、時あつては海外の諸州に渡航し我義勇を以て彼が兵争を釈かば、数年ならずして外国却て我仁風を仰ぐに到らん」[*24]（傍点筆者、以下同じ）とも述べていて、文明意識の一方でいささかの「武威」への本来的優越意識を持っていたことも否定できない。

小楠は心底「仁義の国」を築くことを構想しており、それは決して詐りではない。しかしその「仁義の国」は、本来的に「固有の鋭勇」＝「武威」を持ち、諸外国に強制的に道義を実践させるに足るだけの高度に軍事化された「一大強国」にならなければならない。彼は、「不信不義の国は天地神明と共に是を威罰するの大義を海外万国に示」すべきだ[*25]とも言っているが、彼にとって日本は、威罰を実行することを許された、「仁政の国」たる資格を有した選ばれた国なのである。

以上のように、小楠が普遍主義を唱える一方で、日本中心の独善的な国家意識を持っていたことは明白であろうと思われる。そうであるがゆえに、日本の軍事大国化が肯定されるのみならず、他国への「仁義」＝文明の名による「威罰」も認められるのであった。このような思想は、同じく独善的な小中華思想を持ちながらも、文明主義へのこだわりから不義に対するに道理外交の徹底化と自強策――保民と富国を第一義とし強兵を第二義とする点で富国強兵策とは違う――の展開によって対処しようとした朝鮮の思想状況とはおよそ違ったものだと言うことができる[*26]。朝鮮朱子学の影響を受けていたせいか、小楠の言説には政治と道徳の連続を当為とする朝鮮の思想家と類似したものを認めることができ、「学政一致」の提唱[*27]などもまた朝鮮思想との相似性を感じさせるものがある。しかし実のところ、彼はすでに若くして、客観的情勢と道徳を峻別したうえで、利害関係＝政治を考える思惟方法を自身のものとしていたということが、小楠の豊臣秀吉論[*28]に着目した楢原孝俊によって明らかにされている[*29]。小楠によれば、秀吉は、味方の中心が家僕出身の列侯将帥であったがゆえに、完全にその善意を信頼しきっていたが、家僕出身の加藤清正や片桐且元らは、天下の勢に鋭く対応することによって秀吉を裏切ったという。だが小楠は、それは天下がすでに定まり「後世子孫の計」のためにしたことであって、「後世子孫の計」において秀吉は、加藤・片桐の智に及ばなかったと冷静に分析している。ここにこそは栖原の指摘の通り、「伝統的な倫理・道徳から政治を解放できた」ことのまぎれもない証がある。ただし、これを地上の人間理性への解放とまでいう栖原の評価は、あまりに過大に過ぎ、徂来的な政治主体性の発見に止まるものと思われるが、いずれにせよそうした思惟方法は、朱子学に本格的に取り組むようになった後半生に至っても、完全には払拭されることはなかったであろう。であればこそ、不義に対するに道義の徹底化のみならず、「武威」によって対処しようとする方法が導き出されたのだと言える。そしてそれこそは、彼が強靭な国家意識を持ちえた点と相俟って、小楠思想に深く刻み込まれた日本的刻印を示すものであった。

2 小国か大国か——中江兆民

明治になって、西欧近代思想のよき理解者でありながらも、誰よりも道義にこだわった思想家として、中江兆民の名をあげることには、さほどの異論はないものと思われる。東洋のルソーと称せられた彼が、自由民権運動の最高峰に位置する理論家・思想家であったことは間違いない。本来自由民権運動にあっては、民権論とともに国権論の主張も声高に叫ばれていたことは言うまでもないが、とりわけそのアジア認識に関しては大きな問題をかかえていた。自由民権運動は本来的に、①アジア連帯意識＝相等性と、②指導者意識＝不等性の二つの論理を内包しており、しかも主要な側面は後者にあって、それはアジアへの侵略意識に転化しうるものであったとする矢沢康祐の所論は先駆的な問題視起をなすものであった。[*30] このような自由民権運動の潮流の中にあって、松永昌三によって高く評価された、富国を優先して強兵を従とし、道義を掲げてあえて小国主義の道を貫くべきであるとした、「論外交」（一八八二年）における中江兆民の国家構想[*31]は、確かに珠玉にして白眉である。

しかし奇妙なことに、兆民はこの論説発表後まもなくして国権主義的な動きに参与していく。一八八四年には国権拡張を目的とした東洋学館の設立に参加し、八五年一月には朝鮮での開化派による甲申政変失敗を契機として展開された東京での対清強硬論を鼓吹する志士運動会にも関与している。[*32] それが、たとえ主観的には中国の文明化を図ろうとするものであったり、あるいは押殺されゆく自由民権運動の打開を対外強硬論に求め、藩閥政府との対決に賭けようとしたものであったとしても、あまりに早いつまづきである。それは、彼が本来求めてやまなかった道義からの転落の第一歩をしるすものではなかったのではあるまいか。

なるほど兆民は八八年に至っても、「小国の民たる者強暴の大国をして已むを得ずして自ら十九世紀国交の徳義を守らしめ已むを得ずして自ら義侠気を発せしめんと欲せば、唯国中人々皆何時にても国と倶に斃る可しと決心するの一有るのみ。学術を興し技芸を興し物産を殖し軍備を整ふるは第二着の業なり」[*33] とまで述べ、依然として小国主義の主張を展開した。しかし、同時期に彼は別の論説で、ドイツ皇帝ウィルヘルム一世の死がアジアにもたらすかも知れない波乱に言及するなかで、次のように述べている。[*34]

我同胞諸君よ、一向きに我神武深仁なる皇上と我明敏聡慧なる宰相との深謀遠慮をのみ頼みにして我国自由平等の制と利用厚生の策とに茫然たる勿かれ。（中略）若し抜山倒海の業を営まんと欲せば実に千歳一時復た得可らざるの好会なり。我が同胞諸君は何ぞ是時に於て眼を環海の外に放たざるや。何ぞ区々たる鬩牆の愚痴を廃止せざるや。

すなわち兆民は、民権論ばかりに固執することを批判して、国権主義を鼓吹している。このことから分かるように、その小国主義は、必ずしも民権論の徹底化を前提とするものではなかった。思えば、兆民の分身ともいわれる南海先生は、その前年『三酔人経綸問答』において、豪傑君の侵略主義を排しつつも、「善く人心の奥区を捜抉し善く人情の快楽を模写す」[*35] として、豪傑君の説に心情的に理解を示している。この時期の兆民は、民権と国権の間で大きく揺れ動いていたものと思われるが、九一年にはついに、朝鮮を念頭に置きつつ、「凡そ一国防守の勢いは啻に其国四境の内に存するのみならずして、境外と雖も、事勢上自国の一部分と看做さゞるを得ざること有り」[*36]として、防御的侵略の肯定ともおぼしき論説を書くにまで至ることになる。

たとえ兆民もまた国権主義へ転回する危機に見舞われたとしても、それは兆民の民主主義者としての面貌を否定するまでには至らず、また最後まで彼は侵略主義を肯定しなかったとする見解が、依然として根強くありはする。しかしさらに追い打ちをかけるように、彼が晩年には国民党を結成（一八九七年）して日清戦争を讃えたり、対露強硬外交を主張した国民同盟会に参加（一九〇〇年）したりしたことの意味は、やはり重く受けとめられるべきであろう[*37]。現代日本にも連なる近代日本人のアジア認識とりわけ朝鮮認識を一貫して鋭く批判し続けてきた山田昭次は、当時すでに生み出されていた朝鮮蔑視観に対する批判がないとして、兆民の小国主義＝「論外交」の問題点をいち早く指摘したが[*38]、筆者はさらに進んで、「論外交」にはそれだけではすまされない問題点が潜んでいるように考える。

確かに兆民は、「小国ノ自ラ恃ミテ其独立ヲ保ツ所以ノ者ハ他策無シ。信義ヲ堅守シテ動カズ。道義ノ在ル所ハ大国ト雖モ之ヲ畏レズ[*39]」と述べ、道義と信義を小国の武器にすべきことを論じている。しかし続けて、「小国ト雖モ之ヲ侮ラズ」と言っていることから分かるように、彼は小国を他者化しており、日本が小国であることを必ずしも前提にしていない。八八年に書かれた論説中では、彼は「(日本は）貧は誠に貧なるも小とは云ふ可からず」として、「白耳義・瑞西に視るときは洋々たる一大邦」だと言っている[*40]。そもそも彼は、目的としての富国とやむを得ざる強兵とを分離してはいるが、「凡ソ強キヲ貴ビ弱キヲ賤ムコト苟モ人タル者此情無キハ莫シ[*41]」と言っており、強兵化についても絶対的に反対しているわけではない。ただ、富国をないがしろにし、かつ道義より発しない強兵策に反対しているに過ぎない。なるほどこれだけでも、帝国主義へのアンチテーゼを含んだ堂々たる国家構想ではある。しかし、自らが小国でないことを前提にした場合、その強兵化の容認は軍事大国化への道を開くことにもなるであろう。

兆民の軍事構想は、常備軍を廃止して「土著兵」＝民兵制度を敷こうとするものだが、それは国民総武装化を意味するにほかならない。国民総武装化こそは、「隠然として人民の感情中に悲壮敵愾の気を醸成する」ことになるし、また「経済の旨に適ふ」[*42]ことにもなると言うのだが、「洋々たる一大国」＝日本の国民総武装化は、もはや小国の姿ではあるまい。松永昌三は、「いかなる強大国にも依拠せず、非同盟中立を国是とし、国民の団結を基盤とした土著兵による専主防衛に徹すること」を兆民は目指したと言うが[*43]、しかし兆民思想の変転と多面的性格を描き出した後藤孝夫の指摘するとおり、晩年の兆民は軍備拡張に肯定的であり、その軍事構想は一貫していない[*44]。「土著兵」制度は、実は兆民が留学していた頃の草創期第三共和制下のフランスで議論されていた常備軍廃止論に範をとったものである。当時のフランスでは、普仏戦争の敗北のショックから、常備軍を廃止して単なる国民皆兵ではない民兵制度を創設すべきだという議論が盛んに主張されていた[*45]。それは、国民軍隊として民兵が常備軍より優れているという認識からにほかならない。それゆえ本来それは、あくまでも大国再生のために考え出された軍事制度であって――たとえ敗北を契機に平和の軍隊としての意味をそれに見出そうとする意見が包摂されていたにせよ――、小国なればこそ提唱された軍事制度ではなかったのである（補注1）。

以上のように、兆民の小国主義には当初から論理的矛盾があったと言えるのだが、ではそれはどのような要因によって規定されているのであろうか。筆者はそれは、兆民がどれほど道義を声高に叫ぼうとも、道義を国家の上に安定的に位置づけることができなかったためであると考える。九〇年の文章ではあるが、彼は「人是れ目的なり、国家是れ手段なり、国の中には人実に元素たり、世界の中には国実に元素たり」[*46]と述べている。これは、国家は個人のためにあるのだという依然とした民権思想を吐露したものには違いない。しかし、世界の文脈からすれば、国家こそが元素であり、目的なのだということを表明しているものだとも言えよう。兆民にとっては、確かに国内政治においては人権を保証することが道義であった。しかし世界政治のうえでは、国権を保証することが道義なのである。国家を越えたところに道義があるのではなかった。

ここで、兆民のそもそもの道義観が問題とされなければならないのだが、八〇年段階ですでに彼は、次のように述べていた[*47]。

夫れ利苟しくも義より生ずれば、其の一身に止まるもまた公にして、未だ必ずしも汎く人に及ばずんばあらざるなり。若し義よりせざれば、則ち利の汎く人に及ぶも亦た私にして、適に以て人を害するに足る。

これは、当時絶大な影響力を誇っていた功利主義を批判したものである。利益が広く行きわたった場合を「公利」といい、そうでない場合を「私利」ということに対して異議を唱えている。道義は「私利」しかもたらさない場合があるが、動機が真に義から発しているのであれば、結局は「公利」を全くもたらさないというわけではないと言っているのだが、兆民にとっては、行為の初発における道義の不可欠性こそが問題なのであった。行為の初発における道義の存在を問題としない功利主義は、「其の源、実に私利に発す、特だ公に仮りて以て人を欺き自ら欺くのみ」として、厳しく批判される。米原謙はこれを、旧秩序からの解放には力あっても、民衆の自立的秩序形成には無力であったがゆえに、天皇制国家の支配原理に対して抵抗力とならなかった功利主義への批判として高く評価している[*48]。

しかし、そうした評価はいささか短絡的なように思われる。動機さえ義であるならば一身に結果してしまった利もやがては公たりうるというのは、「私利」を否定したものでは必ずしもない。功利主義における本来的「私利」の存在を批判しつつも、逆説的には結果としての「私利」を肯定した点で、兆民と功利主義者の区別は外見上付きにくい。あるのは論理の違いであるに過ぎないとも言える。「私利」をも道義的でありうるとするこの立場の表明は、道義を測る尺度が「私」以外には存在しないがゆえに、道義の主観的解釈を生み出さずにはおかなくなるであろう（補注2）。

このような道義観こそは、兆民をして国家を超える、より普遍的な道義観を求めることを躊躇せしめたものであったように思われる。世界政治のうえでは、その元素である国家の「私利」もまた、道義の主観的解釈によって容易に承認されうることともなるのである。松永昌三によれば、兆民は普遍的原理＝道義の観点から現実を批判し、西欧文明も相対化したというが[*49]、果たして兆民の道義は国家を超えるものであったのだろうか。筆者には兆民の道義は、国家の内に徐々に封じ込められてゆく運命をたどっていったもののように思われる。であればこそ彼は、日本の近代資本主義の確立を念願してやまずに、死の床にあってさえ足尾鉱毒事件を引き起こした古河市兵衛のような人物を高く評価する一方で、かえってそれと対決した田中正造にはなんらの共感も寄せることができないという冷酷な一面を見せるのだと言えよう[*50]。彼の小国主義がアジア連帯のような広がりを持たず、「自己中心的ないし閉鎖的な性格」を持たざるを得なくなったことはすでに指摘されており、それは確かに彼の近代主義的立揚からする文明的優越意識のせいではある[*51]。しかし彼の国家観を規定している道義観もまた、それに劣らず彼の小国主義の問題性を解きあかす際の重要な視角になるであろう。いやむしろ、彼の独善化の危険性をはらんだ道義観が、近代主義の受け皿として先にあったればこそ、その文明的優越意識も生み出されざるを得なかったのである。

かくして兆民もまた、結果的に近代日本思想史上の例外的存在となり得なかった。では進んで、アジアとの連帯を目指した思想には、真に道義のみを貫こうとする論理があったであろうか。問題はアジア主義の検討に移っていく。

3　アジア主義の大義——樽井藤吉

ここでは、韓国併合の思想的裏付けの一つともなり、竹内好によって「絶後の思想」と評価された樽井藤吉の『大東合邦論』[*52]について検討する。『大東合邦論』は、日本と朝鮮が対等合邦して大東国をつくり、その大東国が清と連合してウェスタン・インパクトに対抗していこうとする東アジア防衛構想を述べたもので、アジア主義の古典ともされる著作である。竹内の問題提起は、一部にはもっともなこととして受け入れられ、たとえば河原宏は、樽井の思想を、政治の基礎に力ではなく道徳を置こうとしたアジア的原理に則った文明を創出しようとする意図があったとして、極めて高く評価した。[*53]

しかし大勢は、樽井のアジア連帯論者としての側面を否定するものであった。先駆的には旗田巍が、樽井は主観的にはアジア連帯主義者ではあっても、実のところ本来的には膨張論に反対ではないとし、「日本が侵略される危機にあるから侵略者が悪者なのであり、もしも日本が侵略する立場になれば、それは悪ではない」とする立場に立っていたと指摘した。[*54]この評価は山田昭次に至るとより厳しいものになり、彼は樽井の主観的連帯主義者としての側面さえ否定し、「『大東合邦論』は強い反日ナショナリズムをもつ朝鮮人を説得して合邦へ誘導する目的で書かれたものであって、日本の侵略を批判して対等合邦を説いたものではない」と明快に断じた。[*55]

では、そのような樽井の問題性はどのような論理によって導き出されたかと言うに、それは彼が実のところ近代主義者であったことに求められている。樽井の思想に近代的性格があることは、いち早く鈴木正によって指摘され、彼は「正しい意味で近代的性格」を樽井に見出し、それゆえに日本の帝国主義化への認識が欠落していたことを限界性として認めつつも、樽井を単純に排外的・侵略的アジア主義者とは決めつけられないとした。[*56]しかしその後の伊東昭雄と初瀬龍平の研究は、むしろ近代主義者であったればこそ、樽井は日本のアジア侵略を容認しえたのであり、その点で福沢諭吉と通底するものがあるとして、鈴木とは逆の結論を導き出している。[*57]この見解を継承しつつも吉野誠はさらに、伊東が認める樽井のアジアの原理＝「親和」や、初瀬が認める「樽井のもつある意味の公正さ」にも疑問を呈し、「いかなる意味でも彼の思想にアジア「原理」主義の兆候をうかがうことはできない」として、侵略主義に結果するような樽井の近代主義的性格をより強調した。[*58]樽井とその著作『大東合邦論』に関しては、この吉野の見解が研究の到達点であり、その後の研究も吉野の研究を踏襲しているものと見なされる。[*59]

しかしにもかかわらず、ここでさらに『大東合邦論』を問題にしようとするのは、今までの研究では樽井の近代文明観が問題とされはしても、その基底にある道義・国家観への考察がなお不十分であると考えるからである。そもそもアジアの原理を見出そうとする点において、樽井は確かに「親和」を掲げており、それを西欧の原理である「競争」に対抗させていることは否定できないと思われる。彼は、「ああ、欧人の信義はただ大砲の間にあるのみ」としつつ[*60]、「競争」を原理として「懲悪」=「刑罰」=「権」を政治の基本に置く西欧を批判するのに対し、アジアは「親和」を原理として「勧善」=「教化」=「徳」を政治の基本に置くとし、アジアの本来的政治の優秀性を説いている[*61]。ただし、これはあくまでも理想主義的言説であって、現実認識において彼は、西欧を高く評価しているところに問題がある。彼が西欧文明を高く評価していることは、次のように述べていることから明らかである[*62]。

> ある人曰く。唐虞の禅譲はこれ共和政治の始めにして、周公の周官を制するはこれ立憲政治の本なり、と。ああ、堯舜周公の道は今日欧米に行われて東亜に行われず。欧州昔日の野蛮は化して今日の富強開明となる。

第三者の言説を借りて、堯舜周公に仮託して西欧を評価しているのである。こうした評価は、決して珍しいものではなく、小楠も行っていたし、朝鮮・中国ではごく当たり前の付会論であった。ところが問題とすべきは、ある人の言説は、あくまでも「開明」化という「国政」=政治制度に局限された評価であるのに対し、樽井が「国力の振るわざるは国政の不良による[*63]」という考えのもとに、「富強」化という「国力」レベルの評価も加えて論理のすり替えを行っている点である。彼が西欧を肯定的に評価するのは、一面確かに道義をもって政治を行いえた堯舜三代におけるような、その公明正大な政治のあり方にあり、それは決して偽りではない。アメリカに対する特別な評価[*64]もその共和政治の「開明」=道義性への賞賛であり、日本自らへの評価[*65]もその立憲政治の「開明」=道義性に対する自負である。しかし、「同種人の内に親和して異種人と外に競争せんと欲するもまた世運の自然なり[*66]」として、現実の目的を西欧との「競争」に置いていた樽井にとっては、実のところ西欧への肯定的評価はその道義性以上に、「競争」を原理として達成されたその国家の「富強」性にあったのである。

樽井の西欧評価は、次のような言説から分かるように、肯定しつつもまた否定するという複眼的視角を持つものであった。[*67]

欧州諸国はみな国教有りて教化を主る。東亜諸国は国教なし。いずくんぞ教化を政治の外に置くを得んや。然れども欧州の現況は、年々数十億一万斤を軍事に費やす。これ懲悪をもって政本と為すの余弊なり。もしこの巨億万金を教化に用うれば、則ち数年を出ずして罪悪は自然消滅して、その政もまた仁善に帰さん。しかるに時運いまだこれに至らざるは、誠に嘆ず可きなり。

彼は、小楠と同様に「政教一致」を理想としているのだが、西欧はそれを実践しうる可能性を持ちながら、「懲悪をもって政本と為すの余弊」のために、「仁善」に進むことができないとしている。ならば、「仁善」を追求することは理想だが、文明の先を行っている西欧でさえ達成できないものをアジアが即座に追求することは、現実的であろうか。樽井の状況判断は、このようであったと思われる。それゆえ現段階においては、問題の所在を認識しつつも、表裏二面性を合わせ持つ近代西欧文明の丸飲みを提唱するしかなく、樽井にとって西欧列強は、現実認識のうえでは対抗の対象ではあっても、批判の対象ではありえないということになる。そのことは、「我が東国をして存亡せしむるものは我が東国なり。英・法・独・俄に非ざるなり」[*68]という言説に端的に示されている。「今日の文明は未だ其半途にも至らず、豈遽に清明純美の時を望む可けんや」[*69]と言った福沢諭吉との意外なる類似性――いやむしろ福沢から学びとったと言った方が正鵠を射ているものと思われるが――は、ここにこそあった。

かくして、アジアの大義への背信を行った樽井の問題もまた、単にその近代主義にあるというのではなく、国家の上に普遍的道義を定立することができなかった、その道義・国家観にあったと言うことができる。樽井においては、日本国家の道義性はア・プリオリに前提されており、皇統が二五〇〇年の間連綿として続き不老不死の天皇が統治する日本は、「実に世界の楽土」であり、「孝弟仁義の教は漢土より出るも、我が国のその道を守ること漢人より厚」

いのであった。[70] それゆえ、豊臣秀吉の朝鮮出兵も、秀吉が明人の不敬を怒ったことに端を発したものであり、しかも、先に元とともに日本を侵略した朝鮮にこそ問題があるということになる。[71]

しかしそれにしても、何ゆえに樽井は、このような独善的な日本＝道義観を表白することができるのであろうか。その基底には、道義そのものに対する樽井の独自な解釈が横たわっているものと思われる。彼は一八八二年に、日本最初の社会党の創始者として『東洋社会党々則草案』を作っているが、その第七条「我が党は左の盟を為すべし」には、「予が奉ずる所の君主は一の道義のみ、道義亦予を制する能はず、予が脳裏は則ち道義なればなり」とある。[72] 道義を信奉しつつ、その実は自身こそが道義なのだとする、不遜とも言え、かつ「心即理」の陽明学的展開ともとれるこの言説にこそは、彼の独善的な道義観が余すところなく示されている。自身こそが道義の標準であるとすれば、世界政治のうえで日本の道義性がア・プリオリに主張されるのは至極当然なことであり、その論理は兆民の道義→「私利」論ときわめて近似している。繰り返しになるが、樽井にとってもまた、道義は国家を超越する普遍的なものとしてはあり得なかったのであり、ここに近代日本思想の、もはや宿命的とも思える論理の所在を再確認することができる。

おわりに

以上のように、近代日本においては、最も道義にこだわったと思われる思想家においてさえ、道義を道義として語り得ない思想的営為がなされていた。それは政治と道徳の分離が一般化していた日本的思惟の必然的帰結であったと言える。[73] もっとも本稿で扱った思想家以外に、道義を道義として語ろうとする思想家が全くいなかったとは言えないであろう。日清戦争を例外的に批判し得た勝海舟や、足尾銅山の公害闘争に生涯を捧げた田中正造などには、そうした可能性があるように思われる。しかしそうした思想は、孤立無縁的に存在するしかなく、一般的には政治の世界はおろか、知識人の世界からも締め出されざるを得なかったと言える。

丸山真男は、日本には普遍主義を語る伝統が乏しいことを指摘している。[*74] そのことはユートピア思想が乏しいことに示されており、代わって幅を利かせているのが、「模範国家」だという。日本は常に自分の外にある特定の国家や特定の文化を普遍的なものとして受け入れてきたのだが、それは、「「外」にある何ものかであることからして、その反動は、必ず「うち」の強調として出現」せざるを得ない。「本当の普遍主義は、「うち」の所産だろうが「外」の所産だろうが、真理は真理で正義は正義だ、というところに初めて成り立つ」つにもかかわらず、日本では、「よそ」を理想化する疑似普遍主義と「うち」を強調する土着主義が悪循環を繰り返してきたと言うのである。道義を道義として語り得ない思想伝統こそは、土着主義＝国家主義を再生産する温床であり、ことあるごとにその閉鎖性を指摘される日本の政治文化の母体である。一種の土着主義の表現と言ってよい「自由主義史観」も、こうした思想伝統の上に誕生したものであり、真に普遍主義を求めようとする思想潮流を新たに構築しない限り、こうした時代逆行的な動きを断ち切ることは困難であろう。

かつて勝海舟は、死を半年後に控えて田中正造に対し、一〇〇年後に浄土か地獄かで総理大臣に申し付けるという戯れの証文を書いたことがある。[*75] 一九九八年六月二九日はその証文が書かれてちょうど一〇〇年目に当たる日である。しかし、道義を道義として語りうる人の政治の表舞台への登場は、この国では当分やって来そうにない気配である。[*76]

注

＊1　藤岡信勝「汚辱の近現代史」（徳間書店、一九九六年）七八頁。

＊2　西嶋定生『日本歴史の国際環境』（東京大学出版会、一九八五年）七九頁。

＊3　村井章介『アジアのなかの中世日本』（校倉書房、一九八八年）三五頁。

＊4 北島万次「秀吉の朝鮮侵略における神国意識」（『歴史評論』四三八、一九八六年）、同『豊臣政権の対外認識と朝鮮侵略』（校倉書房、一九九〇年）第二章第三節。

＊5 荒野泰典『近世日本と東アジア』（東京大学出版会、一九八八年）四頁。

＊6 矢沢康祐「「江戸時代」における日本人の朝鮮観について」（『朝鮮史研究会論文集』六、一九六九年）。

＊7 姜在彦「李恒老における衛正斥邪思想――ウエスタン・インパクトと鎖国攘夷の論理」（飯沼二郎・姜在彦編『近代朝鮮の社会と思想』未来社、一九八一年）。

＊8 「文明論之概略」（『近代日本思想大系二　福沢諭吉集』筑摩書房、一九七五年）二二六頁。

＊9 「村田巳三郎へ〈安政三年一二月二一日〉」（山崎正董編『横井小楠　下巻・遺稿編』明治書院、一九三八年、以下『遺稿』とする）二四二頁。小楠の神道・仏教批判は、「□□（神道）は全く荒唐無稽些之条理無之、仏は愚夫愚婦を欺くのみにして、其実は貴賤上下に通じ信心之大道些無之」という言葉に明らかであるが、仏教に対しては別にして、近世日本の儒教においては一般に儒教と神道は両立せしめられていたという（渡辺浩『近世日本社会と宋学』東京大学出版会、一九八五年、五三―五五頁）。

＊10 「甥左平太・大平へ〈慶応三年六月二六日〉」（同上）五〇八頁。

＊11 松浦玲「日本における儒教型理想主義の終焉」（『思想』五七一、五七七、五九二、六三〇、一九七二―一九七六年）、『横井小楠』（朝日新聞社、一九七六年）参照。

＊12 「送左・大二姪洋行」（前掲『遺稿』）七二六頁。

＊13 「吉田悌蔵へ〈安政元年九月二〇日〉」（前掲『遺稿』）二一六―二一七頁。

＊14 「沼山対話」（同上）九〇六―九〇七頁。

＊15 平石直昭「横井小楠」（相良亨・松本三之介・源了圓編『江戸の思想家たち』下、研究社、一九七九年）二五〇頁。

＊16 「国是三論」（前掲『遺稿』）三九―四〇頁。

＊17 「夷虜応接大意」（同上）一一頁。

＊18 前掲「甥左平大・大平へ」五〇八頁。

＊19 前掲「国是三論」三六頁。

＊20 「外交問題に関して」（同上）九九―一〇〇頁。

＊21 前掲「沼山対話」九一〇頁。

＊22　前掲「夷虜応接大意」一一頁。
＊23　「読鎖国論」（同上）六九二頁。
＊24　前掲「国是三論」四六―四七頁。
＊25　前掲「夷虜応接大意」一四頁。
＊26　拙稿「朝鮮における実学から開化への思想的転回――朴珪寿を中心に」（『歴史学研究』六七八、一九九五年）。
＊27　「学校問答書」（前掲『遺稿』）一―七頁。
＊28　「豊臣太閤論」（同上）六八〇―六八四頁。
＊29　楢原孝俊「横井小楠における政治思想の原点構造」（『政治研究』三一、九州大学、一九八四年）。
＊30　矢沢康祐「明治前半期ブルジョア民族主義の二つの発現形態――アジア連帯論をめぐって」（『歴史学研究』二三八、一九六〇年）。
＊31　松永昌三「自由民権派にみられる小国主義思想」（『史潮』八四、一九六四年）。
＊32　小松裕「中江兆民とそのアジア観――東洋学館・義勇軍結成運動との関連で」（『歴史評論』三七九、一九八一年）。
＊33　「瑞西国」（『中江兆民全集』一一、岩波書店、一九八四年、以下『全集』とする）三一八頁。
＊34　「日耳曼皇帝維廉殂せり……」（同上）八八―八九頁。
＊35　「三酔人経綸問答」（同上八）一二三頁。
＊36　「難儀なる国是」（同上一三）二〇頁。
＊37　この時期の兆民の思想を対外観との関連で否定的に捉えた最近の研究成果として、留場瑞乃「日清戦争後の中江兆民」（『史苑』一五五、一九九五年）があり、説得的な論旨を展開している。
＊38　山田昭次「征韓論・自由民権論・文明開化論――江華島事件と自由民権運動」（『朝鮮史研究会論文集』七、一九七七年）。
＊39　「論外交」（『全集』一四）一三六頁。
＊40　「外交論」（同上一一）二二三頁。
＊41　前掲「論外交」一三一頁。
＊42　「土著兵論」（『全集』一一）一四七―一四八頁。
＊43　松永昌三『中江兆民評伝』（岩波書店、一九九三年）二四八頁。
＊44　後藤孝夫『記者兆民』（みすず書房、一九九〇年）一三六、一五七、一六一―一六三頁。

＊45 米原謙『日本近代思想と中江兆民』（新評論、一九八六年）一三三—一三五頁。
＊46 「国家の夢、個人の鐘」（『全集』一二）一〇一頁。
＊47 「論公利私利」（同上一一）二五頁。
＊48 米原謙前掲書、二〇二—二〇三頁。
＊49 松永昌三前掲書、四九五頁。
＊50 後藤孝夫前掲書、一七九—一八三頁。
＊51 藤野雅己「中江兆民におけるアジアとヨーロッパ——兆民の小国主義思想を中心に」（『大阪事件研究』五、一九八六年）。
＊52 竹内好「アジア主義の展望」（『現代日本思想大系九　アジア主義』筑摩書房、一九六三年）。
＊53 河原宏「近代日本のアジア認識」（第三文明社、一九七六年）。
＊54 旗田巍「大東合邦論と樽井藤吉」「樽井藤吉の朝鮮観」（『日本人の朝鮮観』勁草書房、一九六九年）。
＊55 山田昭次「甲申政変期の日本の思想状況——『大東合邦論』および大阪事件研究序説」（林英夫・山田昭次編『幕藩制から近代へ』柏書房、一九七九年）。
＊56 鈴木正「解説　東洋社会党の創設者——樽井藤吉」（田中惣五郎『東洋社会党考』叢書名著の復興、新泉社、一九七〇年）。
＊57 伊東昭雄「『大東合邦論』について」（『横浜市立大学論叢』二四巻二・三号、一九七三年）、初瀬龍平「アジア主義と樽件藤吉」（『広島平和科学』一、一九七七年）。
＊58 吉野誠「『大東合邦論』の朝鮮観」（『文明研究』四、一九八六年）。
＊59 並木頼寿「樽井藤吉の「アジア主義」——東アジアの「近代」と「国家」」（義江彰夫ほか編『歴史の文法』東京大学出版会、一九九七年）。
＊60 「覆刻　大東合邦論」（長陵書林、一九七五年）五五頁。
＊61 同、一〇七—一〇九頁、
＊62 同、一一二頁。
＊63 同、一一三頁。
＊64 樽井は「自由国」としてアメリカ合衆国を評価しつつ、一八七九年のグラント大統領の来日に際しては、祝文と和歌二首を送っている（田中惣五郎前掲書、一八四、二〇二頁）。

＊65　前掲『大東合邦論』一一三頁。
＊66　同、一四二頁。
＊67　同、一〇九頁。
＊68　同、三四頁。
＊69　前掲『文明論之概略』一〇七頁。
＊70　前掲『大東合邦論』、八九頁。
＊71　同、八八、九九頁。
＊72　田中惣五郎前掲書、九六頁。
＊73　これに対しオプティミスティックな道義観を受け継いだ朝鮮の場合、国家主義の成立はなかなかに困難であった。二〇世紀初頭には一部には国家主義も成立するのだが、しかし来るべき民族解放闘争は、困難を極めて成立した国家主義に道義への回帰を否応なしに迫ることになる（拙稿「朝鮮近代のナショナリズムと文明」『思想』八〇八、一九九一年）。
＊74　丸山真男「近代日本の知識人」（『丸山真男集』第一〇巻、岩波書店、一九九六年）二六四―二六六頁。
＊75　松浦玲『明治の海舟とアジア』（岩波書店、一九八七年）一八九―一九〇頁。
＊76　孤立無援的にではあれ、勝海舟や田中正造のほかにも道義を道義として語りえた思想家がいたであろうし、そうした思想の発掘は今後の課題となるであろう。そのような中にあって、小日本主義を唱えた石橋湛山だけは、首相にまでのぼりつめたという点で唯一の例外であるように見える。しかし彼は、一五年戦争下では、「（台湾・朝鮮・樺太は）今は植民地というよりは、少なくとも貿易については我が本土の一部とみるのが適当だ」（松尾尊兊編『石橋湛山評論集』岩波文庫、一九八四年、一九四頁）と述べ、一時小日本主義の旗を降ろしていた。また好意的に見て、彼には確かに道義を道義として語ろうとする面が多分にあったようだが、そうであるがゆえに彼は、病気による自らの国会欠席という事態の惹起に責任を感じて――政治家として道義的たろうとして――わずか二ヵ月で首相を辞任せざるをえなかった。そこに道義を道義として語り、また実践しようとする者が、政治舞台で活躍するに際しての困難性を看取することができる。

【初出】中村政則ほか『歴史と真実』（筑摩書房、一九九七年）。原題は「近代日本における道義と国家」だが、ここでは副題として「横井小楠・中江兆民・樽井藤吉」を付した。

（補注１）中江兆民の「土著兵」構想は、第一部第四論文における魚允中の民兵構想と対比できる。魚允中があくまでもスイスを範とした民兵構想であるのに対して、兆民はフランスを範としている。松永昌三の「土著兵」をめぐる評価は、兆民にではなく魚允中にこそ相応しい。

（補注２）中江兆民の功利主義批判は、第２部第三論文における李沂《イギ》の功利主義理解と比定でき、その論理が対極的であることに注意していただきたい。簡明に要点的に述べれば、兆民が、義から発する行為であれば「私利」に結果しようが、いずれは「公利」をもたらすかもしれないとして、道義の主観性を主張しているのに対して、李沂は、道義が一身に止まって公益に結果しないのであれば、たとえそれが主観的には道義から発せられたものであるとしても、真に道義とはいえないと言っている。功利主義へのスタンスが違うとはいえ、その中心的議論である道義観をめぐって、それは主観的に確信づけられていればよいのか、あるいは客観的に認証されるべきものなのか、という問題において全く違う見解を示していることが明らかである。

二　日本／朝鮮におけるアジア主義の葛藤

はじめに

山室信一の大部な著書『思想課題としてのアジア』（岩波書店、二〇〇一年）を読んだとき、筆者は「アジアの時代」の到来が叫ばれるような現在においても、日本人にとってアジアは、なお「日本のアジア」としてもっぱら語られなければならないのかという読後感を持った。同書では、近代日本で形成された思想はアジアにおいて近代国民国家を形成するための「基軸」とされている。やがてそれはアジア諸国に「連鎖」していくが、他方で日本人も主体的にアジアに「投企」していく。このような山室の構想にあっては、あくまでも日本がアジアの主体であり、アジアは客体的に語られざるを得ない。果たして日本で形成された近代思想は、連鎖のみを呼び起こしたのであろうか。

そうではあるまい。いかなる思想もそれが伝播するとき、受容される地域・国家の伝統的な思想や文化の規定性から自由たることはできない。しかし山室の著書は、このことをほとんど度外視している。近代日本の思想は確かにアジアに伝播していきはしたが、それがいかに受容変質せしめられ、またブーメランのように逆に日本に投げかけられたのかがほとんど問われていない。朝鮮史を専攻する者として筆者は、そのことに大きな違和感を覚えた。

それに対して米谷匡史『アジア／日本』（岩波書店、二〇〇六年）は、同じく日本を基軸にすえながらも、山室の著書を「アジア間の摩擦・軋轢や、三・一独立運動、五・四運動以降の帝国主義批判の衝撃が受けとめられない叙述となっていて、「アジア主義」がかかえた難点を反復してしまっている」と批判している。的確な批判である。この批判は「はじめに」に書かれたものではなく、末尾の「基本文献案内」に書かれているものだが、米谷はおそらく、山室に対するこうした批判を強く意識したうえで、本書を執筆したのだと推察される。米谷の著書は、何よりも「「進歩的」な開明派・革新派というべき系譜のアジア変革論・連帯論を「アジア」との絡まりあう関係のなかで読み解いていく」ことを課題としている。それは「越境し相互浸透していく「近代」の力に直面して、アジア相互の摩擦・構想がいかに自覚され、その克服がいかに課題となっていくのか、東アジアの「近代」をめぐる矛盾・葛藤を考えるうえで、重要」だからである（「はじめに」）。ここには日本中心主義的に語られがちなアジア主義をアジアの文脈をも意識しつつ語ろうとする姿勢が読み取れる。

その際米谷が参照しているのが、竹内好であるのは十分に理解できることである。竹内は、アジア太平洋戦争に「植民地侵略戦争」＝「東亜における指導権の要求」と「対帝国主義の戦争」＝「欧米駆逐による世界制覇の目標」との両面を見、それを「補完関係と同時に相互矛盾の関係」にあるものと評価しつつ、日本のアジア主義の「アジア的原理」をめぐるアポリアを問題にした。[*1] 米谷はそうした竹内の認識を、アジア太平洋戦争の「二重構造のアポリアを、アポリアのままに認識の対象とし、その克服を思想の課題とすべきことを強くうったえた」ものとして高く評価している（三頁）。「東アジアの「近代」をめぐる矛盾・葛藤」を描き出そうとする米谷の思想課題は、まさに竹内の問題意識を継承するものであると言えよう。

竹内は東アジア共同体構想が叫ばれる昨今にあって、再評価の機運著しい思想家である。筆者自身も、研究者として歩み出した頃より影響を受けてきた。「アジア的原理」に一貫してこだわり、近代批判を執拗に行った彼の思想は、確かに近代のアポリアとその克服を考えるうえで、多大な示唆を投げかけるものとなっている。しかし、疑問もつきまとう。彼が言う「アジア的原理」とは何か。「アジア的原理」というものが果たして存在するのであろうか。アジアの文化は多元的であり、文明においてもそうである。なるほど岡倉天心は、「アジアは一つ」だと叫んだ。しかしそれは、「ヨーロッパの光栄はひとえにアジアの屈辱」（『日本の目覚め』）であったからであり、竹内自身も解説するように、あくまでも「アジアは屈辱において一つ[*2]」なのであって、それは事実ではなく言説でしかない。岡倉は日本をアジアの思想と文化の貯蔵庫と見てそれを「日本の偉大なる特権」と評した（『東洋の理想』）が、そこにはアジアの主体的営為から離れて、アジアの盟主たらんとした日本の独善的なアジア観が横たわっている可能性がある。

　そして筆者が問題にするのは、実は一つのものとして存在するはずもない「アジアの原理」にこだわった竹内も、そうした認識から完全に自由ではなかったのではないかということである。アジアを一つのものとして見ることは、日本のアジア主義者にあっては、必須の認識手続きであった。往々にしてアジアは、日本を引き立たせるための道具であり、そこには日本的オリエンタリズムが垣間みえる。竹内もそうだと言うつもりはさらさらないが、しかしどれほど近代＝西欧批判を行おうとも、竹内においては良くも悪くもヨーロッパの進歩を基準とする思考が働いていたことだけは事実であろう。このことについて中国思想史家の溝口雄三は、「ヨーロッパを基準にしてアジアがヨーロッパ的であるのかないのかと問うアジア自身の自問自答は、なんとも奇妙というほかない」として竹内を批判している[*3]。竹内は、「東洋を理解し、東洋を実現したのは、ヨーロッパにおいてあるヨーロッパ的なものであった。東洋が可能になるのは、ヨーロッパにおいてである[*4]」と逆説的な言辞をなして、オリエンタリズムの所在を先駆的に看破していた。しかし竹内が理解したアジアも、「竹内においてある竹内的なもの」ではなかったであろうか。ただしアジアを理想化した点において、それはエキゾチズムを随伴するようなオリエンタリズムとは決定的に違ってはいる。

筆者は米谷同様に、思想家としての竹内に敬意を表している。しかし竹内は、アジアを執拗に語りながら、もっぱら日本的文脈からアジアを理解しようとし、アジア諸地域の歴史的内在性においてアジアを捉えることができなかった思想家ではなかったかと考えている。従ってそこには、脱亜入欧した日本への厳しい批判がある一方で、近代日本の思想的営為のどこかに実態以上の救いの論理を読み取ろうとする甘い認識もあった、というのが筆者の見立てである。今日にあっても、確かに竹内に学ぶことは多い。しかしその批判もまた重要である。

本稿は、米谷はあまりに竹内に寄り添い過ぎていないか、という問題意識から出発する。本稿ではまずもって竹内のアジア主義理解の問題性を探ったうえで、日本のアジア主義の構造的問題に言及し、そして最後に朝鮮へのその連鎖にまつわる問題を、朝鮮の思想的文脈において考えてみることにしたい。断っておくが、この作業は竹内を全面否定することを意味するものではない。むしろ「方法としてのアジア」を説いてやまなかった竹内の核心的な問題提起は、この作業においてこそ生かされるし、また日本中心主義的なアジア理解も正されるのではないかと考える。

1　竹内好のアジア主義

竹内好は魯迅の「賢人と馬鹿と奴隷」という寓話によせて、主人の友人であるヒューマニストの賢人も、暴力によって奴隷を救おうとする後先の見えない馬鹿も、奴隷を救い得ないことを説き、奴隷の覚醒は、「「行くべき道がない」「人生でいちばん苦痛な」状態、つまり自分がドレイであるという自覚の状態」である「恐怖」に堪えることによってのみもたらされるとした。そして、「かれは自己であることを拒否し、同時に自己以外のものであることを拒否する。それが魯迅においてある、そして魯迅そのものを成立せしめる、絶望の意味である。絶望は、道のない道を行く抵抗においてあらわれ、抵抗は絶望の行動化としてあらわれる」と解釈してみせた。さらに竹内は、このような「絶望」の道は抵抗を放棄した「転向文化」の日本ではなく、自己を保持しようとする「回心文化」の中国においてこそ見られるものだとし、その営為の果てに新たな普遍の道が生み出されると考えた。[*5]

このあまりにも有名な竹内の魯迅解釈は、今も魅惑的である。近代におけるアジアの苦難にこそ「近代」を超克する可能性を見て取った竹内の思想的営為は、厳しい日本批判ともなっている。しかし彼自身が「絶望」の道を真に歩んだかと言えば、そうとは言えない。彼は戦前において、ひとたびは「絶望」から解き放たれている。対米開戦を契機に書かれた「大東亜戦争と我等の決意（宣言）」は、「支那事変に道義的な責任を感じて」いた竹内が「東亜から侵略者を追いはらう」戦争として「大東亜戦争」を評価した歴史的文献にほかならない。[*6]

この宣言を、「戦争の性格を根本的に変えることによって、抵抗の姿勢を貫こうとしていた」[*7]ものだと捉えるのは、中国を愛した竹内の心境に即した解釈である。また、「虚脱状態」と「うろたえ」から脱出し、「歴史に分け入る可能性」を求めたものだと捉えるのは、竹内の内面に一層切り込んだ解釈である。孫歌によれば、竹内は中国文化知識人が放棄した北京に留学したことで、日中戦争の現実に直面して「虚脱状態」に陥り、また歴史過程の外に排斥されるというような「うろたえ」を感じていたという。[*8]確かに対米開戦を契機に、泥沼化していく日中戦争に方向転換を迫り、新たな戦争の意味を見出そうとした点は見て取ることができる。宣言は、「今日われらは、かつて否定した自己を、東亜解放の戦の決意によって再び否定され直されたのである。われらは正しく置きかえられた。われらは自信を回復した。東亜を新しい秩序の世界へ解放するため、今日以後、われらはわれらの職分において微力を尽す」[*9]と謳っている。これには、東亜新秩序建設を謳った一九三八年一一月三日の第二次近衛声明以降、さまざまに構想された「東亜協同体論」の影響があるのを容易に察することができる。「東亜協同体論」は、つとに橋川文三が指摘するように、「西欧帝国主義的な支配・抑圧の原理でもなく、コミュニズム、ファシズムのそれでもない、新しいアジアの原理」を探求しようとするものであった。[*10]

しかし竹内が宣言を発したとき、「東亜協同体論」はもはや侵略的にして欺瞞的な大東亜共栄圏論に変質せしめられていた。しかも大変不思議にして素朴に思うことは、当時アメリカは真にアジアの脅威であったのであろうか、ということである。少なくとも朝鮮や中国が日本以上にアメリカの脅威にさらされていたなどということはあり得ない。朝鮮では江華島事件以降、日本は一貫してアメリカをはるかに凌駕する脅威の国であった。また中国にあっても、日本は日清戦争以降アメリカにはるかに勝る脅威の国であった。中国を愛する竹内が、何故にこうした判断を見失っていたかが問われる必要があるであろう。

端的に言って、それは竹内のナショナリストとしての性格に求めるしかない。現実の日本がいかに邪悪な侵略者としての方向に舵を進めようとも、一抹の良心に期待をかけようとする竹内の心情を見て取らないわけにはいかない。それは国家理性の問題を理解していなかったということでもある。丸山真男が指摘するように、日中戦争以降は「協力と抵抗との間にそうスッキリと線が引けなくなる」時代となっていた。[*11] そうしたなかで「東亜協同体論」を主張する人々は、徐々に国家の罠にはまっていったわけだが、竹内もまた例外ではなかったのである。

当時にあってアメリカは、日本のアジア侵略の前に立ちふさがったがゆえに、日本にとって脅威であったに過ぎない。アジアがアメリカの脅威にさらされている――フィリピンだけがアメリカの植民地であったに過ぎない――というのは、日本知識人の妄想であり、竹内の妄想であり、そして実は日本国家そのものが作り出した物語である。アジア主義はそのために最大限に利用された。そして、アジアの指導国意識はそれまで以上に高まり、侵略は勢いを増していく。竹内は見事に日本という国家に裏切られたわけである。しかし竹内の問題は、戦後になっても侵略主義に凋落する以前の健全なアジア主義の潮流を見出そうとする作業を続けたことである。それが『現代日本思想大系』の一巻として筑摩書房から一九六三年に刊行されたアンソロジー『アジア主義』の解説「アジア主義の展望」である。

竹内はここで、「アジア主義は、膨張主義または侵略主義と完全には重ならない」と述べ、アジア主義の膨張主義への凋落を問題にしながらも、他方で健全なアジア主義の原型をさまざまに探し求めようとしている。率直に言って、竹内のアジア主義評価は甘すぎる。たとえば、玄洋社の別働隊天佑侠と樽井藤吉『大東合邦論』についてである。竹内は内田良平や武田範之などの天佑侠が、甲午農民戦争に際して東学を支援すべく朝鮮に渡り、その指導者全琫準《チョンボンジュン》を助け農民軍を指導したと主張する『東亜先覚志士紀伝』（一九三三年）をほぼ事実として認め、「挑発だけが目的ではなく、連帯の意識がはたらいていた」と評価した。これは天佑侠の一人吉倉汪聖が書いた『天佑侠』（一九〇三年）に依拠して書かれたものだが、その内容は荒唐無稽であり、一読してフィクションであることが分かるような代物である。かつてすでに、さすが吉野作造は、そのフィクションまでは読み取れなかったようだが、宮崎滔天の誠心誠意のアジア主義と比較し、「天佑侠の方は徹頭徹尾日本の為に朝鮮をはからふといふのである」として批判していた。[*12] また竹内は、日本と朝鮮が対等合邦して大東国を作り、清国と同盟するという構想を述べた『大東合邦論』を「空前にして絶後の創見」として高く評価したが、これも虚心坦懐に読めば、日本の指導国意識と朝鮮への侮蔑観が前提になっている書であることは明白である。しかし竹内は、漢文で書かれた本書をアンソロジーに掲載するに当たって、朝鮮への侮蔑を吐露している部分（「朝鮮情況」など）を翻訳掲載しなかった。研究がまだ進展していなかったがゆえに、竹内はそれを見抜けなかったのだという評価は、竹内に対して甘過ぎる見方である。『大東合邦論』が近代主義的な論理を持っているのは、今日では通説化していると言っていい[*13]が、近代主義にあれほど敏感に反応する竹内が、何故にそれを読み取ることができなかったのか、問題視せざるを得ない。

こうした竹内のアジア主義に対する認識は、実は当時朝鮮史研究者から鋭い批判を浴びた。竹内の影響のもとに判沢弘が書いた論文が契機となった。五人の朝鮮史研究者が連名で、その事実誤認を指摘するとともに、竹内を判沢と同罪とし、「圧迫民族としての感覚が民衆レベルにおいて必ずしも抜け切っていない現状で、このような論文を公表することがどの様に作用するかについて責任の意識を持っているかどうか、我々はあわせて問いたい[*14]」と迫ったのである。

ここにおいて竹内は、アジア主義を日本からではなく、現実に日本の侵略に苦痛を深めていたアジアの側から問題視したことがあるのだろうか、という疑問が生じざるを得ない。アジアは日本のアジア主義によって苦しめられたのである。アジア民衆の困苦に満ちた生活に眼差しを据えて、その困苦は日本が強いているのだとする徹底した認識があるならば、侵略される側の問題に「絶望」した魯迅とは対照的な、侵略する側の問題に「絶望」する竹内好が誕生したはずである。そうした「絶望」があったならば、アジア主義への評価はもっと厳しいものになったであろう。健全なアジア主義の原型を歴史的に遡及して探し求めるという作業ではなく、逆に何故にアジア主義は初発から問題を抱え、そしていかにアジアを苦しめたのかという設問がなされたはずである。

こうした作業は、実は中国史研究者であり当時都立大学助手の職にあった矢沢康祐によって行われていた。矢沢はのちに中国史研究から朝鮮史研究に転ずるが、その処女論文は自由民権思想に関するものであった。その論考によれば、自由民権運動は本来的に、①アジア連帯意識＝相等性と、②指導者意識＝不等性の二つの論理を内包しており、しかも主要な側面は後者にあって、それはアジアへの侵略意識に転化しうるものであったという。[*15] これは、自由民権思想の対アジア観を初発からその構造において問題視したものであり、日本史研究者にも少なくない影響を及ぼした。同じ大学にいる中国研究者として、竹内と矢沢は交流があったが、しかし竹内はこの若手研究者の論文を無視した。竹内においては、アジア主義こそが近代批判と新たな普遍の世界に至る可能性を秘めた思想として思量されたのであり、それは自らの思想の拠って立つ重要な起点の一つであったからであろう。

筆者はアジアの抵抗の中に新たな普遍への回路を見出そうとする竹内の思想的営為にどこまでも共感するが、しかしここにおいて竹内の「絶望」の甘さを改めて問いたい。鹿野政直は、かつて「〝連帯感〟は果たして実像なのか。いわば〝原罪〟をもつ日本人は、それほどたやすく〝連帯感〟など口にできないのである。（中略）わたくしたちは、一足とびの〝連帯〟に自分をまかせるよりは、〝断絶〟のつらさに身をしずめるべきなのであろう」[*16]と語ったが、それは竹内の「絶望」とはあまりに違いすぎている。

2　日本の原理主義とアジア主義

原理主義とは、近代（西欧）化過程において伝統が失われることへの危機感から、伝統を伝統であるがゆえに擁護するが、しかし奇妙なことに、原理主義ほど西欧との類似性を追求したり、それとの時間的競争をするものはない。[*17]このことに関連して、松本健一は近現代の思想史を原理主義・ナショナリズム・近代主義の三項潮流によって読み解こうとしている。彼によれば現代の世界史は、「原理主義がナショナリズムと連結して革命を生んでいるアジア、イスラムの状態と、原理主義が近代主義と連結して管理ファシズムを現出させているアメリカや日本の状況」とによって挟撃されているという。[*18]そしてそれに対抗するためには「〈近代〉を超える文明的な「原理」を創り出さなければならない」と言うのだが、興味深い指摘である。ただし彼は、「大東亜戦争」史観に立つ論者であり、「日本もふくめたアジア諸国が保持してきたそれぞれの地域固有性の原理」に期待を寄せている。[*19]「日本の原理」を、本来はアジアと連帯しうる論理を内包するはずのものであったと考えている点で、彼の考えには総論としては共感することができない。

しかし、原理主義・ナショナリズム・近代主義の相関に着目する彼の議論は、日本におけるアジア主義の成立を考えるうえで示唆するものがある。とりわけ原理主義の成立については、歴史的に説明されなければならないが、この作業を行おうとすると、古層まで遡らなくてはならない。古層概念はいち早く丸山真男が打ち出し、決して評価が芳しいものではないのは承知している。それは日本思想の底流にあるものを不変＝「執拗低音」のものと見なし、日本という国民国家の祖型を絶対視し、近代日本の国家のあり方を宿命視するものとなっている。米谷匡史も、「日本的なもの」を古代日本に投影して虚像の「古層」を作り上げた結果、「日本批判」を行おうとする丸山自身が「日本的なもの」を再構成してしまっているとして厳しく批判している。[*20] 確かにそうした面は否めない。しかし朝鮮史や中国史と比較した場合、同じく儒教文化圏を構成しながらも、日本の特殊性が古代以来連綿と引き継がれてきたことも否定し得ないように思われる。[*21]

中国古代史家の西嶋定生によれば、日本ではすでに古代において自らの領域のみを天下とする「小世界的天下思想」を作り上げていたという。[*22] 中世に至ると、「辺土小国観」も台頭する一方で、それを「神国観」に逆転させる価値転換が起こるのだが、[*23] 豊臣秀吉の朝鮮侵略の際には、その神国意識は武士や僧侶の間にも広く浸透していった。[*24] そして近世に至ると、「武威」と「万世一系」の天皇を自己の他国・他民族に対する優越の根拠とするような「日本型華夷秩序観」が生み出されてくることになる。[*25] 隣国とりわけ朝鮮に対する蔑視観は、このような秩序観の下に、近世初頭より徐々に形成されていく。[*26] そして中国に対する認識にも、また変化が表れてくる。長く続く「泰平」の世にあって、一八世紀末頃から「皇国」意識が広まるようになるが、それと同時に中国に対する呼称にも「支那」が用いられるようになるのである。[*27]

このように見てくると、日本では国家思想や君主権の絶対性を自明視する思想が早熟的に形成されていたように思える。事実思惟のあり方を見ても、日本は古代においてすでに特異な認識を示していた。溝口雄三は、日本では「オホヤケ」＝「公」とは「最高位のそれとして国家や天皇」を指したが、「中国では皇帝を直接に公と称することがないだけでなく、皇帝も時には「一姓一家の私」と称せられる[*28]」ことがあったと言う。中国では、公はあくまでも「天・天下」＝「原理的な公」であって、国家を超越した文明的な原理にほかならないのに対して、日本では国家や天皇こそが原理であったわけである。中国における公概念は、中国以上に儒教が支配したと言える朝鮮でも同様であることは自明であり、日本の公概念の特異性が認められる。

　こうした公概念の特異性は近世になっても持続どころか強化され、「日本型華夷秩序観」はおそらくはこのことを前提に生み出されくる。日本国家自体が日本人の原理のようなものとして認識されたというのは、朱子学を信奉した闇斎学派の特異な道論のなかにも見て取ることができる。丸山真男によれば、闇斎学派には「闇斎が弟子に、孔孟が日本へ攻めて来たならば、孔孟を捕虜にするのが孔孟の道だ、と語ったというエピソード」が伝わり、「日本人は日本を「本位」にして考え、行動することで、それがすなわち朱子学の大義名分の精神なのだ」という思想が貫流したというが[*29]、それは朱子学至上主義の朝鮮などでは容易には考え及ばない思想である。そもそも日本では、儒学と仏教は両立しがたかったが、儒学と神道は両立するという奇異な現象があった[*30]。そうした特異な思想状況の中から、やがて国体思想が胚胎していくことになる。

　国体思想は、水戸藩士会沢正志斎が書いた『新論』（一八二五年）に初めて出てくるもので、そこでは国体とは、①天皇の一系支配、②天皇と億兆の親密性、③億兆の自発的でやむにやまれぬ奉公心、という三つの要素を軸とする国柄として説明された。国体思想はその後、会沢に影響を受けた吉田松陰によって深められ、明治になって大日本帝国憲法（一八八九年）と教育勅語（一八九〇年）によって「制度と精神の天皇制として定式化され」ることになる[*31]。日本原理主義の誕生である。

　やがて、「国体信仰はいわゆる「日本教」神学の核心」となり[*32]、天皇機関説問題を契機にして発せられた、二度にわたる国体明徴に関する政府声明（一九三五年）が出されるに至る。そして国体思想は、文部省が学校・社会教化団体等に頒布した『国体の本義』（一九三七年）によって具体的かつ詳細に解説されるようになる。さらに、太平洋戦争開始の年である一九四一年には『戦陣訓』と『臣民の道』が相次いで出され、それぞれ軍人と一般国民に対し国体論が教化されていく。

日本原理主義はここに、公的レベルにおいて完成をみる。マルクス主義哲学者の戸坂潤は当時、「元来日本精神なるものは、或いは「日本」なるもの自身さえが、日本主義にとっては、説明されるべき対象ではなくて、却って夫によって何かを相当勝手に説明するための、方法乃至原理に他ならない」[*33]（傍点筆者）と述べていた。鋭くも原理主義の相貌が認識されていたのである。この原理主義は、一般にそれが持っている特徴である近代主義を内包させていた点でもそう呼ぶに相応しい。戸坂は、「民族主義・精神主義・〔神〕道主義・其他と呼ばれる代表的な諸日本主義の本質は、この家族主義という復古主義の代表者の内にあるのだが、この復古現象の特色であった原始化は併し、実はその原始化の理想にも拘らず、日本の最も発達した近代的資本主義が自分自身のために産み出した処の、一つの近代化に他ならぬ」[*34]とも述べていて、日本原理主義が近代主義の表現の一つであることも看破していた。しかも、「神社神道は日本の国体乃至日本の政治（祭りごと）と一致するものとして、今日の日本の社会では絶対的な権威を付与されてゐる」とし、当時宗教ではないとされていた神道（国家神道）の宗教性を指摘することによって、日本原理主義のうちにある反世俗主義も見抜いていた。[*35]

戸坂が述べたことの正当性は、『国体の本義』の出版によって明確なものとなったと言える。そこでは、「西洋個人本位の思想は、更に新しい旗幟の下に実証主義及び自然主義として入り来り、それと前後して理想主義的思想・学説も迎へられ、又続いて民主主義・社会主義・無政府主義・共産主義等の侵略となり、最近に至ってはファシズム等の輸入を見、遂に今日我等の当面する如き思想上・社会上の混乱を惹起し、国体に関する根本的自覚を喚起するに至った」[*36]として、ファシズムをも含めた近代思想の流入が日本の思想・社会状況を混乱に陥れているという危機認識が示されている。反西欧を旗印に国体観念の喚起が叫ばれているわけである。そして、①国体の闡明、②欧米文化の摂取醇化、③新日本の建設が叫ばれているのだが[*37]、それは①原理主義、②近代主義、③ナショナリズムの三位一体を内容としていると言うことができる。日本原理主義はあくまでも日本のためだけのものでしかないが、ここでは「世界人類のため」として日本の「世界史的使命」が唱えられている。日本がナショナリズムを発動すべく、文明ではなく国家＝国体を原理として「現御神にましますす天皇の統治し給ふ神国」[*38]とうのぼれ、近代主義をも動員して「世界史的使命」を語るとき、それは侵略主義を語るのと同義であるとしか言いようがない。

日本原理主義の所在をつきとめた戸坂潤は、それが当時思想界を席巻していたアジア主義とリンクする思想であることも指摘している。彼は、「日本主義は東洋主義又はアジア主義にまで発展する。尤も之はただのアジア主義ではなくて、日本主義の発展としてのアジア主義、云わば日本アジア主義なのである」[*39]として、アジア主義の基礎に日本主義という原理主義が存在していることを言明したのである。そして、「日本は東洋・アジアの盟主となり、そうすることによって或る種の世界征服に着手する、それがわがアジア主義という戦略であり哲学なのである」[*40]として、日本アジア主義の侵略性を看破した。『国体の本義』の内容と戸坂の議論から分かることは、日本のアジア主義の似非性である。（補注1）

以上のように日本のアジア主義は構造的に問題をはらむものであり、とりわけその本質を見抜いた戸坂の議論は参照される必要がある。ところが米谷の著作では、戸坂についての言及は全くない。「「進歩的」な開明派・革新派というべき系譜のアジア変革論・連帯論を「アジア」との絡まりあう関係のなかで読み解いていく」ことを課題としている本書が、アジア主義を全面的に批判する戸坂に言及する理由は何らないのかも知れない。しかし米谷が、「東亜協同体論」を「帝国主義の自己批判を標榜しながらも、新植民地主義的な勢力拡張を正当化する議論となって」いき、「帝国の社会科学」を批判的に補完するものであった（一三九頁）と厳しく問いつめるとき、戸坂の議論は有用である。

橋川文三は、「かなり深い洞察を試みた「東亜協同体論」もまた、結局は、一部の良心的知識人にとっての知的玩具におわるほかはなかった」[*41]と評している。「東亜協同体論」を主張した知識人の、知識人たるがゆえの甘さが問われるべきである。その点、「東亜協同体論」に投企しながらも、「「東亜協同体論」は一個の現代の神話に、夢たるに終るであろう」[*42]とペシミスティックに予言した尾崎秀実を、米谷が最も高く評価するのはよく理解できることである。しかし戸坂の議論は、尾崎の思想的営為をも厳しく無意味なものとして見通すものではなかったであろうか。戸坂は第二次近衛声明発表直後の一九三八年一一月二九日に逮捕されたため、「東亜協同体論」については何ら言及していないが、たとえ逮捕されなくても彼は「東亜協同体論」に投企することはまずはあり得なかったであろう。「東亜協同体論」は革新版アジア主義と言えるかもしれないが、日本のアジア主義に原理主義を見て取った戸坂からすれば、それもまた欺瞞性をはらむものでしかないことが容易に理解されたに違いない。

筆者は、近代日本において、動機においても結果においても、侵略意識を内包しなかったアジア主義が全くなかったとは思わない。米谷は否定的だが、勝海舟においてはそうした可能性があったと思うし、[*43]「征韓論」ではなく「遣韓論」を説いていたとされる西郷隆盛にさえ、そうした可能性を見出せる。[*44]また意外なことだが、晩年勝海舟と親しくした元田永孚もそうである。教育勅語の制作者の一人である元田は、保守主義者として評判が良くない。しかし、彼は日清協調論の立場から、壬午軍乱後、朝鮮開化派と提携して朝鮮の独立を援助すべきだという政府主流の考えを批判していたことが明らかである。[*45]彼は朝鮮朱子学を尊崇する儒学者であり、清国と朝鮮との間に結ばれている朝貢関係を東アジア的文脈のなかで理解し、朝鮮への不干渉を唱えたのである。開化派を援助しようとした者たちは、福沢諭吉をはじめほとんどが文明論的な侵略論へ転じていくのを見るとき、元田の見識は注目されるべきである。そして、最後まで孫文の友人として中国革命に忠実であった宮崎滔天は、明確に燦然と輝く私欲なきアジア主義者であったことは、多くの者が認めるであろう。さらに大逆事件の金子文子もそうである。

しかしそうした存在はあまりにか弱く、点的に存在するに過ぎない。これこそが日本のアジア主義の問題である。日本には他方で小国主義の伝統も存在し、代表的人物として中江兆民や石橋湛山などをあげることができよう。[*46]しかしそうした存在も点的にしか現れない。しかも、中江兆民の場合などは転向してしまう。また、「仁義の国」の創建を訴えた横井小楠は、侵略という不義渦巻く世界に儒教的理想主義をもって敢然と立ち向かおうとした、幕末維新期において希有な思想家であったが、しかし世界に道義を強制させるために日本は「一大強国」にならなければならないともしていた。彼は元田永孚に影響を与えた朝鮮朱子学尊崇者だが、にもかかわらずそこには「選国（民）意識」のようなものが認められる。詳論する余裕はないが、近代日本においては、「日本の道義」の独善化が一般化していったと言える。[*47] それはまさに日本原理主義の基礎となるものであり、戸坂潤はまさにこのことを見抜いていた。「絶望」というのは、戸坂のような知識人にこそ相応しい言葉である。

3　朝鮮のアジア主義と小国主義

以上のような日本の思想状況に対して朝鮮の場合は、もとより小国であることを自認するのが当為であり、「王道」と「事大」は当然のこととされていた。従って「富国強兵」思想は近代になっても文字通りのものとしては形成されなかった。それに代わるのが「自強」思想である。それは民本を基礎に置いて内政と儒教的教化の充実を図ることであり、それがよくなされれば侵略されることはないと考えられた。「富国強兵」は民本に反する「覇道」であり、軍事力は防御するに足る最小限度のものでよいとされる。

近代朝鮮に大国主義が全くなかったわけではない。対清「自立」を掲げて甲申政変を起こした急進開化派の金玉均《キムオッキュン》には、それを認めることができる。しかし政変失敗後彼は、対清協調を念頭に置いた中立化＝小国主義の道を模索していく。

小国主義の代表的な人物は、穏健開化派の金允植《キムユンシク》である。彼はもとより、朝貢体制と「万国公法」体制という二重体制の均衡の上に、小国朝鮮の生きるべき道を構想した。そして、西欧近代の「覇道」的現実への批判から、朝鮮はどの国も守ろうとしない「万国公法」をあえて守ることによって、「信」を世界に問うような「有道の国」を目指すべきだとした。また、甲午改革の中心人物であった兪吉濬《ユギルジュン》は、海外留学の経験があり、当時最も世界事情に詳しかったが、やはり小国主義にこだわった。彼は、朝貢体制を「万国公法」によって合理的に説明することによって、朝鮮の中立化構想をより鮮明に打ち出していた。

ところが、日清戦争の結果朝貢体制が外的に打破され、朝鮮が一元的に「万国公法」体制に組み込まれることによって、小国主義は失敗に帰してしまう。それに代わって一般化していくのがアジア主義である。「自強」論を前提に中立化を模索する小国構想が小国主義であるのに対し、アジアの小国連合を模索する小国構想がアジア主義であり、両者は朝鮮における小国思想の二つの発現形態であったと見ることができる。朝鮮におけるアジア主義への関心は、一八八〇年八〜九月に来日した第二次修信使の金弘集《キムホンジプ》一行が同年三月に結成された興亜会と交流したことにさかのぼる。以後アジア主義への関心は徐々に高まっていき、たとえば金玉均が朝・日・清の連帯を説いた「三和主義」が有名であるが、それは日清戦争後においてこそ開花するわけである。[*48]

朝鮮にとって、本来アジア主義とは外来の思想であった。そしてそれにどう対処するかは、国の進路を左右する重大な選択の岐路であった。端的に言って日清戦争以降、アジア主義に対しては大きく二つの対応の仕方があった。第一の対応は「目的＝事実としてのアジア主義」であり、「日本国は勿論覇者と指導者の地位に立たざる可からず、清国と韓国とは何処迄も先進者たる日本国の助教に信頼するを要す」として、アジアにおける日本の指導的位置を認め、その庇護を受けようとするものである。[*49] こうしたアジア主義は、愛国啓蒙運動期（一九〇五〜一九一〇年）に盛んとなり、同盟論・保護国論・合邦論のようなアジア主義を呼び起こし、当時朝鮮では「東洋主義」と呼ばれた。中でも合邦論を唱える李容九率いる一進会の議論は際だっていた。一進会の思想は、国家の上に文明を置くものであった。それは、社会進化論を全面的に信奉し、物質的進化だけでなく、競争を通じての道徳的進歩も確信していた当時の一般的な開化知識人の中にあって、近代の文明主義に最も純粋に対応しようとする性格をそなえていた。そしてその結果、一進会は日本という国家の背信を受けることになる。[*50]

アジア主義に対する第二の対応は「抵抗＝言説としてのアジア主義」である。これは日本の朝鮮侵略を批判するために主張されたアジア主義であり、文字通りのアジア主義を信奉するものではない。愛国啓蒙運動期、一部の人士にはアジア主義の危険性は十分に認識されていた。激烈な民族主義者の申采浩《シンチェホ》は当時、「国家が主であって東洋は客であるのに、今日、東洋主義の提唱者を見れば、東洋が主であって国家が客であり、国の興亡は天外に付し、ただ東洋をこれ保とうとしているが、ああ、どうしてその愚迷なること、ここに至ってしまったのか」[*51]と嘆いていた。しかし、「東洋主義」の愚かさを嘆く一方で、それを逆手にとって日本を批判する民族運動家も現れていたことに注目しなければならない。著名な義兵将崔益鉉が、人間と国家の普遍的原理として各々「忠愛」と「信義」を挙げ、東アジア三国連帯という大義に背信した日本を鋭く批判したのはあまりに有名である。また伊藤博文を暗殺した安重根《アンジユングン》も、天賦人権論と普遍的道徳の観点から世界中で戦争を絶えず引き起こしている西欧列強を批判するとともに、「東洋平和」の観点から朝・中との友誼に背信してかえって侵略の道に進みつつある日本を激しく批判した。[*52] このような「抵抗＝言説としてのアジア主義」は、中国においても見られるものであった。米谷も取り上げる孫文の有名な「大アジア主義」演説（一九二四年）は、まさにそうである。また、「世界連邦」の理想を語りつつ、「民族自決主義」の実行を宣言し日本を批判した李大釗のアジア主義もそうである（一九一九年[*53]）。

以上のように韓国併合直前朝鮮では、アジア主義は両義性を持っていた。日本が発信したアジア主義は、一方では純真に受けとめられ、他方では日本を批判するブーメランとなって投げ返された。筆者はこうした見解をかねてより打ち出していたが、米谷はもっぱら後者の「抵抗＝言説としてのアジア主義」のみに関心を示しているようである。

二つのアジア主義は、時に無自覚的に未分化に主張されることがあったが、しかしその違いは次第に明確になり、やがて「抵抗＝言説としてのアジア主義」の方は意味をなさなくなっていく。韓国併合以降、日本のアジア主義の詭弁性が明確になると、民族主義陣営にあってアジア主義は、批判の俎上に載せられていくのである。

確かに三・一運動段階にあっては、その論理のなかにアジア主義的日本批判がなお混入しているのを見て取ることができる。有名な独立宣言書では、ウィルソンの民族自決主義に影響されつつ「道義の時代」の到来を説く一方で、日本の朝鮮支配が中国の対日不信感を募らせていく結果、「東洋の全局が共倒同亡の悲運を招致するだろうことは明らかである」として、アジア主義的言説による日本批判を展開している。しかし三・一運動以降は、アジア主義は批判の対象でしかなくなる。『朝鮮日報』は一九二四年七月三日の社説「いわゆる大東亜建設とは何か?」で、日本が韓国併合後もアジア主義だとか東洋の平和だとかをいうのは滑稽なことだとしたうえで、日本人は、「ただ東洋の盟主が自身であり、東洋の強者が自身であることを知っているだけである」としてアジア主義を揶揄した。また、『東亜日報』も同年五月二日の社説「似非的亜細亜連盟論」で、有色人種が白人に対して大同団結をいまだなし得ないのは、日本の帝国主義的侵略主義に責任があるとしたうえで、日本がアジア主義の大義を宣揚し続けるならば、侵略を止めよと迫った。

もはやアジア主義の詭弁性が明らかになって以降もアジア主義を唱え続けるのは、親日の論理でしかない。日中戦争期には多くの親日協力者が生み出されるが、日本が大アジア主義を唱えて大陸侵略を敢行するなかにあって、アジア主義をなお唱えることが親日の論理にならざるを得ないのは、あまりに自明と言うべきであった。アジア主義は、朝鮮知識人が日本の国体思想にとらわれていくうえでの太い回路となる。中国においても汪兆銘などが「目的＝事実としてのアジア主義」に期待した結果は、中国民衆への背信となって表れるしかなかった。

ところが米谷は朝鮮について、近年の自身も加わっている研究グループの成果に依拠しながら、当時「東亜協同体論」に呼応した朝鮮知識人の知的営為について、「抵抗／協力の狭間で批判的言論をくみたてる葛藤にみちた試み」

だとか、「戦時変革を目指す社会主義の視座から、開発・発展論に介入していった」とか、あるいは「朝鮮社会の発展の主導権・イニシアティブを植民地権力から奪いかえそうとする」朝鮮自治の試みがあった、などと評価している(一四五〜一五二頁)。これは、「目的＝事実としてのアジア主義」の系譜を忘却した議論である。

筆者の見るところ、当時「東亜協同体論」に呼応した転向朝鮮知識人の多くは、日本に従属しながらも二流の帝国臣民になれるという幻想のもとに戦時協力をしたのであり、そこには亜帝国意識こそあれ、日本からの自立志向を見出すことは困難である。米谷が問題にする金明植《キムミョンシク》や印貞植《インジョンシク》はその典型である。彼らは日本とともに大陸への軍事経済的な進出をすることを望んでいた。また彼らは、民族自治の要諦たる朝鮮議会の開設を要求するのではなく、あくまでも内地延長主義に基づいて明治憲法の完全施行と帝国議会への参政権を求めていた。さらに朝鮮語の護持を訴えはしたが、当時にあって実は、それを承認する同化主義の日本人は多くいたし、職業的な親日分子さえも同じく同化主義を主張しつつ、それを承認していた。すなわち彼らの営為は、総督府的言論＝公共空間を全くと言っていいほど一歩も出るものではなかったのである。

脱植民地化を考えるとき、彼らにその可能性を見出すことは困難である。彼らが志願兵制や徴兵・徴用に積極的に賛成し、多くの朝鮮民衆を戦地に追いやる共犯関係を植民地権力と切り結んだことこそが、より強調されなければならない。脱植民地化を語る際には、民衆史的な視座がまずもって重要となるのは、多言を要しないであろう。米谷は脱植民地化をしきりに語ってはいるが、当時の朝鮮民衆が一体どのような困難な位置にいたのか、に最大の注意を払うべきではなかったであろうか。知識人などの痛苦や葛藤は、末端で理不尽な労苦を強いられる民衆のそれに比べれば、なお「救いの道」があろうというものである。

このような米谷や彼が属する研究グループの問題は、今日流行している植民地近代論に淵源している(補注2)。この議論が知識人に適用されたとき、協力と抵抗が交錯するグレーゾーン＝「植民地公共性」なるものが想定される。しかし総督府と知識人の狭間にあり、近代を容易に内面化できずにその論理や暴力に翻弄された「面従腹背」の民衆世界は第三項である。この世界こそがグレーゾーンと呼ぶに相応しく、植民地の本質を解き明かす重要かつ広大な領域である。しかも「植民地公共性」と呼びうるような幻想的なものでもない。

以上の朝鮮知識人の問題や植民地近代論の問題については、別稿に詳しく論じたのでそれを参照されたい[*54]が、最後にいま一つ付け加えたいことがある。それは、竹内の方法を拠り所とする米谷が、何故に「絶望」する者のより真摯な思想的営為に着目しなかったのか、ということである。竹内が学んだ魯迅の「賢人と馬鹿と奴隷」という寓話を日中戦争期の朝鮮に当てはめてみれば、主人は日本帝国、賢人は日本知識人であり、馬鹿は民衆、奴隷が朝鮮知識人ということになろうか。賢人が主人にも奴隷にも気に入られるように投げかけた「東亜協同体論」に呼応した奴隷が、奴隷の自覚さえ失った奴隷であり続けることはすぐに察しがつくであろう。そして奴隷は、暴力に訴えようとする馬鹿＝朝鮮民衆を排除し続ける。奴隷は賢人の手を借りることなく、より深い「絶望」に陥らなければならないのに、彼はこれをせず、安易に賢人の力に寄りかかろうとしている。

果たして当時、「絶望」に打ちひしがれつつ、なお前を見つめた奴隷は朝鮮にいなかったのであろうか。竹内や魯迅に学ぶのであれば、こうした存在こそを探し求める作業をしなければならないであろう。筆者自身は、申采浩がまさにそうした存在の筆頭だと考えている。彼は苦闘の末に、国家主義者からアナキストにドラスティックに転回するとともに、一九二〇年以降は、国家を前提としたアジア主義を超えて、伝統的な民本主義に回帰しつつ真の民衆連帯を希求する思いから「東方民衆の革命」を叫ぶに至った[*55]。また、西欧近代と日本近代の文明としての虚偽性を見て取った安在鴻《アンジェホン》や金九《キムグ》は、やはり儒教的な民本主義の立場にこだわりつつ「開かれたナショナリズム」を主張するに至っている[*56]。彼らの思想的営為はみな、伝統思想へのこだわりにおいてなされたものであり、それは「回心」というべきものであった。

竹内自身の「絶望」が不十分であったにせよ、彼が魯迅に見出した「絶望」の果てに生まれる理念は、やはり抑圧を受けたアジアにおいて見出すことが可能である。松本健一は竹内の思想を咀嚼し、「「西洋的な優れた価値」を西洋は東洋に「力」(パワー)を通して与えたが、東洋はそれを「愛」によって「包み直す」ことができる」ということだと理解している。[*57] 筆者も同感する。金九は、「人類世界には、新たな生活原理の発展と実践が必要」だとし、現在必要な価値は武力でも経済力でも自然科学でもなく、「仁義」「慈悲」「愛」などであり、「愛の文化、平和の文化」を築かなければならない、[*58] と訴えていた。それはアジア主義の理念さえも超えるものであった。

しかし現実のアジアも世界も、そうなってはいない。そうした理念は、日本でも中国でも世界でもいまだ実践にはほど遠いものとなっている。そして、金九が最も期待した朝鮮半島の二つの国家も、いまなおほど遠い道を歩んでいる。アメリカ一極主義のもとで、いま世界で行われているのは賢人競争であり、かつて植民地であった国々もその競争の仲間に入ろうとして必死になっている。それはかつて己が奴隷であったことを忘却する所業であるだけでなく、魯迅に言わせれば、それもまたなお奴隷の所業であるに違いない。魯迅の「絶望」はいまもなお、底知れず深いままである。

おわりに

アジア主義というのは、あくまでも近代日本が生み出したものであり、それは「日本のアジア主義」たることを本質とする。魯迅に倣って「絶望」を語り、近代を超える新しい世界の原理を「方法としてのアジア」のうちに見出そうとした竹内好の思想的営為は貴重である。しかし、健全なアジア主義の系譜を探し求めようとした竹内好の「絶望」には甘さがつきまとう。しかも彼は、アジアをアジアとして内在的に語ろうとしなかった。そのアジアは、「竹内においてある竹内的なもの」であった。

米谷匡史は竹内の問題意識を継承しつつ、日本が拡散させたアジア主義と近代の問題を、東アジアの摩擦と軋轢、そしてその「応答」にも視野を広げて読み解こうとした。それは日本中心主義的に語られるアジア主義の問題をアジアからも眺めようとするものであり、共感するところは多い。しかしながら、アジア諸地域・諸国家の、とりわけ朝鮮や中国の固有な思想的文脈が考慮されているかと言えば、そうはなっていない。その意味で、竹内の問題とすべき轍をそのまま踏んでいると言えよう。竹内の言う「方法としてのアジア」は、アジア諸地域が自らの伝統的思想を護持しようとしたとき、近代や日本との血みどろの格闘の中から「回心」的に生み出されるものなのであり、だとすればひとたびは中心軸をアジアの側において見なければならない。アジアの思想形成を単に「応答」として捉える視座には、なお日本中心主義の影がつきまとう。

丸山真男が指摘するように、国家理性の問題は一九三〇年代～四〇年代には十分に認識されることなく、世は道徳的美化を図ろうとする風潮となった[*59]。竹内もこうした空気の中で、「大東亜戦争と我等の決意（宣言）」を書いた。竹内も時代の子であった。そして彼は、戦後も自らの過ちを自覚しながらも、近代の日本とアジアの文脈のなかでは自分の問題意識は間違っていないはずだとしてアジア主義にこだわり続けた。だからこそ彼は、この宣言への弁解をすることはなかったのである。それは誠実な知的営為であるとともに、竹内に一貫して見られる「危うさ」である。竹内の過ちは、近代日本全体の過ちであり、「日本のアジア主義」は近代日本の原罪として認識されなければならない。アジアは「アジアのアジア」であって「日本のアジア」ではない。

今日東アジア共同体構想がさまざまに議論されているが、過去の日本の原罪がどれだけ自覚されつつ、語られているのであろうか。それは朝鮮人や中国人の側も同じである。かつて「目的＝事実としてのアジア主義」と「抵抗＝言説としてのアジア主義」があるなかで、後者がやがて意味を失い、前者だけが叫ばれたとき、それは日本がアジアの盟主であることを承認し、アジアに甚大な不幸をもたらした。このことをアジアの側も肝に銘じておくべきである。

日本は過去一貫してアジアの大国＝中国を畏怖してきたという歴史がある。それは福沢諭吉の思想に顕著に表れていた。[*60] 東アジアの近代とは、ある意味では「日本が中華を奪取しようとするプロセス」であったと言えるが、[*61] そこに見られた日本盟主論は、果たして過去のものであると言いきれるであろうか。近年日本を代表する新聞に載せられたある論説には、「アジアが自律的に国際的責任を果たさなければならない時代が到来しつつある」とし、日本の役割について次のように述べている。[*62]

その柱は、アジア諸国が、アジア全体として、国際責任を果たすことを日本は勧奨し、同時にそれを共に実行するためのリーダーシップをとることである。そのためには、日本の外交理念を、他のアジアの国々が共有（あるいは、少なくともそれに共鳴）できるものにしなくてはならない。

これはもちろん軍事力をともなったような、かつての日本盟主論などではないが、しかし何故に日本外交の理念をアジアが共有しなければならないのであろうか。何故に日本はアジアのリーダーシップをとらなくてはならないのであろうか。ここには、「日本の道義」が当為として前提されている。日本がアジアを語る際の陥穽は、決して過去のものではない。もう一度言うが、アジアは「アジアのアジア」であって「日本のアジア」ではない。アジアの主体を立ち上げる作業は、いまも途上半ばである。

注

＊1　「近代の超克」（『竹内好評論集』第三巻、筑摩書房、一九九六年）一七二頁。

＊2　「岡倉天心」（同右）三六六頁。

＊3　溝口雄三『方法としての中国』（東京大学出版会、一九八九年）一七頁。もっとも孫歌も指摘するように、竹内にとってアジアは、どこまでもヨーロッパ近代を乗り越えるための「理念」であり「方法」であり「道具」であった。「アジアが実態であるかどうかは、

竹内にとって主要な問題ではない」し、そのことに自覚的であった（孫歌「アジアとは何を意味しているのか（上）」『思想』第九八六号、二〇〇六年、六七頁）。しかしながら、それでは本来多元的なものとしてあるアジアが、真に理解されなくなってしまうことが問題なのである。

＊4　「中国の近代と日本の近代」（前掲『竹内好評論集』第三巻）一七頁。
＊5　同右、三四～四二頁。
＊6　「大東亜戦争と我等の決意（宣言）」（『竹内好全集』第一四巻、筑摩書房、一九八一年）二九六頁。
＊7　伊東昭雄『アジアと近代日本』（社会評論社、一九九〇年）二七〇頁。
＊8　孫歌『竹内好という問い』（岩波書店、二〇〇五年）一四五～一四八頁。
＊9　前掲「大東亜戦争と我等の決意（宣言）」二九七頁。
＊10　「東亜共同体論の中国理念」（『橘川文三著作集』七、筑摩書房、増補版、二〇〇〇年）二四五頁。
＊11　「竹内日記を読む」（『丸山真男全集』第一二巻、岩波書店、一九九六年）二八頁。
＊12　吉野作造「『三十三年の夢』解題」（宮崎滔天『三十三年の夢』平凡社、一九六七年）二六九頁。
＊13　伊東昭雄「『大東合邦論』について」（『横浜市立大学論叢』二四巻二・三号、一九七三年）、初瀬龍平「アジア主義と樽井藤吉」（『広島平和科学』一、一九七七年）、吉野誠「『大東合邦論』の朝鮮観」（『文明研究』四、一九八六年）など。
＊14　楠原利治・北村秀人・梶村秀樹・宮田節子・姜徳相「「アジア主義」と朝鮮――判沢弘「東亜共栄圏の思想」について」（『歴史学研究』第二八九号、一九六四年）二三頁。
＊15　矢沢康祐「明治前半期ブルジョア民族主義の二つの発現形態――アジア連帯論をめぐって」（『歴史学研究』第二三八号、一九六〇年）。
＊16　鹿野政直「〝明治百年〟後の近代史研究」（『民衆史研究』第七号、一九六九年）一二頁。
＊17　三島憲一「ファンタメンタリズム批判の工夫――西尾幹二の場合」（『歴史学研究』七四四号、二〇〇〇年）。
＊18　松本健一『挟撃される現代史』（筑摩書房、一九八三年）二一六頁。
＊19　松本健一『近代アジア精神史の試み』（中央公論社、一九九四年）二三四頁、二四九頁。
＊20　米谷匡史「丸山真男の日本批判」（『現代思想』二二―一、一九九四年）一五四頁。
＊21　本節は、既発表の拙稿「教科書問題と日本原理主義」（『専修大学人文科学研究月報』第二〇〇号、二〇〇二年）に多く依拠して

いることを断っておく。

＊22　西嶋定生『日本歴史の国際環境』（東京大学出版会、一九八五年）七九頁。

＊23　村井章介『アジアのなかの中世日本』（校倉書店、一九八八年）三五頁。

＊24　北島万次「秀吉の朝鮮侵略における神国意識」（『歴史評論』四三八、一九八六年）、同『豊臣秀吉の対外認識と朝鮮侵略』（校倉書店、一九九〇年）第二章第三節。

＊25　荒野泰典『近世日本と東アジア』（東京大学出版会、一九八八年）四頁。

＊26　矢沢康祐「「江戸時代」における日本人の朝鮮観」（『朝鮮史研究会論文集』第六集、一九六九年）。

＊27　渡辺浩『東アジアの王権と思想』（東京大学出版会、一九九七年）一七〇頁。

＊28　溝口雄三『中国の思想』（放送大学教育振興会、一九九一年）六七頁。

＊29　「闇斎学と闇斎学派」（前掲『丸山真男集』第一一巻、岩波書店、一九九六年）二六六頁。

＊30　渡辺浩『近世日本と宋学』（東京大学出版会、一九八五年）五三～五五頁。

＊31　鹿野政直『近代日本思想案内』（岩波書店、一九九九年）一一八～一二一頁。

＊32　「国体論の連想」（前掲『橋川文三著作集』二）一四六頁。

＊33　戸坂潤『日本イデオロギー論』（一九三五年、増補版一九三六年、岩波書店、一九七七年）一四六～一四七頁。

＊34　同右、一八三頁。

＊35　戸坂潤『思想と風俗』（一九三六年初版、平凡社、二〇〇一年）三八九頁。

＊36　文部省『国体の本義』（一九三七年）五頁。

＊37　同右、六頁。

＊38　同右、一〇二頁。

＊39　前掲『日本イデオロギー論』一四八頁。

＊40　同右、一五〇頁。

＊41　前掲「東亜共同体論の中国理念」二四一頁。

＊42　米谷匡史編『尾崎秀美評論集』（平凡社、二〇〇四年）一九七頁。

＊43　松浦玲『明治の海舟とアジア』（岩波書店、一九八七年）。

＊44　毛利利彦「明治六年政変」（中公新書、一九七九年）。
＊45　沼田哲『元田永孚と明治国家』（吉川弘文館、二〇〇五年）第三部第一章。
＊46　田中彰「小国主義」（岩波新書、一九九九年）。
＊47　拙稿「近代日本における道義と国家」（中村政則ほか『歴史と真実』筑摩書房、一九九七年）。横井小楠と元田永孚は熊本細川藩にあって、朝鮮朱子学を尊崇する儒学者であり、師弟関係にあった。その希有性とともに、日本的特質についても考える必要がある。横井小楠と朝鮮実学との比較については、拙稿「朝鮮における実学から開化への思想的転回――朴珪寿を中心に」（『歴史学研究』第六七八号、一九九五年）参照。
＊48　以上に述べた小国主義の展開の詳細については、拙稿「朝鮮における大国主義と小国主義の相克――初期開化派の思想」（『朝鮮史研究会論文集論文集』第二二集、一九八五年）、「朝鮮近代のナショナリズムと東アジア――初期開化派の「万国公法」観を中心に」（『中国――社会と文化』第四号、一九八九年）、「近代朝鮮の小国思想」（菅原憲二・安田浩編『国境を貫く歴史認識』青木書店、二〇〇二年）などを参照のこと。
＊49　安駉寿《アンギョンス》「日清韓同盟論」（『日本人』第一一六～一二三号、一九〇〇年）。安駉寿は甲午改革で活躍した開化派政治家の有力人士だが、失脚して一時日本に亡命し、一九〇〇年帰国を果たしたのちに逮捕処刑された人物である。
＊50　拙稿「朝鮮における日本帝国主義批判の論理の形成――愛国啓蒙運動期における文明観の相克」（『史潮』新第二五号、一九八九年）。
＊51　「東洋主義に対する批評」（『改訂版丹斎申采浩全集』下、蛍雪出版社、ソウル、一九八二年）九〇～九一頁。
＊52　前掲拙稿「朝鮮における日本帝国主義批判の論理の形成」、拙稿「安重根――その思想と行動」（『歴史評論』第四六九号、一九八九年）。
＊53　李大釗「大アジア主義と新アジア主義」（小島晋治ほか編『中国人の日本人観一〇〇年史』自由国民社、一九七五年）。
＊54　拙稿「一五年戦争下の朝鮮民衆――植民地近代論批判試論」（『朝鮮奨学会論文集』第二五集、二〇〇五年）、「日本帝国の膨張と朝鮮知識人――東亜協同体論と内鮮一体論をめぐって」（石田憲編『膨張する帝国　拡散する帝国――第二次大戦に向かう日英とアジア』東京大学出版会、二〇〇七年）。
＊55　拙稿「金玉均から申采浩へ――朝鮮における国家主義の形成と転回」（歴史学研究会編『講座世界史』七、東京大学出版会、一九九六年）。
＊56　前掲「近代朝鮮の小国思想」。

＊57　松本健一『竹内好「日本のアジア主義」精読』（岩波現代文庫、二〇〇〇年）一八八頁。
＊58　金九（梶村秀樹訳）『白凡逸志』（平凡社、一九七三年）三二三、三三一頁。
＊59　「「近代日本思想史における国家理性の問題」補注」（前掲『丸山真男集』第一五巻）。
＊60　山田賢「差別の歴史的文脈について——「支那」という呼称」（三宅明正・山田賢編『歴史の中の差別』日本経済評論社、二〇〇一年）。
＊61　浜下武志『近代中国の国際的契機』（東京大学出版会、一九九〇年）四〇頁。
＊62　小倉和夫「アジア外交の目標」（『朝日新聞』二〇〇三年一二月九日朝刊）。

【初出】『情況』第三期第八巻第二号「特集〈アジア〉をめぐる知——米谷匡史『アジア／日本を読む』」二〇〇七年。

（補注1）初出ではこの一文の後に、アジア主義の似非性を、原理主義・近代主義・ナショナリズムとの相関で説明する文と図を掲載したが、さほどの意味があるわけでもないので削除した。

（補注2）本稿発表時期においては、植民地の近代性を強調する議論をもっぱら「植民地近代論」とすることが多く、私もそれに倣っていた。しかし「植民地近代論」としてしまうと、植民地の近代を語ること自体が問題だという誤解を招く恐れがあると思い、のちに私は「植民地近代性論」と言い直し現在に至っている（拙稿「植民地近代性論批判序説」『歴史学研究』八四三、二〇〇八年）。

三　パン・ツングーシズムと東アジア

はじめに

竹内好がつとに指摘したように、アジア主義とは多義的であり、「ある実質内容を備えた、客観的に限定できる思想ではなくて、一つの傾向性ともいうべきものである」が、しかし「アジア諸国の連帯（侵略を手段とすると否とを問わず）の指向を内包している点だけには共通性を認めないわけにはいかない」[*1]。竹内のアジア主義理解は、その心情において、侵略的なアジア主義にも甘い点に特徴があるが[*2]、アジア主義とは一般に、欧米列強のアジアへの侵略脅威に対する対抗からアジアの連帯を唱えたものであると定義されて差し支えあるまい。その場合、中国は当然に連帯の対象であった。

しかし、アジアの連帯を唱えながらも、中国を排除するようなトゥラン主義が、満州事変を前後する時期に存在していた。トゥラン主義は一九一四年にハンガリー人によって日本にもたらされ、今岡十一郎という人物がこの洗礼を受けてハンガリーに渡り、満州事変勃発の年である三一年末に帰国して以降、その宣伝が本格化した。その中心となったのが日本ツラン協会であるが、この協会は「北進論」の一環としてトゥラン主義を主張し、大アジア主義との共鳴を果たそうとした。しかし、その影響力は限定的なものであった。

日本におけるトゥラン主義の展開については、永田雄三とジャン・H・エルキンの論考に詳しいが[*3]、本稿の課題は、トゥラン主義の本格的活動の前にわずかに議論されたパン・ツングーシズムなる思想について紹介し、若干の問題を提起することにある。パン・ツングーシズムを提唱したのは北川鹿蔵という人物だが、この議論は反中国という点で際立った特徴を持っており、実はトゥラン主義における中国排除はパン・ツングーシズムの影響を受けていた。パン・ツングーシズムは、朝鮮知識人にも若干の影響を与えており、その思想内容を検証することは、当該期のアジア主義の相貌を理解する上においていささか寄与するところがあろうかと思う。

1　北川鹿蔵とパン・ツングーシズムの背景

北川鹿蔵については、現在知りうることはほとんどないが、満鉄嘱託であったことが明らかである。『満州日日新聞』(一九二三年六月二一〜二三日)に満鉄嘱託の肩書きで三回にわたって「労農露国の対外貿易」と題する談話を載せており、かなりのロシア通であったことが分かる。現在筆者はこれ以上知るところがないが(補注1)、満鉄嘱託であったということが、北川をしてパン・ツングーシズムを提唱させた大きな理由になっていることは推測できる。

北川のパン・ツングーシズムの全貌は、大通民論社というところから刊行された『パン・ツングーシズムと同胞の活路――希望か絶望か親愛なる卿等に告ぐ』(一九二九年一二月)という、総四七頁の小さな冊子によって知ることができる。奥付によれば、著者兼発行者は北川鹿蔵となっており、北川は大通民論社の代表者であることが分かる。大通民論社とは大通古斯(ツングース)民族論社の略であり、文字通り「パン・ツングーシズムを論ずる結社」ということである。大通民論社が冊子を刊行したのはこれだけのようであり、他にこれといった活動は確認されない。あるいはこの本を出版することのみを目的に、北川一人だけを社員として設立された結社なのかもしれない。「大通民族主義」を唱える北川の本書刊行の動機は、序に次のようにあって知ることができる。

東洋民族の覚醒興起は新文明の発現を意味する。ツングース民族の先覚者、アジア復興の先駆者たる日本人は今やこの新文明創設のため先づ其同族を覚醒し、文化を高め、民族精神の統一を図るべき義務を有す。

（中略）

近時、単独解決の性質を有する満蒙問題、日支懸案等が拡大せられ、同胞の天地が徒らに国際俎上の魚と化し行く情勢に鑑み、吾人通族として甚だ慨嘆に堪えず、茲に同胞の反省を求め決意を促すと共に、吾人の先輩たり、兄弟分たる日本青年をして行詰まれる東亜の天地を打開し、国民外交の基礎を固め、新なる活路を見出し以てその招来をして多幸ならしむべくパン・ツングーシズムの立場より聊か私見を率直に披瀝して凡く諸賢の考慮を庶幾す。

いわば北川は、ツングースを一つの民族と捉え、日本をその中に含めるとともにツングース民族の文明的先駆者とし、「満蒙問題」や「日支懸案」を打開するために、本書を執筆したのだと言っている。当時「満蒙問題」は日本にとって深刻な事態に陥っていたと言ってよいであろう。協調外交の幣原外交を否定した田中外交は、北伐に干渉すべく、一九二七年五月〜二九年三月に三度にわたって山東出兵を敢行し、第二次出兵の際の二八年五月には済南事件を起こして国民革命軍と衝突した。その結果、中国の対日感情は悪化して反日運動も強まり、さらにイギリスとアメリカも国民党に接近して日本に批判的となった。一方、二八年六月には関東軍は張作霖を謀殺し、奉天軍閥を継承したその息子張学良は国民政府に合流して南北中国は統一された。そして、国民党の革命外交の前に、日本は「満蒙特殊権益」を護持できるかどうかの危機に立たされた。

満鉄嘱託であった北川は、こうした日本の孤立化という現実を前にし、「満蒙」の日本支配合理化の根拠を探し求め、やがてパン・ツングーシズムに到達したのだと推測される。

2　パン・ツングーシズムの歴史観

『パン・ツングーシズムと同胞の活路』は、日本は「国土が狭く資源に乏しい」という小国認識を前提としている。日本はロシアや中国のように経済的に自給自足できないがゆえに、活路を大陸に求めざるを得ず、その際最重要の地域が「満蒙」だというのである。すなわち北川は、次のように言っている。

若し支那満蒙が経済的に日本と断絶するやうなことがあれば、日本人は忽ち脅威を感ずる訳で、日本人としては永久に、安全に支那、満蒙から物資を受けやうとするのは、これ亦已むを得ないものと云わなければならぬ。この点から満蒙は日本人の食道なのである。

北川が「満蒙特殊権益」論者であることは言うまでもない。その立場から、北川はアメリカに対してもちろん敵対的である。すなわち、「米国のみは日本の国情を理解せぬのと満蒙に対し野心を抱いてゐるため、常に支那を援けて日本を排斥する政策を以て一貫し、日本の満蒙に於ける活動を妨害しつゝあることも一般に認むるところである」と言う。北川にとってアメリカは、第一次世界大戦中日本が対華二一ヵ条要求を出してより、中国に肩入れしている国である。また、将来「満蒙問題」に端を発して「太平洋戦争」を起こしかねない国である。その際は「持久戦」となるが、それは避けなければならない。ここでは鋭くもアジア太平洋戦争と総力戦が予見されているが、しかしそうならないためにも、日本は中国に対して「侵略的帝国主義」を行うことができず、他に方策を求めなければならない。そして、それこそがパン・ツングーシズムだというのである。

北川によれば、漢民族はツングース民族の清朝を倒した国であってツングースでは決してあり得ない。ではツングースとは具体的にどの民族を指していうのか。北川のツングース概念は実に広きにわたっている。歴史的には、穢貊・扶余・高句麗・馬韓・百済・粛慎・挹婁・靺鞨・渤海・女真・東胡・鮮卑・烏桓・契丹などはみなツングースであって、一部はトルコ系やモンゴル系と混血し、それらは人種学上「ツラン民族」と言えるという。ここではすでに、トゥラン主義との合流を可能にする論理が形成されていると言うことができる。

扶余・高句麗・馬韓・百済などの朝鮮史上の諸民族は当然にツングースだが、日本人は朝鮮や満州から渡来した者の子孫であるがゆえにツングースである。中には直隷や山東・江蘇から渡来した者もいるが、それらもツングースと言える。北川の人種・民族論はかなり怪しいのだが、漢民族を矮小化して理解させようとするところにその目的があるようである。事実北川は、太古の時代にまでたどり、黄河流域の中原や山東・山西・直隷・遼東・遼西に展開した聾耳・黄眉（貊族）、菟首・狼裾（穢族）、没皮（粛慎族）などの諸民族をツングースだと主張している。また、三皇五帝時代における黄帝の民（貊族）や堯・舜の民（粛慎族）もツングースであって、堯や舜はツングースの族長であるとされる。後世、堯・舜が漢族とされたのは、史家の作話に過ぎない。さらに、殷の時代にも河南とその以東にはツングースが広く展開し、彼らは殷を同族の宗主としていたが、漢族からは東夷とされた。そして周の賄賂策によって同族の結束が破れ、殷の紂王が没落したことによって、ツングース族は、ある一団は直隷・綏遠・察哈爾から遼東へ、またある一団は山東から関東州へ、そして、またある一団は朝鮮や江蘇にも渡り、それがさらに日本へも渡ったと主張する。

以上のことから、北川は漢民族とツングースの闘いを太古からの宿命的なものと捉えていることが分かる。殷周交替は「ツングース民族と漢民族の未曾有の激戦」であり、ツングースの敗北は「大通民族の大移動を惹起せしめ」たというわけである。しかしながら、中原に残ったツングースは漢族と別居あるいは雑婚しながらも、直隷人・山東人・山西人として「満蒙人と種族的、民族的に性情風俗の上に多くの共通点を具備し、漢族との間に著しい相違点を残している」とするところが、北川の強調したいところであろう。要は漢民族が広く割拠する地域を、満州はもちろん、中原の一部までもツングース的論理によって分離して捉え、それらの地域住民と「アジア復興の先駆者たる日本人」との連帯を創出しようとしたのだと言える。北川は、シベリアにも十余種のツングースが存在し、それらをも合わせると総人口は一億ほどにもなり、それゆえにツングースは「大通民族」あるいは「大東民族」と名付けられるべきであるとも主張している。

まことに雄大にして興味深く、しかし荒唐無稽な議論と言うしかない。とはいえ、こうした考えにヒントを与えるような議論は東洋史学の中にすでにあった。東アジア史を、北方の騎馬民族と南方の漢民族との絶えざる抗争の歴史として捉える歴史観は、東洋史学では一般的であった。すでに白鳥庫吉がそうした歴史観を披瀝していたし[*4]、そうしたものの総決算的な著作が、北川の著作よりのちになるが、宮崎市定によって発表されている[*5]。北川はこうした東アジア史の知見をもとに、相当に話を膨らませて「とんでも本」を作ったのである。

3　パン・ツングーシズムの中国論

中国への強烈な対抗意識から書かれた北川の著作は、言うまでもなく反中国的であるが、中国への対抗の自己認識として、ツングースは「尚武任侠、俊敏聡明、勤苦耐労の特性」を有しているとされる。ツングースの多くは、西欧文明との接触が遅れたことによって、現在「蕃族」のように思われているが、日本はかつてはツングースから文明を学んだこともあるし、彼らを教導、保護する責任がある。日本＝アジア盟主論ならぬ日本＝ツングース盟主論である。中国からツングースを切り離すことが、北川にとってまずもって重要な認識作業であった。

そのうえで北川は、「満蒙」の周縁に追いやられ、「満蒙」への恋慕を募らせているという日本人や朝鮮人、その他のツングースが、「満蒙」の荒野に職を求めて放浪している状況について言及する。北川は、とりわけ満州において本来ツングースであるはずの「支那官民」が、漢民族のツングースに対する種族的反感と漢族の国家政策に毒せられて朝鮮農民を圧迫したり、日本人や日貨を排斥したりしているのは、同族が同族を圧迫することだと警告を発する。中国が排外主義を鼓吹してツングース系諸民族を離間させ、中国の統一を図ろうとしていることが、そうした事態を醸成しているのだと言うのである。北川によれば、「排外主義はもと、漢民族の伝統的排外思想に因るもので漢民族の野蛮性を照明する」ものである。そして現在、中国は排外主義を作動させることによって、治外法権を撤廃しようとしているが、漢民族はあまりに無知で民族的に無自覚であり、国家思想をいまだ持っていない。しかし、ツングースは現在、日本、ロシア、中国に分属しているが、被支配民族としての自覚が高揚するようになれば、それらの間に統一の機運が生じ、その際彼らは本来同族である日本人や朝鮮人との一体化も考えるようになる。

北川の中国に対する態度は、「支那膺懲論」でも「満蒙特権放棄論」でも「日支両国民相互理解論」でもない。「武断外交論」を「至極当然」とも言っているが、それとも違う。北川は次のように述べ、ツングース的覚醒を通じた「満蒙」の自然な分離に活路を見出そうとしている。

先づ満蒙に集まって居る日、鮮、満、蒙人や山東、直隷人等ツングース系統の諸分族に対し一大自覚運動を起こし、各人の脳裡にお互いは皆兄弟であり、姉妹であるといふ強い信念を抱かしめ相互の理解力を養ひ、彼等の意思が輿論の素地を作るやうに仕向けることが必要である。そして自らを漢族と思い込んでゐる支那当局の蒙を啓いてやらねばならぬ。かやうに同族の自覚と信念とを固め、彼等の輿論が政治を動かすや（う）になれば、満蒙の支配者や支那中央当局はこの輿論を無視しては何事も為し得ず、随つて同族と知りつゝ圧迫、排斥を煽動して血で血を洗ふやうな惨劇を敢えてし来つた者を反省せしむると共に、満蒙の同胞の後援無くしては彼等の野心を遂げ得ないことを痛感せしめるやうに仕掛けるのが何より緊切な措置と確信する。

いわば五族協和的発想に基づき、「満蒙」に在住する、自称漢族（そう思い込んでいるに過ぎない）を含めた諸民族にツングース的自覚を持たせることによって「満蒙」の分離を促し、中国にもそれを追認させるような状況を作らなければならないと言う。そして、分離の方向に進めば、当然に同じくツングースである日本に親しんで提携が可能になるというのが北川の展望であり、こうした策を北川は「日本の対満政策の根本」であると自負した。

以上がパン・ツングーシズムの概要であるが、しかしそのためには啓蒙機関が必要である。北川は、「ツングース民族の先覚者たる日本人が決起して一宣伝機関を設け同族の自覚運動を起し、広く同志を糾合し、彼等をして自ら一定組織の下に徹底した宣伝統一の運動を起さしめ、斯くてツングース民族の脳裡にその固有な祖神崇拝、尚武任侠、俊敏聡明、勤労耐労の美点、約言すればツングース民族魂を打ち込ましめ、相互の共通利害の上に同族の睨牆、異族圧迫の因を艾除し、和合提携の緒に着かしむるべきであろう」とし、宣伝機関を通じた日本主導によるパン・ツングーシズム運動の展開を提唱するのである。

北川にとって、中国の排日主義を封じ込めるには、満州を分離させて親日に導くことが必要であったが、それを平和裏に行う方途として考案されたのが、パン・ツングーシズムであったと言えよう。しかし、事はそう簡単にはいかなかった。事実としては、『パン・ツングーシズムと同胞の活路』刊行後二年もしないうちに満州事変が起こり、軍事力によって満州には日本の傀儡国家が出現することになったからである。そして、北川は自らの構想に反して満州国が暴力的に建国されたにもかかわらず、今度はその正当化、擁護者として論陣を張っていくことになる。

4　パン・ツングーシズムのトゥラン主義との合流

北川はその後、日本ツラン協会から『満蒙民族独立の史的論拠』（一九三二年一〇月）と『「ツラン民族分布図」解説書』（一九三三年七月）という二冊の本を刊行している。日本ツラン協会がいつ設立されたのかははっきりしないが、おそらく満州事変直後のことではないかと思われる。(補注2) 北川がどのような経緯から日本ツラン協会に合流したのかは定かではない。ただ、大通民論社は合流にともなって解散された模様である。吸収合併と言えなくもないが、しかし注目すべきは、ツラン協会の性格が彼の合流によって、本来のそれからかえって逆に規定づけられた側面があることである。

永田雄三によれば、日本におけるトゥラン主義の核心的人物である今岡十一郎は日中戦争以前には漢民族をトゥラン民族に含めていたが、日中戦争を契機に排除するようになったという。[*6] しかし日本ツラン協会に限って言えば、日中戦争より前に北川の影響によってそうなったと考えてよく、今岡も北川の意見に従ったものと考えられる。北川は、日本ツラン協会に合流したのちに書いた二冊の本でも、漢民族をトゥラン民族に入れなかった。北川の見解は、「ツラン協会理事長村岡亀吉郎」の名で同協会が発行した『日本民族指導原理としての汎ツラニズム』（一九三三年三月）にすでに影響を与え、該書では漢民族はトゥラン民族から排除されている。また、ツラン協会の重要人物である経済学者の野副重次は、その著『汎ツラニズムと経済ブロック』（一九三三年九月）でトゥラン民族の分布その他については北川に多く負っていると明言している。

さて、満州事変後に書かれた北川の二冊の著作の内、『「ツラン民族分布図」解説書』の方は文字通りトゥラン民族分布図の解説書であって、思想内容や現状認識などについては示されていない。ただ、トゥラン民族を幅広く規定し、ツングース系のみならず、蒙古系・トルコ系・フィン系・ウグリア系・サモエード系など、東は日本・朝鮮から西は西欧・北欧に至るまでの広い範囲にわたってトゥラン民族であることを主張している。荒唐無稽度はますます深化している。

注目すべきは『満蒙民族独立の史的論拠』の方である。本書は全一七章よりなり、第一章が「民族と種族の概念」で、第二章以下第一四章までは中国におけるツングースの歴史について叙述している。トゥラン主義者である以前に、北川はなお、パン・ツングーシズムに思いが深かったということであろう。第一四章までは、『パン・ツングーシズムと同胞の活路』の歴史叙述を、より「学術」的に粉飾して書こうとしたものであり、内容的には詳細になったというに止まる。ただ、孔子が尊崇した堯・舜・周公を始めとする聖人のほとんどが実はツングース民族であり、孔子自身も先祖はツングース民族に属し、儒教というのは本来ツングース民族の風俗・習慣・思想・倫理・道徳に基づいたものなのだと主張している。中国をますます他者化し、中華文明の根幹たる儒教さえも漢民族から横奪しようとしている点で、その反中国主義はより強まっているように思われる。

問題となるのは、第一五章から第一七章である。ここで北川は満州国建国を合理化、正当化している。北川によれば、満州事変は柳条溝における偶発的な事件に起因するとはいえ、その背景には張学良とその父張作霖の専制と苛斂誅求があり、反張学良熱が一挙に吹き出したことによって、満州国が建国されたという。溥儀は「満蒙を発祥とする由緒深き清朝の遺帝」であり、満州国は多民族国家で、ロシア人・ポーランド人・トルコ人などもいるが、その中心は満州人・蒙古人・山東直隷人・日本人・朝鮮人の五族であり、五族はみなツングースであるという。山東直隷人は本来漢民族のはずだが、北川は『パン・ツングーシズムと同胞の活路』における所説通り、満州在住の漢民族をツングース視したのである。そしてこれら五族は、漢民族とは歴史的に共族意識や感情・性情において全く異なっているとする。そうであるがゆえに、満州国の建国は歴史的にも正当化されるわけであるが、しかし五族の存在を認めながらも、五族は本来ツングースなのだから同一の民族である。従って、満州国は民族国家なのだということになる。

到底理解しえない正当化の論理だが、次に興味深いのは満州国は住民の歴史的な独立運動の結果だと主張している点である。これだけなら、当時一般にも流布されていた見解であろうが、北川は満州国建国に異議を唱えるアメリカを沈黙させるべく、満州国建国はアメリカのイギリスからの独立と同じ論理によるものだと強弁する。すなわち、在米植民者はあくまでもアイリッシュであってイングランド人とは種族を異にするが、それは満州におけるツングースと漢民族の関係と同じであり、その点から満州国建国はアメリカの独立と比肩されるというのである。

しかも満州は古来、朝鮮の高句麗や契丹の遼や女真の金が支配してきたところであり、一貫してツングースが支配してきた土地である。また、広い意味でトゥラン系民族も存在している。従って、「将来、等しく北方アジア人種（ツラン系民族）たる日、満、蒙の三者は南方アジア人種の支那、漢民族に対する共同戦線を維持すべしとの意味深き暗示を与へる」として本書は締めくくられる。結論としては、中国はあくまでも南北対立歴史観に規定された敵対対象であり、将来もまた変わることがないというのが、北川の本音であると言えよう。

5　パン・ツングーシズムと朝鮮

中国を排除するようなパン・ツングーシズムやその影響を受けたトゥラン主義は、アジア主義と言えるのか、果たして疑問である。山田賢が指摘するように、確かに近代日本においては、一貫してアジアの大国＝中国を畏怖してきたという歴史がある。それは誰よりも、福沢諭吉の思想に顕著に表れていた。[*7] しかし、中国への敵意は内に秘めるのが、アジア主義の作法であろう。その意味で、パン・ツングーシズムはアジア主義の変種とも言えるが、その特徴は際立っている。

当時においてアジア主義の正嫡は東亜協同体論に求めることができよう。一九三八年一一月の第二次近衛声明以降、昭和研究会を通じてさまざまに構想された東亜協同体論は、つとに橋川文三が指摘するように、「西欧帝国主義的な支配・抑圧の原理でもなく、コミュニズム、ファシズムのそれでもない、新しいアジアの原理」を探求しようとするものであり、中国のナショナリズムを認めようとする点において共通していた。[*8] また、大東亜共栄圏構想においても中国は、傀儡の汪兆銘政権を相手として、欺瞞的ながらも「友好」＝連帯の対象であった。パン・ツングーシズムにせよ、トゥラン主義にせよ、さしたる影響力を発揮できず、大アジア主義との合流もなし得なかったのは、その反中国の論理に問題があったからだと思われる。

ところが興味深いことに、パン・ツングーシズムは東亜協同体論と相俟って朝鮮にいささかの影響を与えた。日中戦争当時朝鮮では、東亜協同体論や、総督府が喧伝した内鮮一体論に呼応した転向知識人が少なくなかった。彼らの多くは、日本に従属しながらも二級の帝国臣民になれるという幻想のもとに戦争協力をした。そこには亜帝国意識ともいうべき屈折した優越意識があった。[*9] そうしたなかにあって、パン・ツングーシズムの影響を明瞭に受けたのが、農業経済学者にして元社会主義者の印貞植《インジョンシク》である。彼によれば、内鮮一体は「ツングース民族の再現過程」と定義づけられ、「支那事変はこの再現過程を促成して具体化する歴史的な大運動」にほかならないという。日中戦争は、ツングース民族の先駆者にして盟主である日本がツングースを圧迫し続けてきた中国を撃破し、まさにツングース民族の一体化を再興する崇高な戦いだ、ということになる。印は志願兵制にも徴兵制にも賛成し、その早期実施を念願したが、日中戦争への朝鮮人の寄与は、ツングース帝国たる日本帝国内での朝鮮人の地位向上を約束するはずのものとして捉えたのである。従って印貞植にとっては、「偏狭な意味の民族の概念」を止揚しなければならないが、それは朝鮮の民族性を完全廃棄して大和民族になりきってしまうことを意味するものとはならない。「大和民族」は多岐に存在するツングース諸民族の中心ではあるが、「ツングース的大民族統一」の見地から「島国的根性」を止揚しなければならないし、また、「大ドイツの統一」に比定される「ツングース的統一」は「全体主義的統一過程」としてあり、「現実的経済的運命の共通（性）を最大の推進力として固有の淵源を求め、血の純潔性を求めていつも後方を回顧しながら前方に向かって前進しなければならない」と言う。[*10]

しかし、印貞植がどれほど朝鮮の民族性保持を訴えようとも、こうした彼の議論はまさに、アジア侵略を敢行する日本帝国の一員として朝鮮を二級の支配民族に仕立て上げようとする主張であり、またファシズムへの荷担を表明したものにほかならない。まず間違いなく印は、北川の著作ないしは前掲した『日本民族指導原理としての汎ツラニズム』を読んでいる。「ツングース的統一」などというのは北川の影響以外に考えられない。また、北川の影響のもとに書かれた『日本民族指導原理としての汎ツラニズム』では、朝鮮民族の立場が特別なものになっており、印はこれに強く目を奪われたのではないかと推測される。本書では、朝鮮人は日本人に最も近いツングース系民族なのだから、「朝鮮人を劣等視することは、結局日本人自ら自ら《ママ》を侮辱することに他ならぬ」とし、また朝鮮は欧米による植民地とは違い、韓国併合はツラン連邦の第一段階であるとしている。そして日本は、「島国的根性を捨てよ。朝鮮人を指導し、愛撫して、その地とその民族とを開発発展せしめることは、ツラン系同胞民族の柱石たる日本人のつとめである。況や軽蔑、差別待遇、搾取の如き、夢にでも思ってはならぬことだ」と主張するに至っている。この議論は、前掲の野副重次『汎ツラニズムと経済ブロック』に字句ほとんどそのままに継承されたが、野副は今少し踏み込んで、日本主義は朝鮮にも満洲にも適用できず、「ツングーシズム」でもだめで「ツラニズム」でなければならないと言っている。というのは、モンゴル人は、その一部はツングース化しているが、本来はトゥラン民族ではあってもツングースとはまた系統を異にしているという『「ツラン民族分布図」解説書』にある北川の見解に依拠しているからである。

印貞植は、「島国的根性」という語を使っているだけでなく、日本主義についてツングース精神の最も特殊にして純粋な形態だとしながら、それがヘーゲル的な弁証法からすれば、普遍的なものにも転化しえると主張してもおり、婉曲にその相対化を図っている。印がツングーシズムにこだわり、トゥラン主義までは主張しなかった理由は明確には分からないが、印にとって重要なのは、あくまでも日本帝国内において朝鮮人が日本人と平等に扱われることであった。従って、あまりに雄大すぎるトゥラン主義を唱えるよりは、ツングーシズムを強調する方が朝鮮にとって有利だと認識されたのだと思われる。

おわりに

今日パン・ツングーシズムというのは忘れられた思想であり、しかも当時においてもさしたる影響力を持っていなかった。その荒唐無稽性も尋常ではない。思想というにはお粗末すぎるし、あくまでも日本の「満蒙特殊権益」を守るために作られた議論にすぎない。しかしそこから見えてくるものがある。アジア主義との関連で言うと、およそ以下のようなことが言えるのではないであろうか。

対華二一ヵ条要求以降、中国ナショナリズムが高揚していくと、日本では、中国を包摂しようとするさまざまな議論が出てくるなかで、他方では中国への敵視も強まっていく。満州事変を待つまでもなく、田中外交以来そうであった。そうしたなかで、本来中国を包摂すべきアジア主義に変化が生じたのだと思われる。近代以来日本は中国への畏怖を持ち続けてきたが、それが沸点に達したのが一五年戦争期であった。パン・ツングーシズムは、そうした時代にアジア主義の変種として立ち現れたのであり、それは、日本のアジア主義が本来的に持っている利己性や独善性が、正直に顕現したものであると見ることができる。そしてそれは、あくまでも言説の世界でありながら、植民地朝鮮の平等性を訴えたがゆえに、朝鮮の知識人の一部に幻想を生じせしめ、その抵抗を奪い取る役割も果たした。その意味でパン・ツングーシズムは露骨な侵略思想として機能したと言えるのである。

注

＊1　「日本のアジア主義」（『竹内好評論集』第三巻、筑摩書房、一九六六年）。

＊2　拙稿「日本／朝鮮におけるアジア主義の相克」（『情況』第三期第八巻第二号、二〇〇七年）。

＊3　永田雄三「トルコにおける「公定歴史学」の成立――「トルコ史テーゼ」分析の一視角」（寺内威太郎ほか『植民地主義と歴史学』刀水書房、二〇〇四年）、ジャン・Ｈ・エルキン「トルコにおける国民国家構想と近代日本の接点――トゥラン主義の日本における展開」（久留島浩・趙景達編『アジアの国民国家構想』青木書店、二〇〇八年）。
＊4　「東洋史に於ける南北の対立」（『白鳥庫吉全集』第八巻、岩波書店、一九七〇年、一九二六年）。
＊5　宮崎市定『東洋における素朴主義の民族と文明主義の社会』（平凡社、一九八九年、原著一九四〇年）。
＊6　永田雄三前掲論文。
＊7　山田賢「「中国」という畏怖――近現代日本の中国認識をめぐって」（中村政則ほか『歴史と真実』筑摩書房、一九九七年）。
＊8　橋川文三「東亜共同体論の中国理念」（『橋川文三著作集』七、筑摩書房、増補版、二〇〇〇年）。
＊9　拙著『植民地期朝鮮の知識人と民衆――植民地近代性論批判』（有志舎、二〇〇八年）第七章。
＊10　印貞植「民族問題의 方法論」（『三千里』第一一巻第四号、一九三九年四月）。

【初出】『アジア研究』第五号（静岡大学人文学部アジア研究センター、二〇一〇年）。初出は校正を経ないで発表されたので誤字脱字が多かった。そこで『朝鮮奨学会論文集』二八（二〇一一年）に再掲載した。

（補注1）一般に公刊された出版物ではないので初出時に見落としていたが、脱稿後に家田修「日本におけるツラニズム」（日本東欧関係研究会『日本と東欧諸国の文化交流に関する基礎的研究』トヨタ財団助成研究報告書、一九八二年）が北川鹿蔵について言及しているのを知った。それによれば、北川は関東軍下のハルピン事務所調査課に調査員として勤務し、満州の経済や労働問題に関する調査書を三編書いている模様である。ハルピン事務所調査課調査員と満鉄嘱託というのは同一の職なのではないかと思うが、あるいは両方の職に同時に就いていたのかも知れない。いずれにせよ北川についてはよく分からない。家田論文も論文というよりレポートとして書かれたごく短いもので、その内容もパン・ツングーシズムについてではなく、トゥラン主義についてであり、ほとんどそれ以上のことについてふれていない。
（補注2）最近の研究によれば、一九三二年三月にツラン協会が結成され、その三ヵ月後に日本ツラン協会と名称を替えたことが明らかである（シナン・レヴェント「トゥーラン主義運動家としての今岡十一郎」『アジア文化研究所研究年報』四九、二〇一四年、八六頁）。

四　近代日本における朝鮮蔑視観の形成と朝鮮人の対応

はじめに

「三国人」などという、とうに死語になったはずの言葉が、ある意味では日本を代表する都知事の口から唐突に飛び出したことに、多くの人々が驚きとともに憤りを感じたことは、再言するまでもない。二〇世紀は、国民国家（民族国家）が容赦なく争って、幾多の民族間に不信と憎しみが生じ、とりわけ弱小民族の自決権が侵害されて、膨大な尊い人類の生命が失われた世紀であった。このような歴史認識からすれば本来、二〇〇〇年というメモリアルな年は、そうした人類の愚かさを羞じて、二度とそのような時代を作らないという固い誓いをすべき年とならなければならなかったはずである。現在「共生」という語は、日常的に氾濫しており、それは二一世紀を読み解くキータームと言っても過言ではない。しかしその一方で、排外主義を表象するような言葉が、二〇〇〇年四月九日に亡霊のごとくに甦ったのである。

しかも、都知事の「三国人」発言に対する東京都民の反応は、大勢としては決して批判的なものではなかった。都庁政策報道室「都民の声」部相談提案課の発表によれば、四月一八日現在で意外にも七〇パーセント近い市民（五二〇五件）が賛成の意見を寄せたという。都知事のポピュリスト的術策にはまった人々も多くいるはずであり、賛成派の市民すべてが排外主義者だというわけではもちろんないが、少なくとも排外主義的な風潮が危惧されてもおかしくない状況に現在の日本があるということだけは認識しておかなくてはならない。藤岡信勝・西尾幹二・小林よしのりらを代表とする、新国家主義ともいうべきプロパガンダは、若年層を中心に支持の輪を拡大しつつある。「新しい歴史教科書をつくる会」の教科書が検定合格して、二〇〇二年四月より実際に一部の学校現場で使われることが決定的となった今、新国家主義を確信的に身にまとった若者たちが増大していくのは不可避である。

そもそも、日本における排外主義の系譜は近世までさかのぼることができる。「神功皇后の三韓征伐」の神話を持つ日本にあっては、朝鮮蔑視観は古代より一貫してあったが、豊臣秀吉の朝鮮侵略の際に、神国意識が武士・僧侶層の間に流布されたことは、それまでにない重要な画期であったと思われる。それはやがて一七世紀以降、「武威」と「万世一系」の天皇を自己の他国・他民族に対する優越の根拠とするような「日本型華夷秩序観」に昇華されていく（荒野泰典『近世日本と東アジア』東京大学出版会、一九八八年）。近世には確かに、通信使に象徴されるような善隣外交が朝鮮との間に行われてはいた。しかし他方で、蔑視観も蓄積されていく。荒野泰典によれば、実は通信使は、対内的には「入貢」ないしそれに近いニュアンスのものとして観念されていたという。しかも、近世日本において日本文化＝和俗が定着するなかで、文字通りの文化意識としての華夷意識も成長していくと、「日本型華夷秩序観」＝国家意識はより一層強化されるとともに、異民族の固有文化に対する嘲笑・蔑視が生み出され、通俗化した国家意識が補強されたともいう（同上）。思想としての朝鮮蔑視観が近世初期よりその形成が促され、やがて幕末において国体思想が胚胎していくことは、矢沢康祐によってつとに明らかにされていることである（「「江戸時代」における日本人の朝鮮観について」『朝鮮史研究会論文集』六、一九六九年）が、通信使を通じた善隣外交もまた、決して過大評価できるものではないと言うことができよう。

一例を挙げれば、華やかな通信使外交の裏面では次のような事件が起きている。第一一回通信使（一七六三～四年）が来日した際のことで、対馬藩士が通信使一行中の一名を殺害して処刑されるという事件なのであるが、この事件は対馬藩士への同情という観点から、歌舞伎をはじめとするさまざまなメディアにのって多くの民衆の耳目に達した。池内敏によれば、そこには「武威」への共感を前提に、支配階級だけでなく民衆さえもが、日本人を他民族に優位しているとする認識を持っていたことがうかがい知れるという（『「唐人殺し」の世界』臨川書店、一九九九年）。

近世民衆が通信使に対して侮蔑的な認識を持っていたことは、ロナルド・トビによっても明らかにされている。彼によれば、通信使の来日を契機に、時として朝鮮人を仮装するような「朝鮮ブーム」が日本民衆の間に起きはしたが、しかしそれは、封建的な桎梏からの解放願望を表象するものであり、決して朝鮮に対する敬愛からではなかったという。朝鮮に対してはむしろ、近世初頭より一貫して侮蔑ないしは劣等視する認識があった模様である（「近世日本の庶民文化に現れる朝鮮通信使像」『韓』一一〇、一九八八年）。

確かに池内も言うように、ア・プリオリな朝鮮蔑視観が再生強化されて近代へ継承されるというものではないであろう。いかに日本が、文化意識より国家意識を優先させるというような特異な世界観＝「日本型華夷秩序観」をすでに持っていたにせよ、近代が民衆に強要する国家意識は、それとはレベルを異にしたものである。しかし、近世日本の国家中心的な世界観が近代の国民国家的枠組みを受容するに当たっての受け皿となり、日本の国民国家化を比較的容易にしたということは否定できないし、またその朝鮮蔑視観が、近代に生まれる排外主義の受け皿になったことも間違いないことであろう。

では近代日本において、いかに民族差別・排外主義が生じえくるのか。ここでは、以上のような近世日本の世界観を踏まえたうえで、近代日本においていかに国家意識と国民意識が誕生し、いかに朝鮮蔑視観が成立するのかということをまずもって明らかにしたい。また、差別とはどのような意味を持つのかということを明確にするために、蔑視される朝鮮人がいかなる精神的葛藤と苦渋に満ちた対応をするのかをもあわせて考察してみたい。こうした作業を通じて、近代における民族差別の本質が明らかにされるとともに、排外主義から自由である精神のあり方の一端が探り出せればと考える。

1　日本人の朝鮮観

近代日本の国民国家形成や思想形成に絶大な影響を及ぼした福沢諭吉は、壬午軍乱（一八八二年）以前には、朝鮮・中国の文明化を東洋の盟主たる日本が援助することによって、ともに西欧列強の侵略に対抗すべきだとする、いわゆる東洋盟主論を唱えていた。しかしこれは壬午軍乱によって動揺をきたし、甲申政変（一八八四年）を前後する頃から脱亜入欧論に取って代わられる。『時事新報』に一八八五年三月一六日執筆した論説「脱亜論」は、アジア連帯論の完全放棄を意味するものであった。しかし福沢の東洋盟主論は、実質的には日本による朝鮮文明化を意味するものであり、その主張の限りでは、日清戦争前後にいたるまで福沢の思想は変わりがなかった。福沢の対朝鮮政策の一貫した特徴はその文明主義にこそあり、それは文明の名義による侵略の合理化論であったと言うことができよう（吉野誠「福沢諭吉の朝鮮論」『朝鮮史研究会論文集』二六、一九八九年）。

野蛮→半開→文明という発展史観に立つ福沢にあっては、日本はいまだ文明の域に達してはいないものの、アジアにおいては最も文明の域に近い存在として認識され、それゆえにアジアに対する指導者意識を強く持っていた。しかしその文明主義は、「国の独立は目的なり、国民の文明は此目的に達するの術なり」（『文明論之概略』一八七五年）という言説に端的に示されているように、国家主義を遂行、貫徹するための手段として位置づけられている。従って、文明主義＝近代主義を基軸においたその指導者意識は、国家的優位性、さらには民族的優位性を自覚する回路となる。朝鮮蔑視観・中国蔑視観が拡大再生産されるゆえんである。

もっとも朝鮮に対する一般社会の認識は、福沢におけるアジア主義の完全放棄以前からすでに侮蔑的なものであった。一八七六年五～六月に開国後初めて、修信使として金綺秀一行八〇名が日本を訪問したのであるが、朝鮮使節が東京（江戸）にまで来るのは、第一一回通信使以来実におよそ一〇〇年ぶりのことであった。沿道には人々が雲集して大変な騒ぎとなり『絵入新聞』などは使節一行を見ぬうちからその行列を描いて、二、三時間のうちに売り尽くしたという（『東京日日新聞』一八七六年五月三〇日付「朝鮮使節入京の記」）。しかしそれは、決して歓迎の意からではなく、新奇な朝鮮風俗を一目見て楽しもうとする、侮蔑的な好奇心からするものであった。先に述べたように、近世段階においてすら日本民衆の間には朝鮮への侮蔑的な認識があったのであるが、近代に入ってそれは、にわかに増幅されていったものと思われる。文明開化の都市化が進行するなかで、すでに近代的文明人としての優越した意識が、少なくとも「江戸っ子」の心性を支配していたことは間違いない。朝鮮使節の行列を面白おかしく侮蔑的に報じた『東京日日新聞』も、他方同日の社説では、十数年前の日本と現在の朝鮮は同じであり、「若シ我ガ今日ノ朝鮮ニ比セバ、何ゾ其ノ多人数ナルヲ怪シマンヤ。又況ヤ其ノ風俗衣服ニ於テヲヤ」として、そうした民衆の対応をたしなめている。自由民権運動勃興間もないこの頃の知識人にはなお健全さがあり、言論人にあっては自己を顧みる余裕があったということであろうか。『大阪日報』などはその社説（一八七六年六月九日）で、「世上ノ人々皆ナ之ニ着目シテ深ク其景況風俗ノ鄙野ナルト人員行列ノ夥多ナルトヲ笑フモノアリ。吾輩ハ其之ヲ笑フモノヲ目シテ却テ無鳥島ノ蝙蝠井水底ノ痴蛙ト嗤笑愍察シ、信使ノ来ルヤ忽チ之ヲ賀スルモ、是ニ日本人民ノ未タ野蛮ナルコト朝鮮ニモ及バザルヲ嘆キ、為ニ数行潸々ノ涕涙ヲ灑キタリキ」（傍点筆者、以下同じ）と書き、浅薄な文明人意識をもって使節団を侮蔑する日本民衆をかえって「野蛮」視した。

全盛期の自由民権運動にあっては、アジア諸民族との連帯思想は福沢における以上に明確なものとしてあったことが示唆される。しかし自由民権運動においても、アジアにおける文明先進国としての指導者意識が初発より付随していたことは、つとに指摘されており（矢沢康祐「明治前半期ブルジョア民族主義の二つの発現形態――アジア連帯論をめぐって」『歴史学研究』二三八、一九六〇年、及び山田昭次「征韓論・自由民権論・文明開化論――江華島事件と自由民権運動」『朝鮮史研究会論文集』七、一九七〇年）、自由民権運動の凋落とともに、やはり甲申政変頃を契機として次第に脱亜的主張が台頭してくるようになる。そして日清戦争段階においては、文明化された日本という姿を疑う者はもはやほとんどいなくなり、日清戦争は野蛮なる清国に対する「文野の戦争」として認識されることになる。この時の戦争熱は官民をあげてのものであり、民間では献金運動だけでなく、日露戦争の時にさえ見られなかった義勇軍運動・軍夫運動が巻き起こっている（原田敬一「日本国民の参戦熱」大谷正／原田敬一編『「文明戦争」と民衆』フォーラム・A、一九九四年）。侮蔑感情を込めた「支那」という呼称は、日清戦争までには日本国民の間に定着しており、以後その言葉には「惰弱」「因循姑息」「驕慢不遜」「無能」「不潔」などのステレオタイプ化された中国イメージが付着していく（佐藤三郎「日本人が中国を「支那」と呼んだことについての考察」『山形大学紀要』〈人文科学〉八―二、一九七五年）。

朝貢体制という伝統的な東アジアの国際システムの中にあって、中国の「属国」とされていた朝鮮に対しても、侮蔑的な認識が支配的となったのは言うまでもなく、それは中国に対する以上のものであった。日清戦争の導火線となった甲午農民戦争に際して、東学農民軍を追って最高指導者の全琫準《チョンボンジュン》にも面会を果たした天佑侠の鈴木天眼という人物は、「獣に近き一種の者を扱《ママ》う気」で、「気の知れぬ人民、人間外の人間」である朝鮮人に対せよ、とまで述べている（『二六新報』一八九四年一〇月三〇日付「サラミ④」）。天佑侠の人士らはのちに東学農民軍との連帯を図ったと自画自賛的に鼓吹するのだが、鈴木天眼のような朝鮮蔑視観の持ち主に連帯思想があったなどというのは、笑止千万である。それが全くの出鱈目であったことはつとに明らかにされている。日清戦争以降「朝鮮人」という言葉には、「おかしなもの」「卑劣なもの」というイメージがやはり付着していく(山田昭次『金子文子』影書房、一九九六年)。

そのようなイメージは、何よりも朝鮮社会が野蛮・未開の落後した社会であるという認識からくるのであるが、落後した朝鮮という認識は、理論的かつ典型的には、日露戦争直前に朝鮮を旅行して、「韓国の経済組織と経済単位」(一九〇四年脱稿、『経済学全集』第四集、一九二五年)という論文を書いた経済学者の福田徳三の朝鮮観に見出すことができる。発展段階史観に立つ福田は当時の朝鮮社会を藤原時代に比定し、封建制を欠如した社会と見た。近代化の前提として封建制の必須性を論じるのは、一元的な発展段階説であり、朝鮮固有の発展を無視した皮相な議論[*1]だが、このような「朝鮮社会停滞論」は学者だけでなく、当時の日本知識人の一般的見解であった。たとえば、明治ナショナリストの代表的人物のひとりである山路愛山は、一九〇四年に執筆した「韓山紀行」(『現代日本思想大系 四 ナショナリズム』筑摩書房、一九六四年)において当時の朝鮮を「奈良朝時代の復活」と見、しかも「韓人の生活は精神なき奈良朝生活」とまで軽侮している。文明化に遅れをとっているとはいっても、朝鮮はなお文明化しうる内在的可能性を持った国家・民族であるという、かつての福沢や健全な頃の自由民権運動家たちの認識は、そこにはもはやない。

興味深いことに、このような確信犯的な朝鮮落後観は、時に学者・研究者の間にさえ非科学的な認識を呼び起こす事態となっている。かつて朝鮮人の体躯は、日本人に比べかなり大きかったのだが、農学者や農商務省の技官が綿密に現地調査をして作成したことで知られる『韓国土地農産調査報告』(一九〇七年頃)では、そのことについて次のように説明されている(京畿・忠清・江原道部・第二編)。

吾人ノ見ル所ニ依レハ、總シテ韓国人種ノ体格偉大ニシテ力強ク壮健ナル所以ノモノハ、蓋シ羸弱ノモノハ天然ノ支障ニ堪ユル能ハスシテ、強健ナルモノ、ミ独リ生ヲ享クルノ致ス所ニ依ルナランカ。

何事にも日本人が朝鮮人に優越しているはずだという優生学的とも言える認識ゆえに、日本人は朝鮮人より体躯が劣るという事実を非科学的にしか説明し得ないでいる学者・研究者の戯画的な苦渋の姿が彷彿とさせられる。

では、ステレオタイプ化された朝鮮のイメージとは、具体的にはどのようなものであったのか。それらは日本人が書いた多くの調査報告や旅行記などに見ることができるが、「懶惰」「狡猾」「卑劣」「陰険」「忘恩」「破倫」「虚言」「怯懦」「軟弱」「不潔」「不規律」「無気力」「無信義」「破廉恥」「因循姑息」「頑迷固陋」「面従背違」など、人間としてのあらゆる劣等的価値が羅列される。なるほど、中国に対する以上の野蛮イメージである。ある人物は、朝鮮人は性情風習や社会のあり方においては中国に似ているとしながらも、しかし朝鮮人は、「似て非なる支那人となりたり、彼れは支那人の自尊心なく、支那人の勤倹力行心無し」と述べている（「朝鮮人とは如何なるものか」琴秉洞編『資料　雑誌にみる近代日本の朝鮮認識』四、緑陰書房、一九九九年）。ピーター・ドウスによれば、それらは「日本の社会的制度的構造と比較して非対称をなす」ものであるという（「朝鮮観の形成――明治期の支配イメージ」ピーター・ドウス／小林英夫編『帝国という幻想』青木書店、一九九八年）。だとすれば日本は、対極的に優等的価値のみを持った人々が住む「清浄の領域」だということになる。

調査報告や旅行記において、わけても注目される朝鮮蔑視観は、国家観念の欠如と「懶惰」に対する指摘である。ある人物は、「其国民一般の脳髄中には朝鮮といふ国がない。貴賤上下唯自身あるを知るのみで、国家といふ観念は毛頭ない。朝廷では力の限り租税を取り立てるが、それは国用に供する為ではない。国王も大臣も皆自身の富を積まうと勉めるのである。細民も亦国の為といふ観念がないから、多く働けば多くの租税を取られる丈で、少しも手元に残らないといふので、怠けられるだけ怠け、農民は田圃山林も荒廃するまゝに任せて居る。此位上下一致して愛国心といふものを有たぬ」と述べている（「不思議な国」前掲『資料　雑誌にみる近代日本の朝鮮認識』一）。ここに見られる認識は、国民国家化と資本主義化をすでに達成した近代文明国の立場からする劣位の国家に対する侮蔑である。

朝鮮は、利己的人間の集合体にしか過ぎず、国家の体をなしていない国だというのであり、これは明確な亡国宣言にほかならない。

こうして朝鮮に対するステレオタイプ化した侮蔑イメージは、日露戦争までには完成を見ることになる。日比谷焼打ち事件に象徴されるように、日露戦争は民衆レベルにおけるナショナリズム成立の画期となる事件であったが、朝鮮獲得のために多くの犠牲が払われたと認識した民衆間にあっては、この時期侮蔑のみならず憎悪をも随伴した朝鮮観が生み出される。息子を日露戦争で戦死させた「昔の若衆神田の八五郎」と名乗るある老人は、韓国統監伊藤博文の朝鮮政策を論難して、「朝鮮はおめいさん一人の朝鮮ぢゃあねい。わっしの朝鮮だ。惣領を其為に殺したわっしの朝鮮だ。日本の朝鮮だ」と啖呵を切った後に、次のように自らの朝鮮人観を吐露している（「一平民の朝鮮論」同上、二）。

朝鮮人と云ふ奴は一筋縄で行けるのぢあ無ぇ。見掛けはぼんやりして居るやうだが何所か強い処がある。日本人は木なら杉だ、堅くて真直だ。朝鮮人は木なら柳だ。ぐにゃぐにゃして居るがしんなり強いよ。鰻や鮹ってやつは体はやはらけいが、一寸捕らねいもんだ。朝鮮人は鰻だ。一寸捕ねい処があるよ。日本人は江戸兒気性だ。夏坐《ママ》敷で明けっ放しだ。朝鮮人はそうぢやあ無い。腹の仕掛が入組で居る。野郎ぼんやりして居るかと思やあ中々利《ママ》口だ。甘い口をきゝやあがって、有難いの百万遍も並べて礼を言ふから、ほんとうにそうかと思って居りあ。腹ぢあ舌を出して居やあがる。口と心が違って居る。心と顔が違って居る。正直そうでこすく、馬鹿のやうで疑深かい。人の恩は山ほどのことも右から左へ忘れる。其代わり怨は何時までも腹の中にかくして置いて金輪際決して忘れないと云ふのが朝鮮人の持前だ。

血の犠牲を媒介にして日本国民の自覚を強く刻印された一民衆が、帝国主義と排外主義に見事なまでに取り込まれている様子がうかがい知れるであろう。民衆は、悲劇と同情、そして排外感情などを共有することによって、他国民に優位する誇り高き日本国民となったのである。

今や朝鮮の完全植民地化は、日本国民総体が念願する一大国是となったと言えよう。いよいよ韓国併合を迎えて、日本のメディアが韓国併合を礼賛・慶祝する記事で溢れかえったことは、つとに指摘されていることである（姜東鎮『日本言論と朝鮮　一九一〇―一九四五』法政大学出版会、一九八四年）。韓国併合を正当化する論理が「朝鮮社会停滞論」であったことは言うまでもない。もはや文明化し得る内在的力を何ら持ち合わせていないと診断された朝鮮は、保護国の地位のままにしておくわけにはいかず、致し方なく併合という手段によって文字通り日本の一員に引き上げてやるしかなくなったというのである。そのような併合合理化の言説は、歴史学者の喜田貞吉の議論に典型的に見ることができる。彼は併合の翌年に『韓国の併合と国史』を著し、「もはや分家は何時までも貧乏暮らしを継続し、永く自ら苦しみ、近所に迷惑をかける必要はない。そこで当人も復帰を希望し、本家も喜んで之を引き取ったのが、即ち韓国併合である」として、「停滞論」的立場を「日鮮同祖論」によって補強しつつ併合を称えた。

このような併合合理化論は、当時にあって社会の隅々まで浸透していたものであり、そのことは社会主義者もまた併合に反対し得なかったことに端的に示されている。大逆事件の余波を受け、社会主義運動が「冬の時代」に入っていくなかで、片山潜らによって唯一発行が維持されていた『社会新聞』は、「日韓合併と我責任」（一九一〇年九月一五日）という論説を掲げ、朝鮮は数千年の間確固たる独立をなし得なかったのは独立心がなかったためであるのだから、今後は「日本帝国臣民としての独立心」を養うべきであり、日本人の使命は「非常なる誠意を以て朝鮮人を養成して立派なる日本帝国の臣民と為すにある」とした。そして、そのためには「高妙《ママ》なる手段方法（統治）」を行うべきであるとしたのだが、まるでのちの斉藤実総督時代の文化政治を先取りしたかのような同化政策の奨励である。ある意味では当然のことながら、近代文明人意識を強く持つがゆえに、社会主義者さえも傲慢な指導者意識を免れ得なかったのである。

韓国併合がなった一九一〇年八月二九日、東京市中には軒ごとに日の丸が翻り、日本橋界隈の商家では午後より休業するところが多く見られ、祝い酒が振る舞われた。人々は昼間より街にくり出し、花電車が行き交い、楽隊笛太鼓が鳴り響く喧噪のなかで酔いに任せて万歳を歓呼し、各所を練り歩いた。こうした慶祝風景は夜まで続き、二重橋前には朝来の群衆がとぎれることなく万歳の声を響かせた（帝国実業協会編『韓国併合紀念史』一九一一年）。当時にあって他民族を抑圧差別することの問題性を自覚する回路は全く閉ざされており、たとえそうした回路に足を踏み入れる者がいたにせよ、そうした者の声は歓喜の渦のなかでかき消されるしかなかった。そのことは、時に「地図の上　朝鮮国に　くろぐろと　墨をぬりつつ　秋風を聴く」と歌った石川啄木の声が全くのつぶやきに終わったことに端的に示されている。

2　朝鮮人差別と例外的日本人

朝鮮植民者について、梶村秀樹は次のように述べている（「植民地と日本人」『梶村秀樹著作集』第一巻、明石書店、一九九二年）。

歴史に登場する朝鮮植民者の生きざまは、ギョッとするほどすさまじく、弁護の余地なく邪悪である。庶民にいたるまで、ときには庶民が官憲以上に、強烈な国家主義者であった。かれらは朝鮮人に対して、国家の論理で完全武装した冷酷なエゴイストであり、あけすけな偏見の持ち主、差別・加害の実行者であった。

また植民者三世として朝鮮に生まれた村松武司も、「長いあいだ、おずおずと暮らしていたもっとも気の弱い誰某でさえも、植民地へはいると、自分の威光を意識することができたのだ。誰も彼もがそうであった。例外はなかった」と述べ、植民者の驕りを一般化している（『朝鮮植民者』三省堂、一九七二年）。あまりに誇張した表現ではないかと思われもするが、しかし朝鮮植民者の悪辣ぶりについては、当時の日本人も率直に認めるところであった。韓国領事の経験がある信夫淳平は自著『韓半島』（一九〇一年）の中で、「信義を軽んじ契約に責任なく、一言にして括くれは、欺いて取るを以て商略の最も巧なるものと為す」のが在朝日本商人であり、それゆえに信義を重んじる清国商人に日本商人は対抗できないと指摘している。初期の頃の植民者にそのような悪辣な者が少なからずいたことは、朝鮮の地方警察行政に携わったことがある今村鞆もまた、その回想において認めている（「二〇年以前の朝鮮」藤村徳一編『居留民之昔話　第一編』一九二七年）。彼は、「民《ママ》留民の中には、昔しは不良日（本）人があって、随分と悪事をやった。彼れは日韓両国の関係が、東洋の平和の大眼目より成立せるなどは、テンデ頭の中になく、唯自国の強勢を恃み、自己が先天的優者の権利を獲《ママ》得せる如くに振舞ひ、濫に韓人を劣等視して陵辱を加えた」と述べ、暴力的にして詐欺的な高利貸しや、統監府官吏になりすまして朝鮮人から各種の徴発をした植民者の実態を紹介している。朝鮮植民者は、とりわけ初期の頃にあっては、食いつめ者で冒険心の富んだ「一旗組」が多かったのだが、彼らは国家の威光を背負って朝鮮人に君臨し、非道を正義として「成功者」になり上がっていったのである。

従って、本国人以上に「忠良なる帝国臣民」としての自覚を持つ朝鮮植民者集団に、朝鮮に対する愛情など初めから期待できるはずもなかった。別表は、朝鮮憲兵隊司令部が「内鮮融和」の理念を遂行するにおいて反省すべき点があるとして、一九三三年に「内地人の指導階級有識層」のみに頒布した『朝鮮同胞に対する内地人反省録』の目次だが、ありとあらゆる差別のオン・パレードである。植民地期の朝鮮人が自らの父祖伝来の地でいかに屈辱をかみしめて三六年を生き抜いたかがうかがい知れる。梶村秀樹によれば、官僚社会にあっても、朝鮮への赴任はのちのちまで、「満州国」への赴任と比べても、都落ちないし貧乏くじと嘆く感覚が息づいており、植民者社会では、上から下までコンプレックスが貫徹し、それが移譲されて最後に朝鮮人に向けてぶちまけられたのだという（「植民地朝鮮での日本人」前掲『梶村秀樹著作集』第一巻）。近代天皇制の抑圧移譲の論理（丸山真男）のもとにあっては、朝鮮人・沖

別表『朝鮮同胞に対する内地人反省録』目次

・内地人芸者が朝鮮知名の士に汽車の窓覆を閉めさす.
・貿易商の小切手を信用せず，遂に商取引を棒にした商人.
・朝鮮の人に出す手紙の宛名に「ヨボ」と書いて発送す.
・税金を滞納しておきながら，督促に行った財務係員に暴言.
・「ヨボの国を後にして高梁の国に着いた」と非常識の挨拶状を送る.
・内地人と思って叮寧に散髪し後で朝鮮の人だと知って侮辱す.
・活動写真の見物に行き空席があっても腰が掛けられない.
・僅か一円の器具を壊したとて三ヶ月間無休で働かす.
・火事と聞いて駆け付けたが朝鮮の人の家と判って皆引返す.
・生死の境にある産婦に前金でなければ往診せぬ医師.
・運動会委員が「不潔な鮮人は帰れ」と怒鳴って問題を起す.
・軍人志望の朝鮮の人に「国を無くする鮮人に戦争が出来るか」と侮辱す.
・朝鮮の人と聞いて今は忙しいと診察を拒絶したお医者さん.
・「鮮人は汚くて虱がいる」と座った跡の掃除を命ず.
・朝鮮の使用人を冷遇し食事も他の余り物を喰わす.
・朝鮮の人は先に来ても後廻しにする散髪屋.
・「鮮人の腐れ頭を刈る器械はない」と散髪を断り追返す.
・仕事を休み出てきたのに展覧会も見ずに追返へさる.
・停車場の待合室で待合中席を譲れと靴で足を蹴る.
・愛馬が斃んで悲く《ママ》みの最中其の馬を喰へと侮辰《ママ》す.
・内地料理で忘年会を計画したが，鮮人客は取扱はぬと追返さる.
・朝鮮の人と聞いて診断もせず，看護婦に注射させた医師.
・活動常設館で内鮮人を差別し朝鮮人は見悪い場所に案内す.
・酔った掲句《ママ》に所持金を遣ひ果たし鮮人女給が盗ったと身体検査.
・左側を通行している鮮童が過って衝突したのに頬ぺたを殴る.
・頭を下げて金借りに来た者を泥棒扱ひにして履物を隠す.
・荷物の置き方が悪ひと殴付け治療一ヶ月を要する負傷を与へる.
・十年間も働かせてたった百円で追出した雑貨商.
・玉突を見たとて頭から冷水をぶっかける.
・自分の不注意から突当たって転び，相手が詫びるのもきかず殴ったり蹴ったり.
・買物に行って釣銭を返すのを忘れ「泥棒の様な者」とののしらる.
・ヨボの集金人には金を渡さぬ，内地人の店員を寄来せと追返す.
・野菜を二本踏み倒したとて雇人を即座に放逐す.
・顧客を侮辱した上，頬ぺたを殴って突出す.
・品物を買って代金を支払わず呶鳴り散らして追返す.
・商品券で物を買った鮮人に「何処で捨《ママ》ってきたか」と侮辱す.
・写真の撮り直しを依頼しても「鮮人が美しくた《ママ》るか」と拒絶す.
・朝鮮人の女給が日本服を着たと云って侮辱す.
・新造の船に古材を使ひ取替を要求しても仲々応じない.
・品物を買いに来たお客を，内鮮人によって態度を替へる商売人.
・物品の値段を尋ねたのに「お得意は沢山あるから」と追出す.
・雇人と妹との真剣な恋を裂いて解雇手当もやらずにおっぽりだす.
・「朝鮮人に限って湯銭を払わぬ先に入浴する」と侮辱す.

・病院の集金人に金がないとて，数年間支払わず殴って負傷さす．
・落ち穂を捨《ママ》った鮮女を泥棒と罵り足蹴にしたため遂に流産す．
・「ヨボ坊主の念仏は聞く要がない，早く帰れ」と追立てる．
・「朝鮮人の頭は犬と大した相違はない」と侮辱する．
・「お前等とは身分が違ふ」と燐寸を貸さなかった請負師．
・「ヨボ臭ひ豆腐は貰っても喰はれぬ」と侮辱した奥さん．
・「朝鮮人は大蒜臭ひ」と待合室を追立てる．
・野菜売りの女に「盗んだ品だから安くせよ」と侮辱す．
・「ヨボは豚小屋の様な家ばかり」と敷地の貸与をはねつける．
・「朝鮮人は朝鮮製の醤油でよい」と内地製の醤油を売らぬ商人．
・可愛い孫の玩具を買ってやらうと一寸手にしたのに泥棒とののしる．
・お菓子を買ひに来たお客に値段が安ければ腐ったものでもよいではないかと侮辱す．
・神宮参拝の朝鮮人に対しヨボには信仰心がないと罵る．
・「今日は日本に負けた日だ」と鮮童を罵る小学生．
・「朝鮮の人は猿の性が脱けない」と侮辱した雑貨商．
・内地人が済まぬ中は入れぬと入浴を断る風呂屋．
・列車内に空席があっても席を譲らぬ内地人．
・身なりが汚いと活動の入場を断る．
・温泉で朝鮮の人の風体に依って入浴を断る．
・「ヨボの妻になる位なら女郎になった方がよい」と侮辱す．
・朝鮮人の給料袋に「ヨボ」と書いて渡す商店主．
・六年間も使った朝鮮の人を約束の給料も与へず放逐す．
・三等待合室は臭いと，一，二等待合室を動かぬ内地人．
・朝鮮の女中が主人の衣類に手を触れたと叱る奥さん．
・就職希望の朝鮮の人を「ヨボなんか採用せぬ」と突出す．

縄人・アイヌ人などは、天皇制国家の最底辺、ないしは埒外のものとして認識されたがゆえに、彼らに対する差別と侮蔑は殊更であったのだが、植民地朝鮮では、それらは無意識的、日常的なものであり、当局もあえて反省を迫るしかなかったのである。

しかし、「反省を求むる」といいつつ、この冊子は「その反省指導の資料に供するに過ぎないから、蒐集編纂の存意を諒とされ本冊子其儘を他に漏洩なきを切望す」という断り書きをつけていることから分かるように、在朝日本人全般に直接伝わらないように指示している。当局は、血統主義によって日本人としての優越した地位と既得権益を保持している植民者のプライド＝排外的ナショナリズムを傷つけてまで反省を促す気はなかったと言うことができよう。差別の根本的な除去ないし禁止は、底辺日本民衆の鬱屈した感情の矛先を時に上に向かわせかねなず、抑圧移譲のシステムを瓦解させ、ひいては天皇制国家の根本的見直しにまで論理展開していく可能性のあることを、当局は直感的に知っていたものと思われる。

そのような直感のもとに、日本民衆を犯罪にまで追い込んだ典型的な事件が、日本での事件ではあるが、関東大震災の際に行われた朝鮮人虐殺である。周知のように軍隊と警察は、民衆のパニック状況と、それを誘発するかも知れない「不逞鮮人」の影におびえて、「鮮人襲来」の風聞をかえって積極的に流布し、自警団を組織させて朝鮮人虐殺を傍観した。問題は自警団に集った人々の具体的姿である。姜徳相によれば、彼らは鳶職・桶屋・者・人力車夫・火鉢屋・足袋植・行商人・日雇いなどの、いわゆる下層細民であったという（『関東大震災』中公新書、一九七五年）。今村清一・斉藤秀夫の研究でも、「親方・子方関係の強く残されていた人夫、職人関係」の者で、底辺労働者と小商人などであるとしている（関東大震災五十周年朝鮮人犠牲追悼行事実行委員会編『歴史の真実　関東大震災と朝鮮人虐殺』現代史出版会、一九七五年）。天皇制の底辺に位置する彼らは、日常的には国民の主役たり得ない疎外された民衆だが、非常時には国家的アイデンティティ＝国民を晴れて実感できる階層である。近代国家が主催する数々の祝祭はその絶好の場であったが、関東大震災は、彼らがその日常的な階層コンプレックスに規定された鬱憤をはらす絶好の場となった。彼らは旦那衆からの振舞酒に鼓舞されて、弱き市民を守護する戦士＝国民の主役となって「天下晴れての人殺し」に赴いたのである。彼らの中には、「神田の八五郎」のような人物が多くいたものと思われるが、彼ら底辺民衆はまさしく近代天皇制国家のシステム上において不可欠な存在であったと言えよう。

しかし彼らは、排外的になればなるほど、自らの憎悪のなせる業として影なき声に恐れおののくこととなる。太平洋戦争さなかの一九四三年、千葉県では朝鮮人に対する奇妙な「流言」が相次いで起きている（『特高月報』一九四三年一一月分）。すなわち、

・朝鮮人が毒消し売りの女を強姦し、殺害して食べた事件があったので、女たちは夜も歩けない。
・大阪に片腕のない百万長者の朝鮮人がいて、農作物の買い占めを行って統制経済を破壊しようとしている。
・飯米に窮した朝鮮人妻が警官に子供を始末するよう示唆されて子供二人を殺害したところ、その夫が逆上して警

官二人を殺害した。

・朝鮮人は汽車から写真撮影して見つかると飛び降りて逃走する。

・朝鮮人中の質のよい者は重慶政府の蒋介石麾下で活躍している。

などの流言である。最後のものなどは「流言」とは言えないものではあるが、いずれにせよ、いつ終わるとも知れない太平洋戦争という非日常的事態の日常化のなかで、日本民衆は自ら侮蔑、憎悪してやまない、「内地」に存在する朝鮮人の報復に怯えて恐怖感を抱きだしたものと見える。このような流言は、それまでにも全国でしばしばあったのではないかと推測される。[*2] 為政者も実のところは疑っていた「内鮮一体」などというスローガンは、民衆レベルではほとんど説得力を持たず、民衆は血統主義の世界で引き続き思惟していたのだと言えよう。血統主義に規定された、朝鮮人に対する侮蔑と憎悪、そしてそうした感情を持つがゆえの恐怖感こそは、日本民衆が敗戦直後に「第三国人」認識を無理なく受容し得る前提条件となったものと思われる。

以上のように改めて確認したことながら、朝鮮人差別は近代日本において普遍的現象であり、またそれは底辺社会では時として増幅されて現象した。冷徹すぎる評価かも知れないが、当時にあっては朝日の連帯などというのはそう容易いことではなかったと言うことができよう。しかし日本人にあって、差別とは無縁であった人々が全くいなかったというのではもちろんない。どのような人々がそうした存在であったのかが問われなければならない。

結論的にいって、近代の民族差別の特徴が強固な国家主義によって規定されたものである以上、それから自由であるためには、まずもって国家を相対化する視点、ないしは国家から自由であろうとする精神の独立が求められよう。紙幅の関係上詳しくは論じられないが、そうした視点を持った人物として、まず政治家では勝海舟があげられる。彼は幕末期に三国同盟論を唱えつつも、征韓論的言説もなすという思想の揺れを示しているように、しばしば論じられる。しかし松浦玲によれば、それは実証的に問題があり、幕末期海舟は一貫して同盟論者であったという。そして明治期に入っていくと、当初は政府の一員に加わりはしたものの、やがて明治政府の近代国家化に疑問を呈していくようになるのだという（松浦玲『明治の海舟とアジア』岩波書店、一九八七年）。確かに海舟は、当時としては珍しく日清戦争に反対しており、皮肉混じりに「日本は立派な国家だけれども、支那は国家ではない。あれはたゞ人民の社会だ」（『氷川清話』『勝海舟全集』二一、講談社、一九七三年）と言い、「堯舜の政治」を志向する中国に敬愛の念を表明している。朝鮮に対しても、「数百年も前には、朝鮮人も日本人のお師匠様だったのサ」（同上）と言っており、差別意識の片鱗さえうかがえない。西欧近代化を急ぐ明治国家への突き放した見方が、そうした認識を可能にしたのだと思われる。

　知識人にあっては、一時期の吉野作造をあげておこう。彼は普遍的道義の定立を模索することで国家主義を批判した（山田昭次「金子文子と吉野作造の朝鮮観」『朝鮮史研究会論文集』三六、一九九八年）が、三・一運動に際して「最高善を国家に実現せしめんとするのが我々の理想であるとする《ママ》以上、予輩は、彼の把持する一片の正義を包容し得るにあらずんば、日本の将来の道徳的生命は決して伸びるものでない」（「いわゆる呂運亨《ヨウニョン》事件について」）松尾尊兊編『中国・朝鮮論』平凡社、一九七〇年）として、朝鮮の独立に理解を示した。また、文化人としては柳宗悦[*3]に強い影響を与えた浅川巧があげられる（高崎宗司『朝鮮の土となった日本人――浅川巧の生涯』草風館、一九八二年）。彼は朝鮮において一介の下級農林技師に過ぎなかったが、京城帝国大学教授安部能成をして「自由な囚はれざる真の基督教徒らしい骨頭を具へた人物」（「或る日の晩餐」『槿域抄』斎藤書店、一九四七年）と評させている。低位とはいえ官吏として天皇制国家の中でしかるべき地位を与えられた人物ではあったが、その自由な独立した精神ゆえに彼は国家的観点から朝鮮人を捉えようとはせず、その文化に素直に触れて感動することができたのである。

　天皇制に包摂されなかった人物で、朝鮮にゆかりがある人物としてあげられるべきは、朴烈の妻にして無政府主義者の金子文子である。彼女は不幸な生い立ちから無籍の子となり、家庭にあっては天皇制に規定された家父長的権威主義の中に育った。それへの憎悪から彼女は、天皇制を糾弾し、朝鮮に対して愛情を注ぐことができた（山田昭次前掲書）。まことに国家から自由な人であったと言うことができよう。

最後に、無名な民衆についても、国家から自由であるがゆえに朝鮮人差別からも自由であった人々がどれだけいたかが、問われなければなるまい。量的に提示することは困難であるが、しかしそうした人々の存在は、確実に指摘することができる。たとえば、一九〇〇年当時朝鮮の城津にいた税官吏の藤崎米助という人物は、「日本人トシテノ特性ハ毫モナク曩ニ我殿下御慶事ノ時ニ方リ在留臣民挙テ奉祝会ヲ催セシトキノ如キモ、「自分ハ別段日本ノ御世話ニモ為ラヌ故」ト公言シテ其出席ヲ謝絶セル抔在留人皆人外トシテ取扱フ程ノ者」であった（外務省外交史料館所蔵『韓国各地暴動雑件』機密第三七号）。また韓国併合前後の頃、朝鮮のある山村には朝鮮人女性と一家を構え、「慣れて見れば、総て朝鮮式の方が結構」と言って姿や言動など朝鮮人になりきってしまった日本人がいたという証言がある（前掲「一二〇年以前の朝鮮」）。日清戦争の際の功を誇るなど、国家から必ずしも自由であったわけではないが、痴情から人を殺めて朝鮮に逃げてきたこの人物は、「私」を大事にする紛れもない生活者としての民衆であった。しかしこうした人々は、十五年戦争と総力戦体制の進展のなかで、やがてほとんど消えてなくなっていくのだと思われる。国家を相対化しようとする精神の自立性は、知識人にあっても民衆にあっても到底許されない心性となっていくのである。

3　朝鮮人の屈折と抵抗

日本人の朝鮮民族停滞・劣等認識に対して、朝鮮人はどのような自己認識を持っていたか。これは朝鮮人の抵抗の論理を探るうえで重要な問題だが、近代的知識人に限って言えば、近代というフィルターが日本人の朝鮮認識と重なることによって、その少なからぬ部分が日本人的な認識を自己のものとして取り込んでいったと言うことができる。そうした認識はすでに韓国併合前よりあり、愛国啓蒙運動の代表的なイデオローグであった張《チャン》志《ジ》淵《ヨン》は、朝鮮人には「党派」「忌嫉」「依頼」「懶怠」「無国家」という「五種の病根」があるとした（「団体然後民族可保」『大韓自強会月報』第五号、一九〇七年）。中でも日本人が言うように「韓国人の懶怠は世界でも例を多くみることができないもの」であるとし、日本人の言説になんら疑いを持とうとはしていない。しかし彼においては、どれほど自虐的であろうとも、農工商の実業に携わっている者はその限りではなく、あくまでも支配階級たる両班・官吏や富豪・土豪などの富を有する者、そして盗賊・乞食・僧尼・道士・巫覡、さらには文字通り遊民生活をしているその他雑多な人々を、そうした範疇で捉えていたに過ぎない（「国家貧弱之故」『大韓自強会月報』第六〜七号、一九〇七年）。

ところが植民地期に入ると、そうした認識を朝鮮人一般に拡大して普遍化していく知識人が現れることになる。朝鮮近代文学の祖であり、のちに親日家として皇民化運動に携わっていく李光洙《イグァンス》がその代表的人物である。彼は一九二二年に書いた「民族改造論」（『開闢』一九二二年五月）という有名な論文において、支配階級には「虚偽」と「私欲」、一般民衆には「怠惰」「怯懦」「無信」「社会性の欠如」などの道徳的問題があるのを一般論として認めた。そして朝鮮民族が再生できる道は、これらの道徳的欠点を克服して民族性を全面的に改造しなければならないとし、しかもそれは永続的な課業であるとしたのである。当時社会進化論がすでに克服されつつあるなかで、彼は依然としてそれを信奉していたが、朝鮮が独立民族たり得ないのは、日本の責任である前に朝鮮民族の側にある主体的な問題によるというわけである。この論文の趣旨は、かなりの長期にわたって朝鮮民族は独立できないということを覚悟しなければならず、それゆえに独立運動は放棄し、当分の間は自治が達成できればそれに甘んじなければならないという結論に行き着かざるを得ないものである。彼はかつて三・一独立運動の先駆ともなった二・八宣言の起草者であったが、これは明確な変節であった。しかしそれは同時に、あまりに近代人たろうとしたがゆえに日本人的認識に無抵抗とならざるを得なかった者のひとつの思想的帰着であり、苦渋に満ちた降伏宣言でもあったと言えよう。

李光洙におけるこうした独立への諦念は、やがて彼をして皇民化運動に積極的に関与せしめていく決定的要因となるものであった。朝鮮の独立が不可能である以上、朝鮮人の幸福は日本帝国の支配体制下において実現を目指していくしかない。だとすれば、総督府が唱える「内鮮一体」という方針を信じて、「差別の除去」のために尽くさなければならない。しかし真に「内鮮一体」化して差別が除かれる日は、朝鮮人の皇民化が完成する日である。すなわち、「内鮮一体とは朝鮮人の皇民化をいふのであって双方歩み寄ることを意味するのではない」と、彼は言う。彼によれば日本人の定義とは、「天皇を仰ぎ奉って日本の掲国の理想たる八紘一宇を理想とする人民」のことであり、必ずしも血統主義的に定義されるものではない（『内鮮一体随想録』一九四一年）。しかし他方では、朝鮮人は朝鮮人であることを全く忘れなければならず、血と肉と骨がすっかり日本人になってしまわなければならないとも言う（『毎日新報』一九四〇年九月一二日付「心的新体制と朝鮮文化の進路⑧」）。李光洙の変節は、主観的には彼個人の人格上の問題であることは言うまでもないが、しかし客観的に見た場合、当時における近代的知識人の突きつめた姿の一典型であると言うことができる。そしてまた、今さらながらに当時の民族差別がいかに苛酷なものであったかが思い知らされる。

近代的知識人にあって、民族差別に耐えて民族の未来を信じ得たのは、自らの伝統的な文明＝道義や固有の文化に対する自負を放棄しなかった人々である。たとえば、本来強烈なナショナリストにして、のちに無政府主義者に転ずる申采浩《シンチェホ》はその代表的人物である（拙稿「金玉均から申采浩──朝鮮における国家主義の形成と転回」『講座世界史』東京大学出版会、一九九六年）。彼は一九二一年当時、「野蛮の性は文明の族に異なり、その到るところは必ずその文明を破壊す。日本もまたその一なり」（「日本の罪悪ありて功徳なきを論ず」『改訂版申采浩全集』蛍雪出版社、ソウル、一九七七年）と述べていた。彼は、いにしえより何ら文明を創造し得ず、しかも明治維新以降も内実のともなわない西欧化を表面的に推し進めるのみで、依然として自らの文明を想像し得ないでいる日本が、文明の国の朝鮮を侵略し、さらにはその文明を破壊しつつあると捉えていたのである。

申采浩の場合は国外にあって民族運動を頑強に行い得た——もっとも一九二八年五月逮捕され、一九三六年二月旅順刑務所にて獄死する——が、朝鮮国内にあっては、一九三〇年代に入ると組織的な民族運動が困難を極めた状況となってくる。そうしたなかで、なお民族の矜持を守り続け、民族差別に打ち克って独立民族の未来を確信しようとした文化運動が現れてくる。安在鴻《アンジェホン》・鄭寅普《チョンインボ》・白南雲《ペクナムン》・文一平《ムンイルピョン》などを中心とする、いわゆる朝鮮学運動である。この文化運動では、朝鮮後期の学問潮流に実学なるものを見出し、朝鮮独自の近代思想の萌芽として位置づけようとしたことが注目される（鶴園裕「近代朝鮮における国学の形成——「朝鮮学」を中心に」『朝鮮史研究会論文集』三五、一九九七年、及び姜海守「「朝鮮学」の成立」『江戸の思想』七、一九九七年）。

日本の植民地支配は、日本が先駆的に体得した近代文明を、なんら文明を有しないとする朝鮮民族に強要しようとするだけでなく、「日本国体を中心に建設された日本文化は、東西両文化を綜合し、世界で最も優秀なものである」（緑旗日本文化研究所『朝鮮思想界概観』〈今日の朝鮮問題講座　4〉一九三九年）との傲慢な認識のもとに、特殊であるはずの日本文化を普遍的な文化＝文明と自認し、それをも強要しようとするものであった。それゆえ、植民地支配に抗する道は、自らの伝統的な文明と固有の文化に対する自負を堅持し続けることによってこそ切り開きうるのであった。

しかし植民地支配の強化のなかで、そのような自負に動揺をきたす人々が次第に増えていくのは、否定し得ない。皇民化政策は一九三七年の日中戦争の開戦とともに本格的に展開されるようになるが、その前年に書かれた朝鮮軍参謀部の機密報告（「昭和十一年前半期朝鮮思想運動概観」『朝鮮思想運動概況』不二出版、一九九一年）によれば、「真ニ国家観念ニ目覚メタルモノ」は、「其数總人口ノ約二割三分ト観察セラレ、主トシテ官公吏及有識者、学生ニ多ク、之等ハ満州事変ヲ契機トシ、国際場裡ニ於ケル我国威ノ昂揚国力ノ躍進ニ痛ク感動シ、皇国ノ偉大ナル真姿ヲ認識シ、真ニ日本臣民タルヲ歓フニ至レルモノ」であるという。「二割三分」という数字がどれほど信憑性があるかは疑問なしとしないが、官公吏は当然ながら、知識人や学生に親日派が徐々にではあれ増えていくというのは、彼らが持つ近代性ゆえに首肯しうるところである。

とりわけ小中学生を含む学生が、学校という皇民化教育実践の場でその魂までも吸い取られかねない状況にあったことは言うまでもない。地方有力者の子として生まれたある人物の証言によれば、「当時は内鮮一体とか大和魂とかが強調されておりまして、私たちはみんな日本人という自覚を持つように教育されていたんです。ですから、わたしたちはほんとうに日本人だと思っていましたね。だから戦争に勝たねばならないと信じていました」という（呉昞《オビョン》権《ゴン》「光を失って」前田憲二・山田昭次他編集代表『百万人の身世打鈴』東方出版、一九九九年）。また、自作農の子として生まれ普通学校四年生まで進学したある人物は、「その頃のわたしは、もう、内鮮一体とか、皇国臣民とかいわれて、お国のためということしか分からない愛国少年だったんです。村には日本人はいましたが、そんなにたくさんいたわけではありませんし、特別威張ったりするのを見たこともありませんでしたが、子ども心に「日本人はエライ」と思っていたんですね」という（金性坤《キムソンゴン》「兄弟五人が樺太に連行され」同上）。皇民化教育の徹底のうちに、子供たちが素直に「天皇の赤子」になっていったことが察せられる。

しかしそれは実は、互いに監視、競争しあうという環境の中で培われたものであることを確認しておかなくてはならない。一九三八年の第三次朝鮮教育令において朝鮮語は正科からはずされ日本語の常用が義務づけられるのだが、「教室では日本語であるが、運動場の遊びでは自分たちの言葉が生きているわけですね。だから、そういうことが発見されると、「国語」の成績にひびいたり、品行方正でない学童と見なされたりしました」という李仁夏《イイナ》の回想（「植民地下朝鮮のキリスト教」小池健治他編『宗教弾圧を語る』岩波書店、一九七八年）は、そうした事情を物語っている。皇民化の度合いは、優等生であればあるほど強かったことが想定される。

しかし、皇民化の美名とは裏腹に民族差別の重圧を感性豊かに実感した者ほど、自らの皇民化にかける思考は屈折したものであった。日本に渡って戦時中に中学校まで通ったある人物は、「その間中、考えていたことは軍隊に志願することでした。そのことで人間扱いされるしかない、と。屈折した軍国少年でした」と告白している（朴四甲《パクサガプ》「わたしは軍国少年だった」前掲『百万人の身世打鈴』）。しかし彼は実のところ、心情においては真に「天皇の赤子」たり得なかった人物である。彼は続けて、「あの当時、朝鮮人が人間として扱われなかった時代、この重圧を跳ね返すには、戦場で死ぬしかないと思い詰めていた。（中略）別に天皇のためではなく、日本のためでもなく、おれが戦争で死ぬことによってハラボジ（祖父）や従兄弟の兄貴、そして次の世代の朝鮮人が、日本から対等の人間として扱ってもらえるようになる。素朴にそう思い込んでいた」と語っている。自らの死をかける覚悟をするまでに至ったというこの人物の証言には、民族差別が子どもの精神をどれほど痛ましくも傷つけるものであるのかを考えさせずにはおかない迫力がある。

皇民化にまつわる屈折感は、思春期以降の青少年にとりわけ顕著に見られるものであった。そのことは、一九四三年一〇月より始まった朝鮮人学徒出陣の一連の流れを見れば、端的に知ることができる。姜徳相の研究によれば、一部には親日派学生の積極的な志願があったにせよ、当初は志願状況は芳しいものではなく、当局はあらゆる手段を講じて志願者の増員を強制的に図っていったという（『朝鮮人学徒出陣』岩波書店、一九九七年）。当局は国民総力朝鮮連盟や翼賛会（学徒出陣推進団体）・親日派人士・町内会などを総動員するだけでなく、学校や家族にも圧力をかけて、本人を執拗に追いつめることによって、大量の学徒志願兵を確保したのである。やむなく志願に応じた学生の胸のうちは様々であったが、何ぴとにも共通して言えることは、「自己の持つ先験的ナショナリズムとの葛藤のはての多重的性格をもっていた」点であったという。入営してからも脱走が相次ぎ、反乱謀議事件も起きている。「内鮮一体」のスローガンは、実際の出陣を前にして多くの学生から強く疑われたのであり、「真ニ国家観念ニ目覚メタルモノ」は、「其数總人口ノ約二割三分ト観察セラレ、主トシテ官公吏及有識者、学生ニ多」いという当局の分析は、やはり主観的な楽観論でしかなかったと言えよう。「先験的ナショナリズム」というものがあるのか、果たして疑問ではあるが、皇民化の「美名」とは裏腹に執拗苛酷に存在し続ける民族差別の重圧が、彼ら学生の胸の内にナショナルな心性を自然に呼び起こしていったものと思われる。彼らはまさに、皇民化しようと懸命に努力しつつも、皇民化しきれない苦悶に満ちた人々であった。

朝鮮での志願兵制度は、一九三八年二月に施行されたが、通常の志願兵募集に当たっても強制がともなったのは言うまでもない。しかし何よりも問題なのは、その志願者の出身成分であって、宮田節子の研究によれば、八、九割が小作農であり、生活の糧を求めて志願した者がほとんどであったという事実である（『朝鮮民衆と「皇民化」政策』未来社、一九八五年）。学生・知識人層に属さない彼ら一般民衆は、皇民化された結果として志願したというよりは、生活上のやむを得ないせっぱ詰まった苦渋の選択として志願したに過ぎなかった。一九四三年八月に施行された徴兵制においても、日本語さえ分からない民衆が動員され、しかも軍隊内における尋常ではない民族差別に耐えかねて脱走する者が続出した。皇民化は実のところ、当局が見るほどには知識人や学生においても浸透していなかったのだが、一般民衆にあってはなおそれ以上にその浸透が難しい状況にあったと言えよう。

前掲の朝鮮軍参謀部の機密報告では、官公吏・知識人・学生などの親日度と対比して、国家に対して「無関心ノモノ」は「約五割八分ト目セラレ農民及労働者ノ大部ハ之ニ属シ、之等ハ我国体ノ如何ナルモノナルカヲ理解スルノ能力ナク、社会制度ニ対シテモ勿論弁別力ナク、動モスレハ主義者ニ欺瞞煽動セラレ易ク、又一面指導宜シキヲ得ハ善良ナル国民トナルモノニシテ、之等ニ対スル国家観念ノ普及ハ時局柄当面ノ緊要時タリ」と分析している。彼ら一般民衆は、「只自己ノ生活安定ト幸福ヲ希求シアルモノ」だとも分析しているが、日々の生活を精一杯に営んでいる彼ら生活者としての民衆こそは、理念に容易に取り込まれないがゆえに、当局がいかんともしがたいと最も頭を悩ましていた人々であった。そのことは在日朝鮮人にあっても同様であり、親日学生と思われるある一時帰省の帝大生は、「内地在学生は、概ね内鮮一体の方針に沿ひ、之が具現に努め居るも、在留労働者間にはまだ不心得の者多く、内鮮一体の前途なお遼遠の憾みあり」と証言している（「夏期休暇帰省学生の言動」『高等外事月報』第一三号、一九四〇年、不二出版、復刻版、一九八八年）。学徒出陣に際して在日の学生間にあってもその動員は強制的であり（姜徳相前掲書）、それゆえこの学生の証言には、当局への迎合が見られるのだが、圧倒的多数の在日朝鮮人を構成する労働者間にあっては、皇民化は到底困難な状況にあったのである。

無学無識の者ならばなおさらのことであるが、自らが生まれながらにして慣れ親しんできた言語・衣食住・観念、その他諸々の伝統的な文化的価値観は、知識のない者ほど頑強に保ち続けるものである。彼らは覚醒化した民族主義者のようには、理念化されたナショナリズムを持たないが、あまりに日常的に伝統的な文化に浸っているがゆえに、かつて自らの文化を「護持」した国家の記憶を忘れることがない。その意味で一般民衆もまた、素朴そのものでありながらも彼らなりの自律的でナショナルな心情を通奏低音として持ち続けていたのであり、彼らこそは「面従腹背」をもって民族差別に最も頑強に耐え、「内鮮一体」のスローガンに容易には惑わされず、皇民化を決して内面化することのなかった人々である。その意味では当局は、「動モスレハ主義者ニ欺瞞煽動セラレ易」い、そうした民衆こそを最も恐れていたと言うことができるように思われる。民衆は、十五年戦争体制下にあっても「流言蜚語」の形で執拗に「みえざる抵抗」を挑んだし（宮田節子前掲書）、また別稿で明らかにしたことだが、数多の終末論的新興宗教に集って日々解放願望を募らせていくのである（拙稿「朝鮮の終末思想＝『鄭鑑録』と植民地期の東学」歴史学研究会編『再生する終末思想』青木書店、二〇〇〇年、及び「植民地期朝鮮における新興宗教の展開と民衆――普天教における抗日と親日」『思想』第九二〇・九二一号、二〇〇一年）。

おわりに

民族差別なるものは、前近代においても存在するものであり、民族が明確に意識される近代における特有の現象では決してない。しかしそれは、民族としての国民の成立によって増幅され、ややもすれば排外的性格さえ持つようになる。日本の場合には、近代文明の先駆的体得者としての自負が、朝鮮や中国に対する優越意識を生み、「惰弱」「無能」「不潔」「懶惰」「狡猾」「卑劣」「陰険」「因循姑息」「驕慢不遜」などのステレオタイプ化した侮蔑イメージを造出した。その造出過程は、まさに日本国民の創出過程でもあり、国民意識の強固な成立は、排外主義的性格を随伴させるものであった。しかも、天皇制という特有な国体観念は民族差別を一層排外的なものとし、関東大震災における朝鮮人虐殺という悲劇は、天皇制に包摂された日本民衆の排外性を端的に示すものであった。

こうした差別・排外性から自由であるためには、近代の民族差別が強固な国家主義に規定されるものである以上、国家を越えた普遍的な道義や自由な独立精神が求められたが、そうしたものを持ち合わせた者はごく一部に限られていたと言える。民衆にあっては、国家から身を離したところで生活者として「私」をしたたかに主張できる者だけが、差別・排外性から自由であったと思われるが、そうした民衆も徐々に存在し得なくなっていく。

一方朝鮮にあっては、民族差別に耐えて民族の未来を信じ得たのは、自らの伝統的な文明や固有の文化に対する自負を放棄しなかった人々である。ただし、皇民化政策に取り込まれた一般の知識人や学生にあっても、依然として苛酷に存在し続ける民族差別を梃子に醸成される、なんらかのナショナルな心性ゆえに完全な皇民化は難しい状況であった。とりわけ一般民衆にあっては、日常的に伝統的な文化に浸っているがゆえに、皇民化などはるかに遠く、解放願望を募らせつつ、ひたすら民族差別に耐え抜いていくのである。

以上のことから思うに、近代において増幅される民族差別の克服とは、普遍的道義や、国家から自由であろうとする独立精神を持って、他者の文化を尊重していくことのうちにあるのだと言えよう。牧原憲夫によれば、かつて近代日本の形成期には、「客分」意識を持った民衆が多く存在しており、彼らは自らの不都合があれば国家と鋭く対立したという（『客分と国民のあいだ』吉川弘文館、一九九八年）。彼らはやがて、本稿でも指摘したようにほとんど跡形もなくいなくなってしまうのだが、時にそうした「客分」意識を持つことは現在においても重要であろう。現実問題として私たちは、依然として国民国家体系のなかに生きているが、要は国家の成員でありながらも、常に現実の国家と緊張関係を保ちつつその国家を監視し、自己の人格や生活・運命などを国家と決して同一視しないことである。互いに民族として生き、さらには対等な人間として存することを尊重しあう独立自由な精神は、そうした生き方を通じてこそ、その造出が可能になっていくに違いない。

しかし、それは決して容易なことではない、国民意識と対峙する、真の市民意識ともいうべきそうした独立自由な精神こそは、日本ではかねてより攻撃の対象とされてきた。それは、「よそ」を理想化する疑似普遍主義と「うち」を強調する土着主義（国家主義）が悪循環を繰り返すなかで、容易に真の普遍主義を立ち上げることができない思潮に規定されたものである（丸山真男「近代日本の知識人」『丸山真男集』第一〇巻、岩波書店、一九九六年）。そして、グローバリゼーションへの有効な対応を見いだせない今日、国家主義への回帰が容易に鼓吹されることで、独立自由な精神への攻撃はなお一層強まりつつあるのである。

注

＊1　もっとも、一元的な発展段階説に基づいて、逆に朝鮮においても封建制の存在を実証しようとしたり、あるいはそれを当為とするような、いわゆる内在的発展論は、南北朝鮮・日本を問わず、解放後（戦後）の歴史学において長きにわたって主流的見解として君臨し、現在でも影響力を失っていない。今後模索されなければならないのは、多元的な発展史観に立つ内在的発展論である。

＊2　在日外国人に対する排外的な流言は決して過去だけのものではない。ある夫婦が外国人グループに襲われ、妻はレイプされてそれを苦に自殺し、夫もその後を追った、という流言が一九九九年福岡県中西部で起きた。同様の流言は、九〇年から九二年にかけて関東地方でも繰り返し起きていたという（『朝日新聞』二〇〇一年四月三〇日付「この時代に」）。その背景には増大する外国人労働者への偏見がある。

＊3　柳宗悦は朝鮮の美を「悲哀の美」と表現したが、それは対等な立場からの文化評価では決してなく、帝国主義の側に身を置いたところからする、いわば強者から弱者への哀れみの眼差しであったように思われる。柳については、その朝鮮への愛情に敬意を表しつつも、その美観に対しては多くの批判がある。

【初出】三宅明正・山田賢編『歴史の中の差別』（日本経済評論社、二〇〇一年）。

五　植民者の朝鮮観

はじめに

植民者の朝鮮認識については、梶村秀樹の研究［梶村　一九九二］を先駆として、これまでにも多くの研究成果がある。高崎宗司の体系的な研究［高崎　二〇〇二］や、近年では鈴木文の研究［鈴木　二〇一一］が重要である。ここではそうした研究に学びながら、植民者たちはどのような支配論理で朝鮮に君臨したのかについて、まずもって筆者なりに簡単に跡づけてみたい。その上で、特に植民地エリートたる朝鮮総督府官僚の統治論理とその心性に迫ってみたい。

総督府の官僚についても、すでに少なくない研究があり、日本では大部な研究がいくつか出されている［岡本　二〇〇八／松田　二〇〇九／松田・やまだあつし編　二〇〇九］。そうした研究は、官僚の出自や行動、思想、存在様態など全般にわたっており、貴重な成果である。ただ、統治論理や心性については、なお解明すべき点がある。特に彼らの自己正当化の論理は、戦後においてこそ回想の形式でなされる場合が多い。そこで、ここでは回想史料をもっぱら用いて、そのことを明らかにしてみようと思う。

1 在朝日本人の朝鮮観

韓国併合以前、朝鮮では治外法権に守られて、日本人はずいぶんと悪辣なことをやっている。当時の在朝日本人について、韓国領事であった信夫淳平は、「本邦商人は資本に乏しく信用に薄きを以て、忽ち資本の運用に苦むは勿論、日々高利に追はるゝの苦境に陥らさる者殆と稀」であって、「信義を軽んじ契約に責任なく、一言にして括くれは、欺いて取るを以て商略の最も巧なるものと為す」と述べている（『韓半島』一九〇一年、一九―二〇頁）。また、朝鮮の地方警察行政に携わったことがある朝鮮民俗学研究家の今村鞆も、その回想で、「居留民の中には、昔しは不良日人があって、随分と悪事をやった。彼れは日韓両国の関係が、東洋の平和の大眼目より成立せるなどは、テンデ頭の中に無く、唯自国の強勢を恃み、自己が先天的優者の権利を獲得せる如くに振舞ひ、濫りに鮮人を劣等視して凌辱を加えた」と述べ、暴力的にして詐欺的な高利貸しや、統監府官吏になりすまして朝鮮人から各種の徴発をした植民者の実態を紹介している（「回顧二〇年前」『歴史民俗　朝鮮漫談』一九三〇年、四九〇―四九一頁）。

こうした報告や回顧談は枚挙にいとまがない。朝鮮植民者は、とりわけ初期の頃にあっては、食いつめ者で冒険心の富んだ「一旗組」が多かった［梶村　一九九二］のだが、彼らは天皇と日の丸の威光を背負って朝鮮人に君臨し、非道を正義として「成功者」になりあがった。近代日本の天皇制は、天皇を頂点とするヒエラルヒックな構造を呈し、末端には被差別部落民・朝鮮人・台湾人・沖縄人・アイヌなどを配したが、そこには自ずと「抑圧移譲」の論理が生じた。

「懶惰」「狡猾」「卑劣」「忘恩」「虚言」「怯懦」「不潔」「不規律」「無気力」「無信義」などの朝鮮に対する侮蔑イメー

ジは、「支那」以下的なものとして日清戦争頃には成立し、日露戦争頃に完成する。わけても、国家観念の欠如＝利己主義と「懶惰」認識は深刻で、朝鮮人は到底国家の独立を維持できない、停滞的、他律的な民族として把握された。これは韓国併合を合理化する最大の根拠となるものであった［趙　二〇〇一］。

日露戦争時の日本人の暴虐ぶりは、外国人をも顰蹙させるほどに傲慢なものであった［趙　二〇〇五］が、鉄道工事請負業者の菅原組や田中組の悪辣ぶりが際立つ。中でも、田中組は悪の代名詞となるほどに朝鮮人の記憶に刻まれた。一九〇四年六月大邱で、朝鮮人三〇〇名が田中組の暴虐に憤ってその事務所を襲ったことがあるが、これはただちに日本憲兵に鎮圧された（『日本公使館記録』二一、四六八頁）。しかし、その後チョンジュンイ（전중이　田中人《もの》）と言えば、懲役囚という意味の代名詞となり、現在に至っている。今村鞆によれば、田中組の人夫はいずれも田中組と染め抜いたハッピを着ていたが、当時朝鮮では衣服に字を記していたのは囚人くらいしかいなかったからである（「田中人」『歴史民俗　朝鮮漫談』一一一頁）。

在朝日本人の傲岸さは、韓国併合後の武断政治下にあってますますどぎつさを増していく。その憲兵警察制度は、日本人の間でさえ悪評甚だしい厳烈な暴力的規律システムであった。威嚇と身分標識の装置として、憲兵警察だけでなく一般の官吏や教師までもが制服の着用とサーベルの着剣を義務づけられていた。暴力主義は民間にも伝播し、「独リ憲兵巡査ノミナラス一般人民モ鮮人ヲ殴打スルカ如キハ別段意ニ解セサルノ風」（『現代史資料』二六、みすず書房、一九六七年、六一六頁）があった。一九一九年の三・一独立運動は、こうした差別主義に基づく苛酷な支配に対する朝鮮民族の一大抗拒であった［趙　二〇一〇］。

その結果、時の首相原敬は内地延長主義を内容とする文化政治を標榜し、新総督に海軍大将の斎藤実を任命した。文化政治の下では結社や言論の自由がある程度認められるようになった。斎藤治政下に警察官僚として朝鮮に乗り込んだ千葉了は、「鮮人は生意気になって何事も反抗的態度を取ると云ふ、成る程一般的に怎《いか》んな傾向のあるのは事実であつて、見様に依つては正に悪化したと云はれないではない」(『朝鮮独立運動秘話』一九二五年、一五三頁)と語っている。朝鮮人はいくぶん自由な気分になって、日本人に対して絶対的服従ではなくなったと言うのである。

それでも、苛酷な差別は引き続いていく。一九三三年、朝鮮憲兵隊司令部が「内鮮融和」の理念を遂行するにおいて反省すべき点があるとして『朝鮮同胞に対する内地人反省録』という冊子を刊行した。これには、多くの差別事例が紹介されている。しかしこれは、「内地人の指導階級有識層」のみに頒布したものであり、在朝日本人全般に直接伝わらないように配慮されていた。当局は、血統主義＝レイシズムによって日本人としての優越した地位と既得権益を保持している植民者のプライドを傷つけようとまではしなかったのである。朝鮮人が「生意気」になったとすれば、植民者の差別意識はなおさら増幅されていったとも言えよう。

そもそも、朝鮮に対する侮蔑イメージが「支那」以下的であったのだから、当時「朝鮮人」という呼称自体が差別語として成立していた。『朝鮮同胞に対する内地人反省録』には次のようにある(五頁)。

心ある人々は既に承知して居らるゝであらうが、朝鮮の人は「朝鮮人某」というが如く「朝鮮人」と呼ばれ「朝鮮人」と書かれるのを喜ばない、即ち朝鮮で生まれた者を敢てなぜ朝鮮人と呼ぶのであるか。翻って想ふに朝鮮生れの人を「朝鮮人」と呼ぶに何の不思議があるか、とも考へらるゝが、朝鮮の人はさう呼ばれるのを、理屈なしに何かしら侮辱されたやうに感じ、その自尊心を傷(つ)けられたと考へるのである。

これは笑えない話である。中国人・アメリカ人・イギリス人というように、外国人に対してその国名や民族名の下に「人」を付けて呼ぶのは普通のことであって、何ら差別ではない。しかし、ひとり朝鮮人に対してのみは、それができないという事態になっていたのである。植民地朝鮮では、朝鮮人を対象に呼びかけたり、話をしたりする場合、「心ある人々」の間では「朝鮮の人」というのが一般的であり、当局もそれを奨励していた。今でも、日本人の間にあって、「韓国人」とは言えても「朝鮮人」とは言えずに「朝鮮の人」という向きが、とりわけ年配者にあるのはこの名残である。

　このことは、「朝鮮の人」と呼称することが自らの「善意」を自己証明する手段になったということなのだが、植民地朝鮮では、「心ある人々」は自らの「善意」を疑うことは次第になくなっていく。朝鮮で一八年に及ぶ土木事業に従事したある人物は、「朝鮮半島にはそれまで日本はずいぶん金をつぎ込んでいた。三十余年かかって半島に金と手を加えてきた成果が、ようやく実を結びはじめていた」（松尾茂『私が朝鮮半島でしたこと　一九二八年―一九四六年』草思社、二〇〇二年、一九六―一九七頁）と言い、自らの仕事が朝鮮のためになったことを信じて疑わない。もちろん、「朝鮮の人にすれば、搾取されたというだろう。むずかしいところだ」（同上、七〇頁）と留保もしているが、自らが携わった水利事業が、朝鮮人から土地を取り上げ、朝鮮人を日本などの異境に追いやったことには露ほどの認識もない。総督府が一九二〇年代から三〇年代前半にかけて行った産米増殖計画は、高額な水利組合費を徴収したわりにはさほどの成果をあげられず、かえって多くの貧窮農民を誕生させたのは、当時としても明らかなはずであったのに、である。そして、朝鮮人土木作業員に対しては、「日本人と同じに公平に接するように私たちも心掛けていた」（同上、一〇六頁）として、自らが差別主義者ではないという確信にも強いものがある。

　植民地後期になるほどに、日本人の間では、何であれ朝鮮に対して行うことが朝鮮のためであるという認識が強まっていく。総力戦体制期には、「内鮮一体」ということが盛んにいわれ、建前上は朝鮮人差別はあってはならないものとされた。徴用・志願兵・徴兵・軍慰安婦・食糧（物資）供出などの戦時動員は暴力的に行われたが、それは真の日本人にしてやるという「美名」のもとに合理化され、日本人間にある差別意識をますます無自覚化させていった。一九一八年から一九四五年まで東洋拓殖株式会社に勤務したある人物は、八〇歳を過ぎてもなお、「私は渡鮮当初から、朝鮮では内地人ひとりひとりが朝鮮統治の責任分担者であると考え、一視同仁、内鮮融和の聖旨を奉じ、常に現地人の幸福を祈って働いて参ったのに、終戦により徒労に帰したことは誠に遺憾に堪えません」（猪又正一『私の東拓回顧録』龍渓書舎、一九七八年、二頁）と語り、日本の朝鮮植民地支配に対してついに疑問を感じることはなかった。

2 「善意」の植民地エリート

日本の朝鮮支配を疑う声は、植民地期を通じてほとんど聞くことができない。吉野作造や石橋湛山、柳宗悦などの学者・言論人・文化人、金子文子や浅川巧などの一般人・下級官吏などに同情や独立支持の声援があったのは事実だが、それらはあくまでも特殊で、点的にしか存在し得なかった。

のちに政治家となる言論人の中野正剛は、初代朝鮮総督の寺内正毅とその武断政治を痛烈に批判しはしたが、「善意の悪政」と評した（『我が観たる朝鮮』一九一五年）。国家主義者ならではの批評であるが、自らの「善意」を信じて疑わないのは、官僚にあってはなおさらであった。そもそも韓国併合は、東洋平和のために自立できない朝鮮を救って文明化するという名分があった。官僚である以上、彼らには治民意識があり、その名分に忠実たらんとする主観的な使命感があった。そして、「一視同仁」と「内鮮融和」を掲げる日本の朝鮮支配は欧米の植民地支配とは違うという論理が、彼らの使命感を一層正当化した。朝鮮は植民地ではないという論理は、原敬の次のような言説によく表れている（『原敬日記』一九一九年四月一五日）。

余の考にては朝鮮人を内治同様に遇せんとするにあり、英米が人種、宗教、言語、歴史を異にする人民を治むるが如き主義を以て朝鮮を治むるは誤れるものなり、日本朝鮮は全く同一の国なれば同一の方針にて統治せんと欲す、但文明の程度、生活の程度は今日直に一足飛に内治同様に取扱ふ事を得ざるは勿論なり……。

朝鮮は植民地ではないという論理は、武断政治下においてもあったが、文化政治以降はより一般化する。この認識は親日派の一部にも共有された。萩原彦三という人物がいる。彼は東京帝国大学を卒業し、一九一六年から一九三五年初まで総督府官僚を勤め、のち拓務省に転じてから、一九四〇年に朝鮮鉱業振興株式会社社長に天下り、再び朝鮮の地を踏んで日本の敗戦を迎えたエリート官僚である。彼は回想記の中で、一九二九年に拓務省が設立された時のことについて、次のように言っている(『私の朝鮮記録』私家版、一九六〇年、のち『植民地帝国人物叢書』三〇、ゆまに書房、二〇一〇年、所収、一五頁)。

従来の新領土統治方針が、内地延長主義と言うような曖昧なものであったから、拓務省設置案に対しては、世論特に朝鮮人側から強い反対が起った。枢密院顧問官の前総督斎藤さんはこの朝鮮人の反対意見を代表して、朝鮮を植民地扱いすることは、従来の統治方針に反し朝鮮民衆の信を失うと強く反対したので、省名も拓殖省から拓務省と改められ、組織においても管理、殖産、拓務の三局の外に、新たに朝鮮部を設け、朝鮮に関する事務は、台湾樺太関東州に関するものから切離して、別に取り扱うこととなった。この為朝鮮、台湾、関東州、樺太など拓務省の取扱う新領土を総括して呼称する場合に、特に植民地という言葉を避けて、外地という用語が新造された。

朝鮮人の世論によって、斎藤実が朝鮮を植民地視してはならないとしたというのは本末転倒だが、拓務省設立の経緯にこそは、日本の植民地支配がいかに侵略の事実を大義名分によって覆い隠そうとしたかがよく示されている。明治以来、欧米の侵略からアジアを守るというアジア主義を高く掲げ、アジアの盟主として振る舞ってきた日本には、植民地などあってはならないのであった。のちに東条英機が叫んだ「大東亜共栄圏」は、この延長線上に構想され、一九四二年に拓務省は大東亜省に改編される。

「植民地支配意識なき植民地支配」こそは、日本の植民地経営の特徴である。そこでは、言説として名分としてレイシズムが否定されている。それゆえに、そこには罪意識が驚くほどに希薄である。萩原彦三はその典型である。萩原はまずもって、自らが従えた寺内正毅や斎藤実に対する敬意を失わない。あれほど評判が悪かった寺内に対して、

「寺内さんが併合の際地方長官を集めて訓示した、施政の大綱を読むと、寺内さんの後進民族に対するいたわりの気持」があったとして、その善政を認める（同上、一五頁）。彼はわずか数ヵ月の間寺内に従えたに過ぎないにもかかわらず、である。こうした評価は、親日派を多く作り、その統治を「徳望政治」のように喧伝された斎藤実に対してはなおさらである。「何といっても、斎藤総督の、温厚寛仁の態度が魅力であった」（同上、五〇頁）とか、「民衆の斎藤さんに対する信望は極めて厚く、その温顔は慈父のような印象を与えた」（同上、五三頁）などと語っている。「唯在任があまり長かったので、その末期には幾分飽きられ気味であった」（同上）と留保を付けてはいるが、いずれにせよ、萩原の斎藤評価は敬意に満ちている。

こうした評価の延長線上には、当然に日本の朝鮮支配の正当性が具体的に示されている。萩原は、日本の教育政策はイギリスのインド支配と対照的で優れていたとし、「印度では早くから大学を設け、上流階級の者に満足を与えたが、数億の一般大衆は、英国の統治数百年の後も概ね文盲且貧困のままに置かれていた」（同上、四六頁）と言う。しかし、解放時点で朝鮮にも「文盲」は多くいたし、貧困は朝鮮全土に蔓延していた。朝鮮農民の貧窮化を促進した産米増殖計画も、それを立案した政務総監下岡忠治の中途病没を惜しむ形で、「このような大計画」として高く評価される（同上、五六頁）。宇垣一成の統治下で行われた農村振興運動に至っては、あと五年行われていたら、「恐らく貧農は大部分更生して立上ることができたらうと思はれた」（同上、八五頁）とまで言う。しかし実際には、農村振興運動は財政出動をほとんどしなかったために貧農の更生は進まず、その朝鮮人懶惰観を前提とした精神主義は、かえって朝鮮人への文化侵害をもたらし、反感を買う羽目になったものである。また、「朝鮮神宮には朝鮮民衆も段々心から参拝するようになり、そのお祭りも年々盛大になって行った」（同上、七七頁）と言い、神社参拝強制が朝鮮人の精神をどれだけ苦しめたかには思いがまるで至っていない。萩原が高く評価する朝鮮人も、李完用《イワニョン》・尹致昊《ユンチホ》・崔南善《チェナムソン》・崔麟《チェリン》・朴栄喆《パクヨンチョル》など、ほとんどが親日派と言われた人物ばかりである（同上、一一〇～一一三頁）。

もっとも萩原には、同化主義や内地延長主義への自己批判が全くないわけではない。帝国議会への参政権を認めず自治も許さなかったことを問題視して、「若し日本が戦争に突入するに至らなかったならば、朝鮮議会の設置に踏みきらざるを得なかったのではあるまいかと思う」（同上、八八頁）と語っている。朝鮮議会を作るということは、植民地議会を作るということであって、たとえばイギリスがインドに設置した立法参事会や、オランダがインドネシアに設置した国民参事会などが知られる。萩原の植民地支配意識の希薄さは、実は深層においては無意識の罪責観を随伴させていた。

しかし、それにしても萩原の回顧は、当時を懐かしむという趣が強い。植民地では、朝鮮台湾満州及樺太在勤文官加俸令（在勤加俸令）によって、俸給が日本本国よりも高等官で四割、判任官で六割ほど高く設定されていた。そのことで萩原も豊かで快適な生活を送っていたが、拓務省転勤の際には、「東京に転任すると、官舎もなく俸給も大略半減するので、私生活上まことに痛いのであるが、経済上のことはまた何とかなるだろうといった呑気な考えであった」（同上、九三頁）と回想するのみである。在勤加俸や官舎提供は朝鮮人には適用されず、同じく文官高等試験及第の高級官僚であっても、歴然たる差別があった。萩原には、同僚の朝鮮人官僚に対する後ろめたさなど微塵もない。これは彼ひとりの問題ではない。そもそもが日本人の総督府官僚は、俸給の高さを目当てに朝鮮勤務を希望する者がほとんどであったと考えてよい。

3　穂積真六郎と朝鮮

罪責意識が希薄な官僚の中にあって、良心的な官僚として名の知れた人物に穂積真六郎がいる。彼は東京帝国大学を卒業して朝鮮総督府の官僚となり、初代総督寺内正毅以来、歴代の総督に仕えた。だが殖産局長まで務めながら、反軍的だとにらまれ太平洋戦争開始の直前に辞任を余儀なくされた。朝鮮人の高級官僚であった任文桓《イムムナン》は、穂積が「創氏改名の強制に対し、「朝鮮人が着物の襟を左巻きに変えれば、日本が戦争に勝てるかね」と、不満を吐き捨てていた」のを記憶しており、「穂積氏こそは、本当の日本人であった」として賛辞を送っている（『日本帝国と大韓帝国に仕えた官僚の回想』草思社、二〇一一年、二四八頁）。また穂積は、日本人の引き上げに功があり、戦後は参議院議員にもなった。そして、日本が朝鮮で行ったことの問題を反省して再検証すべく財団法人友邦協会を組織し、のちに戦後における朝鮮近代史研究の開拓者となる宮田節子・梶村秀樹・姜徳相などの各氏を誘って朝鮮近代史料研究会を主宰した［宮田節子　二〇〇〇］。しかし、総督府日本人高級官僚としてのプライドを持ち、日本人を心底愛するがゆえに、穂積は日本の「善政」をすべて肯定しはしなかったが、その良心については、いささかの疑念も持ってはいなかった。ここでは、戦後に出された彼の回想記『わが生涯を朝鮮に』（私家版、一九七四年、のち前掲『植民地帝国人物叢書』三〇、所収）からその朝鮮統治観や朝鮮人論、日本人論などについて検討してみようと思う。

まず穂積の韓国併合観は、「朝鮮自体は併合してもあまり利益にならないが、日露戦争の結果、その向こうの満洲という富有《ママ》な地が勢力圏に入ったので、政治家も実業家も、満州に渡る桟橋のような気持で、朝鮮を日本の領土にすることを望んだ」（同上、一〇〇頁）というものである。併合は、「さんざん苦労した上での自衛手段」であったとも語っている（同上、一五頁）。朝鮮には領土的野心などなかったのだが、成り行き的にも自衛的にも、仕方なく併合したまでだというわけである。そして併合した以上、「大和民族というだけあって、よい人間である」日本人は、落後している朝鮮にさまざまな「お節介」をやき、逆に反発を食らってしまったのだという（同上、一〇一頁）。

穂積は、朝鮮が落後した民族であると考える点において、当時の一般的日本人といささかの違いもない。「怠惰な朝鮮人」は「あまり独創力も少なく、勤勉でもなく過ごし」てきており、民度において中国人に遠く及ばないという（同上、六九、一〇三頁）。実は、彼は朝鮮に行きたくなかったのだが、その理由は、「三〇〇〇年の歴史ある異民族を永久に日本人として、大和民族と同様、天皇様に尊崇の念をもたせようとする併合のやり方が気に入らなかったし、地形の関係からやむを得なかったにしても、強い者には何でも媚びを呈して、自分というものがないように見える韓民族の民族性もはなはだあきたらぬ感情をもっていたからだ」(同上、一四頁)という。穂積には、自衛上やむを得なかったにせよ、韓国併合は間違っていたという認識が確かにあった。しかし、朝鮮人に対する認識には相当な偏見があったのも事実である。「勤勉な朝鮮人を多く知っている」と言って朝鮮人に無上の愛情を注いだ浅川巧(『浅川巧　日記と書簡』草風館、二〇〇三、一三一頁)や、叔母の家の使用人を「珍しいほどの働き者だった」と言って、貧しい朝鮮人への愛おしさを吐露する金子文子(『何が私をこうさせたか』筑摩書房、一九八四年、五八頁)とはだいぶ違う。

穂積は、日本人が朝鮮人よりも優秀な民族であることを信じて疑うことがなかった。ただ彼の支配民族日本への思いは、やや屈折している。彼は、日本人は「朝鮮に対して優越感をもちながらも、何とかしてこの国をひとかどの文明に導きたいという誠意だけはもっていた。しかし、他民族を自国の臣民にしたら喜ぶだろうとか、永久に日本の天皇を尊崇させようという島国的な自惚れだけはどうしても感心できない」(前掲『わが生涯を朝鮮に』一五頁)と述べている。なるほど彼は、日本人が朝鮮に傲慢に君臨し、朝鮮を同化しようとしたことには批判的であった。「民族性を無視して、日本と同化させようという点と、日本の天皇を押しつけて、異民族に崇拝させようという点に限りない憤りを感じた」(同上、二四六頁)とまで言っている。そこには、生来の反骨精神のようなものが垣間見える。しかし、文明の名において朝鮮を支配したことを、日本の「誠意」として疑うことはなかった。朝鮮人は、「諦観、希望、虚無、反抗等々、錯綜する意識の中にいた」ので、「総督府はこの情景を、朝鮮人の怠惰性と李朝秕政の産物として、極力その矯正に努めた」が、「朝鮮人の刹那的享楽主義」を解消することは、ついに果たせなかったと言うのである(同上、二一一頁)。ここには、総督府が文明化という限りでは「善政」を敷いたことへの確信がある。彼は、「善政」がうまく機能しなかったことについて、以下のように単純化して述べている（同上、一〇三頁）。

当時朝鮮人の心も形も、近代式に開発して行こうというのは、全く容易なことではなかった。まして、その近代化が他民族によって指導される場合には、事毎に、それが民族の慣習と生存を破壊する侵略の手段から出る悪意と解する意識が先に立って、それが、真に国のためになるか否かという点は、感情の裏に消え去ってしまうのである。そして、自分が思想的にも実質的にも向上してくると、あんなものの厄介にならなくたって、自分には偉くなる素質があったのだと自惚れるといったふうな、どこか、厳格すぎる親に対する始末に負えない我儘息子に似たところがある。こうみてくると日本の朝鮮統治というのは、子供も勝手だが、親にもどこか足りないところがあったのだろう。

日本の朝鮮支配を親子の関係にたとえるとは、いかにも官僚らしい。穂積には、彼なりに植民地官僚として朝鮮、朝鮮人のために尽くしたのだという自負が最後まであったということである。それどころか、朝鮮の最高権力者に対しても、彼の評価は萩原彦三同様にきわめて高い。斎藤実に対しては、「総督は朝鮮の開発という大使命とともに、一番根底にある朝鮮の民族意識ということを、常に心底に考え、世界中が納得し得るように、終局においては世界平和の指導者として、各国に畏敬される国に育て上げていくことに、献身された」（同上、四五頁）と絶賛している。そして、斎藤政治は寺内正毅の政治を継承するものであったという見方をしている点が特徴的にして不可思議である。「寺内さんの、朝鮮を漸進的に文化《ママ》していこうという政策は、斉《ママ》藤さんの世界の中の日本として恥ずかしくないような、朝鮮人の立場をも考えた文化政策によって受け継がれた」（同上、四五頁）と言い、武断政治への批判が文化政治への転換になったことが無視されている。穂積は、寺内がよほど好きだったみえ、「寺内総督の官吏清廉のご指導」の結果、「潔白」な風は全朝鮮に行き渡り、それは朝鮮統治全期間に影響を残したとまで言う（補注1）（同上、二四九頁）。斎藤と並んで評価が高いのは宇垣一成である。宇垣は、農村振興運動や心田開発運動を行って朝鮮の皇民化に道筋をつける一方で、野口遵の日窒財閥と組んで朝鮮の重化学工業化を進めて朝鮮の大陸兵站基地化の基礎を築いた総督である。しかし穂積は、「(農村振興)運動はきわめて順調に、効果的に進み、宇垣総督は、その成果と相まって農業以外の諸産業についても、次々に方針を立て」、当時の産金政策は「宇垣という傑出した人を得て現出されたものである」という(同上、一二〇頁)。総督府官僚でありながら、反骨主義者であった穂積の真骨頂は、同化や皇民化を批判し得たところにあったはずである。彼は、「内地延長主義と言う不合理」(同上、一五二頁)とまで言い、文化政治の基本路線さえ批判している。にもかかわらず、皇民化政策と総力戦体制の下地を作った宇垣を「傑出した人」とまで評価するのは矛盾している。

宇垣は、朝鮮人の官公吏採用には、「君国に忠実であると云ふ一条件を加へざるべからず」(『宇垣一成日記』昭和七年六月二一日)としつつ、「現時の情勢にありては朝鮮の統治には内地人の優位を占むることは絶対に必要なり」(同上六月二四日)と言っていた。日本人が指導民族であることにいささかの疑念も挟んでいない。国体主義者の宇垣は、「世界無比の帝国日本は無比の帝国臣民に俟ち、世界無比の帝国臣民は世界無比の施設を創造し世界に無比なる之が運用を為すべき尊き使命を帯びて居る」(同上、昭和九年一一月一六日)とまで述べており、その精神はどこまでも日本至上主義である。また、「元々内鮮人は同元同根である、吾々の血液は既に混合して居る」(同上、昭和一一年一月一一日)と言って、穂積が嫌う朝鮮人の皇民化に積極的であった。そして、「日本の新領土朝鮮に対する遣り口は全然根底に於て彼等(西欧)の仕打ちとは異なりて居る」(同上、昭和九年一二月一〇日)として日本の善意を誇った。

穂積は確かに、朝鮮の文明化を「使命」としていた真摯な官僚であったかも知れない。しかし、宇垣をはじめとする歴代総督を高く評価する彼もまた、傲慢と無縁だったわけではない。実のところ、穂積は野に下って、日本の敗戦をまもなくに控えていた頃、「朝鮮が日本の一部となったからには、どうしても半島民をほんとうの皇国臣民に育て上げ、文化の程度を少なくとも内地同様の標準にまで引上げることが、我々の義務」(「朝鮮の回顧に就いて」和田八千穂ほか編『朝鮮の回顧』一九四五年、のち前掲『植民地帝国人物叢書』三九、一〇四頁)であると公言している。これは明らかに戦後の回顧とは全く違う。「太平洋戦争の直前、こんな役人がいては、内鮮一体さえ邪魔になるというので免職になった」(前掲『わが生涯を朝鮮に』二五五頁)はずの穂積が、何故にこのような「内鮮一体」論を主張し得たのであろうか。戦後の回顧が全くのアリバイ作りであるとは考えられないが、確固とした信念において皇民化に反対していたわけでもないということは明らかであろう。彼は宇垣同様に、日本の朝鮮統治は、「西洋諸国が他民族を征服した時のような、どこまでも警戒し敵視していくような徹底した悪魔性は持ち得ない」(二六五頁)とも言っている。帝国主義の中でも日本は善意の国だというこうした認識こそは、日本の植民地支配を根底から自己批判できない日本人総督府官僚の心性を特徴的に表わしている。

おわりに

朝鮮に対する侮蔑イメージは、「支那」以下的なものとして日清戦争期には成立し、日露戦争期に完成する。そして韓国併合を迎えると、日本人はますます朝鮮半島でわがもの顔で暴力的に振る舞った。しかし、日本の朝鮮支配は欧米の植民地支配とは違うという朝鮮支配の大義名分から、内地延長主義＝文化政治が標榜されるようになると、言説の上では差別の禁止が意識されるようになる。差別が解消されることはなく、総督府も徹底した差別解消策を取ったわけでもない。「内鮮一体」などというのは、総力戦に朝鮮人を協力させるためのていのいい名分でしかなかった。植民者は自らの圧倒的優位性を決して手放すことはなく、落後していると一方的に見なした朝鮮人に対する「善意」だとか「誠意」だとかという言葉で、支配者としての自らの立場を合理化した。

こうした朝鮮支配合理化の立場は、総督府高級官僚にあって最も顕著であったと言えよう。治民責任者として彼らにはそれなりの自負があり、それを彼らは「使命」と考えた。自らの朝鮮における治民者としての行為が批判されるべきものであるとするなら、それは自らのエリート性の否定にも繋がる問題となる。エリートたる自覚が強ければ強いほど、「善意」や「誠意」を強く主張せざるを得ず、それを言わなければ、自らの半生を全否定することにもなりかねない。萩原彦三や穂積真六郎の回想はまさにそのようなものとしてある。とりわけその意識は穂積において強く表れているように思われる。

文明輸出の名において植民地支配を合理化するのは、欧米をもって嚆矢とする。明治初年において植民地化の危機を感じた日本は、大陸国家化することで自己防衛としようとしたが、その際公式的には、口が裂けても台湾や朝鮮などを欧米流の植民地にするとは言えなかった。アジア主義を声高に叫んだことも大きく原因している。「植民地支配意識なき植民地支配」はこうして誕生したが、この支配方式の後遺症は今もって治癒していない。日本の国際的プレゼンスの低下とともに喧伝されてきた植民地近代化論は、総督府官僚の「使命感」に照らすならば合理的なものであり、自信喪失の危機にある日本人のプライドを満足させるものである（植民地近代化論は韓国人の中にもあり、その場合には、過去はどうであれ、将来的には日本を追い抜くという自信の表れとなるが）。嫌韓論やヘイト・スピーチなども、かつて朝鮮において善意の支配者であったという、罪責意識を裏返したような優越的自意識を引きずった屈折した憎悪感情である。ポストコロニアルな負の遺産というのは、植民地にされた国や民族だけが負うものではない。宗主国もまた、ポストコロニアルな問題に悩ませられるのだということを肝に銘じておくべきであろう。

【参考文献】

梶村秀樹「植民地と日本人」『梶村秀樹著作集 1』（明石書店、一九九二年）

高崎宗司『植民地朝鮮の日本人』（岩波書店、二〇〇二年）
鈴木文「在朝日本人の世界」（趙景達編『植民地朝鮮』東京堂出版、二〇一一年）
岡本真紀子『植民地官僚の政治史――朝鮮・台湾総督府と帝国日本』（三元社、二〇〇八年）
松田利彦『日本朝鮮植民地支配と警察――一九〇五～一九四五年』（校倉書房、二〇〇九年）
松田利彦・やまだあつし編『日本の朝鮮・台湾支配と植民地官僚』（思文閣出版、二〇〇九年）
宮田節子「穂積真六郎先生と「録音記録」」（『東洋文化研究』二号、二〇〇〇年）
趙景達「近代日本における朝鮮蔑視観の形成と朝鮮人の対応」（三宅明正・山田賢編『歴史の中の差別』日本経済評論社、二〇〇一年）
趙景達「日露戦争と朝鮮」（安田浩・趙景達編『戦争の時代と社会――日露戦争と現代』青木書店、二〇〇五年）
趙景達「武断政治と朝鮮民衆」（『思想』一〇二九号、二〇一〇年）

【初出】杉並歴史を語り合う会・歴史科学協議会編『隣国の肖像』（大月書店、二〇一六年）。

（補注1）寺内正毅は軍閥イメージが強いが、萩原や穂積に止まらず総督府官僚の間では一般に評価が極めて高かった。穂積が主宰した朝鮮近代史料研究会における元総督府官僚の座談会では、寺内は一様に褒め称えられている（「未公開資料　朝鮮総督府関係者録音記録（16）」『東洋文化研究』第一七号、二〇一五年）。

六　宗教と国体の相克——宗教者明石順三の思想

1　信念の人

明石順三（一八八九〜一九六五年）は、戦時下において不当な宗教弾圧に屈せずに反戦平和を貫いた信念のキリスト教者として知られる。しかし、その名が広く知られるようになったのは死後のことである。

明石順三は一八八九年七月、滋賀県坂田郡息長村で生まれた。家業は代々彦根藩の藩医で外科医であったが、血を見るのが嫌いで医師にならなかった。滋賀県立彦根中学校を二年で中退すると、苦学力行の若者を支援する、プロテスタント系の力行会に入り、それに仲介されて、一九〇八年二月、アメリカに渡った。当時のアメリカでは、黄禍論が流行しつつあり、明石は人種差別に直面した。しかし、持ち前の反骨精神と意志の強さによって皿洗いや農夫などの日雇い労働にいそしみつつ、図書館通いを通じた独学によって知見を広めていった。学校には入らなかった。知識人というには、学歴的に問題があるが、しかしその独学ぶりは、十分に知識人というに相応しい教養を培うものであった。それゆえに、一九一四年からロサンゼルスの日本新聞『羅府新報』に職を得、次いでサンフランシスコの『日米新聞』にも移れるような、有能な新聞記者となった（稲垣真美『兵役を拒否した日本人——灯台社の戦時下抵抗』岩波書店、一九七二年）。

この頃、明石は牧師を父に持つ小河内須磨子と結婚した。須磨子は単身渡米した女性だが、キリスト教原理主義のワッチタワーに入信するようになり、間もなくして明石も入信した。明石が当初頼った力行会は、プロテスタント系の社会支援団体であり、そこで洗礼を受けた明石はすでにクリスチャンであった。しかし、明石が真にクリスチャンであることを内面化したのは、ワッチタワー入信後のことである。

ニューヨークに本部を持つワッチタワー（正式名称 Watch Tower Bible and Tract Society）は、チャールズ・テーズ・ラッセルによって一八八四年に米国で創立された。ラッセルは、一八七四年にキリストの再臨が始まり、一九一四年に最後の審判＝終末の時が来ると予言した人物である。彼はカソリックやプロテスタントなどの既成教会の批判を受けるなかで、一九一六年失意のうちに世を去った。しかしワッチタワーは、折からの終末の到来を思わせる第一次世界大戦の勃発と相俟って、後継者のジョセフ・フランクリン・ラザフォードの下で教勢を拡大した。その間国家制度を悪とするワッチタワーの教説によって信徒の中から徴兵拒否者が出て、一時弾圧を被りはしたが、一九二〇年に全員無罪を勝ち取り、ワッチタワーの教勢は一層拡大をみた。

ワッチタワーの教説では、父と子と聖霊を一体のものと見なす三位一体説が否定され、エホバは唯一絶対の神であり、イエスに全権を委ねたとされる。イエスはひとたびは死したが、やがて再臨してこの世界を救う救世主である。そもそも神は、霊者ルシファーを地上に送って人間の監督者とし、この地上に神の目的を実現させせようとしたが、ルシファーは神に反逆して悪魔＝サタンとなった。それ以来、全人類とその諸制度、教会組織、諸国家はルシファーの支配を受けることになった。しかし、やがてハルマゲドンが到来し、神を信じる者だけが生き残り、神の一〇〇〇年の王国が築かれる。一〇〇〇年ののちに悪魔は生き返るが、しかし神は悪しき者をすべて焼き滅ぼしてしまう（「明石順三〈治安維持法違反〉ニ対スル検事聴取書」〈第一回聴取書〉『思想資料パンフレット』特輯一八号、司法省刑事局、一九四〇年）。ワッチタワーの教説は、明快な千年王国論である。

力行会で洗礼を受けても、なおクリスチャンとしての自覚が足りなかった明石が、何故にこうした終末教団に深く帰依していったのかは定かではない。医師の道を拒否するような、科学万能主義に対する懐疑がもとよりあったのに加え、文学への関心や、新聞記者としての社会批判の旺盛さが、ワッチタワーの現実否定性への共感を強く呼び起こしたのではないかとも思われる。明石には真人・力・光雄の三人の息子がいたが、三男の光雄は後年、「社会の裏（悪）のからくりを知り尽くしている若き父は、今度は善を求めて（真理の道）の探求に入ったのだと思います」（明石光雄『父の遺言』私家版、一九九七年）と述べている。

いずれにせよ、明石はワッチタワーの熱心な伝道者＝「エホバの証者」となった。復職していた『羅府新報』も辞めた。そして、本部の命を受けて日本伝導に携わるべく帰国した。一九二六年九月のことである。帰国を望まない須磨子とは離婚した。三人の息子とも離別である。間もなくして三人とも日本に呼び寄せたが、明石の布教者としての意志は強靱であった。

2　灯台社の活動

帰国の際、明石が身を寄せたのは、神戸の須磨一の谷にいた神田繁太郎の家であった。神田は神戸で材木商を営む資産家であり、アメリカ留学の経験を持ち、すでにワッチタワー発行の『ワッチタワー』の購読者であった。明石はその縁を頼って神戸に帰国第一歩を印したわけである。ワッチタワーの教説は、すでに日本で一部のキリスト教者の関心を買っていた。

神田は内村鑑三の再臨信仰に強く惹かれており、その弟子と言ってもよい人物であった。彼が属していた須磨浦聖書講堂に集まるキリスト教者たちもまたそうであった。明石は、彼らに本場のワッチタワーの教説を知る者として歓迎された。というより、彼らは、アメリカで「ピストル明石」と異名をとった明石の鋭い知力と行動力に圧倒されてしまった。ここに、須磨浦聖書講堂の人士たちは、急激に内村のもとを離れていく。

こうして、神田らの支援を受けながら、明石はワッチタワーの日本名を燈台社（ワッチタワー日本支部）とし、神戸を拠点にすぐに本格的な伝道活動を始めるようになる。機関誌『灯台』が発行され、講演会が、神戸、大阪、京都、和歌山などで次々と行われていった。その宣伝は公然としたものであり、とりわけ、一九二七年五月二五日に大阪朝日会館で行われた講演会は、破天荒であった。立て看板が市内各所に建てられ、宣伝ビラが一五万枚配布された。また、官僚・軍人・学者を中心に招待状が三〇〇〇通送付され、市電の切符の裏には広告を出した。さらに飛行機二機で空から一〇万枚の宣伝ビラがまかれた。講演会当日には、二三〇〇名の聴衆が駆けつけ、入場制限するほどであった。

しかし間もなくして、以前のように静かに聖書研究をすべきだという内村鑑三の無教会主義への共鳴を断ち切れない人々が現れ、明石と袂を分かっていく。明石はどこまでもアメリカのワッチタワー本部の指令に忠実であったが、内向きな信仰に精神の解放を求める者たちは、明石の行動主義的な再臨運動にはどうしてもついて行けなかったのである（高阪薫「明石順三と須磨浦聖書講堂——灯台社創設前後の謎を探る」『思想の科学』第六次、一四号、一九七三年）。

そうした事情もあってか、明石は関西での成功を足がかりに、神戸に拠点を構えてからわずか一年後の一九二七年九月に東京への進出を果たす。神田繁太郎や彼の兄の未亡人静栄らも同行した。当初灯台社日本本部の看板は京橋に掛けられ、次いで池袋に移り、三〇年に荻窪に落ち着いた。この年には、明石は静栄と再婚し、その忠実な協力も得て、伝導は順調に進んだ。ただし、神田繁太郎は病を得て神戸に戻った。

明石は植民地の布教にも熱心であり、朝鮮や台湾、満洲などにも足を伸ばした。特に朝鮮は、日本よりも早くワッチタワーの支部が作られていたが、布教が沈滞していたのを梃子入れして再建し、一九三五年一月に京城部隊として日本支部の下に置いた（拙稿「植民地朝鮮におけるキリスト教系終末運動の展開と民衆――燈台社事件を中心に」『メトロポリタン史学』四号、二〇〇八年）。

燈台社の活動は、自社で発行する様々なワッチタワーの書籍を全国に行商するとともに、機関紙・パンフレットを一般市民に街頭配布し、さらには首相や大臣、国会議員、各省高官などに至るまで、各界各層に対して区別なく宣伝文書を送るというような公然としたものであった。皇族にさえ送ったという。こうした文書伝道に携わったのは、「パイオニア」と称する幹部と、「エホバの証者」と称する一般信徒であった。彼らは、自転車に乗ってこの伝道活動を全国的に行っており、その熱意たるや尋常ではなかった。聖書研究会や講演会なども盛んに開いた。そして、その活動は終末思想の流布であると同時に、反戦思想の流布に等しいものであった。明石は首相の斎藤実や元首相の清浦奎吾にも面会を果たし、終末の「証言」をしている（前掲「明石順三〈治安維持法違反〉ニ対スル検事聴取書」〈第十五回聴取書〉）。「此の日本は現在のまゝで進めば必ず滅亡であることを知つてをります。部分的な戦争で勝つても其んなものは問題では有りません」（「灯台社主幹明石順三に対する治安維持法違反事件公判状況」〈第二回公判状況〉『特高月報』昭和一七年四月分）というのが明石の現状分析であり、戦争反対論であった。満州事変以後の日本官憲がこうした活動を放置するわけはなく、やがて不当な宗教弾圧を受けるようになっていく。

軌道に乗り始めていた布教活動が一時頓挫したのは、一九三三年五月のことである。千葉県特高課によって検挙され、不敬罪が適用された。ワッチタワーに対する弾圧は世界的に行われ、一時弾圧が緩んだアメリカでも引き続いていた。とりわけドイツでは、三三年一月に成立したばかりのナチス政権によって苛酷に行われた（阿部知二『良心的兵役拒否の思想』岩波書店、一九六九年）。二万名近くいた信者の多くが、一九四五年に至るまでユダヤ人同様の迫害を断続的に受けた。そして、燈台社に対する検挙はそれと連動していた。この弾圧で機関紙や宣伝文書などが大量に発禁処分となった。しかし、当局の予備的調査が不十分であったため、明石らは間もなくして釈放され、すぐに再建活動が始まった。

3　灯台社事件

燈台社に対する本格的にして徹底的な弾圧がなされたのは、一九三九年のことである。それは、明石の長男真人と灯台社員村本一生が、それぞれ徴兵に応じながらも、軍隊内で同年一月に行った軍務拒否に端を発している。両人は、ワッチタワー書籍の全国行商を自転車で精力的に行っていた明石の忠実な弟子であった。両人逮捕の少し後、三浦忠治という灯台社員も、軍隊で不敬罪を犯したとして告発されている。明石は彼らに軍務拒否の教唆をしたわけではなかったが、現存の国家を悪魔の支配を受けているものと見なし、原理主義的に「汝殺すなかれ」という『聖書』の教えに忠実たろうとするならば、軍務拒否は当然の行動であった。

この事件を契機に当局は、治安維持法容疑で六月二一日以降燈台社の一斉検挙を行い、その結果検挙者総数は一一五名に及んだ。一九四一年一二月一日にも、刑期満了で釈放された村本一生が行った再建運動を契機に検挙者が出て、それを含めると、検挙者は総計一二二名となる（「燈台社の治安維持法違反事件」内務省警保局編『社会運動の状況』

一三、昭和一六年）。三九年の検挙者一一五名のうち、被疑者は九三名で、起訴された者は五三名に上った。弾圧は苛酷を極め、拷問死一人を始め、障害者や病人を出すような非道な拷問の結果、多くの転向者が出た。

しかし明石は、妻静栄と朝鮮人青年の玉応連《オクウンニョン》・崔容源《チエヨンウォン》、そして戦後に明石の養女となる隅田好枝の非転向者四名を従えた、一九四二年四月九日の公判において、「聖書は人類に与へられた神の啓示です。国家等を考へる余地はありません」として、その信念を変えなかった。そして、これは「一億対五人の戦いです。一億が勝つか五人が言ふ神の言葉が勝つか、其は近い将来に立証されることでありませう。其を私は確信します。此の平安が私共にある以上、其以上何も申上げる事はありません」と大見得を切った（前掲「燈台社主幹明石順三に対する治安維持法違反事件公判状況」〈第三回公判状況〉）。苛酷な拷問によって、明石の顔相は「全くの別人の如く見事な異容を呈し」たが、それでもなお、明石の精神は意気軒昂であった。だが、妻静栄は服役後間もなくして一九四四年六月八日獄中死した。また、隅田好枝は一時危篤状態となり、戦後も長く後遺症に苦しんだ。玉応連の場合は、発狂の末に獄死した（明石順三「灯台社事件の弾圧と虐待顛末報告書」同志社大学人文科学研究所『戦時下のキリスト教運動』2、一九七二年）。隅田も玉も、一時は転向表明した（「灯台社関係検挙者処理状況一覧並起訴者犯罪事実概要調査」『思想月報』昭和一六年一月）が、やはり最後までその信念を変えることをしなかった。

日本での検挙者に二人の朝鮮人がおり、明石と最後まで行動を共にしたというのは、灯台社運動の位相を考えるうえで示唆的である。実際朝鮮における灯台社運動は、日本よりも執拗であった。朝鮮では一八世紀頃より終末思想が盛んに流布され、植民地期には多くの終末宗教が誕生した（拙著『朝鮮民衆運動の展開——士の論理と救済思想』岩波書店、二〇〇二年）。朝鮮の灯台社運動は、そうした朝鮮の文脈のうえから考える必要がある。朝鮮でも、三九年六月には一斉検挙が行われたが、それ以後も灯台社は壊滅せず、四一年七月まで五次にわたって検挙が行われている（前掲拙稿）。拷問も日本以上に苛酷であった。また台湾では、高砂族に信徒が二七〇名ほどいたが、彼らは、男子は南洋諸島に「奴隷」として送られ、女子は「鬼畜的暴虐」を加えられたという（前掲「灯台社事件の弾圧と虐待顛末報告書」）。

4　明石順三の思想

灯台社事件は、戦時下日本における希有な反戦運動であったと言うことができる。では、明石順三の思想は具体的にどのようなものであったのであろうか。全人類とその諸制度、教会組織、諸国家などはルシファーの支配を受けているとと見なすワッチタワーの教説に則り、明石は三位一体説をとるローマ・カソリックや帝国主義を否定する。イタリアやドイツなどのファシズム国家に至っては、ローマ・カソリックに利用されている暴虐な国家として認識されている。さらに、資本主義制度も否定されて「地上神の国」の実現が目指されるが、それが実現された暁には私有財産は不要となり、共産主義的な世界となる（佐々木敏二「燈台社の信仰と姿勢――明石順三と「黄金時代」」同志社大学人文科学研究所編『戦時下抵抗の研究』Ⅰ、みすず書房、一九六八年）。唯物論的に導き出されたものではなく、逆に神学論的に導き出されたものであるが、明石の思想は結果的に共産主義思想と合致するものであったと言えよう。

しかしこうした思想は、明石独特のものと言うことはできない。明石は、あくまでもワッチタワーの指令に忠実であり、その思想もワッチタワーと重なるのは当然であった。明石の思想とその葛藤を考えるうえで重要なのは、その国体観と天皇観である。明石は、自身の当初の国体観について、次のように言っている（前掲「明石順三〈治安維持法違反〉ニ対スル検事聴取書」〈第一回聴取書〉）。

私ハ日本人トシテ生マレ、日本ハ万世一系ノ皇室ヲ戴キ、世界ニ無比ナル国体ヲ持ツテ居ル事ヲ心カラ誇リト致シ、特ニ外国ニ在住中遠イ自己ノ母国トシテ日本ニ対シ深キ親愛ノ念ヲ持ツテ居リマシタ。灯台社ノ信仰ニ入ツテカラ後モ、此ノ日本ノ皇室ト国民ト国土ヲ愛スル念ニ於テハ少シモ異ナラナイノデアリマス。

明石の国体観は本来驚くほど平凡であり、アメリカに渡って黄禍論にも接したせいか、かえって遠隔地ナショナリズムの様相さえ帯びていたように思われる。そのことは、ワッチタワーに入信してからも、しばらくは変わることがなかった。しかし聖書の研究を原理的に推し進めていくうちに、国体への懐疑が生まれる。日本の将来も聖書に示す運命から逃れられず、「何ウシテモ日本帝国ト神ノ国トハ両立スル事ハ出来ズ、現在ノ儘デ進ンデ行ケバ当然日本ハ滅亡スルト云フ事ヲ明カニ知ツタ」のである。

明石にとっては、エホバを信じていない日本も「悪魔の国」であり、ローマ・カソリックに乗っ取られようとしている存在であった。そもそも、ワッチタワーの公式見解に則り明石は、ローマ・カソリックの秘密結社であるイエズス会が一六世紀以降、世界に魔手を延ばしていったと見ている。日本も例外ではなく、その結果、豊臣秀吉も実は暗殺されたのだという。徳川時代に入り、鎖国によって一時その魔手から逃れたが、明治維新以降、再度魔手が忍び寄ろうとしたとき、ユダヤ人を中心とするフリーメーソンが日本政府を牛耳った。そこでイエズス会は、満州事変以降、青年将校らに五・一五事件や二・二六事件を起こさせ、日本乗っ取りの計画を着々と推し進めているというのである（前掲「灯台社主幹明石順三に対する治安維持法違反事件公判状況」〈第二回公判状況〉）。荒唐無稽な議論と一蹴するのはたやすいが、これは、明石の軍国主義的現実に対する批判が聖書に基づく原理主義と結合した結果もたらされた歴史認識だと見ることができる。

このような歴史認識を持つ明石が、天皇についても否定的に捉えたのは当然である。天皇の「尊厳神聖と云ふ様な事は認めません」とか「天皇の御地位等は認めません」と明快に語っている（同上）。明石にとっては、聖書に書かれていない天照大神も「漂流者ノ一女性」に過ぎず、仁徳天皇も「不完全ナル人間」でしかなかった（前掲「明石順三〈治安維持法違反〉ニ対スル検事聴取書」〈第三回聴取書〉）。

しかし明石は、「私は日本の皇室を又日本人を愛してをります。此の愛する皇室を又日本人を日本国家を救はんがために警告をして来たので有ります」と述べており、日本人であることと、皇室とともにあることについて喜びを感じていたのは間違いない〈前掲「灯台社主幹明石順三に対する治安維持法違反事件公判状況」〈第二回公判状況〉〉。彼は「燈台社ノ信仰ニ入ツテカラ後モ此ノ日本ノ皇室ト国民ト国土ヲ愛スル念ニ於テ少シモ異ラナイノデアリマス」とも述べており、天皇とともにある日本人であることを徹底的に内面化していた。彼の行動論理は、皇室愛・国民愛・国家愛の立場から、エホバとイエスに服従しなければ日本が滅びることを警告しようとするものであった〈前掲「明石順三〈治安維持法違反〉ニ対スル検事聴取書」〈第一回聴取書〉〉。明石にとって灯台社の布教活動＝証言行為の意味は、次のように明瞭であった〈同上〈第一五回聴取書〉〉。

証言宣明行為ハ以上ノ如ク地上諸国ノ支配者ト彼支配者ニ対シテ警告ヲ発シ、転向ト反省ヲ勧告スル事ヲ目的トシテ居ルノデアリマシテ、支配者ニ対シテハ其持テル権能ノ不正邪悪ナル事ヲ認識シ、自己ノ支配下ニアル民衆ヲ神ノ側ニ誘導シ、自己ノ支配権乃至地位権力ヲ王イエスキリストニ奉還スベキ事ヲ勧告シ、被支配階級者ニ対シテハ其邪悪支配権者ニヨル被害者タルノ立場ヲ認識シ其制度ノ下カラ離脱シ、彼等ガ信頼シテイタ凡テノモノヲ棄テテ神トキリストノ側ニ避難スベキ事ヲ勧告スルモノデアリマス。従ツテ此ハ国家的立場カラ云ヘバ各国主権者ト国民ノ国家観念ヲ破壊スルモノデアリマス。

つまるところ、世界システムとしての国民国家体系の破壊こそが証言行為の目的であり、それは共産主義はおろかアナキズムにも劣らない急進的な世界変革運動にほかならなかった。明石の立場は明らかに矛盾している。実質的に国体を否定しながらも、皇室と日本国家への愛を吐露するのは、自らの教説に反している。好意的に見て明石は、郷土愛的な意味においてそうした愛情を吐露したものと思われるが、国家愛と郷土愛が未分化な時代状況にあって、その表現は矛盾したものになるしかなかったのだと推察される。彼は戦後においても、「余は日本の国土に生まれたる日本人として日本と日本人を熱愛す」（前掲「燈台社事件の弾圧と虐待顛末報告書」）と語り、自身の信仰と祖国愛を矛盾しないものと認識していた。

いずれにせよ明石には日本人としてのナショナルな布教動機があったと言える。それは、「忠誠の証しとしての反逆」とでもいうべき悲壮な思想的営為であったと言えよう。しかしその布教は、あくまでも神エホバの意志を知った者が行う証言行為であり、ナショナルな活動であってはならなかった。しかも、それは結社的活動であってもならなかった。明石は、燈台社に対して「組織」とか「団体」とか「結社」とかという言葉を一切使っていない。燈台社は、神の意志を信じる者がその信仰のみを媒介にして自発的に集まっているだけであって、形式的な入会届というものも存在しないという（前掲「灯台社主幹明石順三に対する治安維持法違反事件公判状況」〈第一回公判状況〉）。「結社」という言葉には、政治的な「秘密結社」を連想させるものがあるため、そうした言葉を使わないというのが明石の方針であった（前掲「明石順三〈治安維持法違反〉ニ対スル検事聴取書」〈第十一回聴取書〉）。明石は終始燈台社の活動を合法的に展開することを標榜しており、灯台社が判決で「国体変革ヲ目的トスル結社」と認定されたのは、思いの外のことであった。彼は、戦後にも「終始合法的に行動した」と述懐している（前掲「燈台社事件の弾圧と虐待顛末報告書」）。明石の本質は、あくまでも革命家ではなく、宗教家であった。

しかし明石は、非政治性を標榜するだけの理由で、結社性を否定したのではなかったと思われる。結社＝教団になれば、やがては教団を護持発展させることが至上化、自己目的化されるようになり、それはかえって神の意志から遠ざかることになると、明石は認識していたのではないであろうか。そのことは、戦後間もなくワッチタワーと決別するなかで、明らかになっていく。

5　天皇制国家と明石順三

「忠誠の証しとしての反逆」に内在する明石の矛盾や不徹底さは、朝鮮の灯台社運動と比較すると、よく分かる。朝鮮の灯台社運動の執拗さについては、すでに述べたが、その責任者である文泰順《ムンテスン》は、灯台社を「理想ノ地上「神ノ国」ト云フ万民平等ノ共産主義的社会」を建設するための「国際的宗教的革命的ナ政治結社」であると認識し、その「結社ノ一人トシテ其ノ結社ニ加入シ亜イテ其ノ目的遂行ノ為ニ今日迄活動ヲ続ケテキタ」と述べている（「被疑者訊問調書〈第一六回〉被疑者文泰順」韓国基督教歴史研究所編纂『燈台社録』第二四巻）。文は、灯台社を宗教的な革命結社として明確に認識していたのである。彼は死の覚悟さえ口にしていた。また他の者の中には、日本の国法に対して表面的には服従するが、裏面では服従していないと堂々と述べる者もいた（前掲拙稿）。朝鮮灯台社員と明石との間には、植民地人と宗主国人との違いが明確に表れていると言うことができよう。

そもそも明石は、反戦平和思想を流布しながらも、徴兵制を即時に否定しようという意図も持っていなかった。長男真人と村本一生が徴兵されたとき、明石は何ら拒否を命じてはいない。それどころか、村本が脱走して戻ってきたときには、帰還を積極的に促している。明石はどこまでも合法的活動にこだわり、日本国民であることを内面化していた。

しかし、明石の宗教者、知識人としての偉大さは、ここから真に始まる。彼は、真人と村本の軍務拒否に連座して、灯台社が弾圧を被るなかで、そのことの責任を一身に引き受けたのである。彼の思想と宗教的信念は、裁判闘争のなかで絶対不動のものになっていった。そのことを最も的確に表す言葉が、先に紹介した「一億対五人の戦いです」という確信に満ちた言葉なのである。

以後、この確信と責任は生涯変わることがなかった。「忠誠の証しとしての反逆」に内在する明石の矛盾や不徹底さも克服されていく。実は、息子真人は一九四一年一二月三日に明治節によって仮釈放されるに当たって、転向を表明した。獄中で『古事記』や『日本書紀』を読むなかで、「日本の偉大さは実に一君万民の世界無比の国体があるからである」という事に気づいたというのである（「元灯台社員明石真人の手記」『思想月報』昭和一六年一一月）。そして、転向手記を灯台社員に送り、父順三にも面会して転向を勧めたが、かえって勘当されてしまった（明石光雄『父明石順三』私家版、一九七八年）。「一億対五人の戦いです」という公判での明石の言葉は、その面会後のことである。以後、この父子は二度とまみえることはなかった。父は、子の罪ならぬ「罪」を自らの「罪」とし、その責任をとった。しかし、子が「罪」を罪として認めたとき、父はそれを赦すことができなかった。むしろ、自らの「罪」に殉ずることが、宗教者としての正しい行いであると自己確信を深め、その信仰も一層強まったのである。

いや、殉教という慰めの境地すら、明石には無縁だったかもしれない。罪の意識のない明石は、一審で懲役一二年の刑を宣告されると控訴し、二審では懲役一〇年、上告審は棄却されて懲役一〇年が確定した。そして、宮城刑務所に下獄した一ヵ月ほど後の一九四三年一〇月、明石は司法当局者に対して、「最も近い将来に必ずこの獄衣を脱ぎ去ることを貴官に対して確と明言して置く」と告げている（前掲「灯台社事件の弾圧と虐待顛末報告書」）。自らの一億人に対する勝利の確信は揺るぎない。

近代天皇制下において、明石順三はまさに異端というに相応しい活動と思想形成を行った。藤田省三は、異端は「既存の正統のように現世的制度に依拠することができないから、それだけ一層自らの解釈体系の真理性について強い自覚を持ち、その自覚にだけ自己の依拠すべき足場を見出すことができる」（『藤田省三著作集』一〇、みすず書房、一九九七年）と述べているが、明石はまさにそうした異端そのものである。そして、明石の主観においては、自らは決して異端ではあり得なかった。異端はかえって既成のキリスト教会や天皇制国家の側であり、自らは正しき神を信じる正統な存在なのであった。

明石順三という人物は、近代天皇制下において希有な存在であり、内村鑑三も並び立ち得ないほどの信念の人であった。しかし、天皇制国家が自己の正統性を狂信的に主張し出した一九三〇年代以降において、必然的に立ち現れた人物であったとも言える。天皇制国家の正統化言説が狂信的になればなるほどに、異端的存在が多くあぶり出されてくるが、そのほとんどは天皇制国家にすり寄っていった。どうしてもすり寄りを拒否する者は、その多くが沈黙を守ったが、沈黙を守ること自体が、自らの正統性を否認することになると考える者は、徹底的な対決をするしかなかったのである。明石順三とは希有ではあるが、まさにそうした存在であり、天皇制がかえって異端であることの正統な証言者であった。そして明石は、「無責任の体系」を本質とする天皇制から自由であったがゆえに、自己の信念にどこまでも責任を持ち得た知識人でもあった。

6　ワッチタワーとの決別

獄中で明石は、非転向ということで、共産主義者や凶悪犯からも一目置かれるような存在であった。しかし、思想犯に対する処遇は劣悪を極めていた。早く死ねというような扱いで、食事の量も少量で、しかも特別に粗悪であった。明石がようやく出所できたのは、一九四五年一〇月九日のことである。GHQの命令で共産主義者らとともに釈放された。迎えに来たのは、三男の光雄とその友人の俳優若宮大祐、そしてかつての真人の妻村田律子であった。律子は長男真人と結婚したのだが、離縁されていた。その後七年の闘病の末明石に看取られてこの世を去った。次男の力は、灯台社事件で逮捕、起訴されたが、五年の執行猶予で釈放されていたところ、真人の勧めで軍属となって南方に送られ戦病死していた。荻窪の自宅兼事務所は、燈台社の転向者と特高が勝手に処分し、帰る家を失っていた。そこで最初は、若宮の家に身を寄せ、しばらくして兵庫県の芦屋に移った。日本に帰国した当初、神戸の須磨一の谷に身を寄せていた頃の縁を頼ってのものらしい。ここで、福岡刑務所に服役していた村本とも再会した。その後四七年になって、栃木県鹿沼に移住したが、そこには歯科医をしている村本一生の弟ひかるがいた（稲垣真美前掲書）。

出所後、明石は灯台社運動を再開するつもりであったであろう。しかし光雄によれば、村本らと旧灯台社員を訪ねたところ、ほとんどの者たちの心は明石から離れており、中には明石を恨んでいる者もいたという。こうした中、僥倖が訪れた。明石は出所後すぐにワッチタワーに連絡を取ったが、ついにその伝道師二人がGHQの要員として来日し、鹿沼にいる明石を訪ねに来たのである。彼らはワッチタワー現会長ノールの手紙を携え、支部活動の再開を条件に六〇〇ドルの支援金を約束し、衣料品や食糧を持ってきた。

しかし明石は、衣料品と食糧だけを神からの賜として受け取り、支部長就任を拒否して六〇〇ドルを受け取らなかった。ワッチタワーへの不信が急激に芽生えたからである。明石は、彼らから得た戦時下のアメリカで刊行されたワッチタワーの文献を貪るように読んだ。壊滅しているものと思っていたワッチタワーが健在であることを知って歓喜するのもつかの間、何故にワッチタワーが健在であり得たのか、深い猜疑にさいなまれたのである（前掲『父明石順三』）。

実はワッチタワーは、戦時下アメリカにおいても、国旗礼拝拒否などの理由で弾圧を受けた者が数千名に上っていたが、政府との妥協に転じ、大会などでの星条旗の掲揚を承認するに至っていた。日本だけでなく、世界的にワッチタワーは弾圧を被り、多くの犠牲者を出したのに、ひとり総本部のみが安泰であるというのは、明石にとって許し難い事実であった。ここに明石は、一九四七年七月一五日付けで、ワッチタワー会長ノール宛に「公開状」（明石順三『公開状』私家版、一九四七年、再発行一九九七年）を送った。

明石はその中で七点の疑問を記しているが、要は、現在総本部が行っている「神権政府樹立」運動は聖書と相反するものであり、また証言運動はワッチタワー「協力会員」の獲得運動に堕し、総本部は「此の世に対する妥協」を遂げたのではないか、ということに尽きる。ワッチタワーは証言事業に成果主義を導入していたが、これは「クリスチャンを規格的に統制」するものであり、神の意志に反するというのが明石の立場であった。そして、「神権政府樹立声明と、此の神権国家の人民招集の事業が聖書的に絶対成立せざるのみならず、反って神の聖意には背反逆行するの結果になり居れる」とし、ワッチタワーは、「神と主イエス・キリストの聖名を誤用して、一種の宗教的営業に従事しつつある」と指弾した。

明石の批判は、ラッセルとルサフォードにまで及んでいる。両者ともに終末＝ハルマゲドン発生の年を具体的に示したが、これは予言失敗に終わったどころか、聖書の意に反しており、「神の国は、人々の目に見えるやうには決して来たらざるものに御座候」という。明石にとってワッチタワーは、神の「地上の代表機関」では決してあり得ず、何らの名誉や金銭、その他いかなる現世的利益も貪ってはならない存在であった。神の意を体して自発的に証言を行う者たちの、離脱自由で無欲な宗教共同体でなければならなかったのである。

宗教なるものは、生活の痛苦や現実の政治社会に対する憤懣などを前提にして作られていくものである。それは本来、同一の信仰のみによって結ばれた者たちの純粋無垢な共同体を構成する。しかし、正統思想を振りかざす国家による迫害を被り、その異端視に耐えきれなくなったとき、そうした共同体は「正統」国家や「正統」思想との共存、ないしはそれへのすり寄りを図っていく。そして、いつしか共同体を護持発展させていくことが自己目的化されて、教団形成がなされるとともに、本来の純粋な宗教活動が形骸化する危機に直面するどころか、かえって教団の維持発展のための手段と化していく。ところが、こうした動きに反対して本来あるべき宗教精神を護持しようとする者は、国家からも教団化した人々からも、かえって異端のレッテルを貼られるようになる。明石が選んだ道はこれであった。明石は、もとより灯台社の結社性を否定していた。「一種の宗教的営業」とまで言ってワッチタワーを厳しく批判する明石は、もはや異端の道を歩み続けるしかなかった。ここに明石は、「余は、今日に至るまでラッセル兄の追随者にもあらず、ルサフォード兄の追随者にもあらず、又、ワッチタワーの追随者たりしことも絶無に候。而して自己の此の歩みは、今後と雖も絶対不変なるものに御座候」として、ワッチタワーへの決別宣言をするのである。果たして、明石はノールから「偽善者」であるとして破門された。しかし明石にとっては、そうした自己の歩みこそが正統な道であると自己確信されていたに違いない。

7　その後の明石順三

明石はその後、『古事記』などの日本の上代古典に親しみ、聖書の精神がそれらにもあることを悟るようになる。鶴見俊輔は、「獄中の孤立の条件において、日本人の伝統の中に、平和主義の基礎を見出した」と評している（「明石順三と灯台社」朝日新聞社『思想史を歩く』上、朝日新聞社、一九七四年）。そして、明石は静子という女性と再婚し、終生鹿沼の地で彼を慕う人々と静かで平安な日々を送った。パチンコを趣味とし、また刊行を目的としない小説を書いたりして、何者にも束縛されることがなかった。

しかし、そうした生活はやはり宗教共同体のそれであった。三男の光雄によれば、「父に学ぶ者は全て神の姿を明石順三の中に見てこれを受け入れ」たという。明石を「神の化身」と思う者もいた。明石は「全能者」であり、「明石教」を云々するも者もいた（前掲『父明石順三』）。そして、「ある人は、父順三は絶対に死ぬことはないと思い、ある人は、順三は奇跡を起こす人だと考え、ある人は、順三は私だけを特別に愛していると思っており、ある人は、順三は絶対に嘘をつかないと思っていた」ともいう（明石光雄『宇宙漫歩』2、私家版、一九八一年）。実際明石は、「全能の神には両手の働きがあるが、一生（村本──引用者）は私の左の手（ペテロ）を、光雄は私の右の手（ヨハネ）を演ずる」（前掲『父の遺言』）とし、その自意識もまた、創唱宗教の教祖そのものであった。

また明石は、天照大神を「バビロンの女王」であるとし、独特な宗教を探求した（前掲『父明石順三』）。光雄によれば、明石は、「世界の国々は小さな日本国に今《ママ》だに脅威を感じているが、これは老《パパ》（明石のこと—引用者）が日本人として、日本国に生まれ、出発をするために太古から組み立てて準備して置いたものである」（前掲『宇宙漫歩』2）と述べたといい、自身を神か主イエスであるかのように自任していたように思われる。そして、そこにあるのは、依然として変わらない日本への愛情である。光雄は、「父も日本人でありました。しかも、父順三は日本を愛しながら日本人にすてられました」（前掲『父明石順三』）と述べている。明石は、自由な境地を切り開いたかに見えながら、やはり最後まで日本（国家）と普遍（世界の救済）との葛藤の中にいたように思われる。

聖書を原理的に忠実に解釈しようとした明石にとって、これは恣意的な解釈であり、自身の宗教的信条に対する背信である。ただ、好意的にみれば、ワッチタワーとの決別が、あえて異端の道を歩む自身への自尊意識＝正統化意識を高め、また自らを断罪したはずの、愛する日本への思いも強くしていったのだと思われる。そして重要なことは、明石は「明石教」などといわれても、最後まで積極的な布教活動をせず、教団活動をしなかった点である。宗教者として明石は、最後まで宗教の目的と手段をはき違えることをしなかった。そしてそれは、単に宗教者というばかりではなく、天皇制国家と真っ向から対決した、一個の責任ある知識人としての自負がなさしめた、誇りある生き方であったと言えよう。

そうした明石がこの世を去ったのは、一九六五年一一月一四日午後一時一分のことである。妻静子や村本・光雄・養女好枝などに看取られた。その死の時刻は一秒の狂いもなく自ら予告したといわれる。

【初出】『講座 東アジアの知識人　4』（有志舎、二〇一三年）。原題は「明石順三——知識人の信仰と責任」。

あとがき

もともと民衆史に関心があった私が、政治思想史研究に足を踏み入れるようになったのは全く受動的な経緯によるものである。一九七九年末に修士論文を仕上げた直後、安重根について論文を書いたのが、そもそもの始まりである。ある民族団体の科学者組織が何かの記念冊子を作るというので、四〇〇字詰めで四〇枚ほどの論文を書けという依頼を受けて書いたものである。修士論文を載せるにはあまりに短いのでかなり困ったが、依頼の方も執拗であった。そこで、以前から関心のあった安重根についてなら書けそうだと思い引き受けることになった。彼については、その一〇年ほど前から三種ほどの自叙伝が発見され、それをすでに読んでいたので関心があった。

しかしそれは、民衆史的な見地からするものであり、英雄史観的な関心からのものでは全くなかった。一九七九年に公開された北朝鮮の映画「안중근 이등박문을 쏘다」（安重根伊藤博文を撃つ）を観たところ、あまりにも英雄史観が過剰であったので、違う安重根像を持っていた私はかなりの違和感を感じたものである。安重根は甲午農民戦争を弾圧した側の者であり、そのことを最期まで自身の誇りとしていた人物である。甲午農民戦争について執筆中の私には違和感この上ないものがあった。しかも、今とは違ってその頃は、安重根は伊藤暗殺者としてのみ評価が高かったが、実は伊藤を乗せた列車が途中停車していれば、彼の同志禹徳淳《ウドクスン》が射殺していた可能性があった。その場合、安重根の名は忘れられ、禹徳淳が英雄となっていたであろう。このような歴史評価があっていいのだろうかと、青臭い疑問を持ったわけである。

そこで、修論審査が終わった頃から彼の調査を本格的に始めたところ、すぐに『日本外交文書』の中から興味深い史料を見つけた。本書第2部第四論文の冒頭に引用した「伊藤公兇変ニ関スル件」の中にある「所懐」である。これは全く思いもかけない史料であった。安重根には近代文明批判があるとともに、天賦人権論からする先駆的な社会進化論批判がある。驚きであった。どうも朝鮮の近代思想には日本とは違う鉱脈があるのではないかと思った瞬間である。論文は八〇年三月中には脱稿して提出した。しかし、安重根を貶めているということで、書き直しを要求されてしまった。私は納得できなかったので、一切の修正を断り、結局私の論文だけ不掲載となってしまった。この時この論文が掲載されていれば、それが私の処女論文となっていたはずである。今考えてみると安重根をテロリストと見なしたのだから、没にされても仕方なかったと思う。

その後「安重根論――その思想と行動」と題したこの論文は発表の機会に恵まれず、そのままになっていた。ところが、朝鮮史研究会が一八八四年の大会で甲申政変百周年記念をやることになった。報告者は四名だが、思想史を担当する者がいなかった。二名に断られ万策つきた感があったのだが、私が安重根に関心があるのを知っていた幹事の中から、「安重根はもと開化思想系列の人物だから、この際安重根でいい。趙君がやれ」という声が上がった。その時私は、今は亡き兄と始めた小さな商売が半年で破綻し、失意のうちに仕方なく研究生活に舞い戻ったばかりであった。その間、勉強もほとんどやめていた。また、開化思想についてはもちろんそれなりの関心を持ってはいたが、史料となるとほとんど読んだことがなかった。甲申政変に関する史料を読んだことがある程度である。私はとんでもない要請だと思ってすぐに謝絶したが、他の幹事たちも「趙君なら失業したのだし時間もあるから、この際もう趙君でいい」と言いだした。その場は固持したが、後日結局いろいろと説得され、「では安重根の思想をやるということだけでいいならば」ということで、渋々引き受けることになった。ずいぶんといいかげんで牧歌的な時代である。

しかしである。甲申政変百年記念で安重根だけをやるというのは、どう考えても間抜けた話であり、笑いものである。コピーなどの資料代にも窮したが、確かに時間はあった。そこで勇を鼓して甲申政変以前からの開化思想の流れを、安重根を一つの到達点として、彼の死後の三・一運動まで描くという、やけくそまがいの気持ちがわいてきた。

実際には、一応三・一運動まで考察したものの、重要思想家として金玉均などよりは金允植に目をつけるとともに、愛国啓蒙運動全般の思想を読み解くという形に落ち着いた。大会の方は全体に好評で、終了後の懇親会でも会長の故旗田巍先生が満足の弁をお話しされたのをよく覚えている。そして私の方は、その後いろいろと開化思想関係の論文・報告依頼が続き、要請されるがままに政治思想論文を書く次第となり、民衆史研究からしばらく遠ざかる時期が続いてしまった。また、処女論文になるはずだった「安重根論」は、執筆から九年後に『歴史評論』からの依頼でようやく日の目を見ることになったが、厳しい字数制限で四分の三以下に減縮して発表するのやむなきに至った。「論」というほど論じられたわけでもないので、それも省いた。

一方、私の近代政治思想史研究は日本との比較も重要なモチーフになっているが、その関心を強くしたのは、これまた受動的な理由で日本史研究の側からの要請によるものであった。一九八四年の朝鮮史研究会大会は自由民権運動百年の大会行事とも重なっていた。私が朝鮮史研究会で思想史の報告をやると伝え聞いた、歴史学研究会などが中心に運営していた自由民権百年全国集会実行委員会が、こちらでも「世界史の中の自由民権運動」という部会で比較史的観点から報告してもらいたいとのことである。やはり牧歌的な時代であったという感がするが、こちらの方はあまり躊躇することなく引き受けることができた。ついでということもあったし、中江兆民についてかねてより関心があったので、それとの比較をやればいいと、すぐに思いあたったからである。

このように私の政治思想史研究は受動的なものである。あまり誇れる動機ではないかも知れない。しかし、民衆史研究に身を寄せているがゆえに、民衆史的立場から一貫して政治思想史を考えてこられたのは、それなりの意味があったといういささかの思いもある。儒教的民本主義へのこだわりは民衆史研究を行ってきた結果だと思っている。また、比較史的視座は東アジア史的な歴史像を構築するには不可欠であるが、朝鮮史の側から比較したことで、私なりに日本史への提言もいささかできたのではないかと思っている。ただ、日本史の側からの応答らしい応答が、ほとんどないのは残念である。日本史研究で朝鮮史研究がいまだに市民権を十分に得ていないということがあろうかと思うが、今後に期待するしかない。

私はこれまで、民衆史や、民衆と関連した植民地知性史に関する著書は公にしてきたが、政治思想史に関する著書は出してこなかった。やはり民衆史へのこだわりの方が強かったせいであろう。しかし、自分の中ではまとまっている像がある朝鮮近代政治思想史の枠組を世に問わないというのは、研究者としての責から逃れているような気持ちが、定年を前にしたここ数年の間に芽生えてきた。そこで論文集のような形で出せないかと考えていた折に、幸いにも有志舎社長の永滝稔氏から、儒教と朝鮮近代に関する著書を出さないかという要請を受けた。私の朝鮮近代政治思想史像は儒教的思惟がいかに貫徹しているかということにある。渡りに船ということですぐに快諾したのは言うまでもない。三十数年間に及ぶ論文をほとんどそのままの形で出すというのは、拙い考察や表現、重複する箇所などがあり、いささか照れくさくもある。また、発表媒体の性格によって啓蒙的、時事的な論文などを含み、実証密度に偏差もある。しかし、内容的には一貫したものがあると思っている。補注をつけるなどして、読者には十分全体像を理解していただけるものと思うが、忌憚のないご批正をいただければこの上ない幸甚である。

出版不況のこの時節に、本書の刊行を企画していただいた永滝氏には本当にお世話になった。手書き原稿時代の論文をワープロ原稿化してくれるなど、いつものこととはいえ誠実な対応には言葉がない。改めて感謝の言葉を申し述べる次第である。

二〇一八年一〇月三〇日

趙　景　達

人名索引

※一つの論文全体で論じている朴珪寿・金允植・李沂・安重根・朴殷植・申采浩・明石順三については、当該論文の初出ページのみを示した。

【朝鮮人】

ア 行

安駉寿（アンギョンス） 148, 149, 377
安重根（アンジュングン） 89, 102–106, 115, 116, 151, 251, 302, 368, 457–459
安在鴻（アンジェホン） 141, 153, 154–156, 371, 414
安昌浩（アンチャンホ） 108, 109, 117, 266
李珥（イイ） 123, 128, 144
李麟栄（イイニョン） 240
李瑋鍾（イウィジョン） 89, 111
李沂（イギ） 240, 351
李奎濚（イギュヨン） 112
李光洙（イグァンス） 106, 107, 109, 150, 178, 412, 413
李商在（イサンジェ） 109, 117
李承瑾（イスングン） 111
李在守（イジェス） 226, 227
李承晩（イスンマン） 157, 320
李成桂（イソンゲ 太祖） 184
李恒老（イハンノ） 240, 331
李会栄（イフェヨン） 320
李鑢永（イホニョン） 53, 128
任文桓（イムムナン） 431
元泳義（イヨンイ） 110
李容九（イヨング） 105, 150, 367
李完用（イワニョン） 91, 429
印貞植（インジョンシク） 370, 390, 391, 393
禹徳淳（ウドクスン） 268, 457
乙支文徳（ウルジムンドク） 313
呉基鎬（オギホ） 246, 250, 252
玉応連（オウンニョン） 444
魚允中（オユンジュン） 2, 25–29, 36, 39, 48, 53, 61, 77, 127–129, 143, 227, 234, 245, 351

カ 行

姜荃（カンジョン） 114
箕子（キジャ） 278, 283, 285, 290, 291, 314
金謂彈（キムウィジェ） 184
金玉均（キムオッキュン） 19–25, 27, 28, 32, 33, 35, 36, 42, 47–49, 54, 64, 66, 67, 69–71, 74, 75, 78, 79, 119, 126, 147–149, 152, 160, 203, 218, 220, 235, 273, 306–310, 321, 324, 326, 366, 367
金綺秀（キムギス） 57, 398
金淇驩（キムギファン） 110
金璣鉉（キムギヒョン） 114
金九（キムグ） 141, 156–160, 180, 181, 183, 372
金開南（キムゲナム） 43, 223
金始炳（キムシビョン） 131
金振声（キムジンソン） 114
金達河（キムダラ） 114
金昌淑（キムチャンスク） 320
金喜成（キムフィソン） 111
金弘集（キムホンジプ） 24, 25, 36, 49, 57, 58, 76, 78, 127, 134, 143, 148, 199, 367
金晩植（キムマンシク） 47
金庾信（キムユシン） 282
金允植（キムユンシク） 20, 22, 25, 29, 30, 32, 35–43, 47, 48, 50–52, 58–64, 66–68, 71, 73–75, 77, 80, 89, 101, 102, 104, 115, 143, 148, 168, 196, 199, 200, 202, 207, 208, 210, 212, 218, 310, 326, 366, 459
広開土王（クァンゲトワン） 94, 281, 317
高宗（コジョン） 24, 25, 31, 58, 65, 66, 78, 124, 125, 127, 130–133, 136, 137, 141, 163, 164, 170, 199, 201, 202, 226, 307

サ 行

申箕善（シンギソン） 310
神誌（シンジ） 184, 185
申采浩（シンチェホ） 54, 83, 90, 93, 95–97, 105, 107, 108, 112, 113, 139, 140, 151, 152, 163, 172–181, 190, 191, 242, 253, 257, 274, 275, 280–282, 292, 300–302, 305, 368, 371, 413, 414
申栄雨（シンヨンウ） 325
純宗（スンジョン） 138

世宗（セジョン）　132
徐光範（ソグァンボム）　20, 43, 194
徐戴弼（ソジェピル）　20, 48, 49, 63, 64, 136, 307
石鎮衡（ソクジニョン）　84, 110
宋鎮禹（ソンジュヌ）　106, 107
宋時烈（ソンシヨル）　143
宋浚吉（ソンジュンギル）　143
宣祖（ソンジョ）　143

タ　行

檀君（タングン）　181, 184, 283, 285, 290, 291, 314, 317
池運永（チウニョン）　48, 50, 66, 235
崔益鉉（チェイッキョン）　100–102, 104, 105, 151, 267, 368
蔡基斗（チェギドゥ）　99, 100, 115
崔済愚（チェジェウ）　217, 233, 238
崔錫夏（チェソッカ）　86, 87, 90, 91, 105, 111, 112
崔南善（チェナムソン）　429
崔容源（チェヨンウォン）　444
崔麟（チェリン）　429
張志淵（チャンジヨン）　112, 311, 412
趙光祖（チョグアンジョ）　323
趙浚（チョジユン）　184
趙素昂（チョソアン）　163, 180–185, 316
鄭寅普（チョンインボ）　257, 414
鄭喬（チョンギョ）　112, 250
正祖（チョンジョ）　123, 124, 130, 162
全琫準（チョンボンジュン）　43, 46, 47, 223, 244, 294, 295, 315, 358, 399
丁若鏞（チョンヤギョン）　123, 190, 209
大院君（テウォングン）　48, 194, 199, 208, 224, 307
太宗（テジョン）　132

ナ　行

羅寅永（ナイニョン）　246, 250, 252, 254

ハ　行

朴殷植（パクウンシク）　54, 93–97, 105, 108, 109, 112, 113, 189, 242, 260, 272
朴珪寿（パクキュス）　133, 166, 171, 194, 307, 308, 326
朴趾源（パクチウォン）　196–198, 203–206, 230
朴斉家（パクチェガ）　123, 144
朴定陽（パクチョンヤン）　131
朴烈（パクヨル）　410
朴栄喆（パクヨンチョル）　429
朴泳孝（パクヨンヒョ）　20, 35, 36, 43, 47, 65, 66, 68, 69, 119, 120, 135, 141, 164–171, 194, 203–205, 220, 235, 261
房星七（パンソンチル）　226, 227, 237
韓東友（ハンドンウ）　155
韓竜雲（ハンヨンウン）　107
孝宗（ヒョジョン）　143
孝明世子（ヒョミョンセジャ）　194
黄玹（ファンヒョン）　129, 244, 246, 259
白南雲（ペクナムン）　414
白民（ペクミン）　155
洪英植（ホンヨンシク）　20, 194

マ　行

妙清（ミョチョン）　223
閔泳煥（ミンヨンファン）　61, 71, 77
文一平（ムンイルピョン）　316, 414
文泰順（ムンテスン）　449

ヤ　行

梁起鐸（ヤンギタク）　311
兪吉濬（ユギルジジュン）　20–23, 25, 27, 28, 33–36, 43, 47, 48, 50, 51, 54, 69–74, 79–81, 148, 194, 207, 367
柳子明（ユジヤミョン）　320
柳成龍（ユソンヨン）　143
劉大致（ユデチ）　308
柳馨遠（ユヒョンウォン）　244
尹世復（ユンセボク）　291
尹致昊（ユンチホ）　77, 88, 89, 105, 137, 138, 429
尹孝定（ユンヒョジョン）　88–93, 105, 111, 141
英祖（ヨンジョ）　162

ワ　行

王建（ワンゴン）　184

【日本人・外国人】

ア　行

カ　行

サ　行

タ　行

ナ　行

ハ　行

マ　行

ヤ　行

ラ　行

ワ　行

著者紹介
趙　景　達（ちょ　きょんだる）
1954年生まれ．中央大学文学部卒業，東京都立大学大学院人文科学研究科博士課程中退．
現在、千葉大学教授．

〔主要著書〕
『異端の民衆反乱——東学と甲午農民戦争』（岩波書店，1998年）
『朝鮮民衆運動の展開——士の論理と救済思想』（岩波書店，2002年）
『植民地期朝鮮の知識人と民衆——植民地近代性論批判』（有志舎，2008年）
『近代朝鮮と日本』（岩波新書，2012年）
『植民地朝鮮と日本』（岩波新書，2013年）

朝鮮の近代思想——日本との比較——
2019年3月10日　第1刷発行

著　者　趙　景　達
発行者　永滝　稔
発行所　有限会社　有　志　舎
〒166-0003　東京都杉並区高円寺南4-19-2、クラブハウスビル1階
電話　03-5929-7350　　FAX　03-5929-7352
http://yushisha.sakura.ne.jp
振替口座　00110-2-666491
DTP　言海書房
装　幀　折原カズヒロ
印　刷　モリモト印刷株式会社
製　本　モリモト印刷株式会社

ISBN978-4-908672-30-9